단기간에 효과적으로 준비하는

딱! 한권 수능 아랍어

저 이명원

랭기지플러스

머리말

대학수학능력시험 제2외국어 영역에서 아랍어 시험은 2005학년도 6월 모의평가부터 시작되었고, 최근에는 응시 인원이 5만 여명에 이르게 되었다. 응시 인원만 두고 보면 제2외국어 과목 중에서 아랍어가 단연 1위를 차지하고 있다. 아랍어가 배우기 쉬운 것은 아니지만 단기간에 고득점 받기가 용이하거나 배워 두면 쓸모가 있을 것 같아서 많은 응시생들이 선택했을 것으로 짐작할 수 있다.

아랍어를 배워 두면 여러모로 쓸모가 있을 것 같다는 생각은 맞다. 경제적인 측면에서만 보아도 아랍 국가들이 주류를 이루고 있는 이슬람 세계와 우리는 상호 협력 또는 보완적인 관계에 있다고 해도 과언이 아니다.

아랍어가 배우기 쉽지 않다는 생각은 어떤 관점에서 볼 때는 맞는 말이다. 하지만 배우기 쉬운 외국어는 어느 것도 없다. 배우기 쉽다는 말은 절대적이 아니라 상대적인 표현이다. 로마자를 빌려 쓰는 유럽어에 비해 아랍어는 문자가 생소하여 습득하기가 초보 학습자에게는 좀 더 부담이 되는 것은 사실이다. 그렇다고 극복하기 힘든 것은 아니다. 한자나 일본어 문자를 보면 한자체를 우리가 자주 보아 왔기에 눈에 익숙한 것이지 유럽 사람이 보기에 아랍어 문자보다 쉬운 것은 아니다. 우리에게 한글이 가장 쉽고 아랍어 문자는 습득하는 데 며칠 더 걸릴 뿐이다.

수능에서 고득점 받기에 용이하다는 것도 표준점수로 환산했을 경우에는 맞는 말이지만, 상위 등급을 받기에 용이하다는 표현이 더 정확할 것이다. 응시생들 중에서 너무 많은 인원이 정상적인 아랍어 교육과정을 거치지 않고 문제를 풀었으니 원점수의 평균이 낮아 그 평균보다 조금만 높은 점수로도 상위 등급을 받을 수 있는 것은 당연지사이다.

아랍어 교육계에 종사하고 있는 사람들은 수능에서 아랍어를 선택한 응시 인원이 오늘날과 같이 많은 것을 마냥 좋아하지 않는다. 아랍어 교육이 중 · 고교에서 정상적으로 실시되어 교육을 받은 학생들의 수가 늘고 우리 사회에 아랍어의 효용성이 널리 알려지기를 바란다. 필자는 정상적인 교육여건이 아직 갖추어져 있지 않으니 수능에서 아랍어 선택을 자제하여 주기를 바라는 것이 아니라, 무작위 찍기식 선택으로 낮은 평균점수를 받지 않고 부족한 여건에서도 아랍어에 대한 흥미와 열정으로 문제를 이해하고 정답을 선택함으로써 고득점 받을 수 있게 하고자 할 따름이다.

수능 아랍어에서 표준점수로라도 고득점 받을 수 있는 것은 출제 대상인 교과서가 단 한 권이고 그 안에서 다루고 있는 내용의 범위가 넓지 않기 때문이다. 다음은 고득점을 위해 염두에 두고 숙지해야 할 내용과 방법이다. 수능 아랍어 출제에서 객관적으로 기준이 되고 있는 자료는 〈의사소통 기본 표현〉, 〈기본 어휘표〉, 그리고 현용 인정도서(울산교육청발행 〈아랍어 I〉)이다. 이 자료들에 수록된 표현과 어휘 등을 숙지하면 정답 선택에 크게 도움이 될 것이다. 기출 문제 풀이와 분석을 통해 유사한 문제들에 익숙해지면 정답을 이해하고 선택할 확률이 크게 늘게 된다. 한 종류인 현용 교과서와 〈의사소통 기본 표현〉에 소개하고 있는 표현의 범주들을 벗어나게 출제하면 정답을 맞추지 말라는 것과 다름이 없다. 누차 강조 하건대 출제 범위는 정상적인 교육과정에서 제시하는 내용일 것이고 내용이어야 한다는 점이다.

필자는 본서에서 제공하고 있는 풀이과정을 정독하여 그 범위와 내용을 이해하게 되어 많은 응시생들이 좋은 결과를 얻기를 바란다. 이것이 아랍어 교육의 정상화를 위해서도 필요한 일일 것이다.

– 덕인재에서 필자

대학수학능력시험 아랍어 출제 동향

제2외국어/한문 영역에서 아랍어 응시 현황

2018년	92,831명	66,304명(71.4%)
2017년	94,359명	65,153명(69%)
2016년	90,752명	46,822명(51.6%)

평가 목표

제2외국어 영역은 발음 · 철자(문자)의 이해 및 식별력, 어휘의 이해 및 활용 능력, 문법의 이해 및 적용 능력, 의사소통 표현의 이해 및 활용 능력, 문화의 이해 및 활용 능력을 평가한다.

출제 기본 방향

일상생활에서 해당 외국어로 의사소통할 수 있는 언어 사용 능력과 해당 외국(어권) 문화에 대한 이해 능력을 평가할 수 있도록 출제한다.

출제 범위 및 특이 사항

- ✔ 제2외국어 영역의 출제 범위는 2009 개정 교육과정(교육과학기술부 고시 제2011-361호)에 의거하여 출제한다.
- ✔ 교육과정의 '의사소통 기본 표현'과 '기본 어휘표'를 중심으로 출제한다.
- ✔ 교육과정에 규정된 제외 문법 사항은 다루지 않는다.
- ✔ 일상생활 및 문화와 관련한 다양한 소재와 자료를 활용하여 출제한다.

수능 아랍어의 역사 및 수능 출제 대상 교과서

가 2005학년도 ~ 현재까지의 역사

1) 6월 모의
2) 9월 모의
3) 11월 본 수능
4) 예비 평가: 2005학년도와 2014학년도에만 대학수학능력시험 예비로 실시

나 고교 교육과정에서 사용했던/하는 교과서 (〈고등학교 아랍어I〉에만 적용)

1) 2003년 교육부 〈고등학교 아랍어I〉 (출판 단종)
2) 2007년 개정 교육부 〈고등학교 아랍어I〉 (출판 단종)
3) 2011년 인정도서 서울특별시교육청 발행 〈고등학교 아랍어I〉 (출판 단종)
4) 2009년 인정도서 울산광역시교육청 발행 〈고등학교 아랍어I〉 (현용 교과서)
5) 2018년 인정도서 울산광역시교육청 발행 〈고등학교 아랍어I〉 (2021학년도 수능부터 적용 예정)

기출 문제 유형 (총 30문항)

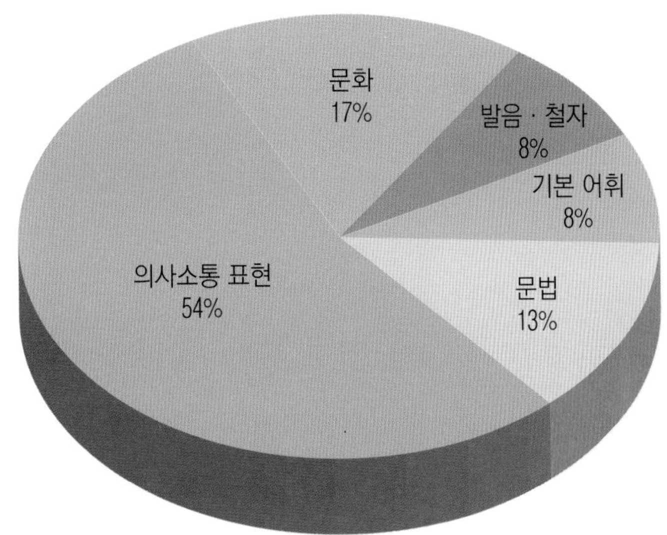

가 발음 · 철자(2~3문항): 출제 문항별 핵심 사항을 추출하고 그에 대한 이해와 해법을 제시한다.

나 기본 어휘(2~3문항): 〈기본 어휘표〉에 수록된 낱말들 중에서 출제 빈도 또는 사용 빈도가 높은 낱말을 제시한다.

다 문법(4문항): 기출 문제에서 다룬 문법 사항을 추출하고 그에 대한 이해와 해법을 제시한다.

라 의사소통 표현(16문항): 한국교육과정평가원에서 발행한 『아랍어1』의 〈의사소통 기본 표현〉을 바탕으로 한 기출 문제 유형을 추출하고 그에 대한 이해와 해법을 제시한다.

마 문화(5문항): 『아랍어1』의 교육과정에서 다루는 문화 소재를 제시하고 기출문제에서 다룬 문화 소재들에 대한 이해와 해법을 제시한다.

이 책의 구성

CHAPTER_01 동일한 모음 배열 찾기

문항 사례1

문항 사례2

문항 사례3

- 실제 시험에서 어떤 유형의 문제가 출제되었는지 상세하게 분석
- 유형별로 나누어 각 유형에 해당하는 실제 기출문제를 [문항 사례]로 제시
- 문제 풀이를 해결하는 데 가장 빠르고 정확한 방법을 쉽고 자세하게 풀이

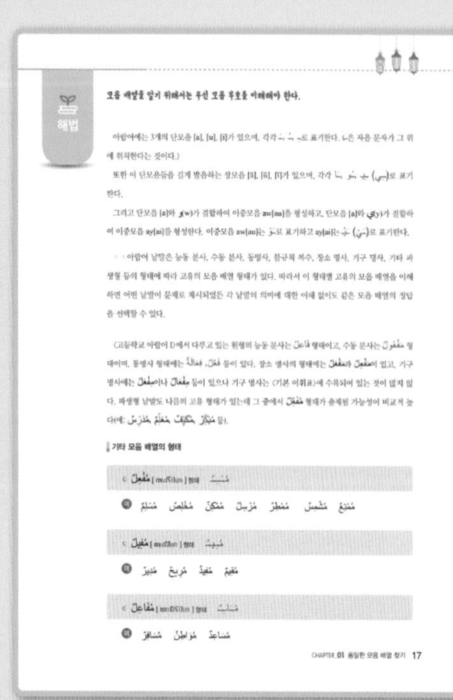
해법

- 각 유형의 문제를 풀 때 알아 두어야 할 내용이나 주의해야 할 사항을 설명
- 실제 시험에 대비하여 핵심이 될 만한 내용을 엄선하여 정리
- 시험 대비에 많은 도움이 될 만한 팁 제시

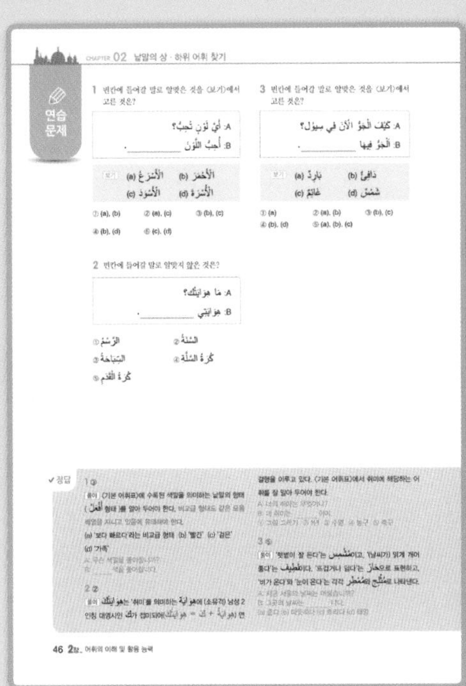
CHAPTER 02 낱말의 상·하위 어휘 찾기

연습 문제

* 유형별로 다양한 문항 사례를 접한 뒤 실제 시험에 완벽 적응할 수 있도록 연습 문제를 수록
* 앞에서 다룬 문항 사례의 유형이면서도 새로운 문제를 접했을 때 문제 풀이를 할 수 있도록 연습 가능

제1회 실전 모의고사

5교시 제2외국어/한문 영역(아랍어)

* 실제 시험과 같은 모의고사 3회분 수록
* 유형과 난이도를 최근 기출 문제에 맞게 구성
* 실제 시험 시간(40분)에 맞춰 문제를 풀어 보면서 실제 시험 체감 가능

학습 일정표

* 학습 내용을 학습한 날짜를 기입하세요.
* 학습한 후 각 챕터의 내용과 문항을 모두 이해했는지 체크해 보고 복습이 필요하면 복습란에 체크해 두세요.
* 다시 학습해야 하는 부분은 비고란에 페이지, 문항 번호를 적고 별도로 학습하세요.

학습 내용		학습 날짜	학습 진행 체크		비고
			학습 완료 체크	복습	
1장 발음 · 철자(문자)의 이해 및 식별력	CHAPTER_01 동일한 모음 배열 찾기	월 일	내용 □ 문항 □	□	
	CHAPTER_02 태양문자와 태음문자(월문자) 구분하기	월 일	내용 □ 문항 □	□	
	CHAPTER_03 사용된 글자 또는 사용되지 않은 글자 찾기	월 일	내용 □ 문항 □	□	
	CHAPTER_04 자음과 모음을 이어 적는 방법 이해	월 일	내용 □ 문항 □	□	
	CHAPTER_05 기타 발음 및 철자법	월 일	내용 □ 문항 □	□	
2장 어휘의 이해 및 활용 능력	CHAPTER_01 낱말 카드 빈칸 넣기	월 일	내용 □ 문항 □	□	
	CHAPTER_02 낱말의 상 · 하위 어휘 찾기	월 일	내용 □ 문항 □	□	
	CHAPTER_03 인도 · 아라비아 숫자 읽기	월 일	내용 □ 문항 □	□	
	CHAPTER_04 낱말 퍼즐의 빈칸 채우기	월 일	내용 □ 문항 □	□	
3장 문법의 이해 및 적용 능력	CHAPTER_01 인칭별 동사 활용	월 일	내용 □ 문항 □	□	
	CHAPTER_02 "كَانَ"(to be) 동사의 인칭별 활용과 자매어(목적격)의 술어	월 일	내용 □ 문항 □	□	
	CHAPTER_03 명사와 형용사의 성 · 수 · 격 일치	월 일	내용 □ 문항 □	□	
	CHAPTER_04 관계대명사 용법	월 일	내용 □ 문항 □	□	
	CHAPTER_05 우선급 형태	월 일	내용 □ 문항 □	□	
	CHAPTER_06 수량을 묻는 كَمْ의 용법	월 일	내용 □ 문항 □	□	
	CHAPTER_07 5개 특수 명사	월 일	내용 □ 문항 □	□	
	CHAPTER_08 인칭대명사의 인칭별 활용	월 일	내용 □ 문항 □	□	
	CHAPTER_09 의문사 용법	월 일	내용 □ 문항 □	□	

	CHAPTER_10 낱말의 기능	월 일	내용 □ 문항 □	□	
	CHAPTER_11 접속사 إِنَّ와 그의 자매어	월 일	내용 □ 문항 □	□	
	CHAPTER_12 문법적 오류 찾기	월 일	내용 □ 문항 □	□	
4장 의사소통 표현의 이해 및 활용 능력	CHAPTER_01 인사 표현	월 일	내용 □ 문항 □	□	
	CHAPTER_02 소개하기	월 일	내용 □ 문항 □	□	
	CHAPTER_03 감정 표현	월 일	내용 □ 문항 □	□	
	CHAPTER_04 의사 표현	월 일	내용 □ 문항 □	□	
	CHAPTER_05 날씨 표현	월 일	내용 □ 문항 □	□	
	CHAPTER_06 초대 표현	월 일	내용 □ 문항 □	□	
	CHAPTER_07 약속 표현	월 일	내용 □ 문항 □	□	
	CHAPTER_08 전화 통화	월 일	내용 □ 문항 □	□	
	CHAPTER_09 물건 구입 표현	월 일	내용 □ 문항 □	□	
	CHAPTER_10 여가 활동 표현	월 일	내용 □ 문항 □	□	
	CHAPTER_11 길 안내와 교통수단 관련 표현	월 일	내용 □ 문항 □	□	
	CHAPTER_12 환전 관련 표현	월 일	내용 □ 문항 □	□	
	CHAPTER_13 음식 관련 표현	월 일	내용 □ 문항 □	□	
	CHAPTER_14 건강 관련 표현	월 일	내용 □ 문항 □	□	
	CHAPTER_15 일상생활의 활동 표현	월 일	내용 □ 문항 □	□	
	CHAPTER_16 예약과 관련된 표현	월 일	내용 □ 문항 □	□	
	CHAPTER_17 직업 활동 관련 표현	월 일	내용 □ 문항 □	□	
	CHAPTER_18 축하와 기원 관련 표현	월 일	내용 □ 문항 □	□	
	CHAPTER_19 편지 쓰기	월 일	내용 □ 문항 □	□	
5장 문화의 이해 및 활용 능력		월 일	내용 □ 문항 □	□	
제1회 실전 모의고사		월 일	내용 □ 문항 □	□	
제2회 실전 모의고사		월 일	내용 □ 문항 □	□	

목차

의사소통 표현의 이해 및 활용 능력

발음 · 철자(문자)의 이해 및 식별력

CHAPTER_**01** ✿ 동일한 모음 배열 찾기

CHAPTER_**02** ✿ 태양문자와 태음문자(월문자) 구분하기

CHAPTER_**03** ✿ 사용된 글자 또는 사용되지 않은 글자 찾기

CHAPTER_**04** ✿ 자음과 모음을 이어 적는 방법 이해

CHAPTER_**05** ✿ 기타 발음 및 철자법

CHAPTER_01 동일한 모음 배열 찾기

(본수능 12/14회 출제, 6월 모의 9/14회 출제, 9월 모의 9/14회 출제, 예비 평가 0/2회; 총 30/44회 출제)

동일한 모음 배열 찾기 문항의 물음은 대부분 "밑줄 친 낱말의 모음 배열과 같은/다른 것은?"이다.

문항 사례1

밑줄 친 낱말과 모음 배열이 같은 것은? 2017학년도 대학수학능력시험

هٰذَا الْوَلَدُ نَشِيطٌ.

① تَاجِرٌ ② دَفْتَرٌ ③ فُنْدُقٌ ④ كَبِيرٌ ⑤ مَنْظَرٌ

풀이 نَسِيطٌ은 فَعِيلٌ 형태이다. كَبِيرٌ도 فَعِيلٌ 형태이다.

이 소년은 활동적입니다. [정답] ④

문항 사례2

밑줄 친 낱말과 모음 배열이 같은 것은? 2018학년도 대학수학능력시험 9월 모의평가

A: مَرْحَبًا. أَنَا أَحْمَدُ، طَالِبٌ مِنْ لِيبِيَا. وَأَنْتَ؟

B: مَرْحَبًا. أَنَا خَالِدٌ مِنْ قَطَرَ.

① تَاجِرٌ ② دَجَاجٌ ③ رَئِيسٌ ④ قَرِيبٌ ⑤ مِفْتَاحٌ

풀이 طَالِبٌ은 فَاعِلٌ 형태이다. تَاجِرٌ도 فَاعِلٌ 형태이다.

A: 반갑습니다. 저는 아흐마드이며 리비아에서 온 학생입니다. 당신은요?

B: 반갑습니다. 저는 카타르에서 온 칼리드입니다. [정답] ①

문항 사례3

〈보기〉의 밑줄 친 부분과 모음 배열이 다른 것은? 2012학년도 대학수학능력시험 9월 모의평가

보기

اَلْمَكْتَبُ جَدِيدٌ.

① جَمِيعٌ ② حَدِيثٌ ③ دَجَاجٌ ④ قَرِيبٌ ⑤ لَطِيفٌ

풀이 جَدِيدٌ은 فَعِيلٌ 형태이다. دَجَاجٌ은 فَعِيلٌ 형태가 아니고 فَعَالٌ 형태이다.

그 책상은 신품입니다. [정답] ③

지금까지 출제된 밑줄 친 낱말의 모음 배열 형태와 주요 형태는 다음과 같다.

◦ فَعِيلٌ [faʕīlun] 형태 ـَـيـٌ 12회 출제

예 جَدِيدٌ قَدِيمٌ طَوِيلٌ قَصِيرٌ صَغِيرٌ جَمِيعٌ كَرِيمٌ كَبِيرٌ نَشِيطٌ
خَرِيفٌ لَطِيفٌ حَدِيثٌ بَعِيدٌ قَرِيبٌ رَئِيسٌ جَمِيلٌ نَظِيفٌ سَعِيدٌ
طَبِيبٌ شَدِيدٌ ثَقِيلٌ خَفِيفٌ دَلِيلٌ حَزِينٌ حَبِيبٌ رَخِيصٌ رَبِيعٌ
صَدِيقٌ بَسِيطٌ بَرِيدٌ عَصِيرٌ قَلِيلٌ كَثِيرٌ مَرِيضٌ

◦ مَفْعُولٌ [mafʕūlun] 형태 مَـْـُـوـٌ 2회 출제

예 مَبْرُوكٌ مَعْقُولٌ مَفْهُومٌ مَعْرُوفٌ مَوْجُودٌ مَشْرُوبٌ مَسْرُورٌ مَفْتُوحٌ
مَنْتُوجٌ مَصْنُوعٌ مَمْنُوعٌ مَوْضُوعٌ مَحْمُولٌ مَسْؤُولٌ/مَسْئُولٌ مَقْبُولٌ
مَشْغُولٌ مَكْتُوبٌ مَشْهُورٌ مَطْلُوبٌ مَجْمُوعٌ مَدْفُوعٌ

◦ فَاعِلٌ [faʕilun] 형태 ـَاـِـٌ 5회 출제

예 بَارِدٌ حَامِدٌ وَاجِبٌ سَاكِنٌ وَاسِعٌ تَاجِرٌ طَالِبٌ وَالِدٌ كَاتِبٌ
خَارِجٌ دَائِمٌ دَاخِلٌ حَاضِرٌ حَائِطٌ جَاهِزٌ جَامِعٌ جَانِبٌ بَائِعٌ
كَامِلٌ قَادِمٌ طَابِقٌ عَالِمٌ سَائِحٌ صَاحِبٌ شَاطِئٌ شَارِعٌ رَائِعٌ
وَالِدٌ وَاحِدٌ هَادِئٌ مَاهِرٌ لَاعِبٌ

◦ فَعْلٌ [faʕlun] 형태 ـَـْـٌ 4회 출제

예 رَقْمٌ فَصْلٌ وَرْدٌ شَكْلٌ ثَلْجٌ تَمْرٌ صَدْرٌ صَعْبٌ سَهْلٌ
لَحْمٌ حَرْبٌ أَرْضٌ نَفْطٌ ظُهْرٌ غَرْبٌ عَصْرٌ رَسْمٌ ظَرْفٌ
كَلْبٌ بَطْنٌ نَفْسٌ بَنْكٌ بَحْرٌ نَهْرٌ دَرْسٌ

◦ مَفْعَلٌ [mafʕalun] 형태 مَـْـَـٌ 1회 출제

예 مَرْكَزٌ مَكْتَبٌ مَلْعَبٌ مَلْبَسٌ مَنْظَرٌ مَصْنَعٌ مَطْعَمٌ مَتْحَفٌ مَطْبَخٌ دَفْتَرٌ

◎ **مَفْعِلٌ** [mafʕilun] 형태 مَـْـِـٌ 1회 출제

예 مَغْرِبٌ مَعْرِضٌ مَنْزِلٌ مَسْجِدٌ

◎ **فَالٌ** [fālun] 형태 ـَاـٌ 2회 출제

예 نَاسٌ نَارٌ مَالٌ مَاءٌ دَارٌ خَالٌ حَالٌ بَابٌ عَامٌ

◎ **فَعْلَانُ** [faʕlānu] 형태 ـَـْـَاـُ 1회 출제

예 زَرْقَاءُ تَعْبَانُ كَسْلَانُ جَوْعَانُ حَمْرَاءُ عَطْشَانُ

◎ **مَفَاعِلُ** [mafāʕilu] 형태 مَـَاـِـُ 1회 출제: 불규칙 복수 형태

예 مَنَازِلُ طَمَاطِمُ مَلَابِسُ مَطَاعِمُ مَكَاتِبُ مَصَانِعُ مَدَارِسُ مَسَاجِدُ فَوَاكِهُ
مَلَاعِقُ مَطَابِخُ مَصَاعِدُ أَمَاكِنُ مَزَارِعُ مَلَاعِبُ مَتَاحِفُ مَنَاظِرُ

◎ **فِعَالٌ** [fiʕālun] 형태 ـِـَاـٌ

예 حِوَارٌ جِهَازٌ جِهَادٌ كِتَابٌ خِيَارٌ حِجَابٌ

◎ **أَفْعَلُ** [ʔafʕalu] 형태 أَـْـَـُ

예 أَصْفَرُ أَخْضَرُ أَسْمَرُ أَسْوَدُ أَزْرَقُ أَحْمَرُ أَبْيَضُ

◎ **مُفَاعِلٌ** [mufāʕilun] 형태 مُـَاـِـٌ

예 مُسَاعِدٌ, مُوَاطِنٌ, مُسَافِرٌ

해법

모음 배열을 알기 위해서는 우선 모음 부호를 이해해야 한다.

아랍어에는 3개의 단모음 [a], [u], [i]가 있으며, 각각 ـَ, ـُ, ـِ로 표기한다. (ـ은 자음 문자가 그 위에 위치한다는 것이다.)

또한 이 단모음들을 길게 발음하는 장모음 [ā], [ū], [ī]가 있으며, 각각 ـَا, ـُو, ـِيـ (ـِي)로 표기한다.

그리고 단모음 [a]와 و(w)가 결합하여 이중모음 aw[au]을 형성하고, 단모음 [a]와 ي(y)가 결합하여 이중모음 ay[ai]를 형성한다. 이중모음 aw[au]는 ـَوْ로 표기하고 ay[ai]는 ـَيْـ (ـَيْ)로 표기한다.

* * 아랍어 낱말은 능동 분사, 수동 분사, 동명사, 불규칙 복수, 장소 명사, 기구 명사, 기타 파생형 등의 형태에 따라 고유의 모음 배열 형태가 있다. 따라서 이 형태별 고유의 모음 배열을 이해하면 어떤 낱말이 문제로 제시되었든 각 낱말의 의미에 대한 이해 없이도 같은 모음 배열의 정답을 선택할 수 있다.

〈고등학교 아랍어 I〉에서 다루고 있는 원형의 능동 분사는 فَاعِلٌ 형태이고, 수동 분사는 مَفْعُولٌ 형태이며, 동명사 형태에는 فَعْلٌ, فِعَالَةٌ 등이 있다. 장소 명사의 형태에는 مَفْعَلٌ과 مَفْعِلٌ이 있고, 기구 명사에는 مِفْعَلٌ이나 مِفْعَالٌ 등이 있으나 기구 명사는 〈기본 어휘표〉에 수록되어 있는 것이 많지 않다. 파생형 낱말도 나름의 고유 형태가 있는데 그 중에서 مُفَعِّلٌ 형태가 출제될 가능성이 비교적 높다(예: مُدَرِّسٌ, مُعَلِّمٌ, مُكَيِّفٌ, مُبَكِّرٌ 등).

기타 모음 배열의 형태

◦ مُفْعِلٌ [mufʕilun] 형태 ـُـْـِـٌ

예 مُسْلِمٌ مُخْلِصٌ مُمْكِنٌ مُرْسِلٌ مُمْطِرٌ مُشْمِسٌ مُمْتِعٌ

◦ مُفِيلٌ [mufīlun] 형태 ـُـِيـٌ

예 مُدِيرٌ مُرِيحٌ مُفِيدٌ مُقِيمٌ

◦ مُفَاعِلٌ [mufāʕilun] 형태 ـُـَاـِـٌ

예 مُسَافِرٌ مُوَاطِنٌ مُسَاعِدٌ

위와 같은 단어의 형태를 이해하면 모음 배열이 같거나 다른 것을 찾는 문제를 완벽하게 풀어낼 수 있다. 설령 단어의 형태에 관한 정보를 갖고 있지 않더라도 각 자음 위에 적혀 있는 (자음 문자보다) 가늘게 표시된 발음 보조 부호를 이해하면 정답을 맞출 수 있다.

ـَ : 모음 '-a'

ـُ : 모음 '-u'

ـِ : 모음 '-i'

ـْ : 모음이 없음

ـّ : 같은 자음이 겹쳐 있음

ـٌ : [-un]

ـً, ـًا : [-an]

ـٍ : [-in]

이런 발음 보조 부호는 각 자음의 위나 아래에 자음 문자보다 가늘고 연하게 표기되어 있다.

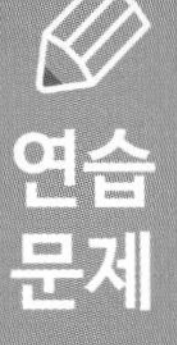

연습 문제

1 밑줄 친 낱말과 모음 배열이 같은 것은?

هُوَ صَدِيقٌ لِي.

① جَمِيلٌ　② كَامِلٌ　③ مَصْنَعٌ　④ مَوْجُودٌ　⑤ حَقِيقَةٌ

2 밑줄 친 낱말과 모음 배열이 같은 것은?

وَصَلَتْنِي رِسَالَةٌ مِنْ أَخِي.

① رِجَالٌ　② سَلَطَةٌ　③ سَفِينَةٌ　④ دِرَاسَةٌ　⑤ حَدِيقَةٌ

3 밑줄 친 낱말과 모음 배열이 같은 것은?

هُوَ مَشْهُورٌ فِي بَلَدِهِ.

① دُرُوسٌ　② سِفَارَةٌ　③ سَفِينَةٌ　④ صُورَةٌ　⑤ مَقْبُولٌ

4 밑줄 친 낱말과 모음 배열이 다른 것은?

اَلْجَوُّ الْآنَ بَارِدٌ.

① خَارِجٌ　② دَاخِلٌ　③ شَمَالٌ　④ شَارِعٌ　⑤ لَاعِبٌ

✔ 정답

1 ①

풀이 فَعِيلٌ 형태를 찾으면 된다.
그는 나의 (한) 친구입니다.

2 ④

풀이 فِعَالَةٌ 형태를 찾으면 된다.
우리 형에게서 편지 한 통이 나에게 왔습니다.

3 ⑤

풀이 مَفْعُولٌ 형태를 찾으면 된다.
그는 자기 나라에서 유명합니다.

4 ③

풀이 فَاعِلٌ 형태가 아닌 것을 찾으면 된다.
공기가 지금 차갑습니다.

CHAPTER_02 태양문자와 태음문자(월문자) 구분하기

(본수능 2/14회, 9월 모의 6/14회, 6월 모의 5회/14회, 예비 평가 2/2회, 총 15회/44회)

태음은 '달'을 태양에 상대하여 일컫는 말이라고 사전에서 정의하고 있다. 월(月)은 '한 달'을 의미하는 말이며, 달을 세는 단위이기도 하다(예: 8월 보름, 삼 개월). 그래서 다른 곳에서 '월문자'라고 하기도 하지만 여기서는 '태음문자'라고 표현한다.

참조 해와 달, 생년월일(生年月日), 태양(太陽)과 태음(太陰)

태양문자와 태음문자의 구분을 묻는 물음은 대부분 "밑줄 친 부분의 표기가 올바른/옳지 않은 것은?"이다.

문항 사례1

밑줄 친 부분의 표기가 옳은 것은? 2014학년도 대학수학능력시험 9월 모의평가

① اَلْضَيْفُ ② اَلْظَرْفُ ③ اَلذَكِيُّ ④ اَلْزَهْرَةُ ⑤ اَلْهَدِيَّةُ

풀이 태양문자가 정관사 اَلْ과 함께 쓰일 때, 그 태양문자 위에는 샷다(ّ)를 표기하지만 태음문자 위에는 표기하지 않는다. ض와 ظ, ذ, ز 등은 태양문자이다. 정관사가 태양문자와 함께 쓰일 때는 정관사 لْ 위의 수쿤(ْ)을 적지 않는다. [정답] ⑤

문항 사례2

밑줄 친 부분의 표기가 옳지 않은 것은? 2013학년도 대학수학능력시험

① اَلْتَمْرُ ② اَلْوَلَدُ ③ اَلْيَوْمُ ④ اَلْهَاتِفُ ⑤ اَلْغُرْفَةُ

풀이 정관사 اَلْ과 함께 쓰일 때 태양문자 위에는 ـّ를 표기하고, 태음문자 위에는 표기하지 않는다. [정답] ①

28개의 아랍어 문자들 중에서 태양문자와 태음문자는 각각 14개씩이며 다음과 같다.

태양문자	ت ث د ذ ر ز س ش ص ض ط ظ ل ن
태음문자	أ ب ج ح خ ع غ ف ق ك م ه و ي

28개의 문자를 태양문자와 태음문자로 구분하는 것은 정관사 اَلْ(al)에 태양문자로 시작하는 낱말이 접속될 때 لْ(l)의 [l] 발음이 뒤따라오는 태양문자에 동화되는 자음 접변 현상이 일어남을 표시하기 위한 것이다.

[l]이 태양문자에 동화되는 이유는 [l](잇몸소리)과 태양문자의 음성(치간음, 치음, 잇몸소리)이 조음 위치가 같거나 거의 같은 치음계열이기 때문이다.

정관사 اَلْ(al)에 태양문자로 시작하는 낱말이 접속될 لْ(l)이 뒤따르는 태양문자에 동화됨을 나타내기 위해 뒤따르는 태양문자 위에 '반복해서 발음하라'는 표시로 ـّ를 덧붙이고, لْ(l) 위에는 (발음되지 않음을 나타내기 위해) 아무런 표시도 하지 않는다(예: اَلشَّمْسُ).

다음 표의 음영 부분을 참고하면 لْ(l)과 태양문자가 조음 위치가 서로 근접한 이와 잇몸에서 발음되므로 자음 접변 현상이 발생함을 쉽게 이해할 수 있다.

조음 위치 \ 조음 방식			양순	순치	치간	치·치경	치경	치경·구개	경구개	연구개	구개수	인두	성문
파열음	유성	비강세음	ب			د							
		연구개음화				ض							
	무성	비강세음				ت				ك	ق		ء
		연구개음화				ط							
마찰음	유성	비강세음			ذ		ز			غ		ع	
		연구개음화			ظ								
	무성	비강세음		ف	ث		س	ش		خ		ح	ه
		연구개음화					ص						
파찰음		유성						ج					
비음		유성				ن							
전동음		유성					ر						
설측음		유성				ل							
반모음		유성							ي	(و)			

*치경은 잇몸을 가리킴.

반면에 정관사 اَلْ(al) 뒤에 태음문자로 시작하는 낱말이 접속될 때는 자음 동화가 일어나지 않는다. 따라서 정관사 اَلْ(al)의 표기에도 아무런 변화가 없다(예: اَلْكِتَابُ).

해법

태양문자와 태음문자

정관사 اَلْ(al) + 태양문자

اَلْ + ت، ث، د، ذ، ر، ز، س، ش، ص، ض، ط، ظ، ل، ن

* اَلْ + تَمْر = اَلتَّمْر (at-tamr)
* اَلْ + ثَالِث = اَلثَّالِث (ath-thālith)
* اَلْ + دَلِيل = اَلدَّلِيل (ad-dalīl)
* اَلْ + ذَهَب = اَلذَّهَب (adh-dhahab)
* اَلْ + رِسَالَة = اَلرِّسَالَة (ar-risālah)
* اَلْ + زِيَارَة = اَلزِّيَارَة (az-ziyārah)
* اَلْ + سَيَّارَة = اَلسَّيَّارَة (as-sayyārah)
* اَلْ + شَمْس = اَلشَّمْس (ash-shams)
* اَلْ + صَيْف = اَلصَّيْف (aṣ-ṣayf)
* اَلْ + ضَيْف = اَلضَّيْف (aḍ-ḍayf)
* اَلْ + طِفْل = اَلطِّفْل (aṭ-ṭifl)
* اَلْ + ظُهْر = اَلظُّهْر (aḍh-ḍhuhr)
* اَلْ + لُغَة = اَللُّغَة (al-lughah)
* اَلْ + نَهْر = اَلنَّهْر (an-nahr)

정관사 اَلْ(al) + 태음문자

اَلْ + أ، ب، ج، ح، خ، ع، غ، ف، ق، ك، م، ه، و، ي

* اَلْ + أُسْرَة = اَلْأُسْرَة (al-ʔusrah)
* اَلْ + بَيْت = اَلْبَيْت (al-bayt)
* اَلْ + جَمَل = اَلْجَمَل (al-jamal)
* اَلْ + حِجَاب = اَلْحِجَاب (al-ḥijāb)
* اَلْ + خُبْز = اَلْخُبْز (al-khubz)
* اَلْ + عَرَب = اَلْعَرَب (al-ʕarab)
* اَلْ + غَرْب = اَلْغَرْب (al-gharb)
* اَلْ + فَم = اَلْفَم (al-fam)
* اَلْ + قَدَم = اَلْقَدَم (al-qadam)
* اَلْ + كِتَاب = اَلْكِتَاب (al-kitāb)
* اَلْ + مِفْتَاح = اَلْمِفْتَاح (al-miftāḥ)
* اَلْ + هِوَايَة = اَلْهِوَايَة (al-hiwāyah)
* اَلْ + وَقْت = اَلْوَقْت (al-waqt)
* اَلْ + يَوْم = اَلْيَوْم (al-yawm)

Tip

어떤 자음이 태양문자인지를 쉽게 아는 방법 중의 하나는 - 그 자음을 발음할 때 - 혀의 앞 부분이 앞니나 잇몸에 닿으면 태양문자이고 그렇지 않은 문자는 태음문자로 구분하면 된다.

연습문제

1 밑줄 친 부분의 표기가 옳은 것은?

① اَلْبَّحْر ② اَلجَّمَل

③ اَلْدَرْس ④ اَلنَّهْر

⑤ اَلْشَّرِكَة

2 밑줄 친 부분의 표기가 옳은 것은?

① اَلْسُكَّر ② اَلْحِجَاب

③ اَلعَّصِير ④ اَلهَّدِيَّة

⑤ اَلْتِجَارَة

3 밑줄 친 부분의 표기가 옳지 않은 것은?

① اَلثُّوم ② اَلضَّيْف

③ اَلْلَيْلَة ④ اَلْكَلِمَة

⑤ اَلْمَسْجِد

4 밑줄 친 부분의 표기가 옳지 않은 것은?

① اَلظُّهْر ② اَلْغَرْب

③ اَلشَّمَال ④ اَلزُّجَاجَة

⑤ اَليَّمِين

✔ 정답

1 ④

풀이 발음 부호를 표시할 때, 태양문자가 정관사에 접속되면 그 태양문자 위에는 ّ 을 표기하고 정관사의 ل 위에는 어떠한 표기도 하지 않는다. 반면에 태음문자가 접속될 때는 그 태음문자 위에 ّ 을 표기하지 않으며 정관사의 ل 위에는 ْ 을 표기한다. ب(بـ)와 ج(جـ)은 태음문자이고, د(ـد)과 ش(شـ) 그리고 ن(نـ)은 태양문자이다.

2 ②

풀이 س(سـ)과 ت(تـ)는 태양문자이므로 위에 ّ 를 표기하고, ح(حـ)와 ع(عـ) 그리고 ه(هـ)는 태음문자이므로 위에 ّ 를 표기하지 않는다.

3 ③

풀이 ث(ثـ)와 ض(ضـ), ل(لـ)은 태양문자이고, ك(كـ)와 م(مـ)은 태음문자이다. 태양문자가 접속될 때 정관사 ال(الـ)의 ل(لـ) 위에 어떠한 표시도 하지 않으나, 태음문자가 접속될 때는 정관사 ال(الـ)의 ل(لـ) 위에 ْ (لْ)을 표시한다.

4 ⑤

풀이 ظ (ظـ)와 ش (شـ), ز (ـز)는 태양문자이고, غ (غـ)과 ي (يـ)는 태음문자이다.

CHAPTER_03 사용된 글자 또는 사용되지 않은 글자 찾기

(자음의 위치별 형태 이해: 총 34/44회 출제; 본수능 10/14회, 6월 모의 13/14회, 9월 모의 11/14회, 예비 평가 0/2회)

자음이 낱말 안에서 어두(첫 위치), 어중(중간 위치), 어말(끝 위치)의 위치에 따라 약간씩 다른 형태를 갖는 것에 관해 이해하고 있는지를 묻는 물음의 대부분은 "밑줄 친 부분에 사용된/사용되지 않은 글자는?"이다.

문항 사례1

밑줄 친 부분에 사용된 글자는? 2017학년도 대학수학능력시험

A: مَاذَا عَلَى الْمَائِدَةِ؟

B: عَلَى الْمَائِدَةِ شَوْكَةٌ وَمِلْعَقَةٌ.

① ث　② ر　③ ك　④ ل　⑤ م

풀이 شَوْكَةٌ의 كـ는 어두의 형태이며, 독립형은 ك이다.

A: 식탁 위에 무엇이 있습니까?
B: 식탁 위에 포크와 숟가락이 있습니다. [정답] ③

문항 사례2

밑줄 친 낱말에 사용되지 않은 글자는? 2013학년도 대학수학능력시험

نُحِبُّ الْمُوسِيقَى.

① س　② ق　③ م　④ ن　⑤ و

풀이 الْمُوسِيقَى에 사용된 글자들의 독립형은 ا, ل, م, و, س, ي, ق, ى이다.

우리는 음악을 좋아합니다. [정답] ④

문항 사례3

밑줄 친 부분에 공통으로 사용된 글자는? 2018학년도 대학수학능력시험 9월 모의평가

• كَيْفَ حَالُكَ يَا مُحَمَّدُ؟

• هٰذِهِ مَائِدَةٌ كَبِيرَةٌ.

① ب　② ح　③ د　④ ك　⑤ ل

풀이 ـك와 كـ의 독립형은 ك이다.

- 무함마드야! 네 건강 상태는 어때?
- 이것은 큰 탁자입니다. [정답] ④

지금까지 밑줄 친 낱말에 사용되었거나 사용되지 않은 글자를 고르는 문항에서 주목한 글자들은 ع(ـع، ـعـ، عـ), ك(ـك، ـكـ، كـ), ه(ـه، ـهـ، هـ) 등이다.

아랍어는 오른쪽에서 왼쪽 방향으로 적으며, 낱말 단위로 이어 적는 것이 원칙이다. 이런 원칙 하에 적되 여섯 개의 글자(ا، د، ذ، ر، ز، و)는 뒤에 오는 글자와 이어 적지 않고 띄어 적는다. 따라서 각 낱말에 적힌 아랍어 글자는 낱말 안의 위치에 따라 어두형, 어중형, 어말형, 독립형의 형태를 취한다.

아랍어 문자의 명칭과 낱말에서의 위치별 형태, 그리고 로마자 표기는 다음과 같다.

명칭	로마자 표기	어말형	어중형	어두형	독립형
알리프 함자	ʔ	ـأ	ـأ	أ	أ (ا + ء)
바	b	ـب	ـبـ	بـ	ب
타	t	ـت	ـتـ	تـ	ت
사	th	ـث	ـثـ	ثـ	ث
짐	j	ـج	ـجـ	جـ	ج
하	ḥ	ـح	ـحـ	حـ	ح
카	kh	ـخ	ـخـ	خـ	خ
달	d	ـد	ـد	د	د
달	dh	ـذ	ـذ	ذ	ذ
라	r	ـر	ـر	ر	ر
자이	z	ـز	ـز	ز	ز
신	s	ـس	ـسـ	سـ	س
신	sh	ـش	ـشـ	شـ	ش
사드	ṣ	ـص	ـصـ	صـ	ص
다드	ḍ	ـض	ـضـ	ضـ	ض
타	ṭ	ـط	ـطـ	طـ	ط
다	ḍh(ẓ)	ـظ	ـظـ	ظـ	ظ
아인	ʕ	ـع	ـعـ	عـ	ع

가인	gh	ـغ	ـغـ	غـ	غ
파	f	ـف	ـفـ	فـ	ف
카프	q	ـق	ـقـ	قـ	ق
카프	k	ـك	ـكـ	كـ	ك
람	l	ـل	ـلـ	لـ	ل
밈	m	ـم	ـمـ	مـ	م
눈	n	ـن	ـنـ	نـ	ن
하	h	ـه	ـهـ	هـ	ه
와우	w	ـو	-ـو	-و	و
야	y	ـي	ـيـ	يـ	ي

해법

낱말에 사용된 글자와 사용되지 않은 글자를 찾기 위해서는 각 문자의 위치별 형태를 이해해야 한다.

위치별 형태에는 독립형, 어두형, 어중형, 어말형이 있어서 각 문자에 4가지 형태가 있는 것으로 인식되지만, 대부분의 문자는 어두형과 어중형이 거의 같은 형태이고 어말형과 독립형이 또한 거의 같은 형태이기 때문에 실제로는 2가지 형태가 있는 것과 다름 없다.

그러나 앞서의 표에서 붉은색으로 표시한 글자들은 어두형과 어중형, 어말형 그리고 독립형이 각기 조금씩 다르기 때문에 주의를 기울여야 하며, 이런 글자들의 형태를 이해하고 있는지를 묻는 문항이 자주 출제된다.

아랍어 문자를 비슷한 형태별로 묶어 보면 다음과 같다.

ب، ت، ث، ن، ي	ب	ـب	ـبـ	بـ
	ت	ـت	ـتـ	تـ
	ث	ـث	ـثـ	ثـ
	ن	ـن	ـنـ	نـ
	ي	ـي	ـيـ	يـ

ج، ح، خ	ج ح خ	ـج ـح ـخ	ـجـ ـحـ ـخـ	جـ حـ خـ	
د، ذ	د ذ	ـد ـذ	ـد- ـذ-	د- ذ-	
ر، ز، و	ر ز و	ـر ـز ـو	-ـر- -ـز- -ـو-	-ر -ز -و	
س، ش، ص، ض	س ش ص ض	ـس ـش ـص ـض	ـسـ ـشـ ـصـ ـضـ	سـ شـ صـ ضـ	
ط، ظ	ط ظ	ـط ـظ	ـطـ ـظـ	طـ ظـ	
ف، ق	ف ق	ـف ـق	ـفـ ـقـ	فـ قـ	
ك، ل	ك ل	ـك ـل	ـكـ ـلـ	كـ لـ	
م، ه	م ه	ـم ـه	ـمـ ـهـ	مـ ه	
أ، إ، ا، ء، ؤ، ئ، ئـ	أ إ أ	ـأ ـئ ـؤ	ـأ- ـإ- ـئـ	أ- إ- -ـؤ	 أ-

연습문제

1 밑줄 친 부분에 사용된 글자는?

مَنْ يَتَكَلَّمُ؟

① ا　② ب　③ ق　④ ك　⑤ ن

2 밑줄 친 낱말에 사용되지 않은 글자는?

مَا هِوَايَتُكَ؟

① ا　② ت　③ ل　④ و　⑤ ي

3 밑줄 친 낱말에 공통으로 사용된 글자는?

• هُوَ مُهَنْدِسٌ فِي مَصْنَعٍ.

• مَاذَا فَعَلْتَ أَمْسِ؟

① ب　② ض　③ ع　④ ق　⑤ ه

✔ 정답

1 ④

풀이 ك의 어두형은 كـ이고, 어중형은 ـكـ이며, 어말형은 ـك이다.

(전화에서) 누구십니까?

2 ③

풀이 ل의 어두형은 لـ이고, 어중형은 ـلـ이며, 어말형은 ـل이다.

ه의 어두형은 هـ이고, 어중형은 ـهـ이며, 어말형은 ـه이다.

너의 취미는 무엇이니?

3 ③

풀이 ع의 어두형은 عـ이고, 어중형은 ـعـ이며, 어말형은 ـع이다.

A: 그는 공장의 엔지니어입니다.

B: 너는 어제 무엇을 했니?

CHAPTER_04 자음과 모음을 이어 적는 방법 이해

자음과 모음을 조합하여 이어 적는 방법을 이해하고 있는지를 묻는 문항의 대부분은 "〈보기〉의 철자를 연결하여 만든 낱말로 알맞은 것은?/〈보기〉의 철자를 바르게 연결한 것은?" 등이다.

문항 사례1

〈보기〉의 철자를 연결하여 만든 낱말로 알맞은 것은? 2012학년도 대학수학능력시험

보기

جَ + مِ + ي + لٌ

① بَعِيدٌ ② جَمِيلٌ ③ حَدِيثٌ ④ جَمِيعٌ ⑤ طَوِيلٌ

풀이 جَ + مِ + ي + لٌ ← جـَ + ـمِـ + ـيـ + ـلٌ ← جَمِيلٌ [정답] ②

문항 사례2

〈보기〉의 철자를 순서대로 바르게 연결한 것은? 2011학년도 대학수학능력시험

보기

ك + ت + ا + ب

① كتب ② كتاب ③ كبات ④ كاتب ⑤ كتلب

풀이 ك + ت + ا + ب ← كـ + ـتـ + ـا + ب ← كتاب [정답] ②

문항 사례3

〈보기〉의 철자를 바르게 연결한 것은? 2010학년도 대학수학능력시험

보기

مَ + فْ + تُ + و + حٌ

① مَشْغُولٌ ② مَعْرُوفٌ ③ مَعْقُولٌ ④ مَفْتُوحٌ ⑤ مَمْنُوعٌ

풀이 مَ + فْ + تُ + و + حٌ ← مَـ + ـفْـ + ـتُـ + ـو + ح ← مَفْتُوحٌ [정답] ④

문자를 바르게 연결하여 쓰기 위해서는 각 문자의 위치별 형태와 모음을 표기하는 부호와 보조 발음 부호를 이해해야 한다.

단모음 '아(a)'와 '우(u)' 그리고 '이(i)'를 나타내는 모음 부호는 자음 위(ـ)에 각각 ـَ와 ـُ 그리고 ـِ로 적는다.

장모음 '아(ā)'와 '우(ū)' 그리고 '이(ī)'는 각각의 단모음에 ا와 و 그리고 ي를 덧붙여 표시한다(ـَا, ـُو, ـِي).

이중모음 '아우(aw)'와 '아이(ay)'는 각각 ـَوْ와 ـَيْ로 표시한다.

같은 자음이 겹쳐 있는 중자음은 그 자음 위(ـ)에 샷다(ّ)로 표시한다(ـّ).

장모음 '아(ā)'가 들어 있는 낱말	عَ + طْ + شَ + ا + نُ ← عَطْشَانُ جَ + وْ + عَ + ا + نُ ← جَوْعَانُ تَ + عْ + بَ + ا + نُ ← تَعْبَانُ شَ + ا + رِ + عٌ ← شَارِعٌ جَ + ا + مِ + عَ + ةٌ ← جَامِعَةٌ
장모음 '우(ū)'가 들어 있는 낱말	مَ + شْ + غُ + و + لٌ ← مَشْغُولٌ مَ + شْ + هُ + و + رٌ ← مَشْهُورٌ مَ + وْ + جُ + و + دٌ ← مَوْجُودٌ مَ + كْ + تُ + و + بٌ ← مَكْتُوبٌ مَ + قْ + بُ + و + لٌ ← مَقْبُولٌ
장모음 '이(ī)'가 들어 있는 낱말	طَ + بِ + ي + بٌ ← طَبِيبٌ كَ + بِ + ي + رٌ ← كَبِيرٌ مُ + دِ + ي + رٌ ← مُدِيرٌ رَ + ئِ + ي + سٌ ← رَئِيسٌ تَ + عْ + لِ + ي + مٌ ← تَعْلِيمٌ
중자음이 들어 있는 낱말	مُ + دَ + رِّ + سٌ ← مُدَرِّسٌ مُ + بَ + كِّ + رً + ا ← مُبَكِّرًا مُ + كَ + يِّ + فٌ ← مُكَيِّفٌ مُ + وَ + ظَّ + فٌ ← مُوَظَّفٌ مُ + مَ + رِّ + ضَ + ةٌ ← مُمَرِّضَةٌ
이중모음이 들어 있는 낱말	حُ + سَ + يْ + نٌ ← حُسَيْنٌ ثَ + وْ + رَ + ةٌ ← ثَوْرَةٌ صَ + يْ + دَ + لِ + يَّ + ةٌ ← صَيْدَلِيَّةٌ بَ + يْ + رُ + و + تُ ← بَيْرُوتُ مَ + وْ + عِ + دٌ ← مَوْعِدٌ

해법

아랍어 철자법(맞춤법)이 바르게 쓰인 것을 고르는 문제에서 아랍어 자음의 위치별 형태와 모음 부호를 포함한 각종 발음 부호를 이해하는 것이 중요하다.

위치별 형태가 비교적 많이 변하는 글자: ع غ ك ه

(앞에 오는 자음과는 연결하여 적지만) 뒤에 오는 자음과 띄어 적는 글자: ا د ذ ر ز و

예 مُدَرِّسَةٌ mudarrisatun

مُ + دَ + رْ + رِ + سَ + ةٌ ← مُ + دَ + رِّ + سَ + ةٌ ← مُدَرِّسَةٌ

د은 뒤에 오는 문자와 연결하여 적지 않는다(...دَرِّ...). ر도 뒤에 오는 문자와 연결하여 적지 않는다. 따라서 위 낱말에서 ر는 독립형(ر)으로 적을 수밖에 없으며, 뒤이어 오는 س는 첫 위치, 즉 어두형(سـ)으로 적어야 한다(...رِّسـ...).

Tip

① لاَ(람 알리프)는 لَ에 알리프가 이어질 때(ا + لَ), لا로 표기하지 않고 لاَ로 표기한 것이다.

بِ + لَ + ا + دٌ ← بِلاَدٌ

② آ(알리프 맛다)는 أَ에 ا나 أْ가 이어질 때(ا + أَ 혹은 أْ + أَ), اأ 또는 أأ라고 적지 않고 آ라고 적은 것이다.

أَ + ا + سِ + فٌ ← آسِفٌ　　　أَ + أْ + كُ + لُ ← آكُلُ

③ ـَى(알리프 막수라)는 ـَ에 ى(점이 없는 '야')를 덧붙인 것으로서 일부 단어의 어말에서만 나타나며 발음은 장모음 ā에 해당한다.

حَتَّى　　　عَلَى　　　إِلَى

④ ة(타마르부타)는 ت의 양끝이 서로 연결된 (또는 묶인) 것이며, 명사의 어말에서 여성형임을 나타내는 어미이다.

أُسْرَةٌ　　　جَمِيلَةٌ

⑤ ّ(샷다)는 바로 아래에 적힌 자음이 겹쳐 있음을 가리키는 것으로서 그 자음을 두 번 발음하라는 부호이다.

مُحَمَّدٌ muḥammadun　　　كُتَّابٌ kuttābun

⑥ ـٌ (un), ـٍ (in), ـًا (an)은 주격(u), 소유격(i), 목적격(a) 어미에 'ㄴ' 음을 첨가한 것이며, (일부 고유명사를 제외하고) 명사가 비한정 상태임을 의미한다.

صَبَاحًا　　　فِي مَدْرَسَةٍ　　　أَحْمَدُ صَدِيقٌ لِي.

연습문제

1 〈보기〉의 철자를 바르게 연결한 것은?

보기 مُ + شَ + ا + هَ + دَ + ةٌ

① مُحَادَثَةٌ ② مُشَاهَدَةٌ
③ مُشْتَاقَةٌ ④ مُمْتَازَةٌ
⑤ مَوْجُودَةٌ

2 〈보기〉의 철자를 바르게 연결한 것은?

보기 مُ + جْ + تَ + مَ + عٌ

① مُجْتَمَعٌ ② مُجْتَهِدٌ
③ مُخْتَلِف ④ مُرْتَفِعٌ
⑤ مُعْتَدِلٌ

3 〈보기〉의 철자를 바르게 연결한 것은?

보기 مَ + شْ + غُ + و + لٌ

① مَشْغُولٌ ② مَصْنُوعٌ
③ مَفْهُومٌ ④ مَوْجُودٌ
⑤ مَوْضُوعٌ

✔ 정답

1 ②

풀이 مُ + شَ + ا + هَ + دَ + ةٌ

ا(알리프), د(달), ذ(달), ر(라), ز(자이), و(와우) 이상 6개의 글자는 뒤에 오는 글자와 이어 적지 않는다.

2 ①

풀이 مُ + جْ + تَ + مَ + عٌ

ع(아인)의 위치별 형태는 ـع ـعـ عـ이고, م(밈)의 위치별 형태는 ـم ـمـ مـ이다.

3 ①

풀이 مَ + شْ + غُ + و + لٌ

ش(신)의 위치별 형태는 ـش ـشـ شـ이고, غ(가인)의 위치별 형태는 ـغ ـغـ غـ이다.

CHAPTER_05 기타 발음 및 철자법

1 같은 발음 찾기 (총 12/44회: 본수능 5/14회, 6월 모의 5/14회, 9월 모의 1/14회, 예비 평가 1/2회)

문항 사례1

〈보기〉의 밑줄 친 부분과 발음이 같은 것은? 2012학년도 대학수학능력시험

보기

اَلشُّبَّاكُ هُنَاكَ.

① جَبَلٌ ② صَدْرٌ ③ عَيْنٌ ④ قَمَرٌ ⑤ كَلِمَةٌ

풀이 ك(كَاف)는 낱말 안의 위치에 따라 비교적 모양이 많이 변하는 글자이기 때문에 자주 출제의 대상이 된다(독립형은 ك이지만 어말형, 어중형, 어두형은 각각 ـك ـكـ كـ로 적는다). 〈보기〉의 문장을 해석하면 "그 창문이 거기에 있다"이다.

※그러나 필자가 출제자라면 "거기에 창문이 하나 있다"(هُنَاكَ شُبَّاكٌ.)로 출제했을 것이다. [정답] ⑤

문항 사례2

〈보기〉의 밑줄 친 부분과 발음이 같은 것은? 2011학년도 대학수학능력시험

보기

أَنَا عَطْشَانُ.

① صَدْرٌ ② ثَلْجٌ ③ شَرِيطَةٌ ④ سَبْعَةٌ ⑤ سَيَّارَةٌ

풀이 ع(عَيْن)도 낱말 안의 위치에 따라 비교적 모양이 많이 변하는 글자이기 때문에 자주 출제된다(독립형은 ع이지만 어말형, 어중형, 어두형은 각각 ـع ـعـ عـ으로 적는다).

나는 목이 마릅니다. [정답] ④

2 장모음 찾기 (총 1/44회: 본수능 1/14회, 6월 모의 0/14회, 9월 모의 0/14회, 모의 평가 0/2회)

문항 사례1

낱말들 중 장모음이 없는 것은? 2010학년도 대학수학능력시험

① دَرْسٌ ② سُوقٌ ③ جَمِيلٌ ④ مُدِيرٌ ⑤ مُنَاسِبٌ

풀이 아랍어에서 장모음 a, u, i는 각각 ـا, ـو, ـي으로 표기한다. 따라서 '알리프'와 '와우', '야'가 들어 있지 않은 ①이 정답이다. [정답] ①

3 알파벳 순서 이해 (총 1/44회: 예비 평가 1/2회)

문항 사례1

아랍어 자음 순서대로 구성된 어휘표이다. 빈칸 (a)에 들어 갈 낱말로 알맞은 것은?

2014학년도 대학수학능력시험 예비

أ
⋮
أُرْزٌ
(a)
أَرْضٌ
أَزْرَقُ
⋮

① أَحْمَرُ ② أَخْضَرُ ③ أَرْسَلَ ④ أَعْلَنَ ⑤ أَوْسَطُ

풀이 أُرْزٌ - (a) - أَرْضٌ

아랍어 문자의 순서를 알아야 한다. أُرْزٌ와 أَرْضٌ은 أر…까지가 같다. 따라서 (a)도 أر…가 들어 있어야 한다.

[정답] ③

연습 문제

1 〈보기〉의 밑줄 친 부분과 발음이 같은 것은?

> 보기 هٰذِهِ هَدِيَّةٌ لَكَ مِنِّي.

① رَجُلٌ
② شَعْبٌ
③ شَمْسٌ
④ مُهِمٌّ
⑤ كِتَابٌ

2 〈보기〉의 밑줄 친 부분과 발음이 같은 것은?

> 보기 اَلْخَطُّ مَشْغُولٌ.

① عُمْرٌ
② بَعِيدٌ
③ خُضَرٌ
④ تَمَنَّى
⑤ غُرْفَةٌ

3 낱말들 중에서 장모음이 들어 있는 것은?

① كَأْسٌ
② مَوْعِدٌ
③ مُوَظَّفٌ
④ فِنْجَانٌ
⑤ مُجْتَمَعٌ

4 아랍어 자음 순서대로 구성된 어휘표이다. 빈칸 (a)에 들어 갈 낱말로 알맞은 것은?

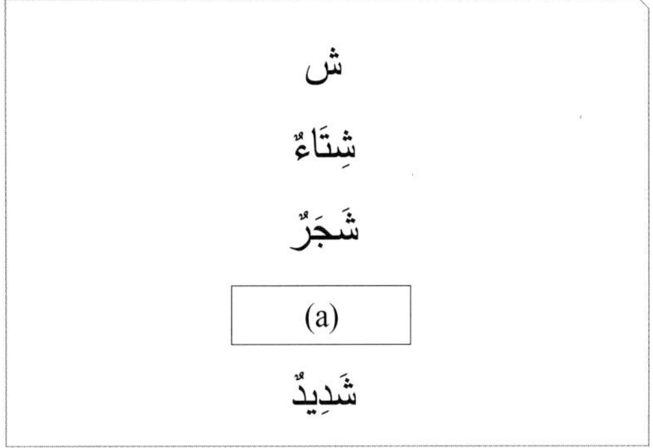

① شَخْصٌ
② شُكْرٌ
③ شَمْسٌ
④ شَمَالٌ
⑤ شَبْعَانُ

✔ 정답

1 ④

풀이 ه(هاء)는 낱말 안의 위치에 따라 비교적 모양이 가장 많이 변하는 글자이기 때문에 출제의 대상이 되기 쉽다(독립형은 ه이지만 어말형, 어중형, 어두형은 각각 ـه ـهـ هـ 로 적는다).
이것은 내가 너에게 주는 선물이야.

2 ⑤

풀이 독립형은 غ이지만 어말형, 어중형, 어두형은 각각 ـغ ـغـ غـ으로 적는다.
통화 중입니다.

3 ④

풀이 장모음을 나타내는 ا(알리프)와 و(와우) 그리고 ي(야) 바로 위에는 아무런 표시를 하지 않는다.

4 ①

풀이 알파벳 순서에서 ...شَجَ와 ...شَدِ 사이에 오는 자음은 ...شَخ이다. 따라서 빈칸 (a)에는 선택지에서 ...شَخ로 시작하는 낱말이어야 한다.

어휘의 이해 및 활용 능력

CHAPTER_01 낱말 카드 빈칸 넣기

(총 13/44회 출제: 본수능 4/14회, 9월 모의 4/14회, 6월 모의 4/14회, 예비 평가 1/2회)

낱말 카드를 이용하여 만든 문항의 물음은 대부분 "□에 공통으로 들어갈 글자는?"이다.

문항 사례1

□에 공통으로 들어갈 글자는? 2017학년도 대학수학능력시험

قِطَا□ 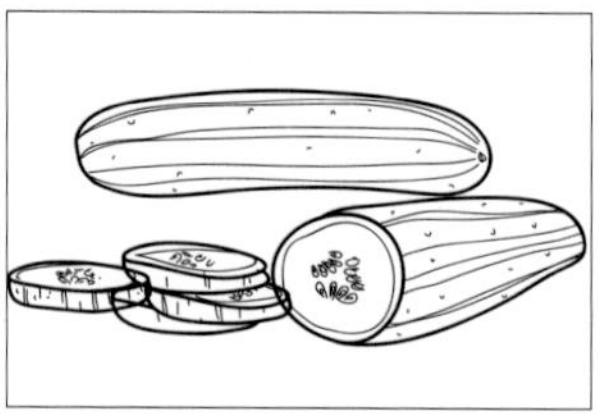 خِيَا□  مَطَا□

① بٌ ② خٌ ③ رٌ ④ عٌ ⑤ نٌ

[정답] ③

문항 사례2

낱말 카드의 □에 공통으로 들어갈 글자는? 2016학년도 대학수학능력시험

[لٌ][مَ][ ] [رٌ][ ][شَ] [لٌ][بَ][ ]

① جَ ② رَ ③ سَ ④ طَ ⑤ كَ

[정답] ①

문항 사례3

□에 공통으로 들어갈 글자는? 2015학년도 대학수학능력시험

[ ][ن][ع] [ل][ ][ج] [ر][ق][ ]

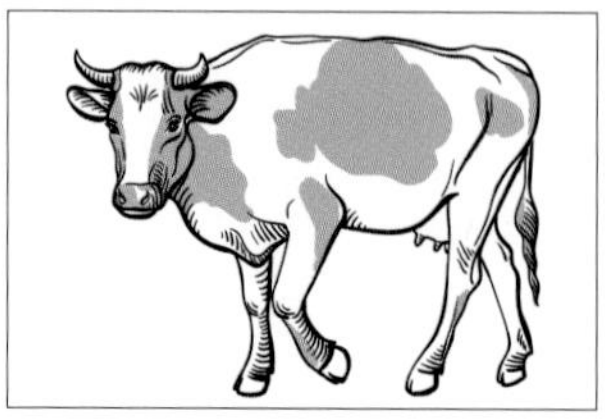

① ب ② د ③ س ④ ط ⑤ م

[정답] ①

다음은 출제된 낱말 카드에 사용된 어휘이다. 주의 깊게 살펴보면 약 30여 개 낱말이 반복해서 출제될 가능성이 많음을 짐작할 수 있을 것이다. 붉은색으로 표시한 글자가 공통으로 들어가 있는 글자이다(ب، ج، ر، ق، ك، م).

본수능	◐ 기차(قِطَارٌ) 오이(خِيَارٌ) 공항(مَطَارٌ) ◐ 낙타(جَمَلٌ) 나무(شَجَرٌ) 산(جَبَلٌ) ◐ 포도(عِنَب) 산(جَبَل) 암소(بَقَرٌ) ◐ 연필(قَلَم) 태양(شَمْس) 바나나(مَوْزٌ) ◐ 닭(دَجَاج) 책(كِتَاب) 시계(سَاعَة) 신발(حِذَاء)
9월 모의	◐ 태양(شَمْس) 사원(مَسْجِد) 생선(سَمَك) ◐ 양파(بَصَلٌ) 연필(قَلَمٌ) 나무(شَجَرٌ) ◐ 가방(حَقِيبَةٌ) 산(جَبَلٌ) 양파(بَصَلٌ) ◐ 생선(سَمَكٌ) 임금(مَلِكٌ) 의자(كُرْسِيٌّ)
6월 모의	◐ 포도(عِنَب) 빵(خُبْز) 집(بَيْت) ◐ 기차(قِطَار) 연필(قَلَم) 암소(بَقَر) ◐ 문(بَاب) 케밥(كَبَابٌ) 책(كِتَاب) ◐ 책(كِتَاب) 은행(بَنْك) 소녀(بِنْت)
예비 평가	◐ 문(بَاب) 서쪽(غَرْبٌ) 책(كِتَابٌ)

대부분 삽화와 함께 낱말 카드가 제시되고 있다. 출제에 활용된 낱말은 삽화로 표현하기 어려운 동사나 불변사(전치사나 접속사)가 아닌 명사로서, 글자 수도 적기 때문에 비교적 암기나 표기가 쉬운 것이다.

제시된 3개의 낱말 중에서 하나만 확실히 알고 있으면 정답을 찾을 수 있는 경우가 대부분이다.

명사인 사물을 삽화로 표현하는 데는 비교적 글자 수가 많지 않은 명사가 활용되고 있다.

연습문제

1 □에 들어갈 글자들을 모두 조합하여 만들어지는 낱말은?

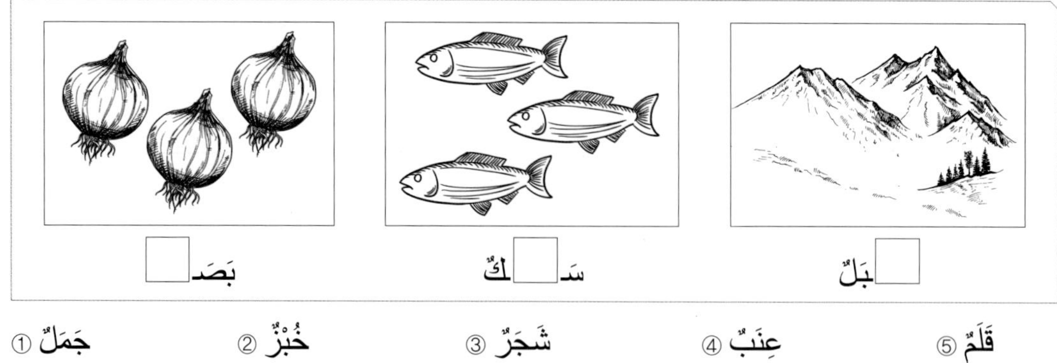

① جَمَلٌ ② خُبْزٌ ③ شَجَرٌ ④ عِنَبٌ ⑤ قَلَمٌ

2 낱말 카드의 □에 공통으로 들어갈 글자는?

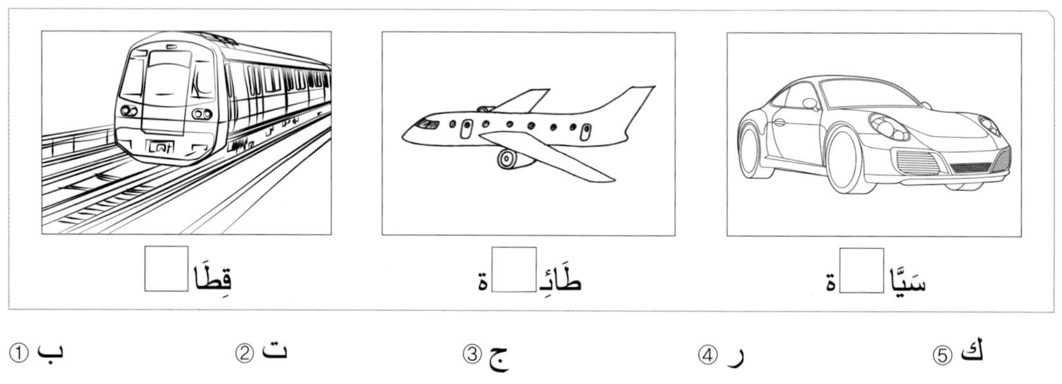

① ب ② ت ③ ج ④ ر ⑤ ك

3 □에 들어갈 글자들을 모두 조합하여 만들어지는 낱말에 해당하는 우리말은?

① 소 ② 집 ③ 공항 ④ 공책 ⑤ 다리

✔ 정답

1 ①

도움말 양파(بَصَلٌ), 생선(سَمَكٌ), 산(جَبَلٌ) → جَمَلٌ

2 ④

도움말 기차(قِطَار), 비행기(طَائِرَة), 자동차(سَيَّارَة)

3 ②

도움말 포도(عِنَب), 오이(خِيَار), 책(كِتَاب)이다. 빈칸의 글자들을 조합하면 بَيْت(집)이 된다.

CHAPTER_02 낱말의 상 · 하위 어휘 찾기

(총 51/44회 출제: 본수능 15/14회, 6월 모의 17/회, 9월 모의 17/회, 예비 평가 2/2회)

◆ 상위 개념의 의미별 어휘

신체 부위, 계절, 필기구, 채소, 과일, 동물, 식물, 취미, 운동, 교과목, 방위, 전치사, 의문사, 동사, 형용사, 신체의 상태, 색깔, 음식물, 시간, 능동 분사, 동명사, 직업(표시 명사), 장소 명사, 기구 명사, 월명, 요일명, 수사, 비교급, (남녀별) 인명, 기타 고유 명사 등

문항 사례1

낱말들의 의미를 포괄하는 것은? 2010학년도 대학수학능력시험 6월 모의평가

يَدٌ　　بَطْنٌ　　صَدْرٌ　　عَيْنٌ

① 맛　② 몸　③ 과목　④ 방위　⑤ 유적지

풀이 신체의 주요 부위에 대한 명칭을 숙지해야 한다.

عَيْنٌ (눈) صَدْرٌ (가슴) بَطْنٌ (배) يَدٌ (손)을 포괄하는 것은 '몸'이다. [정답] ②

문항 사례2

그림에 해당하는 낱말들의 의미를 포괄하는 것은? 2012학년도 대학수학능력시험 9월 모의평가

تُفَّاحٌ　　بُرْتُقَالٌ

① سَمَكٌ　② قَلَمٌ　③ أُسْرَةٌ　④ سَيَّارَةٌ　⑤ فَاكِهَةٌ

풀이 과일명을 숙지해야 한다.

① 생선　② 연필　③ 가족　④ 자동차　⑤ 과일 [정답] ⑤

문항 사례3

빈칸에 들어갈 말로 알맞은 것은? 2015학년도 대학수학능력시험

A: أَيَّ _______ تُحِبُّ؟

B: أُحِبُّ السِّبَاحَة وكُرَةَ الْقَدَمِ وَكُرَةَ السَّلَّةِ.

① طَعَامٍ ② عَصِيرٍ ③ حَيَوَانٍ ④ رِيَاضَةٍ ⑤ فَاكِهَةٍ

풀이 스포츠의 종류를 숙지해야 한다.

A: 무슨 운동을 좋아하니?
B: 수영과 축구 그리고 농구를 좋아해.
① 음식 ② 주스 ③ 동물 ④ 운동 ⑤ 과일

[정답] ④

● 의미 개념별 어휘

신체 부위	رَأْسٌ 머리 وَجْهٌ 얼굴 عَيْنٌ 눈 أَنْفٌ 코 أُذْنٌ 귀 فَمٌ 입 يَدٌ 손 قَدَمٌ 발 صَدْرٌ 가슴 بَطْنٌ 배 قَلْبٌ 심장 رِجْلٌ 다리 ظَهْرٌ 등 ذِرَاعٌ 팔 ※ 신체 부위 중에서 두 개로 이루어진 것은 여성 명사로 간주한다(손, 발, 눈, 귀, 팔, 다리 등).
과일 (فَاكِهَةٌ ج فَوَاكِهُ)	تُفَّاحٌ 사과 مَوْزٌ 바나나 بُرْتُقَالٌ 오렌지 عِنَبٌ 포도 مِشْمِشٌ 살구 تَمْرٌ 대추야자 بِطِّيخٌ 수박 خَوْخٌ 복숭아
채소 (خُضَرٌ، خَضْرَاوَاتٌ)	جَزَرٌ 당근 بَصَلٌ 양파 ثُومٌ 마늘 بَطَاطَا 고구마 خِيَارٌ 오이 خَسٌّ 상추 بَطَاطِسُ 감자 فُلْفُلٌ 고추 فُولٌ 콩
동물 (حَيَوَانٌ ج حَيَوَانَاتٌ)	أَسَدٌ 사자 بَقَرٌ 소 جَمَلٌ 낙타 حِصَانٌ 말 كَلْبٌ 개 قِطٌّ 고양이 قِرْدٌ 원숭이 تِمْسَاحٌ 악어 خَرُوفٌ 양 لَحْمٌ ج لُحُومٌ 고기
조류 (طَيْرٌ ج طُيُورٌ)	دَجَاجٌ 닭 بَطٌّ 오리 إِوَزٌّ 거위 عُصْفُورٌ 참새
운동 (رِيَاضَةٌ ج رِيَاضَاتٌ)	سِبَاحَةٌ 수영 كُرَةُ السَّلَّةِ 농구 كُرَةُ الْقَدَمِ 축구 كُرَةُ الْيَدِ 핸드볼 كُرَةُ الطَّاوِلَةِ 탁구

방위 (جِهَةٌ ج جِهَاتٌ)	شَرْقٌ 동　غَرْبٌ 서　جَنُوبٌ 남　شَمَالٌ 북
색깔 (لَوْنٌ ج أَلْوَانٌ)	أَبْيَضُ، بَيْضَاءُ 하얀　أَحْمَرُ، حَمْرَاءُ 붉은　أَخْضَرُ، خَضْرَاءُ 파랑 أَزْرَقُ، زَرْقَاءُ 푸른　أَسْوَدُ، سَوْدَاءُ 검정　أَصْفَرُ، صَفْرَاءُ 노랑 أَسْمَرُ، سَمْرَاءُ 갈색　بُرْتُقَالِيٌّ، بُرْتُقَالِيَّةٌ 오렌지색의　وَرْدِيٌّ، وَرْدِيَّةٌ 장밋빛의 بُنِّيٌّ، بُنِّيَّةٌ 커피색의
취미 (هِوَايَةٌ ج هِوَايَاتٌ)	السِّبَاحَةُ 수영　الْقِرَاءَةُ 독서　كُرَةُ الْقَدَمِ 축구　كُرَةُ السَّلَّةِ 농구 كُرَةُ الْيَدِ 핸드볼　الْكِتَابَةُ 글쓰기　الرِّيَاضَةُ 운동　الرَّسْمُ 그림 그리기
시간 (وَقْتٌ ج أَوْقَاتٌ)	دَقِيقَةٌ (ج دَقَائِقُ) 1분　سَاعَةٌ (ج سَاعَاتٌ) 1시간　يَوْمٌ (ج أَيَّامٌ) 1일 أُسْبُوعٌ (ج أَسَابِيعُ) 1주일　شَهْرٌ (ج شُهُورٌ) 1달 سَنَةٌ (ج سَنَوَاتٌ) = عَامٌ (ج أَعْوَامٌ) 1년　قَرْنٌ (ج قُرُونٌ) 1세기
신체의 상태	تَعْبَانُ 피곤하다　جَوْعَانُ 배고프다　عَطْشَانُ 목마르다　غَضْبَانُ 화가 나다 شَبْعَانُ 배부르다
요일명 (أَسْمَاءُ الْأَيَّامِ)	يَوْمُ الْأَحَدِ 일　يَوْمُ الْاِثْنَيْنِ 월　يَوْمُ الثُّلَاثَاءِ 화　يَوْمُ الْأَرْبِعَاءِ 수 يَوْمُ الْخَمِيسِ 목　يَوْمُ الْجُمْعَةِ 금　يَوْمُ السَّبْتِ 토
월명 (أَسْمَاءُ الشُّهُورِ)	يَنَايِرُ 1월　فِبْرَايِرُ 2월　مَارِسُ 3월　أَبْرِيلُ 4월 مَايُو 5월　يُونْيُو 6월　يُولْيُو 7월　أُغُسْطُسُ 8월 سِبْتَمْبِرُ 9월　أُكْتُبِرُ 10월　نُوفَمْبِرُ 11월　دِسَمْبِرُ 12월
장소 명사 (اِسْمُ الْمَكَانِ)	مَنْزِلٌ 집　مَرْكَزٌ 센터　مَصْنَعٌ 공장　مَطْعَمٌ 식당　مَكْتَبٌ 사무실 مَعْرِضٌ 전시장　مَطَارٌ 공항　مَدْرَسَةٌ 학교　مَطْبَخٌ 부엌 مَلْعَبٌ 운동장　مَقْهًى 카페　مَكْتَبَةٌ 도서관　مَزْرَعَةٌ 농장　مَسْجِدٌ 사원 مَغْرِبٌ 해 지는 곳　مَعْهَدٌ 연구소
기구 명사 (اِسْمُ الْآلَةِ)	مِفْتَاحٌ 열쇠　مِيزَانٌ 저울　مِلْعَقَةٌ 숟가락　مِصْعَدٌ 승강기　مِعْطَفٌ 코트

기수 (الْعَدَدُ الْأَصْلِيُّ)	وَاحِدٌ 하나 اِثْنَانِ 둘 ثَلَاثَةٌ 셋 أَرْبَعَةٌ 넷 خَمْسَةٌ 다섯 سِتَّةٌ 여섯 سَبْعَةٌ 일곱 ثَمَانِيَةٌ 여덟 تِسْعَةٌ 아홉 عَشَرَةٌ 열
날씨 (الْجَوُّ)	حَارٌّ 덥다 بَارِدٌ 차갑다 دَافِئٌ 따뜻하다 غَائِمٌ 흐리다 مُثْلِجٌ 눈이 오다 مُمْطِرٌ 비가 오다 مُشْمِسٌ 화창하다 لَطِيفٌ (날씨가) 좋다, 맑게 개다
마실 수 있는 것 (الْمَشْرُوبَاتُ)	عَصِيرٌ 주스 حَلِيبٌ، لَبَنٌ 우유 قَهْوَةٌ 커피 شَايٌ 차 مَاءٌ 물
먹거리 (اَلْمَأْكُولَاتُ)	كَبَابٌ 케밥 كُشَرِي 코샤리 طَاجِنٌ 타진 كُسْكُسٌ 쿠스쿠스 حُمُّصٌ 훔무스 سَلَطَةٌ 샐러드 مَنْسَفٌ 만사프 كَبْسَةٌ 캅사 كُفْتَةٌ 쿠프타
직업 (اَلْعَمَلُ)	مُدَرِّسٌ، مُعَلِّمٌ 선생님 طَبِيبٌ 의사 مُهَنْدِسٌ 엔지니어 مُمَرِّضٌ 간호사 طَبَّاخٌ 요리사 مُدِيرٌ 관리자 مُوَظَّفٌ 직원 تَاجِرٌ 상인 رَئِيسٌ 대통령 عَالِمٌ 학자 عَامِلٌ 노동자 كَاتِبٌ 작가
친인척 (اَلْأَقْرِبَاءُ)	أَبٌ 아버지 أُمٌّ 어머니 أَخٌ 형제 أُخْتٌ 자매 عَمٌّ 숙부 عَمَّةٌ 고모 خَالٌ 외숙 خَالَةٌ 이모 جَدٌّ 할아버지 حَفِيدٌ 손자 حَمٌ 장인
교통수단 (وَسَائِلُ الْمُوَاصَلَاتِ)	طَائِرَةٌ 비행기 قِطَارٌ 기차 أُوتُوبِيس 버스 دَرَّاجَةٌ 자전거 تاكْسِي، سَيَّارَةُ الْأُجْرَةِ 택시 سَيَّارَةٌ 자동차

- 비교급 형태 (صِيغَةُ التَّفْضِيلِ):

크다 (كَبِيرٌ ، أَكْبَرُ)	작다 (صَغِيرٌ ، أَصْغَرُ)
길다 (طَوِيلٌ، أَطْوَلُ)	짧다 (قَصِيرٌ ، أَقْصَرُ)
아름답다 (جَمِيلٌ، أَجْمَلُ)	낫다 (حَسَنٌ، أَحْسَنُ)
춥다 (بَارِدٌ، أَبْرَدُ)	덥다 (حَارٌّ ، أَحَرُّ)
무겁다 (ثَقِيلٌ، أَثْقَلُ)	가볍다 (خَفِيفٌ، أَخَفُّ)
좋다 (طَيِّبٌ، أَطْيَبُ)	빠르다 (سَرِيعٌ، أَسْرَعُ)
쉽다 (سَهْلٌ، أَسْهَلُ)	어렵다 (صَعْبٌ، أَصْعَبُ)
약하다 (ضَعِيفٌ، أَضْعَفُ)	강하다 (قَوِيٌّ، أَقْوَى)
가깝다 (قَرِيبٌ، أَقْرَبُ)	멀다 (بَعِيدٌ، أَبْعَدُ)
깨끗하다 (نَظِيفٌ، أَنْظَفُ)	넓다 (وَاسِعٌ، أَوْسَعُ)

◎ 인칭대명사 (독립형)

* 음영 부분의 인칭과 단수가 주로 활용된다.

	1인칭 공통	2인칭 여성	2인칭 남성	3인칭 여성	3인칭 남성
단수	أَنَا	أَنْتِ	أَنْتَ	هِيَ	هُوَ
양수(兩數)	نَحْنُ	أَنْتُمَا		هُمَا	
복수		أَنْتُنَّ	أَنْتُمْ	هُنَّ	هُمْ

◎ 인칭대명사 (접미형)

* 음영 부분의 인칭과 단수가 주로 활용된다.

	1인칭 공통	2인칭 여성	2인칭 남성	3인칭 여성	3인칭 남성
단수	ي ، نِي	كِ	كَ	هَا	هُ
양수(兩數)	نَا	كُمَا		هُمَا	
복수		كُنَّ	كُمْ	هُنَّ	هُمْ

초기 수능 문제에서는 제시된 개별 낱말들의 의미를 포괄하는 상위 개념의 어휘를 (직접) 찾는 문항이 주류이었으나, 최근의 수능에서는 의사소통 기능 중 말하기 형식을 활용하여 대화의 내용 이해와 더불어 상위 개념을 찾도록 하는 문항이 출제되고 있다.

해법

우선 낱말의 상·하위 개념에 해당하는 낱말을 이해하고 있어야 한다. 예를 들어 대화의 내용이 "어떤 고기를 좋아합니까?"라고 묻는 말에 "~고기를 좋아합니다."라고 대답하는 것이라면, '고기'라는 상위 개념과 하위 개념에 해당할 수 있는 '닭', '소', '양', '구운', '생선(살)' 등을 알고 있어야 한다는 것이다.

Tip

기출 문제에서 출제된 상 · 하위 개념에 해당하는 낱말들은 〈기본 어휘표〉에 수록된 것이다. 〈기본 어휘표〉에 수록되지 않은 새로운 낱말을 출제할 때는 주석을 달아야 하는데 주석을 달게 되면 문항 오류나 저급한 문항이 되기 때문에 출제자가 〈기본 어휘표〉에 수록되지 않은 상 · 하위 개념의 낱말을 기피할 것으로 예상된다. 또한 먹을 수 있는 것과 마실 수 있는 것을 고르는 문항도 출제될 가능성이 높다.

연습 문제

1 빈칸에 들어갈 말로 알맞은 것을 〈보기〉에서 고른 것은?

A: أَيَّ لَوْنٍ تُحِبُّ؟

B: أُحِبُّ اللَّوْنَ ________.

보기 (a) الْأَسْرَعُ (b) الْأَحْمَرَ
(c) الْأَسْوَدَ (d) الْأُسْرَةَ

① (a), (b) ② (a), (c) ③ (b), (c)
④ (b), (d) ⑤ (c), (d)

2 빈칸에 들어갈 말로 알맞지 않은 것은?

A: مَا هِوَايَتُكَ؟

B: هِوَايَتِي ________.

① الرَّسْمُ ② السَّنَةُ
③ السِّبَاحَةُ ④ كُرَةُ السَّلَّةِ
⑤ كُرَةُ الْقَدَمِ

3 빈칸에 들어갈 말로 알맞은 것을 〈보기〉에서 고른 것은?

A: كَيْفَ الْجَوُّ الْآنَ فِي سِيُول؟

B: اَلْجَوُّ فِيهَا ________.

보기 (a) بَارِدٌ (b) دَافِئٌ
(c) غَائِمٌ (d) شَمْسٌ

① (a) ② (a), (b) ③ (b), (c)
④ (b), (d) ⑤ (a), (b), (c)

✔ 정답

1 ③

풀이 〈기본 어휘표〉에 수록된 색깔을 의미하는 낱말의 형태(أَفْعَلُ 형태)를 알아 두어야 한다. 비교급 형태도 같은 모음 배열을 지니고 있음에 유의해야 한다.
(a) '보다 빠르다'라는 비교급 형태 (b) '빨간' (c) '검은'
(d) '가족'
A: 무슨 색깔을 좋아합니까?
B: ______ 색을 좋아합니다.

2 ②

풀이 هِوَايَتُكَ는 '취미'를 의미하는 هِوَايَةٌ에 (소유격) 남성 2인칭 대명사인 كَ가 접미되어(هِوَايَتُكَ = كَ + هِوَايَةٌ) 연결형을 이루고 있다. 〈기본 어휘표〉에서 취미에 해당하는 어휘를 잘 알아 두어야 한다.
A: 너의 취미는 무엇이니?
B: 내 취미는 ______이야.
① 그림 그리기 ② 1년 ③ 수영 ④ 농구 ⑤ 축구

3 ⑤

풀이 '햇볕이 잘 든다'는 مُشْمِسٌ이고, '(날씨가) 맑게 개어 좋다'는 لَطِيفٌ이다. '뜨겁거나 덥다'는 حَارٌّ으로 표현하고, '비가 온다'와 '눈이 온다'는 각각 مُمْطِرٌ와 مُثْلِجٌ로 나타낸다.
A: 지금 서울의 날씨는 어떻습니까?
B: 그곳의 날씨는 ______ 니다.
(a) 춥다 (b) 따뜻하다 (c) 흐리다 (d) 태양

CHAPTER_03 인도 · 아라비아 숫자 읽기

(총 24/44회 출제: 본수능 9회/14회, 6월 모의 7회/14회, 9월 모의 8/14회, 예비 평가 0/2회)

아라비아 반도를 포함한 동부 지역에서는 인도에서 들여온 인도-아라비아 숫자(일명 Hindi Number)를 주로 사용하고, 아프리카 북서부를 포함한 서부지역에서는 아라비아 숫자를 주로 사용한다.

인도 • 아라비아 숫자	٠	١	٢	٣	٤	٥	٦	٧	٨	٩
아라비아 숫자	0	1	2	3	4	5	6	7	8	9

문항 사례1

밑줄 친 부분을 아랍 숫자로 바르게 표기한 것은? 2012학년도 대학수학능력시험 9월 모의평가

Pyeongchang 2018

① ٢٠١٧ ② ٢٠١٨ ③ ٢٥١٧ ④ ٢٥١٨ ⑤ ٢٥١٩

[정답] ②

문항 사례2

빈칸에 들어갈 아랍 숫자로 알맞은 것은? 2009학년도 대학수학능력시험

١٢ = ________ + ٣

① ٤ ② ٥ ③ ٦ ④ ٨ ⑤ ٩

풀이 12 = ____ + 3

[정답] ⑤

문항 사례3

글의 내용으로 보아 교실에 있는 사람의 수는? 2010학년도 대학수학능력시험

فِي الْفَصْلِ مُدَرِّسٌ وَطَالِبٌ وَخَمْسُ طَالِبَاتٍ.

① ٥ ② ٦ ③ ٧ ④ ٨ ⑤ ٩

풀이

그 교실에 선생님 한 분과 남학생 한 명 그리고 여학생 5명이 있습니다.

[정답] ③

해법

우선 아랍의 동부 지역에서 주로 사용되고 있는 인도-아라비아 숫자(인도 숫자)의 특징을 잘 이해하여야 한다. 아랍 문자는 오른쪽에서 왼쪽으로 적지만 숫자만큼은 우리나라에서 사용하고 있는 방식과 같이 왼쪽에서 오른쪽으로 적는다(2018 = ٢٠١٨). 그리고 특히 5, 6, 7, 8, 0 (즉 ٠ ،٨ ،٧ ،٦ ،٥) **에 유의해야 한다.**

지금까지의 수능에서는 속도계의 수치, 티켓, 번호판, 주소 등에 나타나 있는 숫자나 전화번호, 버스 등에 적혀 있는 숫자를 읽을 수 있는지 물어보는 문항이 출제되었으나 향후의 수능 문제에서는 대화문이나 짧은 문장을 제시하고 수량을 파악하는 문항이 출제될 가능성이 높다.

인도-아라비아 숫자(인도 숫자)를 **울산광역시교육청 인정 도서** 『아랍어1』에서는 '아랍 숫자'로 소개하고 있다.

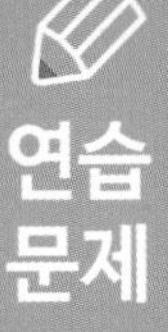

연습 문제

1 순서상 빈칸에 들어갈 낱말을 숫자로 나타낸 것은?

> أَرْبَعَةٌ، ______ ، سِتَّةٌ، سَبْعَةٌ، ثَمَانِيَةٌ

① ٣　② ٤　③ ٥　④ ٦　⑤ ٧

2 대화의 내용으로 보아 교실에 있는 사람의 수는?

> A: مَنْ فِي الْفَصْلِ الْآنَ؟
> B: فِيهِ مُعَلِّمٌ وخَمْسَةُ طُلَّابٍ.

① ثَلَاثَةٌ　② أَرْبَعَةٌ　③ خَمْسَةٌ　④ سِتَّةٌ　⑤ سَبْعَةٌ

3 글의 내용으로 보아 A가 지불해야 할 디르함을 숫자로 바르게 나타낸 것은?

> A: أُرِيدُ ثَلَاثَ تَذَاكِرَ، فَمَا ثَمَنُ تَذْكِرَةٍ؟
> B: ثَلَاثَةُ دَرَاهِمَ لِكُلِّ تَذْكِرَةٍ.

① ٣　② ٥　③ ٦　④ ٧　⑤ ٩

✔ 정답

1 ③

풀이 빈칸에 들어 갈 낱말은 خَمْسَةٌ이며 제시된 순서는 넷, ______, 여섯, 일곱, 여덟이다. 따라서 숫자 5에 해당하는 것을 찾으면 된다.

2 ④

풀이 ثَلَاثَةٌ(3), أَرْبَعَةٌ(4), خَمْسَةٌ(5), سِتَّةٌ(6), سَبْعَةٌ(7)이며, طُلَّابٌ은 طَالِبٌ (학생)의 복수이고, مُعَلِّمٌ은 선생님이다.

A: 교실에 누가 있습니까?
B: 그곳에는 선생님 한 분과 5명의 학생이 있습니다.

3 ⑤

풀이 تَذْكِرَة는 티켓을 의미하고 복수형은 تَذَاكِر이다. دَرَاهِم은 دِرْهَم(화폐 단위의 하나)의 복수이다. لِكُلِّ تَذْكِرَةٍ은 '티켓 (한 장)당'이라는 의미이다.

A: 티켓 3장을 원하는데 티켓 한 장 값은 얼마예요?
B: 티켓 한 장당 3 디르함입니다.

CHAPTER_04 낱말 퍼즐의 빈칸 채우기

(총 7/44회 출제: 본수능 2/14회, 6월 모의 2/14회, 9월모의 1/14회, 예비 평가 2/2회)

문항 사례1

낱말 퍼즐에서 (a)에 들어갈 철자로 알맞은 것은? 2012학년도 대학수학능력시험

	↓				
رُ	مَ	خْ	أَ	■	←
■	لْ	■	■	■	
■	عَ	■	■	■	
■	(a)	لِ	ا	طَ	←

① بٌ ② تٌ ③ حٌ ④ وٌ ⑤ يٌ

풀이 ← 방향의 낱말은 أَحْمَرُ(붉은)과 طَالِبٌ(남학생)이고, ↓ 방향의 낱말은 مَلْعَبٌ(운동장)이다. [정답] ①

문항 사례2

글자 맞추기의 세로줄에 들어갈 낱말의 뜻은? 2005학년도 대학수학능력시험

	↓				
ز		خ	←		
ذ		م	ل	ت	←
ب		ك	م	←	

① 집 ② 소 ③ 문 ④ 바다 ⑤ 소녀

풀이 ← 방향의 낱말은 خُبْزٌ(빵)과 تِلْمِيذٌ(학생), مَكْتَبٌ(책상)이다. 따라서 ↓ 방향의 낱말은 ب와 ي 그리고 ت를 연결한 بيت(집)이다. [정답] ①

해법

낱말 퍼즐의 빈칸에 들어갈 글자를 맞추는 문항에 이용되는 낱말은 <기본 어휘표>에 수록된 낱말이다.

낱말 카드의 빈칸에 들어갈 글자와 더불어 낱말 퍼즐의 빈칸에 들어갈 글자들로 선택된 것들은 대부분 사용 빈도가 높고 발음이 비교적 쉬운 글자이다.

ب ت ج د ر س ق ك ل م ن ي

연습 문제

1 낱말 퍼즐에서 (a)에 들어갈 글자로 알맞은 것은?

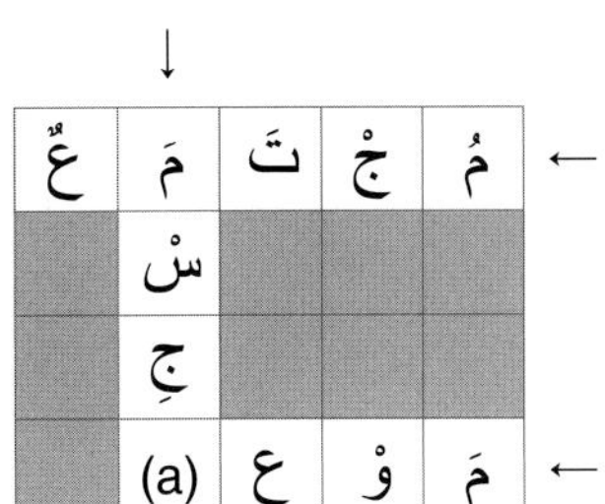

① بٌّ　　② دٌّ　　③ سٌّ
④ كٌّ　　⑤ نٌّ

2 낱말 퍼즐에서 (a)와 (b)에 공통으로 들어갈 글자로 알맞은 것은?

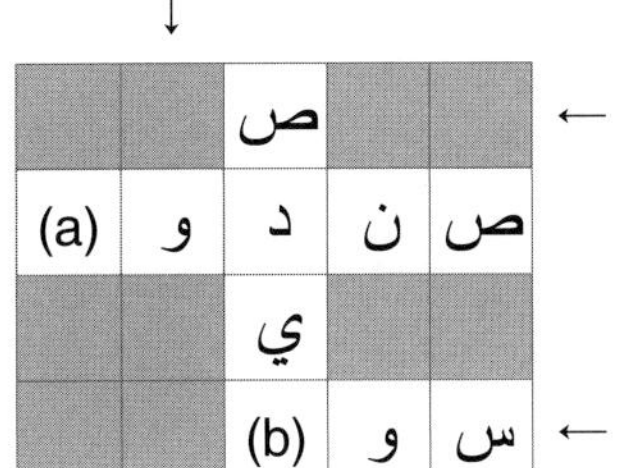

① ب　　② ج　　③ ر
④ ق　　⑤ ن

3 낱말 퍼즐에서 (a) ~ (c)에 들어갈 글자로 만들 수 있는 것은?

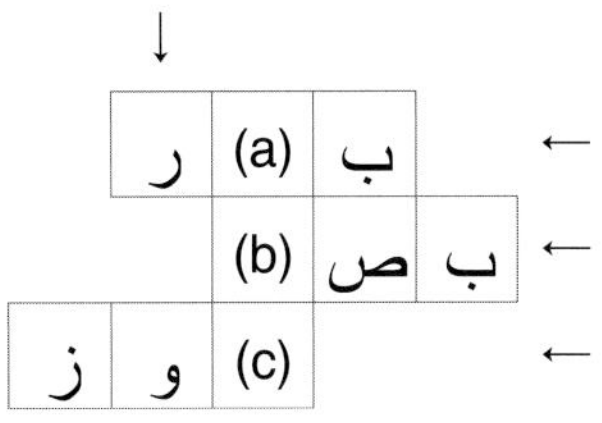

① 문　　② 소　　③ 양파
④ 연필　　⑤ 바나나

✔ 정답

1 ②

풀이 가로 방향의 낱말은 مُجْتَمَعٌ(사회)와 مَوْعِدٌ(약속)이며, 세로 방향의 낱말은 مَسْجِدٌ(이슬람 사원)이다.

2 ④

풀이 세로 방향의 낱말은 صَدِيق(친구)이고, 가로 방향의 낱말은 صُنْدُوق(상자)와 سُوق(시장)이다.

3 ④

풀이 بـ( )ـر에는 ق가 들어가고(بقر 소), بصـ( )에는 ل이 들어가며(بصل 양파), ( )وز에는 م이 들어간다(موز 바나나). 이것들을 연결하면 قَلَمٌ(연필)이 된다.

문법의 이해 및 적용 능력

CHAPTER_01 ❁ 인칭별 동사 활용

CHAPTER_02 ❁ "كَانَ"(to be) 동사의 인칭별 활용과 자매어(목적격)의 술어

CHAPTER_03 ❁ 명사와 형용사의 성 · 수 · 격 일치

CHAPTER_04 ❁ 관계대명사 용법

CHAPTER_05 ❁ 우선급 형태

CHAPTER_06 ❁ 수량을 묻는 كَمْ의 용법

CHAPTER_07 ❁ 5개 특수 명사

CHAPTER_08 ❁ 인칭대명사의 인칭별 활용

CHAPTER_09 ❁ 의문사 용법

CHAPTER_10 ❁ 낱말의 기능

CHAPTER_11 ❁ 접속사 كَمْ와 그의 자매어

CHAPTER_12 ❁ 문법적 오류 찾기

CHAPTER_01 인칭별 동사 활용

1 완료형

완료형 동사는 아래 표와 같이 인칭 변화하는데 우리나라 고등학교 교과서에서는 음영 부분의 간편한 인칭 변화만 보여 주고 있다. 이는 -음영 부분의 인칭의 쓰임 빈도가 비교적 높고 간단하며 다른 부분은 쓰임의 빈도가 낮고 난이도가 높기 때문에- 초보 학습자의 부담을 줄여 주기 위함이다. 따라서 수능에서도 이 음영 부분의 인칭 변화를 묻는 문항이 출제되고 있다. 향후 아랍어 학습의 지속을 위해서는 이 책에서 제시하는 도표의 인칭 위치를 유지하는 것이 바람직하다.

1인칭	2인칭		3인칭		인칭 / 수
남녀 공통	여성	남성	여성	남성	수
فَعَلْتُ	فَعَلْتِ	فَعَلْتَ	فَعَلَتْ	فَعَلَ	단수
فَعَلْنَا	فَعَلْتُمَا		فَعَلَتَا	فَعَلَا	양수(2)
	فَعَلْتُنَّ	فَعَلْتُمْ	فَعَلْنَ	فَعَلُوا	복수(3 이상)

문항 사례1

빈칸에 들어갈 말로 알맞은 것은? 2010학년도 대학수학능력시험

A: مَتَى ________ إِلَى الْبَيْتِ، يَا أَخِي؟

B: وَصَلْتُ إِلَيْهِ فِي الْأُسْبُوعِ الْمَاضِي.

① وَصَلَ ② وَصَلَتْ ③ وَصَلْتِ ④ وَصَلْتَ ⑤ وَصَلْتُ

풀이 형인 B가 대답으로 وَصَلْتُ(내가 도착했다)라고 하였으므로 A의 질문에는 2인칭 남성 단수형의 완료형 동사가 와야 한다.

A: 형, 집에 언제 도착했어?

B: 지난주에 도착했다. [정답] ④

문항 사례2

빈칸에 들어갈 말로 알맞은 것은? 2014학년도 대학수학능력시험

A: هَلْ ________ فَاطِمَةُ كُرَةَ السَّلَّةِ مَعَكَ أَمْسِ؟

B: لَا، لَمْ تَلْعَبْ، لِأَنَّهَا كَانَتْ مَرِيضَةً.

① لَعِبَتْ　　② لَعِبْتُ　　③ لَعِبْتِ　　④ لَعِبْتَ　　⑤ لَعِبَ

풀이 A의 말에서 فَاطِمَةُ는 주어로서 3인칭 여성 단수이다. 따라서 3인칭 여성 단수인 동사가 와야 한다.

A: 파티마가 어제 너와 함께 농구했니?
B: 아니, 그녀가 아팠기 때문에 하지 않았어.　　[정답] ①

문항 사례3

빈칸 (a), (b)에 들어갈 말로 알맞은 것은? 2018학년도 대학수학능력시험 6월 모의평가

فَاطِمَةُ: أَيْنَ ___(a)___ فِي الْعُطْلَةِ الْمَاضِيَةِ، يَا سَمِيرُ؟
سَمِيرٌ : كُنْتُ فِي الشَّرِكَةِ.
فَاطِمَةُ: لِمَاذَا ذَهَبْتَ إِلَى الشَّرِكَةِ.
سَمِيرٌ : ___(b)___ عِنْدِي عَمَلٌ كَثِيرٌ.

① (a) كَانَ　(b) كُنْتُ
② (a) كُنْتُ　(b) كَانَ
③ (a) كُنْتَ　(b) كُنْتِ
④ (a) كُنْتَ　(b) كَانَ
⑤ (a) كَانَتْ　(b) كُنْتُ

풀이 사미르가 '회사에 있었어'라고 말하는 것에 비추어 볼 때 빈칸 (a)에는 '있었다'에 해당하는 2인칭 남성 단수형의 완료형 동사가 들어가야 하고, 빈칸 (b)에는 주어가 '많은 일'이므로 3인칭 남성 단수 완료형 동사가 들어가야 한다.

파티마: 사미르야, 지난 휴가 때 너(2인칭 남성 단수) 어디 있었니?
사미르: 회사에 있었어.
파티마: 왜 회사에 갔니?
사미르: 일이(3인칭 단수) 많았어.　　[정답] ④

كَانَ의 완료형 인칭 변화

1인칭	2인칭		3인칭		인칭 / 수
남녀 공통	여성	남성	여성	남성	수
كُنْتُ	كُنْتِ	كُنْتَ	كَانَتْ	كَانَ	단수
كُنَّا	كُنْتُمَا		كَانَتَا	كَانَا	양수(2)
	كُنْتُنَّ	كُنْتُمْ	كُنَّ	كَانُوا	복수(3 이상)

해법

의사소통 표현에 관한 문항과 더불어 동사의 인칭 변화에 관한 문항도 대화문을 통하여 출제되고 있다. 대화문으로 출제되다 보니 2인칭 남녀 단수형과 3인칭 단수형이 많이 출제되는 편이다. 따라서 대화문에 언급되는 남녀별 인명과 동사의 인칭 변화표를 기억해 두는 것이 좋다. 완료형 동사에서는 주어 표지가 어말에 있다.

Tip

다음은 대화문에 자주 등장하는 남녀별 인명이다(지명과 대부분의 국가 이름은 여성 명사로 간주한다).

- 남자 이름: سَمِير (사미르), كَمَال (카말), حَامِد (하미드), عُمَر (오마르), يُوسُف (요셉),
  صَالِح (살리흐), خَالِد (칼리드), مُحَمَّد (무함마드), أَحْمَد (아흐마드),
  فَرِيد (파리드), حَسَن (하산), سَالِم (살림), كَرِيم (카림), سَامِي (사미),
  أَمِين (아민), عَبْد الله (압둘라), إِبْرَاهِيم (아브라함), سَلِيم (살림),
  مَحْمُود (마흐무드), شَرِيف (샤리프), عَلِيّ (알리), حُسَيْن (후세인), نَبِيل (나빌)
- 여자 이름: لَيْلَى (라일라), فَاطِمَة (파티마), سَمِيرَة (사미라), سُعَاد (수아드),
  عَائِشَة (아이샤), مَرْيَم (마르얌), خَدِيجَة (카디자), كَرِيمَة (카리마),
  سَامِيَة (사미야), أَمِيرَة (아미라), أَمِينَة (아미나), نَبِيلَة (나빌라), زَيْنَب (자이나브)

연습문제

1 빈칸에 들어갈 말로 알맞은 것은?

A: أَيْنَ كُنْتَ أَمْسِ، يَا أَحْمَدُ؟

B: ____ فِي الْبَيْتِ.

① كُنْتُ ② كُنْتِ ③ كُنْتَ
④ كَانَتْ ⑤ كَانَ

2 빈칸에 들어갈 말로 알맞은 것은?

A: مَاذَا ____ صَبَاحَ الْيَوْمِ، يَا فَاطِمَةُ؟

B: أَكَلْتُ بَيْضَةً مَعَ الْخُبْزِ.

① أَكَلْتُ ② أَكَلْتِ ③ أَكَلْتَ
④ أَكَلَتْ ⑤ أَكَلَ

3 빈칸에 들어갈 말로 알맞은 것은?

A: أَيَّةَ لُغَةٍ (a) ____ فِي الْمَدْرَسَةِ الثَّانَوِيَّةِ، يَا سُعَادُ؟

B: تَعَلَّمْتُ اللُّغَةَ الْعَرَبِيَّةَ، وَأَنْتِ؟

A: (b) ____ اللُّغَةَ الْعَرَبِيَّةَ أَيْضًا.

① (a) تَعَلَّمَ (b) تَعَلَّمْتِ
② (a) تَعَلَّمْتِ (b) تَعَلَّمْتُ
③ (a) تَعَلَّمْتَ (b) تَعَلَّمْتُ
④ (a) تَعَلَّمْتَ (b) تَعَلَّمَتْ
⑤ (a) تَعَلَّمْتِ (b) تَعَلَّمْتَ

✔ 정답

1 ①

풀이 B가 하는 말은 아흐마드 자신이 하는 말이기 때문에 빈칸에는 1인칭 단수형이 알맞다.

A: 아흐마드야, 너 어제 어디 있었니?
B: 나 집에 있었어.

2 ②

풀이 파티마(여자 이름)를 부르면서 묻고 있기 때문에 빈칸에는 2인칭 여성 단수형이 알맞다.

A: 파티마야, 오늘 아침에 너 무엇을 먹었니?
B: 빵과 함께 달걀 하나를 먹었어.

3 ②

풀이 A가 수아드(여자 이름)에게 묻고 있으므로 (a)에는 2인칭 여성 단수형이 알맞고, (b)에는 1인칭 남녀 공통의 단수형이 알맞다.

A: 수아드야, 너는 고등학교에서 어떤 언어를 배웠니?
B: 아랍어를 배웠어, 너는?
A: 나도 아랍어를 배웠어.

2 미완료: 미완료형에는 직설법과 단축법, 접속법 그리고 명령법이 포함되어 있다.

① 직설법

직설법은 화자가 사실이라고 인정하고 기술하는 서법(敍法)을 말한다. 어말이 ـِينَ인 2인칭 여성 단수형을 제외하고 단수형에서 어말의 모음이 ـُ [u]이다.

فَعَلَ의 직설법 인칭 변화(미완료 중간 모음 a)

1인칭	2인칭		3인칭		인칭 / 수
남녀 공통	여성	남성	여성	남성	수
أَفْعَلُ	تَفْعَلِينَ	تَفْعَلُ		يَفْعَلُ	단수
نَفْعَلُ	تَفْعَلَانِ			يَفْعَلَانِ	양수(2)
	تَفْعَلْنَ	تَفْعَلُونَ	يَفْعَلْنَ	يَفْعَلُونَ	복수(3 이상)

문항 사례1

빈칸에 들어갈 말로 알맞은 것은? 2009학년도 대학수학능력시험

كَرِيمٌ : أَيْنَ ________ ، يَا فَاطِمَةُ؟

فَاطِمَةُ: أَنْزِلُ فِي الْمَحَطَّةِ الْقَادِمَةِ.

① نَزَلَ ② نَزَلْتَ ③ يَنْزِلُ ④ تَنْزِلُ ⑤ تَنْزِلِينَ

풀이 파티마가 여성이므로 빈칸에는 2인칭 여성 단수 미완료형 동사가 들어가야 한다.

카림: 파티마야, 너 어디에서 내리니?
파티마: 다음 역에서 내려. [정답] ⑤

문항 사례2

빈칸에 들어갈 말로 알맞은 것은? 2007학년도 대학수학능력시험

A: هَلْ يُعْجِبُكِ هٰذَا الْحِذَاءُ؟

B: نَعَمْ، ________ كَثِيرًا.

① يُعْجِبُكَ ② تُعْجِبُكِ ③ يُعْجِبُنِي ④ تُعْجِبُنِي ⑤ أُعْجِبُكِ

풀이 빈칸에 들어갈 말은 3인칭 남성 단수(هٰذَا الْحِذَاءُ)가 주어인 동사(يُعْجِبُ)와 1인칭 단수 접미형 대명사(نِي)가 덧붙은 형태이어야 한다.

A: 이 구두가 네 마음에 드니?
B: 응, 아주 <u>내 마음에 들어</u>. [정답] ③

문항 사례3

빈칸에 들어갈 말로 알맞은 것은? 2013학년도 대학수학능력시험

> _______ الْجَوُّ لَطِيفًا وَمُنَاسِبًا لِلرِّحْلَاتِ غَدًا.

① كَانَ　② كُنْتَ　③ تَكُونُ　④ سَتَكُونُ　⑤ سَيَكُونُ

풀이 술어가 목적격인 것과 주어가 3인칭 남성 단수(الْجَوُّ)인 점, 그리고 시제가 미래인 것(غَدًا)에 비추어 빈칸에는 كَانَ의 미완료 3인칭 남성 단수형에 미래를 나타내는 سَـ가 덧붙은 것이 와야 한다.

كَانَ의 직설법 인칭 변화

1인칭	2인칭		3인칭		인칭 / 수
남녀 공통	여성	남성	여성	남성	수
أَكُونُ	تَكُونِينَ	تَكُونُ		يَكُونُ	단수
نَكُونُ	تَكُونَانِ			يَكُونَانِ	양수(2)
	تَكُنَّ	تَكُونُونَ	يَكُنَّ	يَكُونُونَ	복수(3 이상)

내일 날씨가 맑을 것이며 여행하기에 <u>적당할 것입니다(سَيَكُونُ)</u>. [정답] ⑤

해법

미완료 직설법은 현재 시제나 미래 시제의 의미를 갖는다. 완료형 인칭 변화에서는 주어 표지가 어말에 있지만 미완료 인칭 변화에서는 주어 표지가 어두에 있음을 인식하여야 한다(1인칭 단수의 어두에 있는 أَ는 أَنَا에 있는 أَ이고, 2인칭 단수의 어두에 있는 تَـ는 أَنْتَ의 تَ에 해당하며, 3인칭 남성의 어두에는 يَـ가 덧붙어 있다).

Tip

미래 시제를 나타내고자 할 때는 미완료형 동사의 어두에 سَـ를 덧붙이거나 سَوْفَ를 첨가한다. 그러나 미래 시제임을 확실하게 하는 시각이 언급되어 있거나 문맥상 알 수 있는 경우에는 미래 시제를 의미하는 이런 불변화사를 생략할 수 있다.

연습문제

1 빈칸에 들어갈 말로 알맞은 것은?

A: مَاذَا ________ الطُّلَّابُ الْآنَ؟
B: يَدْرُسُونَ اللُّغَةَ الْعَرَبِيَّةَ.

① يَفْعَلُ ② تَفْعَلُ ③ أَفْعَلُ
④ نَفْعَلُ ⑤ تَفْعَلِينَ

2 빈칸에 들어갈 말로 알맞은 것은?

A: هَلْ ________ الْكُورِيُّونَ كُرَةَ الْقَدَمِ؟
B: نَعَمْ. يُحِبُّهَا كَثِيرٌ مِنَ الْكُورِيِّينَ.

① أُحِبُّ ② تُحِبِّينَ ③ تُحِبُّ
④ نُحِبُّ ⑤ يُحِبُّ

3 빈칸에 들어갈 말로 알맞은 것은?

A: هَلْ تُعْجِبُكِ هٰذِهِ الْحَقِيبَةُ؟
B: نَعَمْ. ________ لَوْنُهَا.

① تُعْجِبُنِي ② يُعْجِبُنِي ③ يُعْجِبُكِ
④ تُعْجِبُكِ ⑤ تُعْجِبُهَا

✔ 정답

1 ①

풀이 동사가 주어보다 앞에 올 때는 주어가 복수일지라도 맨 처음으로 오는 동사만은 단수형으로 표현한다.

A: 학생들이 지금 무엇을 하고 있습니까?
B: 그들은 아랍어를 배우고 있습니다.

2 ⑤

풀이 الْكُورِيُّونَ는 '한국 사람들'이라는 의미의 복수형이지만 그 앞에 처음으로 오는 동사는 단수형으로 표현한다. 따라서 3인칭 남성 복수가 아니라 3인칭 남성 단수형 동사를 써야 한다.

أَحَبَّ(좋아하다)의 미완료형 인칭 변화

1인칭	2인칭		3인칭		인칭 / 수
남녀 공통	여성	남성	여성	남성	수
أُحِبُّ	تُحِبِّينَ	تُحِبُّ		يُحِبُّ	단수
نُحِبُّ	تُحِبَّانِ			يُحِبَّانِ	양수(2)
	تُحْبِبْنَ	تُحِبُّونَ	يُحْبِبْنَ	يُحِبُّونَ	복수(3 이상)

A: 한국인들은 축구를 좋아합니까?
B: 네. 많은 한국인들이 그것을 좋아합니다.

3 ②

풀이 أَعْجَبَ (يُعْجِبُ) ('…을/를 기쁘게 하다' 보통 '…의 마음에 들다'로 번역함)는 자주 출제되는 동사이다. 빈칸에 들어갈 동사의 주어는 لَوْنُهَا(그것의 색깔이)로서 남성형이다.

1인칭	2인칭		3인칭		인칭 / 수
남녀 공통	여성	남성	여성	남성	수
أُعْجِبُ	تُعْجِبِينَ	تُعْجِبُ		يُعْجِبُ	단수
نُعْجِبُ	تُعْجِبَانِ			يُعْجِبَانِ	양수(2)
	تُعْجِبْنَ	تُعْجِبُونَ	يُعْجِبْنَ	يُعْجِبُونَ	복수(3 이상)

A: 이 가방이 당신 마음에 듭니까?
B: 네. 그것의 색깔이 내 마음에 듭니다.

② 단축법

단축법은 미완료 동사의 마지막 어근의 모음이나 어말의 نَ 소실에 의해 간단하게 말하는 것으로서 과거 부정이나 명령형 동사에 활용되고 있다. 어말이 ـِي인 2인칭 여성 단수형을 제외하고 단수형에서 단축법의 어말은 ـْ(모음이 없음) 형태이다.

فَعَلَ의 단축법 인칭 변화(미완료 중간 모음 a)

1인칭	2인칭		3인칭		인칭 / 수
남녀 공통	여성	남성	여성	남성	수
أَفْعَلْ	تَفْعَلِي	تَفْعَلْ		يَفْعَلْ	단수
نَفْعَلْ	تَفْعَلَا			يَفْعَلَا	양수(2)
	تَفْعَلْنَ	تَفْعَلُوا	يَفْعَلْنَ	يَفْعَلُوا	복수(3 이상)

문항 사례1

빈칸에 들어갈 말로 알맞은 것은? 2018학년도 대학수학능력시험

A: هَلْ شَاهَدْتَ فِيلْمَ "وَجْدَة"؟

B: لَا. لَمْ __________ هٰذَا الْفِيلْمَ.

① أُشَاهِدْ ② تُشَاهِدُ ③ نُشَاهِدُ ④ يُشَاهِدَ ⑤ تُشَاهِدِينَ

풀이 ①은 단축법이고, ②, ③, ⑤는 직설법이며 ④는 접속법이다. 과거 시제의 부정을 의미하는 لَمْ 다음에는 단축법 형태의 동사가 와야 한다.

(يُشَاهِدُ) شَاهَدَ의 직설법 인칭 변화

1인칭	2인칭		3인칭		인칭 / 수
남녀 공통	여성	남성	여성	남성	수
أُشَاهِدْ	تُشَاهِدِي	تُشَاهِدْ		يُشَاهِدْ	단수
نُشَاهِدْ	تُشَاهِدَا			يُشَاهِدَا	양수(2)
	تُشَاهِدْنَ	تُشَاهِدُوا	يُشَاهِدْنَ	يُشَاهِدُوا	복수(3 이상)

A: '와즈다'라는 영화 보았니?

B: 아니. 그 영화를 보지 못했어.

[정답] ①

문항 사례2

빈칸에 들어갈 말로 알맞은 것은? 2018학년도 대학수학능력시험 9월 모의평가

A: هَلْ ذَهَبْتَ إِلَى مَعْرِضِ السَّيَّارَاتِ أَمْسِ؟

B: لَا، لَمْ ________ أَنْ أَذْهَبَ إِلَيْهِ.

A: لِمَاذَا؟

B: لِأَنِّي كُنْتُ أُذَاكِرُ لِلِامْتِحَانِ.

① أَسْتَطِعْ ② تَسْتَطِعْ ③ يَسْتَطِعْ ④ أَسْتَطِيعُ ⑤ تَسْتَطِيعُ

풀이 اِسْتَطَاعَ (يَسْتَطِيعُ)의 단축법 인칭 변화

1인칭	2인칭		3인칭		인칭 / 수
남녀 공통	여성	남성	여성	남성	수
أَسْتَطِعْ	تَسْتَطِيعِي	تَسْتَطِعْ		يَسْتَطِعْ	단수
نَسْتَطِعْ	تَسْتَطِيعَا			يَسْتَطِيعَا	양수(2)
	تَسْتَطِعْنَ	تَسْتَطِيعُوا	يَسْتَطِعْنَ	يَسْتَطِيعُوا	복수(3 이상)

A: 너 어제 자동차 전시장에 갔었니?
B: 아니, 그곳에 갈 수 없었어.
A: 왜?
B: 시험공부하고 있었거든.

[정답] ①

문항 사례3

빈칸에 들어갈 말로 알맞은 것은? 2016학년도 대학수학능력시험 6월 모의평가

A: إِلَى أَيْنَ سَتُسَافِرُ فِي هٰذَا الصَّيْفِ؟

B: سَأُسَافِرُ إِلَى بَيْرُوتَ، وَلٰكِنَّنِي لَمْ ________ تَذْكِرَةَ الطَّائِرَةِ بَعْدُ.

① أَحْجُزُ ② أَحْجِزَ ③ أَحْجِزْ ④ حَجَزْتُ ⑤ حَجَزْتَ

풀이 어떠한 경우에도 과거 부정어인 لَمْ 다음에는 단축법 동사가 와야 한다.

A: 이번 여름에 어디로 여행을 할 거니?
B: 베이루트로 여행을 할 거야, 그런데 아직 비행기 표를 예약하지 않았어.

[정답] ③

해법

과거 부정어 لَمْ에 뒤이어 단축법 동사가 오는 '단축법 + لَمْ' 형태의 구문은 동사가 미완료 형태를 취하고 있지만 과거 부정의 의미를 갖는다. لَمْ 다음에 반드시 단축법 동사가 온다는 것을 알고 단축법 인칭 변화를 숙지하면 쉽게 정답을 선택할 수 있다.

Tip

كَانَ (يَكُونُ)의 단축법 인칭 변화

1인칭	2인칭		3인칭		인칭 / 수
남녀 공통	여성	남성	여성	남성	수
أَكُنْ	تَكُونِي	تَكُنْ		يَكُنْ	단수
نَكُنْ	تَكُونَا			يَكُونَا	양수(2)
	تَكُنَّ	تَكُونُوا	يَكُنَّ	يَكُونُوا	복수(3 이상)

연습 문제

1 빈칸에 들어갈 말로 알맞은 것은?

A: هَلْ زُرْتَ الْقَاهِرَةَ؟
B: لَمْ ＿＿＿＿ بَعْدُ.

① أَزُرْهَا　② تَزُرْهَا　③ يَزُرْهَا
④ زُرْتُهَا　⑤ زُرْتِهَا

2 빈칸에 들어갈 말로 알맞지 <u>않은</u> 것은?

A: هَلْ سَافَرَ وَالِدُكَ إِلَى أَمْرِيكَا؟
B: لَا، لَمْ ＿＿＿＿ بَعْدُ.
A: مَتَى سَيُسَافِرُ؟
B: يُسَافِرُ بَعْدَ أُسْبُوعٍ.

① أُسَافِرْ　② تُسَافِرْ　③ نُسَافِرْ
④ يُسَافِرُ　⑤ يُسَافِرْ

3 빈칸에 들어갈 말로 알맞은 것은?

A: هَلْ أَعْجَبَتْكَ هٰذِهِ الْمَدِينَةُ؟
B: لَا، لَمْ ＿＿＿＿ لِأَنَّ شَوَارِعَهَا كَانَتْ مُزْدَحِمَةً.

① يُعْجِبْكَ　② تُعْجِبْكَ　③ أُعْجِبْكَ
④ أَعْجَبْتَنِي　⑤ تُعْجِبْنِي

✔ 정답

1 ①

풀이 زُرْتَ(네가 방문했다)는 زَارَ(방문하다)의 2인칭 남성 단수 완료형이다. لَمْ은 뒤에 오는 단축법 동사와 함께 과거 부정에 사용된다. 즉 '…하지 않았다'는 의미로 사용된다. (زَارَ(يَزُورُ)의 단축법 인칭 변화는 (كَانَ(يَكُونُ)의 단축법 변화와 같은 유형이다.

A: 너 카이로에 가 보았니?
B: 아니, <u>그곳에 가 보지</u> 못했어.

2 ⑤

풀이 제시된 대화에서 وَالِدُكَ는 '당신을 낳아 주신 분'이라는 의미로 쓰인 주어로서 3인칭 남성 단수이다. لَمْ은 뒤에 오는 단축법 동사와 함께 과거 부정의 의미로 사용되는 부정어이다.

A: 너희 아버지 미국으로 떠나셨니?
B: 아니, 아직 <u>떠나시지</u> 않았어.
A: 언제 떠나실 건데?
B: 일주일 후에 떠나실 거야.

3 ⑤

풀이 أَعْجَبَتْ(…의 마음에 들었다)는 3인칭 여성 단수형이며 단축법 형태는 تُعْجِبْ이다. لَمْ은 과거 부정어이지만 그 다음에는 미완료 단축법 동사가 온다.

A: 이 도시가 당신의 마음에 들었습니까?
B: 아니요, 거리들이 혼잡해서 <u>내 마음에 들지</u> 않았습니다.

③ 접속법

접속법은 동사가 의미하는 내용이 가정이나 요망인 것을 나타내는 동사의 형태로서 미완료 동사의 마지막 어근에 a(ـَ) 모음을 덧붙이거나 어말의 نَ가 소실된 형태로, 접속어(لَنْ أَنْ لِـ كَيْ حَتَّى 등)와 함께 쓰인다.

فَعَلَ의 접속법 인칭 변화(미완료 중간 모음 a)

1인칭	2인칭		3인칭		인칭 / 수
남녀 공통	여성	남성	여성	남성	수
أَفْعَلَ	تَفْعَلِي	تَفْعَلَ		يَفْعَلَ	단수
نَفْعَلَ	تَفْعَلَا			يَفْعَلَا	양수(2)
	تَفْعَلْنَ	تَفْعَلُوا	يَفْعَلْنَ	يَفْعَلُوا	복수(3 이상)

문항 사례1

빈칸 (a), (b)에 들어갈 말로 알맞은 것은? 2017학년도 대학수학능력시험

فَاطِمَةُ: لِمَاذَا لَمْ ____(a)____ إِلَى النَّادِي الرِّيَاضِيِّ أَمْسِ، يَا سَمِيرَةُ؟

سَمِيرَةُ: لِأَنِّي كُنْتُ مَشْغُولَةً.

فَاطِمَةُ: هَلْ سَتَحْضُرِينَ إِلَيْهِ غَدًا.

سَمِيرَةُ: لَا، لَنْ ____(b)____. سَوْفَ أَزُورُ جَدَّتِي.

① (a) أَحْضُرُ (b) تَحْضُرُ　　② (a) تَحْضُرَ (b) أَحْضُرْ

③ (a) تَحْضُرْ (b) أَحْضُرُ　　④ (a) تَحْضُرِي (b) أَحْضُرَ

⑤ (a) تَحْضُرِينَ (b) أَحْضُرَ

풀이 과거 부정어인 لَمْ 다음에는 단축법 동사가 오며, 미래 부정어인 لَنْ 다음에는 접속법 동사가 와야 한다.

파티마: 사미라야, 너 어제 스포츠 클럽에 왜 오지 않았니?
사미라: 나 바빠서 그랬어.
파티마: 내일은 올래?
사미라: 아니, 가지 못할 거야. 우리 할머니를 찾아뵐 거야.

[정답] ④

문항 사례2

빈칸에 들어갈 말로 알맞은 것은? 2012학년도 대학수학능력시험

A: هَلْ سَتَذْهَبُ إِلَى الْمَكْتَبَةِ بَعْدَ الظُّهْرِ؟

B: لَا، ______ أَذْهَبَ إِلَيْهَا.

① لَا ② لَنْ ③ لَمْ ④ مَا ⑤ كَانَ

풀이 동사 أَذْهَبَ는 접속법 형태이다. 따라서 앞에 접속법을 지배하는 접속어가 와야 한다.

A: 너 오후에 도서관에 갈 거니?
B: 아니, 그곳에 가지 않을 거야. [정답] ②

해법

접속법 동사는 반드시 접속어 다음에 온다. 접속법의 형태적 특징은 어말 모음이 a(ـَ)이거나 어말의 ن가 소실되는 것이다. 따라서 여러 접속어와 접속법 인칭 변화에 익숙해져야 한다.

كَانَ (يَكُونُ)의 접속법 인칭 변화

1인칭	2인칭		3인칭		인칭 / 수
남녀 공통	여성	남성	여성	남성	수
أَكُونَ	تَكُونِي	تَكُونَ		يَكُونَ	단수
نَكُونَ	تَكُونَا			يَكُونَا	양수(2)
	تَكُنَّ	تَكُونُوا	يَكُنَّ	يَكُونُوا	복수(3 이상)

연습 문제

1 빈칸에 들어갈 말로 알맞은 것은?

A: مَاذَا تُرِيدُ أَنْ تَكُونَ فِي الْمُسْتَقْبَلِ؟
B: أُرِيدُ أَنْ ________ مُعَلِّمًا.

① يَكُونُ ② أَكُونَ ③ أَكُونُ ④ تَكُونَ ⑤ يَكُونَ

2 빈칸에 들어갈 말로 알맞은 것은?

A: مَاذَا تُرِيدُ أَن تَشْرَبِي يَا فَاطِمَةُ؟
B: أُرِيدُ أَنْ ________ عَصِيرَ الْبُرْتُقَالِ.

① تَشْرَبَ ② تَشْرَبِينَ ③ تَشْرَبِي ④ أَشْرَبَ ⑤ يَشْرَبَ

✔ 정답

1 ②

풀이 '…하는 것'이라는 의미의 접속사 أَنْ 다음에는 접속법 동사가 와야 한다. 1인칭 단수(나)가 주어이므로 1인칭 단수의 접속법 동사가 빈칸에 들어가야 한다.

A: 너는 장래에 무엇이 되고 싶니?
B: 나는 선생님이 되고 싶어.

2 ④

풀이 "... أَنْ" (…하는 것)이라는 표현에서 أَنْ 다음에는 접속법 동사가 온다. أَرَادَ(원하다)의 미완료 직설법 인칭 변화는 أُرِيدُ(1인칭 단수 남녀 공통), تُرِيدِينَ(2인칭 여성 단수), تُرِيدُ(2인칭 남성 단수와 3인칭 여성 단수 공통), يُرِيدُ(3인칭 남성 단수), نُرِيدُ(1인칭 복수 남녀 공통)이다.

A: 파티마야, 너 무엇을 마시고 싶니?
B: 나는 오렌지 주스를 마시고 싶어.

④ **명령법**

명령법은 미완료 단축법의 일종이다. 따라서 명령법과 단축법의 형태는 유사하다.
명령법의 기본형(원형 동사의 2인칭 남성 단수)은 –맨 앞에 2인칭 주어 표지(تَ)가 덧붙는 단축법과 달리– تَ (2인칭 주어 표지) 대신 أُ나 اِ가 덧붙는다.

(تَدْخُلُ) دَخَلْتَ 네가 들어가다/오다	أُدْخُلْ 들어와
(تَرْكَبُ) رَكِبْتَ 네가 타다	اِرْكَبْ 올라타
(تَنْزِلُ) نَزَلْتَ 네가 내리다/내려가다	اِنْزِلْ 내려

파생형 동사의 명령법은 현용 고등학교 교과서에서 설명하고 있지 않지만 수능에서는 간혹 출제되고 있다. 그러나 〈기본 어휘표〉에 수록된 파생형 동사의 개수가 별로 많지 않아 기출 문제에 인용된 파생형 동사와 교과서에 수록된 파생형 동사의 명령법을 알아 두는 것만으로도 수능에 대비하기에 충분할 것이다.

파생형 동사의 명령법의 예:

(تُنَظِّفُ) نَظَّفْتَ 네가 청소하다	نَظِّفْ 청소해
(تُسَاعِدُ) سَاعَدْتَ 네가 돕다	سَاعِدْ 도와줘
(تُرْسِلُ) أَرْسَلْتَ 네가 발송하다	أَرْسِلْ 발송해
(تَتَفَضَّلُ) تَفَضَّلْتَ 네가 친절히 …하다	تَفَضَّلْ 좋으실대로 하세요(권유)
(تَتَنَاوَلُ) تَنَاوَلْتَ 네가 먹다	تَنَاوَلْ 먹어라((약을) 복용하라)
(تَنْتَظِرُ) اِنْتَظَرْتَ 네가 기다리다	اِنْتَظِرْ 기다려
(تَسْتَعْمِلُ) اِسْتَعْمَلْتَ 네가 사용하다	اِسْتَعْمِلْ 사용해

문항 사례1

빈칸에 들어갈 말로 알맞은 말은? 2016학년도 대학수학능력시험

كَمَالٌ: يَا أُمِّي، أَنَا عَطْشَانُ جِدًّا.
اَلْأُمُّ : ______ هٰذَا الْعَصِيرَ، يَا كَمَالُ.

① اِشْرَبْ ② شَرِبْتِ ③ اِشْرَبِي ④ اِشْرَبُوا ⑤ تَشْرَبِينَ

풀이 ① 2인칭 남성 단수 명령형, ② 2인칭 여성 단수 완료형, ③ 2인칭 여성 단수 명령형, ④ 2인칭 남성 복수 명령형, ⑤ 2인칭 여성 단수 직설법

카말: 어머니, 몹시 갈증이 나네요.
어머니: 카말아, 이 주스 마시렴. [정답] ①

문항 사례2

빈칸에 들어갈 말로 알맞은 것은? 2015학년도 대학수학능력시험 9월 모의평가

اَلْبَائِعَةُ: مَاذَا تُرِيدِينَ؟
فَاطِمَةُ: ______ كِيلُو مِنَ الْخِيَارِ، مِنْ فَضْلِكِ.
اَلْبَائِعَةُ: طَيِّبٌ، تَفَضَّلِي.
فَاطِمَةُ: شُكْرًا.

① أَعْطَتْ ② أَعْطَى ③ أَعْطِنِي ④ أَعْطِينِي ⑤ يُعْطِينِي

풀이 3인칭 여성 단수 완료형, ② 3인칭 남성 단수 완료형, ③ 2인칭 남성 단수 명령형, ④ 2인칭 여성 단수 명령형, ⑤ 3인칭 남성 단수 직설법

여성 상인: 무엇을 드릴까요?
파티마: 나에게 오이 1킬로 좀 주세요.
여성 상인: 좋습니다. 자 받으세요.
파티마: 감사합니다. [정답] ④

문항 사례3

빈칸에 들어갈 말로 알맞은 말은? 2014학년도 예비 시행

أَحْمَدُ : لَوْ سَمَحْتَ، أُرِيدُ أَنْ أَنْزِلَ عِنْدَ مَحَطَّةِ الْمَتْحَفِ الْوَطَنِيِّ.
اَلسَّائِقُ: ______ فِي الْمَحَطَّةِ الْقَادِمَةِ.

① اِنْزِلْ ② يَنْزِلُ ③ أَنْزِلُ ④ اِنْزِلِي ⑤ تَنْزِلِينَ

풀이 ① 2인칭 남성 단수 명령형, ② 3인칭 남성 단수 직설법, ③ 1인칭 단수 남녀 공통 직설법, ④ 2인칭 여성 단수 명령형, ⑤ 2인칭 여성 단수 직설법

아흐마드: 허락하신다면 국립박물관 역 부근에서 내리고자 합니다.
운전기사: 다음 역에서 내리세요. [정답] ①

해법

원형 동사 명령법의 기본형(2인칭 남성 단수)은 어말에 모음이 없고, 어두에는 미완료 중간 모음(미완료형의 두번째 어근의 모음)에 따라 u이면 اُ가 덧붙고, a나 i이면 اِ가 덧붙는다.

파생형 동사의 명령형은 Ⅱ, Ⅲ, Ⅳ형에서 미완료 중간 모음이 i이고, Ⅴ형과 Ⅵ형에서는 a이며, Ⅶ, Ⅷ, Ⅹ형에서는 i이다. 어두는 원형 동사와 달리 اُ나 اِ가 덧붙지 않고 아무런 변화가 없으며 어말은 원형 동사와 같이 모음이 없다(ْ).

Tip

원형 동사의 명령법 변화

여성	남성	فَعَلَ(يَفْعَلُ)
اِفْعَلِي	اِفْعَلْ	단수
اِفْعَلَا		양수
اِفْعَلْنَ	اِفْعَلُوا	복수

여성	남성	مَشَى(يَمْشِي)
اِمْشِي	اِمْشِ	단수
اِمْشِيَا		양수
اِمْشِينَ	اِمْشُوا	복수

여성	남성	دَخَلَ(يَدْخُلُ)
أُدْخُلِي	أُدْخُلْ	단수
أُدْخُلَا		양수
أُدْخُلْنَ	أُدْخُلُوا	복수

여성	남성	جَلَسَ(يَجْلِسُ)
اِجْلِسِي	اِجْلِسْ	단수
اِجْلِسَا		양수
اِجْلِسْنَ	اِجْلِسُوا	복수

파생형 동사의 명령법 변화 (〈기본 어휘표〉에 수록된 동사)

여성	남성	سَاعَدَ(يُسَاعِدُ)
سَاعِدِي	سَاعِدْ	단수
سَاعِدَا		양수
سَاعِدْنَ	سَاعِدُوا	복수

여성	남성	تَنَاوَلَ(يَتَنَاوَلُ)
تَنَاوَلِي	تَنَاوَلْ	단수
تَنَاوَلَا		양수
تَنَاوَلْنَ	تَنَاوَلُوا	복수

여성	남성	أَعْطَى(يُعْطِي)
أَعْطِي	أَعْطِ	단수
أَعْطِيَا		양수
أَعْطِينَ	أَعْطُوا	복수

여성	남성	اِنْتَظَرَ(يَنْتَظِرُ)
اِنْتَظِرِي	اِنْتَظِرْ	단수
اِنْتَظِرَا		양수
اِنْتَظِرْنَ	اِنْتَظِرُوا	복수

여성	남성	نَظَّفَ(يُنَظِّفُ)
نَظِّفِي	نَظِّفْ	단수
نَظِّفَا		양수
نَظِّفْنَ	نَظِّفُوا	복수

여성	남성	تَفَضَّلَ(يَتَفَضَّلُ)
تَفَضَّلِي	تَفَضَّلْ	단수
تَفَضَّلَا		양수
تَفَضَّلْنَ	تَفَضَّلُوا	복수

연습 문제

1 빈칸에 들어갈 말로 알맞은 것은?

A: كَيْفَ أَذْهَبُ إِلَى مَكْتَبِ الْبَرِيدِ؟

B: هُوَ قَرِيبٌ مِنْ هُنَا. ________ إِلَى الْأَمَامِ قَلِيلًا.

① يَمْشِي　② أَمْشِي　③ تَمْشِي　④ مَشَيْتَ　⑤ اِمْشِ

2 빈칸에 들어갈 말로 알맞은 것은?

A: ________ الْمِلْحَ مِنْ فَضْلِكَ؟

B: تَفَضَّلْ.

① أَعْطَى　② أَعْطِنِي　③ أَعْطِينِي　④ تُعْطِينِي　⑤ أَعْطَانِي

3 빈칸에 들어갈 말로 알맞은 것은?

A: مَا أَسْرَعُ طَرِيقٍ إِلَى وَسَطِ الْمَدِينَةِ؟

B: ________ الْمِتْرُو لِأَنَّ الشَّوَارِعَ مُزْدَحِمَةٌ الْآنَ.

① يَرْكَبْ　② يَرْكَبُ　③ أَرْكَبُ　④ اِرْكَبِ　⑤ تَرْكَبِينَ

✔ 정답

1 ⑤

풀이 مَشَى(يَمْشِي)의 2인칭 단수 명령형은 اِمْشِ이다.

A: 우체국에 어떻게 갑니까?

B: 그곳은 여기에서 가깝습니다. 앞으로 조금만 걸어가세요.

2 ②

풀이 "مِنْ فَضْلِكَ(부디, 좀)"에 접미되어 있는 인칭대명사(2인칭 남성 단수) كَ로 비추어 볼 때, B는 남성이다. 따라서 빈칸에는 남성 단수 명령형이 들어가야 한다.

A: 저에게 소금 좀 주세요.

B: 자 받으세요.

3 ④

풀이 رَكِبَ(يَرْكَبُ) (교통수단을) 타다

선택지 ④ اِرْكَبِ의 어말에 i 모음이 붙은 것은 정관사 الْ의 앞에 اِرْكَبْ이 와서 함께 읽을 때 2개 이상의 자음군(irkab lmitro) 현상을 피하기 위한 보조 장치이다(irkabilmitro).

A: 도심으로 가는 가장 빠른 길은 무엇인가요?

B: 거리들이 지금 붐비니까 지하철을 타세요.

CHAPTER_02 "كَانَ"(to be) 동사의 인칭별 활용과 자매어(목적격)의 술어

1 كَانَ의 인칭 변화

① كَانَ의 완료형 인칭 변화

1인칭	2인칭		3인칭		인칭 / 수
남녀 공통	여성	남성	여성	남성	수
كُنْتُ	كُنْتِ	كُنْتَ	كَانَتْ	كَانَ	단수
كُنَّا	كُنْتُمَا		كَانَتَا	كَانَ	양수(2)
	كُنْتُنَّ	كُنْتُمْ	كُنَّ	كَانُوا	복수(3 이상)

② كَانَ의 직설법 인칭 변화

1인칭	2인칭		3인칭		인칭 / 수
남녀 공통	여성	남성	여성	남성	수
أَكُونُ	تَكُونِينَ	تَكُونُ		يَكُونُ	단수
نَكُونُ	تَكُونَانِ			يَكُونَانِ	양수(2)
	تَكُنَّ	تَكُونُونَ	يَكُنَّ	يَكُونُونَ	복수(3 이상)

2 كَانَ의 자매어와 목적격 술어

① كَانَ와 그의 자매어 (〈기본 어휘표〉 포함 어휘)

- كَانَ(…이다, …이 있다)
  كَانَ النَّهَارُ مُشْمِسًا. 낮에는 햇볕이 잘 들었습니다.
- أَصْبَحَ (…이 되다)
  أَصْبَحَ الْبُرْتُقَالُ عَصِيرًا. 오렌지가 주스가 되었다.
- مَا زَالَ(لَا يَزَالُ، لَمْ يَزَلْ 아직도 …하다)
  مَا زَالَ فِي حَاجَةٍ إِلَيْهِ. 그는 아직도 그것을 필요로 했습니다.
  مَا زَالَتْ حَيَاتُنَا صَعْبَةً. 우리의 삶은 여전히 어려웠습니다.
- لَيْسَ(현재 부정어, …이 아니다, …이 없다): 의미는 현재 부정이지만 형태는 완료형 동사처럼 인칭 변화한다.
  أَلَيْسَ كَذٰلِكَ؟ 그와 같지 〔그렇지〕 않습니까?
  لَيْسَ مُحَمَّدٌ جَالِسًا. 무함마드는 앉아 있지 않습니다.

• لَيْسَ의 인칭 변화 (لَيْسَ는 현재 부정의 의미이지만 인칭 변화는 완료형 동사처럼 변화)

1인칭	2인칭		3인칭		인칭 / 수
남녀 공통	여성	남성	여성	남성	수
لَسْتُ	لَسْتِ	لَسْتَ	لَيْسَتْ	لَيْسَ	단수
لَسْنَا	لَسْتُمَا		لَيْسَتَا	لَيْسَا	양수(2)
	لَسْتُنَّ	لَسْتُمْ	لَسْنَ	لَيْسُوا	복수(3 이상)

② 목적격 술어

كَانَ와 그 자매어는 주어의 어말에 u 모음을 붙이지만 (격변화할 수 있는 명사형의) 술어에는 a 모음을 붙여 목적격 형태로 취한다.

لَيْسَتِ الْمَدْرَسَةُ بَعِيدَةً عَنِ الْبَيْتِ. 학교는 집에서 멀지 않습니다.
كَانَ الشِّتَاءُ دَافِئًا. 그 (해) 겨울은 따뜻했습니다.
لَا يَزَالُ الْأَمَلُ مَوْجُودًا. 아직도 희망은 있다.

문항 사례1

빈칸에 들어갈 말로 알맞은 것은? 2017학년도 대학수학능력시험

A: هَلْ هٰذِهِ الثَّلَّاجَةُ جَدِيدَةٌ؟
B: لَا، هِيَ ________ جَدِيدَةً، بَلْ هِيَ قَدِيمَةٌ.

① لَسْتُ ② لَسْتَ ③ لَسْتِ ④ لَيْسَ ⑤ لَيْسَتْ

풀이 주어인 هِيَ는 3인칭 여성 단수이다. 그러므로 빈칸에는 لَيْسَ의 3인칭 여성 단수형이 들어가야 한다.

A: 이 냉장고가 신상품인가요?
B: 아니요, 그것은 신상품이 아니고 오히려 오래된 것입니다. [정답] ⑤

문항 사례2

빈칸에 들어갈 말로 알맞은 것은? 2011학년도 대학수학능력시험 6월 모의평가

A: هَلِ الْمُسْتَشْفَى بَعِيدٌ عَنْ هُنَا؟
B: لَا، الْمُسْتَشْفَى لَيْسَ ________.

① بَعِيدٌ ② بَعِيدًا ③ بَعِيدٍ ④ بَعِيدَةٌ ⑤ بَعِيدَةً

풀이 현재 부정어인 لَيْسَ의 술어는 목적격 형태를 취한다.

A: 그 병원이 여기에서 멉니까?
B: 아니오, 그 병원은 여기서 멀지 않습니다. [정답] ②

문항 사례3

빈칸 (a), (b)에 들어갈 말로 알맞은 것은? 2013학년도 대학수학능력시험 9월 모의평가

(a) ______ فَاطِمَةُ ______ (b) فِي الْبَنْكِ.

① (a) كَانَ (b) مُدِيرًا
② (a) كَانَ (b) مُدِيرَةٌ
③ (a) كَانَتْ (b) مُدِيرَةً
④ (a) كَانَتْ (b) مُدِيرًا
⑤ (a) كَانَتْ (b) مُدِيرَةٌ

풀이 파티마는 여성의 이름이고, كَانَ의 술어는 목적격 형태이다. 그러므로 (a)에는 كَانَ의 3인칭 여성 단수형이 들어가야 하고, (b)에는 여성 단수 목적격 형태의 명사가 들어가야 한다.

파티마는 그 은행의 (여성) 지점장이었습니다. [정답] ③

해법

كَانَ와 그 자매어에 관한 문항은 대부분 빈칸이 주어 자리에 있으면 그 주어의 (남녀)인칭에 따른 변화형을 묻는 것이고, 빈칸이 술어의 자리에 있으면 그 술어의 성별에 따른 목적격 형태를 고르는 것이다. 따라서 우선 كَانَ와 لَيْسَ의 인칭 변화를 숙지해야 하고, 이어서 주어와 술어를 구분할 수 있어야 한다.

〈직설법+كَانَ의 완료형〉 형태의 구문은 과거 진행이거나 과거의 습관을 나타낸다.

كَانَ يَدْرُسُ الْعَرَبِيَّةَ لِمُدَّةِ سَنَةٍ. 그는 1년 동안 아랍어를 배우고 있었습니다.

연습문제

1 빈칸에 들어갈 말로 알맞은 것은?

A: كَيْفَ يَكُونُ الْجَوُّ غَدًا؟
B: سَيَكُونُ ________ . إِنْ شَاءَ اللّٰهُ.

① غَائِمَةٌ ② غَائِمَةً
③ لَطِيفًا ④ لَطِيفٌ
⑤ لَطِيفَةٌ

2 빈칸에 들어갈 말로 알맞은 것은?

A: هَلْ تَعْمَلُ فِي هٰذِهِ الشَّرِكَةِ؟
B: لَا، لَسْتُ ________ هُنَا.

① مُوَظَّفٌ ② مُوَظَّفًا
③ مُوَظَّفٍ ④ مُوَظَّفَةٌ
⑤ مُوَظَّفَةً

3 빈칸 (a), (b)에 들어갈 말로 알맞은 것은?

A: هَلْ لَوْنُ سَيَّارَتِكِ أَحْمَرُ ؟
B: لَا، ____(a)____ لَوْنُهَا ____(b)____ .

① (a) لَيْسَ (b) أَحْمَرُ
② (a) لَيْسَ (b) أَحْمَرَ
③ (a) لَيْسَتْ (b) أَحْمَرُ
④ (a) لَيْسَتْ (b) أَحْمَرَ
⑤ (a) لَسْتُ (b) أَحْمَرَ

✔ 정답

1 ③

풀이 سَيَكُونُ에 접두되어 있는 سَـ는 미래 시제임을 나타내는 낱말이 언급되어 있는 경우에는 생략될 수 있다. كَانَ는 (의미상으로는 주격인) 술어의 어말에 a를 붙여 목적격 형태로 취한다.

A: 내일은 날씨가 어떨까요?
B: 맑을 겁니다. 알라께서 원하신다면.

2 ②

풀이 تَعْمَلُ (일하다)의 주어는 2인칭 남성 단수이므로 B는 남성이다. 따라서 لَسْتُ (나는 …이 아니다)는 술어를 남성 단수 목적격 형태로 취한다.

A: 이 회사 직원이십니까?
B: 아니요, 저는 여기 직원이 아닙니다.

3 ②

풀이 제시된 두 문장의 주어 لَوْن은 3인칭 남성 단수이다. لَيْسَ의 명사형 술어는 목적격이어야 한다.

A: 당신의 차 색깔이 빨간색입니까?
B: 아니요, 그것의 색깔은 빨간색이 아닙니다.

CHAPTER_03 명사와 형용사의 성 · 수 · 격 일치

아랍어 명사(형용사도 명사의 범주에 들어감)에는 단수, 양수(둘), 복수(셋 이상)라는 수(number)의 개념과 남성과 여성으로 구별되는 성(gender)의 개념이 있다. 일반적으로 남성과 여성의 구분은 여성형 표지인 타마르부타(ة)의 여부로 알 수 있다. 또한 명사에는 주격 · 소유격 · 목적격이 있으며, 이들은 각각 어말 모음이 u(비한정일 때는 un), i(비한정일 때는 in), a(비한정일 때는 an)이다.

서술문에서는 주어와 술어의 성은 각각 남성 명사 또는 여성 명사로 일치하며, 주어와 술어가 모두 주격이고, 수에 있어서도 단수는 단수끼리 복수는 복수끼리 일치한다.

그러나 관형어구에서는 수식어와 피수식어의 성 · 수 · 격은 물론 한정 상태 여부까지 일치한다.

1 주어와 술어로 구성된 명사문(주어와 술어가 성 • 수 • 격에서 일치)

여성 명사	여성/남성 · 단수 · 주격에서 일치	남성 명사
اَلْغُرْفَةُ كَبِيرَةٌ.	그 방/집은 크다.	اَلْبَيْتُ كَبِيرٌ.
هِيَ كَبِيرَةٌ.	그것은 크다.	هُوَ كَبِيرٌ.
هٰذِهِ كَبِيرَةٌ.	이것은 크다.	هٰذَا كَبِيرٌ.
هِيَ مُعَلِّمَةٌ.	그녀/그는 선생님이다.	هُوَ مُعَلِّمٌ.

2 명사와 형용사로 구성된 관형어구(명사와 형용사가 성 · 수 · 격과 한정 상태 여부에서 일치)

그 큰 집이 (the big house)	اَلْبَيْتُ الْكَبِيرُ	남성 · 단수 · 주격 · 한정 상태에서 일치함
하나의 큰 집이 (a big house)	بَيْتٌ كَبِيرٌ	남성 · 단수 · 주격 · 비한정 상태에서 일치함
그 큰 방이 (the big room)	اَلْغُرْفَةُ الْكَبِيرَةُ	여성 · 단수 · 주격 · 한정 상태에서 일치함
하나의 큰 방이 (a big room)	غُرْفَةٌ كَبِيرَةٌ	여성 · 단수 · 주격 · 비한정 상태에서 일치함
그 큰 집에서 (in the big house)	فِي الْبَيْتِ الْكَبِيرِ	남성 · 단수 · 소유격 · 한정 상태에서 일치함
하나의 큰 집에서 (in a big house)	فِي بَيْتٍ كَبِيرٍ	남성 · 단수 · 소유격 · 비한정 상태에서 일치함
그 큰 방에서 (in the big room)	فِي الْغُرْفَةِ الْكَبِيرَةِ	여성 · 단수 · 소유격 · 한정 상태에서 일치함
하나의 큰 방에서 (in a big room)	فِي غُرْفَةٍ كَبِيرَةٍ	여성 · 단수 · 소유격 · 비한정 상태에서 일치함

그 큰 집을 (the big house)	اَلْبَيْتَ الْكَبِيرَ	남성 · 단수 · 목적격 · 한정 상태에서 일치함
하나의 큰 집을 (a big house)	بَيْتًا كَبِيرًا	남성 · 단수 · 목적격 · 비한정 상태에서 일치함
그 큰 방을 (the big room)	اَلْغُرْفَةَ الْكَبِيرَةَ	여성 · 단수 · 목적격 · 한정 상태에서 일치함
하나의 큰 방을 (a big room)	غُرْفَةً كَبِيرَةً	여성 · 단수 · 목적격 · 비한정 상태에서 일치함

3 (지성이 없는) 사물의 복수는 여성 단수로 취급한다.

그 집들이 크다.	اَلْبُيُوتُ كَبِيرَةٌ.	서술문(주어는 사물의 복수, 술어는 여성 단수)
그 방들이 크다.	اَلْغُرَفُ كَبِيرَةٌ.	서술문(주어는 사물의 복수, 술어는 여성 단수)
그 큰 집들이	اَلْبُيُوتُ الْكَبِيرَةُ	관형어구(피수식 명사는 사물의 복수, 수식어는 여성 단수)
그 큰 방들이	اَلْغُرَفُ الْكَبِيرَةُ	관형어구(피수식 명사는 사물의 복수, 수식어는 여성 단수)

4 지시 대명사와 지시 관형사

여성형		남성형
هٰذِهِ حَقِيبَتُهَا. 이것은 그녀의 가방입니다.	주어(지시대명사)와 술어로 구성된 명사 문장	هٰذَا كِتَابُهُ. 이것은 그의 책입니다.
هٰذِهِ الْحَقِيبَةُ 이 가방은	지시 관형사구	هٰذَا الْكِتَابُ 이 책은
هٰذِهِ حَقِيبَةٌ جَدِيدَةٌ. 이것은 새 가방입니다.	주어와 관형어구	هٰذَا كِتَابٌ جَدِيدٌ. 이것은 새 책입니다.
هٰذِهِ الْحَقَائِبُ جَدِيدَةٌ. 이 가방들은 신상품입니다.	사물의 복수는 여성 단수로 취급 كُتُبٌ은 여성형 어미인 타마르부타가 없는 복수 명사이지만 사물의 복수이므로 여성 단수로 간주	هٰذِهِ الْكُتُبُ جَدِيدَةٌ. 이([여성]) 책들은 신간입니다.

문항 사례1

빈칸에 들어갈 말로 알맞은 것을 〈보기〉에서 고른 것은? 2012학년도 대학수학능력시험

A: مَا هٰذَا؟

B: هٰذَا ________ .

보기

(a) قَلَمٌ (b) وَرْدَةٌ (c) دَفْتَرٌ (d) صُورَةٌ

① (a), (b) ② (a), (c) ③ (b), (c) ④ (b), (d) ⑤ (c), (d)

풀이 هٰذَا(이것)는 근거리 지시대명사 남성형이다. 따라서 그 술어에도 남성형 명사가 와야 한다.

A: 이것이 무엇입니까?
B: 이것은 ________입니다. [정답] ②

문항 사례2

빈칸에 들어갈 말로 알맞은 것은? 2018학년도 대학수학능력시험 6월 모의평가

A: مِنْ أَيْنَ سُعَادُ؟

B: هِيَ مِنْ تُونِسَ. وَهِيَ طَالِبَةٌ ________ تَدْرُسُ فِي كُورِيَا.

① تُونِسُ ② تُونِسِيٌّ ③ تُونِسِيَّةٌ ④ اَلتُّونِسِيُّ ⑤ اَلتُّونِسِيَّةُ

풀이 طَالِبَةٌ은 여성 • 단수 • 주격 • 비한정 상태의 명사이다. 그러므로 이 طَالِبَةٌ를 수식하는 형용사도 여성 • 단수 • 주격 • 비한정 상태이어야 한다.

A: 수아드는 어디에서 왔습니까?
B: 그녀는 튀니지에서 왔습니다. 그리고 그녀는 한국에서 공부하는 튀니지 학생(여성)입니다. [정답] ③

문항 사례3

빈칸에 들어갈 말로 알맞은 것은? 2014학년도 대학수학능력시험 9월 모의평가

A: هَلْ عِنْدَكَ كِتَابٌ عَنْ آسِيَا؟

B: نَعَمْ، عِنْدَى كُتُبٌ ________ .

① غَالٍ ② بَسِيطٌ ③ رَخِيصٌ ④ كَثِيرَةٌ ⑤ اَلنَّظِيفَةُ

풀이 كُتُبٌ은 كِتَابٌ(책)의 복수형으로서 여성 단수 취급 • 주격 • 비한정 상태이다. 그러므로 수식하는 형용사도 여성 • 단수 • 주격 • 비한정 상태이어야 한다.

A: 아시아에 관한 책을 갖고 있습니까?
B: 네, 나에게는 많은 책들이 있습니다.

[정답] ④

해법

주어와 술어로 이루어진 명사문에서는 주어와 술어가 성·수·격에서 서로 일치하여야 한다는 점을 숙지해야 하고, 명사(피수식어)와 형용사(수식어)로 구성된 관형어구에서는 성·수·격과 한정 상태 여부에서도 명사와 형용사가 서로 일치하여야 한다는 점을 알아야 한다.

아랍어에서는 사물의 복수형을 여성 단수로 취급한다. 그러므로 관형어구에서 피수식어(명사)가 사물의 복수일 경우 이 피수식어를 여성 단수로 간주하여 수식어(형용사)도 여성 단수이어야 한다.

연습 문제

1 빈칸에 들어갈 말로 알맞은 것을 〈보기〉에서 고른 것은?

A: هَلْ تُعْجِبُكِ هٰذِهِ ________؟
B: نَعَمْ، تُعْجِبُنِي كَثِيرًا.

보기 (a) الشَّقَّةُ (b) الْحَدِيقَةُ
(c) الْمَلْعَبُ (d) الْمَتْحَفُ

① (a), (b) ② (a), (c) ③ (b), (c)
④ (b), (d) ⑤ (c), (d)

2 빈칸 (a), (b)에 들어갈 말로 알맞은 것은?

* هٰذَا مَلْعَبٌ ____(a)____.
* هٰذِهِ سُوقٌ ____(b)____.

① (a) وَاسِعٌ (b) تَقْلِيدِيٌّ
② (a) وَاسِعٌ (b) تَقْلِيدِيَّةٌ
③ (a) وَاسِعَةٌ (b) تَقْلِيدِيَّةٌ
④ (a) وَاسِعَةٌ (b) تَقْلِيدِيٌّ
⑤ (a) وَاسِعًا (b) تَقْلِيدِيًّا

3 빈칸에 (a), (b)에 들어갈 말로 알맞은 것은?

A: هَلْ أُخْتُكِ طَالِبَةٌ ____(a)____.
B: لَا. هِيَ تِلْمِيذَةٌ فِي ____(b)____ ثَانَوِيَّةٍ.

① (a) ثَانَوِيَّةٍ (b) مَدْرَسَةٍ
② (a) ثَانَوِيَّةٌ (b) مَدْرَسَةٌ
③ (a) جَامِعِيَّةٍ (b) مَدْرَسَةٌ
④ (a) جَامِعِيَّةٌ (b) مَدْرَسَةٌ
⑤ (a) جَامِعِيَّةٌ (b) مَدْرَسَةٍ

✔ 정답

1 ①

풀이 A의 말에서 هٰذِهِ는 지시 관형사로 쓰였으며, هٰذِهِ는 여성형이다. 그러므로 빈칸에는 여성형 명사가 알맞다.
A: 이 ______이/가 당신의 마음에 듭니까?
B: 네, 아주 그것이 제 마음에 듭니다.
(a) 아파트(여성 명사) (b) 공원(여성 명사)
(c) 운동장(남성 명사) (d) 박물관(남성 명사)

2 ②

풀이 سُوقٌ(시장)은 여성 명사이므로 수식어도 성 • 수 • 격과 비한정 상태에서 일치해야 한다.
* 이곳은 넓은 운동장입니다.
* 여기는 전통시장입니다.

3 ⑤

풀이 관형어구에서 수식어와 피수식어는 성 · 수 · 격과 한정 상태 여부에서 서로 일치하며, 전치사 다음에는 반드시 소유격 명사가 온다.
A: 너의 언니가 대학생이니?
B: 아니. 언니는 고등학교 학생이야.

CHAPTER_04 관계대명사 용법

고등학교 과정의 기본 어휘표에 수록되어 있는 관계대명사로는 الَّذِي(남성 단수형)와 الَّتِي(여성 단수형) 그리고 الَّذِينَ(남성 복수형)이 있다. (2014학년도 수능에서부터 관계대명사에 관한 문항이 출제되고 있지만 현용 교과서에서는 관계대명사에 대한 언급이 없다.)

1 한정(상태의) 명사를 수식하는 관형어구에 사용된 관계대명사 (선행사=한정 명사)

• 선행사가 남성 단수 명사인 경우:

قَرَأْتُ الْكِتَابَ الَّذِي كَتَبَهُ الْعَرَبِيُّ. 나는 그 아랍인이 쓴 책을 읽어 보았습니다.

• 선행사가 여성 단수 명사이거나 사물의 복수인 경우:

هَلْ تَعْرِفِينَ الطَّالِبَةَ الَّتِي تَجْلِسُ عَلَى الْكُرْسِيِّ؟ 의자 위에 앉아 있는 여학생을 너 아니?

سَأَكْتُبُ لَكَ عَنِ الْقَرَارَاتِ الَّتِي يَتَّخِذُهَا الْأَعْضَاءُ. 회원들이 채택하는 결의안에 관해서 너에게 적어 줄게.

• 선행사가 남성 복수인 경우:

رَجَعَ النَّاسُ الَّذِينَ سَافَرُوا. 여행 간 사람들이 돌아왔습니다.

2 비한정(상태의) 명사를 수식하는 관형어구에는 관계대명사를 사용하지 않는다. (선행사=비한정 명사)

هٰذِهِ هَدِيَّةٌ أُعْطِيهَا لَكَ. 이것은 내가 너에게 주는 선물이야.

문항 사례1

빈칸에 들어갈 말로 알맞은 것은? 2016학년도 대학수학능력시험

A: مَنْ هُوَ؟

B: هُوَ الطَّالِبُ الْمُمْتَازُ ________ نَجَحَ فِي الْاِمْتِحَانِ.

① أَنْ ② إِنْ ③ الَّتِي ④ الَّذِي ⑤ الَّذِينَ

풀이 선행사인 الطَّالِبُ الْمُمْتَازُ(그 우수한 학생)이 한정 상태의 남성 명사이므로 관계형용사절을 이끄는 남성 관계대명사가 필요하다.

A: 그가 누구야?

B: 그는 그 시험에 합격한 그 우수한 학생이야. [정답] ④

문항 사례2

빈칸에 들어갈 말로 알맞은 것은? 2016학년도 대학수학능력시험 6월 모의평가

A: مَاذَا فَعَلْتِ أَمْسِ؟

B: ذَهَبْتُ إِلَى الْبَتْرَاءِ مَعَ صَدِيقَتِي الْكُورِيَّةِ ________ تَعِيشُ فِي عَمَّانَ.

① إِنْ ② الَّتِي ③ الَّذِي ④ الَّذِينَ ⑤ اللَّوَاتِي

풀이 선행사인 صَدِيقَتِي الْكُورِيَّةِ(나의 한국인 여자 친구)가 한정 상태의 여성 명사이므로 관계형용사절을 이끄는 여성 관계대명사가 필요하다.

A: 어제 너 뭐 했어?
B: 암만에서 살고 있는 나의 한국인 여자 친구와 함께 페트라에 갔어. [정답] ②

문항 사례3

빈칸에 (a), (b)에 들어갈 말로 알맞은 것은? 2015학년도 대학수학능력시험

A: مَعَ مَنْ كُنْتِ أَمْسِ؟

B: كُنْتُ مَعَ صَدِيقَتِي ___(a)___ دَرَسَتْ مَعِي فِي قَطَرَ.

A: وَمَاذَا فَعَلْتِ مَعَهَا؟

B: قَرَأْنَا الْكِتَابَ ___(b)___ كَتَبَهُ أُسْتَاذُنَا عَنِ الْخَطِّ الْعَرَبِيِّ.

① (a) أَنْ (b) الَّتِي ② (a) الَّتِي (b) أَنْ
③ (a) الَّتِي (b) الَّذِي ④ (a) الَّذِي (b) الَّذِي
⑤ (a) الَّذِي (b) الَّتِي

풀이 (a)의 선행사(صَدِيقَتِي)가 여성 명사이므로 (a)에는 관계대명사 여성형(الَّتِي)이 적합하고, (b)의 선행사(الْكِتَابَ)는 남성 명사이므로 (b)에는 관계대명사 남성형(الَّذِي)이 적합하다.

A: 너 어제 누구와 함께 있었니?
B: 나는 카타르에서 나와 함께 공부했던 내 (여자) 친구와 함께 있었어.
A: 그녀와 함께 무엇을 했어?
B: 우리는 아랍의 서체에 관하여 우리 선생님께서 쓰신 책을 읽었어. [정답] ③

해법

관계대명사는 관련이 있는 두 개의 절을 이어 주는 역할을 한다. 이 두 개의 절은 각각 하나의 문장을 이루고 있다. 이 두 절의 연결고리인 관계대명사는 선행사의 (남녀) 성과 (단수와 복수 등의) 수에 따라 정해져 있다.
선행사가 남성 단수 명사이면 관계대명사는 الَّذِي이고, 여성 단수 명사이면 الَّتِي이다.

선행사를 가리키는 말이 관계형용사절 안에 한 번은 언급되는데 그것의 대부분은 접미형 인칭대명사나 주어로 나타난다.

هُوَ الْمَكَانُ الَّذِي اِخْتَارَهُ مُحَمَّدٌ. 그것은 무함마드가 선택한 곳입니다.

سَتَجِدُ الشَّخْصَ الَّذِي يَنْتَظِرُكَ أَمَامَ الْمَدْرَسَةِ. 학교 앞에서 너를 기다리는 사람을 보게 될 것이다.

연습 문제

1 빈칸에 들어갈 말로 알맞은 것은?

A: أُرِيدُ أَنْ أُرْسِلَ هٰذَا الطَّرْدَ.
B: اَلْكِتَابَةُ ＿＿＿＿ هِيَ عَلَى الظَّرْفِ غَيْرُ وَاضِحَةٍ . مَا اسْمُ الْمُرْسَلِ إِلَيْهِ؟

① الَّذِي ② الَّتِي ③ لَدَى ④ إِلَيْهِ ⑤ الَّذِين

2 빈칸에 들어갈 말로 알맞은 것은?

A: مَنْ تَنْتَظِرُ هُنَا؟
B: أَنْتَظِرُ الطَّالِبَ الْعَرَبِيَّ ＿＿＿＿ يَدْرُسُ الْكُورِيَّةَ.

① إِلَى ② الَّتِي ③ الَّذِي ④ الَّذِينَ ⑤ اللَّوَاتِي

3 빈칸 (a), (b)에 들어갈 말로 알맞은 것은?

A: مَاذَا اشْتَرَيْتِ مِنَ السُّوقِ ＿(a)＿ زُرْتِهَا أَمْسِ؟
B: اِشْتَرَيْتُ بَعْضَ الْفَوَاكِهِ ＿(b)＿ أُحِبُّهَا.

① (a) الَّتِي (b) الَّتِي
② (a) الَّذِي (b) الَّذِي
③ (a) الَّتِي (b) الَّذِي
④ (a) الَّذِي (b) الَّتِي
⑤ (a) الَّذِينَ (b) الَّذِي

✔ 정답

1 ②

풀이 اَلْكِتَابَةُ(필적이)는 주어이면서 관계형용사절의 여성 단수 선행사이다. 따라서 빈칸에는 여성 단수형의 관계대명사 (الَّتِي)가 필요하다.

A: 이 소포를 발송하고 싶습니다.
B: 봉투 위에 있는 필적이 분명하지 않습니다. 수신인의 이름이 무엇입니까?

2 ③

풀이 선행사는 الطَّالِبَ الْعَرَبِيَّ(아랍인 학생)이고, 관계형용사절에 있는 يَدْرُسُ의 주어이기도 하다. 따라서 빈칸에는 남성 단수형의 관계대명사(الَّذِي)가 필요하다.

A: 여기에서 너는 누구를 기다리니?
B: 나는 한국어를 배우고 있는 아랍인 학생을 기다려.

3 ①

풀이 سُوق(시장)는 여성 명사이다. 사물의 복수는 여성 단수로 간주한다는 규칙에 따라 فَوَاكِه(과일의 복수)도 여성 단수로 취급된다. 위 두 문장에서 선행사가 모두 여성 단수로 취급되기 때문에 빈칸 (a), (b)에는 여성 단수형 관계대명사 (الَّتِي)가 들어가야 한다.

A: 어제 네가 갔던 시장에서 무엇을 구입했니?
B: 내가 좋아하는 과일 몇 개 샀어.

CHAPTER_05 우선급 형태

아랍어의 우선급에는 비교급과 최상급이 있는데 고교 교육과정에서 다루는 용법은 다음과 같다.

1 비교급 용법: 비교급(أَفْعَلُ) 형태와 비교의 대상물 앞에 전치사 مِنْ(…보다, 영어의 than)을 사용하여 표현한다.

هٰذَا الطَّالِبُ أَطْوَلُ مِنْ ذٰلِكَ الطَّالِبِ. 이 학생이 저 학생보다 키가 크다.

هٰذِهِ الصُّورَةُ أَجْمَلُ مِنْ تِلْكَ الصُّورَةِ. 이 사진이 저 사진보다 더 아름답다.

2 최상급 용법

① "비한정 상태의 단수 명사 + 비교급"(연결형) 구조 (사용 빈도가 가장 높음)

هُوَ أَطْوَلُ طَالِبٍ فِي هٰذَا الفَصْلِ. 그가 이 교실에서 키가 가장 큰 학생이다.

② "한정 상태의 복수 명사 + 비교급"(연결형) 구조

هُوَ أَطْوَلُ الطُّلَّابِ فِي هٰذَا الْفَصْلِ. 그가 이 교실에서 키가 가장 큰 학생이다.

③ "한정 상태의 비교급 + 한정 상태의 명사"(명사 • 형용사 수식어) 구조

هُوَ الطَّالِبُ الْأَطْوَلُ فِي هٰذَا الْفَصْلِ. 그가 이 교실에서 키가 가장 큰 학생이다.

문항 사례1

빈칸에 들어갈 말로 알맞은 것은? 2018학년도 대학수학능력시험

مِين سُو : يَا أُسْتَاذُ، هَلْ نَهْرُ النِّيلِ ________ مِنْ نَهْرِ الْفُرَاتِ؟
اَلْأُسْتَاذُ : نَعَمْ، هٰذَا صَحِيحٌ.

① أَطْوَلُ ② طَوِيلٌ ③ طَوِيلَةٌ ④ الْأَطْوَلُ ⑤ الطَّوِيلُ

풀이 비교급 표현에서 비교 대상물 앞에 전치사 مِنْ이 위치한다. 그리고 이 전치사 مِنْ 앞에 비교급 형태의 형용사가 위치한다. 비교급 형용사는 أَفْعَلُ 형태이다.

민수: 선생님, 나일 강이 유프라테스 강보다 (더) 길어요?

선생님: 응, 네 말이 맞아. [정답] ①

문항 사례2

빈칸에 들어갈 말로 알맞은 것은? 2015학년도 대학수학능력시험

A: كَمْ عُمْرُكَ؟

B: عُمْرِي سَبْعَ عَشْرَةَ سَنَةً. وَأَنْتَ كَمْ عُمْرُكَ؟

A: عُمْرِي سِتَّ عَشْرَةَ سَنَةً.

B: إِذَنْ، أَنْتَ ________ مِنِّي.

① أَصْغَرُ ② أَكْبَرُ ③ صَغِيرٌ ④ كَبِيرٌ ⑤ الصَّغِيرُ

풀이 مِنِّي는 '…보다'라는 의미의 전치사 مِنْ과 1인칭 대명사 접미형 نِي가 결합된 것이다. 따라서 이 مِنِّي 앞에는 비교급 형태의 형용사가 오는 것이 적합하다. أَصْغَرُ는 صَغِيرٌ(어리다)의 비교급 형태이고, أَكْبَرُ는 كَبِيرٌ(나이를 먹었다, 위대하다)의 비교급 형태이다.

A: 네 나이는 몇이니?
B: 내 나이는 17살이야. 너는 몇 살이니?
A: 내 나이는 16살이야.
B: 그러면 네가 나보다 (더) 어리구나.

[정답] ①

문항 사례3

그림으로 보아 빈칸 (a), (b)에 들어갈 말로 알맞은 것은? 2014학년도 대학수학능력시험

100km/h

300km/h

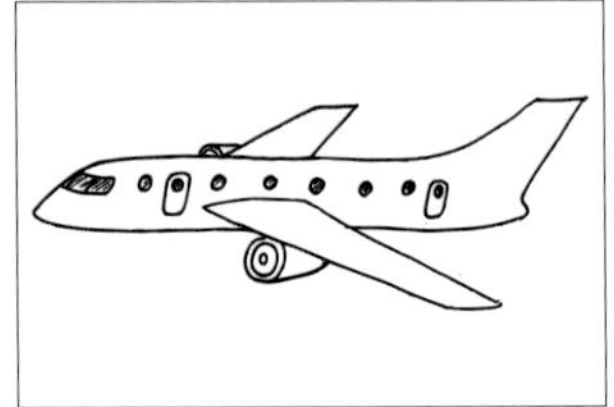
700km/h

اَلسَّيَّارَةُ سَرِيعَةٌ، وَالْقِطَارُ ____(a)____ مِنَ السَّيَّارَةِ،

وَلٰكِنَّ الطَّائِرَةَ ____(b)____ مِنَ الْقِطَارِ.

① (a) سَرِيعٌ (b) سَرِيعٌ
② (a) سَرِيعٌ (b) سَرِيعَةٌ
③ (a) سَرِيعٌ (b) أَسْرَعُ
④ (a) أَسْرَعُ (b) أَسْرَعُ
⑤ (a) الأَسْرَعُ (b) الأَسْرَعُ

풀이 비교급 문장에서 '…보다'라는 의미의 전치사 مِنْ 앞에는 비교급 형태(أَفْعَلُ)의 형용사가 위치한다. سَرِيعٌ의 비교급은 형태는 أَسْرَعُ이다.

자동차는 빠르고 열차는 자동차보다 (더) 빠르지만,
비행기가 열차보다 (더) 빠르다. [정답] ④

문항 사례4

그림으로 보아 빈칸에 들어갈 말로 알맞은 것은? 2015학년도 대학수학능력시험 9월 모의평가

حَسَنٌ أَطْوَلُ مِنْ مُحَمَّدٍ، وَخَالِدٌ أَطْوَلُ مِنْ
حَسَنٍ. لِذٰلِكَ خَالِدٌ أَطْوَلُ
______ فِيهِمْ.
خَالِدٌ
حَسَنٌ
مُحَمَّدٌ

① طَالِبٌ ② طَالِبٍ ③ طَالِبًا ④ طُلَّابٌ ⑤ طُلَّابًا

풀이 (우선급 형태에서) 비교급과 최상급의 어휘 형태가 같다. (현용 고교 교육과정에서 다루고 있는 우선급(비교급과 최상급) 표현에 따르면,) 우선급 형태 뒤에 전치사 مِنْ이 오면 비교급 표현이고, 비한정 상태의 소유격 명사나 한정 상태의 복수 소유격 명사가 오면 최상급 표현이다. 위 문항 사례에서는 빈칸에 비한정 소유격 명사가 적합하다.

하산이 무함마드보다 키가 (더) 크고, 칼리드가 하산보다 키가 (더) 크다. 그러므로 칼리드가 그들 중에서 가장 큰 학생이다. [정답] ②

해법

비교급과 최상급 어휘의 형태는 같지만 뒤에 오는 어휘와의 관계에 따라 비교급과 최상급으로 구분할 수 있다.

** 비교급 뒤에는 '…보다'라는 의미의 전치사 مِنْ이 있다.

** 최상급 표현은 비교급 형태와 비한정 상태의 단수소유격 명사(비한정 소유격 명사+비교급 형태) 혹은 한정 상태의 복수 소유격 명사로 구성되는 복합어 형태(한정 복수 소유격 명사)이다.

Tip

أَكْبَرُ مَدِينَةٍ... 가장 큰 도시가 … ("비한정 단수 소유격 명사 + 비교급 형태"의 복합어 구조)

أَكْبَرُ الْمُدُنِ... 가장 큰 도시가 … ("한정 복수 소유격 명사 + 비교급 형태"의 복합어 구조)

اَلْمَدِينَةُ الْكُبْرَى... 가장 큰 도시가 … (الْمَدِينَةُ를 الْكُبْرَى가 수식해 주는 명사·형용사 수식어구 구조, 자주 쓰이지 않는다.)

연습문제

1 빈칸에 공통으로 들어갈 말로 알맞은 것은?

* هُوَ ________ مِنِّي.
* سِيُول ________ مَدِينَةٍ فِي كُورِيَا.

① أَكْبَرَ ② أَكْبَرِ ③ أَكْبَرُ
④ كَبِيرٌ ⑤ كَبِيرَةٌ

2 빈칸에 들어갈 말로 알맞은 것을 〈보기〉에서 고른 것은?

A: مَنْ زَيْنَبُ؟
B: هِيَ ________ فِي الصَّفِّ.

보기
(a) أَطْوَلُ بِنْتٍ
(b) أَجْمَلُ تِلْمِيذٍ
(c) أَكْبَرُ الطَّالِبَةِ
(d) أَصْغَرُ الطَّالِبَاتِ

① (a), (b) ② (a), (d) ③ (b), (c)
④ (b), (d) ⑤ (c), (d)

3 그림으로 보아 빈칸 (a), (b)에 들어갈 말로 알맞은 것은?

A: هَلْ كَمَالٌ ____(a)____ مِنْ سَمِيرٍ؟
B: نَعَمْ. لٰكِنَّهُ أَقْصَرُ مِنْ مُحَمَّدٍ.
A: إِذَنْ، مُحَمَّدٌ ____(b)____ طَالِبٍ.
B: نَعَمْ. كَلَامُكَ صَحِيحٌ.

① (a) أَطْوَلُ (b) أَطْوَلُ
② (a) طَوِيلٌ (b) طَوِيلٌ
③ (a) أَطْوَلُ (b) الْأَطْوَلُ
④ (a) الْأَطْوَلُ (b) أَطْوَلُ
⑤ (a) أَطْوَلُ (b) طَوِيلٌ

✔ 정답

1 ③

풀이 최상급 표현의 하나인 비교급 형태의 형용사와 비한정 상태의 단수 소유격 명사의 복합 형태(أَكْبَرُ مَدِينَةٍ)와 비교급 표현(أَكْبَرُ مِنِّي)에서의 공통점은 우선급 형태의 형용사(أَكْبَرُ)이다.

*그가 나보다 나이가 많다.
*서울은 한국에서 가장 큰 도시이다.

2 ②

풀이 زَيْنَب는 여성의 이름이다. 최상급은 비교급 형용사와 비한정 상태의 단수 소유격 명사를 복합어로 표현하거나 한정 상태의 복수 소유격 명사를 복합어로 표현한다.

A: 누가 자이나브야?
B: 그 애는 반에서 ________________.

(a) 키가 가장 큰 소녀이다
(b) 가장 아름다운 남학생이다
(c) 가장 나이 많은 여학생이다(비문)
(d) 키가 가장 작은 여학생이다

3 ①

풀이 비교급 표현에서 비교 대상 앞에 오는 전치사 مِنْ('…보다'의 의미) 앞에는 비교급 형용사(أَطْوَلُ)가 온다. 최상급 표현 중의 하나는 비교급 형용사(أَطْوَلُ)와 비한정 단수 소유격 명사(طَالِبٍ)를 복합어로 만드는 것(أَطْوَلُ طَالِبٍ)이다.

A: 카말이 사미르보다 키가 크니?
B: 응. 그런데 그는 무함마드보다는 키가 작아.
A: 그러면 무함마드가 가장 큰 학생이네.
B: 그래. 네 말이 맞아.

CHAPTER_06 수량을 묻는 كَمْ의 용법

의문대명사 مَا(무엇)의 대용으로 쓰이는 كَمْ을 제외하고, 수효와 분량을 묻는 의문문에 사용되는 كَمْ 바로 다음에는 비한정 단수 목적격 명사가 온다.

1 كَمْ이 의문대명사 مَا의 대용일 경우에는 كَمْ 바로 다음에 한정 주격 명사가 온다.

كَمِ السَّاعَةُ الْآنَ؟ 지금 몇 시입니까? (مَا السَّاعَةُ الْآنَ؟)

كَمْ عُمْرُكَ؟ 너는 몇 살이니? (مَا عُمْرُكَ؟)

2 수량을 묻는 의문문에 쓰이는 كَمْ 다음에 비한정 단수 목적격 명사가 온다.

كَمْ كِتَابًا قَرَأْتَ فِي الشَّهْرِ الْمَاضِي؟ 지난달에 몇 권의 책을 읽었니?

كَمْ مَرَّةً زُرْتَ الْقَاهِرَةَ؟ 카이로에 몇 번 가 보았습니까?

문항 사례1

빈칸 (a), (b)에 들어갈 말로 알맞은 것은? 2018학년도 대학수학능력시험

A: كَمْ ＿(a)＿ تَدْرُسُ اللُّغَةَ الصِّينِيَّةَ فِي الْيَوْمِ.

B: أَدْرُسُ أَرْبَعَ ＿(b)＿ فِي الْيَوْمِ.

① (a) سَاعَةٍ (b) سَاعَةٍ
② (a) سَاعَةً (b) سَاعَاتٌ
③ (a) سَاعَاتٍ (b) سَاعَةٍ
④ (a) سَاعَةً (b) سَاعَاتٍ
⑤ (a) سَاعَاتٌ (b) سَاعَاتٍ

풀이 수량을 묻는 كَمْ 다음에는 비한정 상태의 단수 목적격 명사가 온다. 따라서 (a)에는 비한정 상태의 단수 목적격(سَاعَةً)이 적합하다. 양수사 أَرْبَعَ('넷'의 여성형) 다음에는 비한정 여성 복수 소유격 명사가 온다. 따라서 (b)에는 سَاعَة의 여성 복수 소유격 명사형(سَاعَاتٍ)이 적합하다.

A: 너는 하루에 몇 시간 중국어를 배우니?
B: 하루에 네 시간 공부해.

[정답] ④

문항 사례2

빈칸에 들어갈 말로 알맞은 것은? 2017학년도 대학수학능력시험

A: ＿＿＿＿ آخُذُ هٰذَا الدَّوَاءَ فِي الْيَوْمِ؟

B: ثَلَاثَ مَرَّاتٍ.

① كَمْ مَرَّةٌ ② كَمْ مَرَّةً ③ كَمِ الْمَرَّةِ ④ كَمِ الْمَرَّاتُ ⑤ كَمِ الْمَرَّاتِ

풀이 수량을 묻는 데 사용되는 كَمْ 다음에는 비한정 단수 목적격 명사가 온다.

A: 이 약을 하루에 몇 번 복용하나요?
B: 세 번 (복용하세요). [정답] ②

문항 사례3

빈칸에 들어갈 말로 알맞은 것은? 2013학년도 대학수학능력시험

A: كَمْ ______ فِي الْمَدْرَسَةِ؟
B: خَمْسُ مُدَرِّسَاتٍ.

① مُدَرِّسَةٌ ② مُدَرِّسَةٍ ③ مُدَرِّسَةً ④ مُدَرِّسَاتٌ ⑤ مُدَرِّيَاتٍ

풀이 수량을 묻는 데 사용되는 كَمْ 다음에는 비한정 단수 목적격 명사가 온다.

A: 학교에 몇 분의 여자 선생님들이 계시니?
B: 다섯 분의 여자 선생님이 (계셔). [정답] ③

해법

수량을 묻는 데 사용되는 의문사 كَمْ 다음에는 비한정 상태의 단수 목적격 명사가 온다.

كَمْ سَاعَةً تَنَامُ؟ 몇 시간 잠을 자니?

كَمْ قَمِيصًا اِشْتَرَيْتَ؟ 몇 벌의 셔츠를 구입했니?

3~10까지 양수사(기수사)와 가산 명사가 결합될 때, 그 가산 명사는 복수 소유격 형태이고 양수사는 가산 명사 단수형의 (남녀) 성별에 따른다. 가산 명사의 단수가 남성이면 양수사 끝에 타마르부타(ة)가 덧붙어 있고, 가산 명사 단수형이 여성이면 양수사 끝에 타마르부타가 붙어 있지 않다.

أَرْبَعَةُ كُتُبٍ 네 권의 책을 (كُتُب의 단수형은 كِتَاب이며, 남성)

أَرْبَعُ سَاعَاتٍ 네 시간을 (سَاعَات의 단수형 سَاعَة는 여성)

연습 문제

1 빈칸에 들어갈 말로 알맞은 것은?

A: كَمْ ________ فِي هٰذِهِ الْمَدِينَةِ؟
B: عَشْرُ مَدَارِسَ.

① مَدْرَسَةٌ　② مَدْرَسَةٍ
③ مَدْرَسَةً　④ مَدَارِسُ
⑤ مَدَارِسَ

2 빈칸에 들어갈 말로 알맞은 것은?

A: كَمْ ________ يَتَكَلَّمُ عَبْدُ اللّٰهُ؟
B: ثَلَاثَ لُغَاتٍ.

① لُغَةٌ　② لُغَةً
③ لُغَاتٌ　④ اللُّغَةُ
⑤ اللُّغَةِ

3 빈칸에 들어갈 말로 알맞은 것은

A: مَاذَا تَفْعَلِينَ نِهَايَةَ الْأُسْبُوعِ؟
B: أُشَاهِدُ فِيلْمًا فِي السِّينَمَا عَادَةً.
A: كَمْ ________ تَذْهَبِينَ إِلَيْهِ فِي شَهْرٍ؟
B: أَرْبَعَ مَرَّاتٍ.

① مَرَّةً　② مَرَّةٌ
③ مَرَّةٍ　④ مَرَّاتٌ
⑤ مَرَّاتٍ

✔ 정답

1 ③

풀이 수량을 묻는 의문사 كَمْ 다음에는 비한정 상태의 단수 목적격 명사가 온다. مَدَارِس는 2격 명사(주격은 مَدَارِسُ이고 소유격과 목적격은 مَدَارِسَ)이며 단수형은 مَدْرَسَة이다.

A: 이 도시에는 몇 개의 학교가 있니?
B: 열 개의 학교가 있어.

2 ②

풀이 3~10까지의 사물의 개수는 기수와 가산 명사의 복합어(연결형) 형태로 표현한다. 이때 기수의 성별 선택은 단수 가산 명사의 성별에 따른다. لُغَات의 단수는 لُغَة로서 여성이므로 '셋'의 여성형인 ثَلَاث가 사용되었다.

A: 압둘라는 몇 개의 언어를 말합니까?
B: 세 개의 언어를 (구사합니다).

3 ①

풀이 영화와 영화관은 아랍어로 없어서 영어 film과 cinema에서 음차하여 사용한다.

A: 주말에 뭐 하니?
B: 보통 영화관에서 영화 한 편 봐.
A: 한 달에 몇 번 그곳에 가니?
B: 네 번 가.

CHAPTER_07 5개 특수 명사

5개 특수 명사: أَبٌ، أَخٌ، حَمٌ، ذُو، فُو

〈기본 어휘표〉에 수록된 أَبٌ(아버지)과 أَخٌ(남자 형제, 형, 동생, 오빠, 남동생)은 다른 명사와 결합되어 연결형의 전연결어가 될 때, 주격에서는 어말에 و가 첨가되고, 소유격에서는 ي가, 목적격에서는 ا가 첨가되는 특징이 있다.

- جَاءَ أَخُوكَ. 너의 형이 왔다. (주격)
- رَأَيْتُ أَخَاكَ. 내가 너의 형을 보았다. (목적격)
- سَلَّمْتُ عَلَى أَخِيكَ. 내가 너의 형에게 인사했다. (전치사 다음에는 소유격이 온다)
- وَصَلَ أَحْمَدُ مَعَ أَخِيهِ. 아흐마드가 그의 형과 함께 도착했다. (مَعَ와 함께 소유격)

문항 사례1

빈칸에 들어갈 말로 알맞은 것은? 2016학년도 대학수학능력시험

A: أَيْنَ يَعْمَلُ ________ ؟
B: يَعْمَلُ أَخِي فِي مُسْتَشْفَى الْعَاصِمَةِ.

① أَخَكَ ② أَخِكَ ③ أَخَاكَ ④ أَخُوكَ ⑤ أَخِيكَ

풀이 빈칸에는 يَعْمَلُ의 주어가 와야 한다.

A: 너의 형은 어디에서 일하시니?
B: 우리 형은 수도 병원에서 일하셔.

[정답] ④

문항 사례2

빈칸에 들어갈 말로 알맞은 것은? 2013학년도 대학수학능력시험 6월 모의평가

A: هَلْ ________ مُهَنْدِسٌ؟
B: لاَ. أَخِي طَبِيبٌ.

① أَخُكَ ② أَخَكَ ③ أَخِكَ ④ أَخُوكَ ⑤ أَخَاكَ

풀이 빈칸에는 명사문의 주어가 와야 한다. مُهَنْدِسٌ(기술자이다)는 술어이다.

A: 너의 형이 기술자니?
B: 아니. 우리 형은 의사야.

[정답] ④

문항 사례3

빈칸에 들어갈 말로 알맞은 것은? 2011학년도 대학수학능력시험 9월 모의평가

A: هَلْ ______ طَبِيبٌ؟
B: لَا. أَخِي مُوَظَّفٌ فِي الشَّرِكَةِ.

① أَخٌ ② أَخِي ③ أَخُوكَ ④ أَخَاكَ ⑤ أَخِيكَ

풀이 빈칸에는 명사문의 주어가 오며, '너의 형이'가 들어가야 한다. أَخِي는 주격, 소유격, 목적격이 모두 같다.

A: 너의 형이 의사이니?
B: 아니. 우리 형은 그 회사 직원이야.

[정답] ③

해법

أَبٌ과 أَخٌ은 다른 명사와 연결형을 이룰 때, 주격에서는 어말에 ـُو가 덧붙고, 목적격에서는 ـَا가, 소유격에서는 ـِي가 덧붙는다. 그러나 1인칭 단수 인칭대명사 접미형 ـِي가 덧붙을 때는 주격, 소유격, 목적격이 동일하다.

Tip

"… أَبُو"라는 표현은 아랍인의 인명에 자주 등장하는데 "…의 아버지"라는 의미이며, 목적격은 "… أَبَا", 소유격은 "… أَبِي"이다. 뒤에 오는 아들의 이름과 함께 "… أَبُو(…의 아버지)"라고 부르는 것을 '쿤야(kunyah)'라고 한다.

연습 문제

1 빈칸에 들어갈 말로 알맞은 것은?

A: أَيْنَ تَسْكُنُ يَا مُحَمَّدُ؟
B: أَسْكُنُ فِي _______ ظَبْيٍ.

① أَبِي ② أَبُو ③ أَبَا ④ أَبِ ⑤ أَبُ

2 빈칸에 들어갈 말로 알맞은 것은?

A: هَلْ زُرْتَ _______ سَعِيدٍ فِي تُونِسَ؟
B: ثَلَاثَ لُغَاتٍ.

① أَبِي ② أَبُو ③ أَبَا ④ أَبَ ⑤ أَبُ

3 빈칸에 들어갈 말로 알맞은 것은?

A: مَاذَا يَفْعَلُ كَمَالٌ؟
B: يَسْتَمِعُ إِلَى نَصِيحَةِ _______ .

① أَبُوهُ ② أَبِيهِ ③ أَبَاهُ ④ الْأَبِي ⑤ الْأَبُ

✔ 정답

1 ①

풀이 아랍 에미리트의 수도의 명칭인 "아부다비"의 '아부'는 ظَبْيٌ과 أَبٌ이 결합하여 연결형이(복합어가) 된 것으로서 주격 형태(أَبُو ظَبْيٍ)이다. 전치사(여기서는 فِي) 다음에는 어떠한 경우에도 소유격 명사(أَبِي ظَبْيٍ)가 온다.

A: 무함마드야, 너는 어디에서 거주하니?
B: 나는 아부다비에서 거주해.

2 ③

풀이 أَبُو سَعِيدٍ(아부사이드)는 '사이드의 아버지'라는 의미이지만 튀니지의 지중해변에 있는 아름다운 도시 이름이기도 하다. 빈칸에는 목적격 명사가 필요하다.

A: 튀니지에서 아부사이드에 가 보았니?
B: 응. 그곳은 아주 아름다운 도시야.

3 ②

풀이 전치사구에서는 전치사의 지배를 받는 모든 명사형이 소유격 형태를 취한다. 또한 '충고'와 '그의 아버지'는 연결형을 이루고 있기 때문에 후연결어인 '그의 아버지'는 소유격 형태(أَبِيهِ)이어야 한다.

A: 카말은 뭐 해?
B: 그는 자기 아버지의 충고를 경청하고 있어.

CHAPTER_08 인칭대명사의 인칭별 활용

인칭대명사에는 주격으로 사용되는 독립형과 (동사 뒤에서) 목적격이나 (명사의) 소유격으로 사용되는 접미형이 있다.

◎ 인칭대명사 (독립형)

*음영 부분의 인칭과 단수가 주로 활용된다.

	1인칭 공통	2인칭 여성	2인칭 남성	3인칭 여성	3인칭 남성
단수	أنَا	أَنْتِ	أَنْتَ	هِيَ	هُوَ
양수(兩數)	نَحْنُ	أَنْتُمَا		هُمَا	
복수		أَنْتُنَّ	أَنْتُمْ	هُنَّ	هُمْ

◎ 인칭대명사 (접미형)

*음영 부분의 인칭과 단수가 주로 활용된다.

	1인칭 공통	2인칭 여성	2인칭 남성	3인칭 여성	3인칭 남성
단수	ـِي، ـنِي	ـكِ	ـكَ	ـهَا	ـهُ
양수(兩數)	ـنَا	ـكُمَا		ـهُمَا	
복수		ـكُنَّ	ـكُمْ	ـهُنَّ	ـهُمْ

문항 사례1

빈칸에 들어갈 말로 알맞은 것은? 2018학년도 대학수학능력시험 6월 모의평가

كَرِيمٌ : يَا مِين سُو ، هَلْ أَخُوكَ مُدِيرٌ فِي الْمَصْنَعِ؟

مِين سُو : لَا، ______ لَيْسَ مُدِيرًا.

① هُوَ ② هِيَ ③ أنَا ④ أَنْتَ ⑤ أَنْتِ

풀이 빈칸에 들어갈 말은 لَيْسَ의 주어(3인칭 남성 단수)로서 هُوَ이거나 أَخِي(나의 형)이다.

카림: 민수야, 너의 형님이 공장장이니?

민수: 아니, 그분은 공장장이 아니야.

[정답] ①

문항 사례2

빈칸에 들어갈 말로 알맞은 것을 〈보기〉에서 고른 것은? 2014학년도 대학수학능력시험 6월 모의평가

A: مَاذَا تُرِيدُ أَنْ تَشْرَبَ؟

B: أُرِيدُ عَصِيرَ الْعِنَبِ. وَ ________ ؟

A: أُرِيدُ عَصِيرَ الْمَوْزِ.

보기

(a) هُوَ (b) هِيَ (c) أَنْتَ (d) أَنْتِ

① (a), (b) ② (a), (c) ③ (b), (c) ④ (b), (d) ⑤ (c), (d)

풀이 A가 B에게 2인칭 남성 단수형 동사를 사용하여 물었기 때문에 B는 남성이지만 A는 남성일 수도 있고 여성일 수도 있다. 따라서 빈칸에는 2인칭 남녀 단수가 들어갈 수 있다.

A: 무엇을 마시고 싶니?
B: 나는 포도 주스를 마시고 싶어, 너는?
A: 나는 바나나 주스를 원해.

[정답] ⑤

문항 사례3

빈칸에 들어갈 말로 알맞은 것은? 2013학년도 대학수학능력시험 9월 모의평가

A: أَيْنَ عَلِيٌّ وَمُحَمَّدٌ وَسَلِيمٌ؟

B: ________ فِي الْمَكْتَبَةِ.

① هُمْ ② هِيَ ③ هُنَّ ④ أَنْتَ ⑤ نَحْنُ

풀이 알리와 무함마드 그리고 살림은 남성들이다. 따라서 빈칸에는 3인칭 남성 복수의 인칭대명사가 들어가야 한다.

A: 알리와 무함마드 그리고 살림이 어디에 있니?
B: 그들은 도서관에 있어.

[정답] ①

해법

인칭대명사의 인칭별 변화표에 익숙해져야 한다. 단수와 1인칭 복수 그리고 3인칭 남성 복수 형태가 자주 출제된다.

Tip

현재 교육과정의 교과서에서는 양수(쌍수)와 2, 3인칭 여성 복수 등을 다루고 있지 않다.

연습 문제

1 빈칸에 들어갈 말로 알맞은 것은?

A: هَلْ تُحِبُّ فِيلْمًا كُورِيًّا؟
B: نَعَمْ، ______ كَثِيرًا.

① أُحِبُّكَ ② أُحِبُّكِ ③ أُحِبُّهُ ④ أُحِبُّهَا ⑤ أُحِبُّهُمْ

2 빈칸에 들어갈 말로 알맞은 것은?

A: مَاذَا عِنْدَكِ؟
B: ______ أَلَمٌ فِي بَطْنِي.

① عِنْدَكِ ② عِنْدَكَ ③ عِنْدَهُ ④ عِنْدَهَا ⑤ عِنْدِي

3 빈칸에 들어갈 말로 알맞은 것은?

A: مَا ______؟
B: اِسْمِي زَيْنَبُ.

① اسْمِي ② اسْمُكِ ③ اسْمُكَ ④ اسْمُهُ ⑤ اسْمُهَا

✔ 정답

1 ③

풀이 فِيلْم(영화)은 남성 명사이다. 그러므로 3인칭 남성 단수 인칭대명사 접미형을 사용해야 한다.

A: 너 한국 영화를 좋아하니?
B: 응, 나 매우 그것을 좋아해.

2 ⑤

풀이 "… عِنْدَ"는 '…에게' 또는 '… 때'라는 의미의 전치사구이다. 빈칸에는 '나에게'라는 표현이 들어가야 하기 때문에 عِنْدَ에 1인칭 단수 접미형 대명사가 덧붙여진 것이 정답이다.

A: 무슨 문제로 오셨나요? (당신에게 무슨 문제가 있나요?)
B: 배가 아파서 왔습니다. (저에게 복통이 있습니다.)

3 ②

풀이 زَيْنَبُ는 여성의 이름이다. 그러므로 빈칸에는 '너(여성)의 이름'의 표현이 들어가야 한다. 2인칭 여성 단수의 접미형 대명사는 كِ이다.

A: 네(여성) 이름이 뭐니?
B: 내 이름은 자이나브야.

CHAPTER_09 의문사 용법

인칭대명사에는 주격으로 사용되는 독립형과 (동사 뒤에서) 목적격이나 (명사의) 소유격으로 사용되는 접미형이 있다.

مَنْ	مَنْ يُعَلِّمُكَ اللُّغَةَ الْعَرَبِيَّةَ؟	누가 너에게 아랍어를 가르쳐 주니?
مَاذَا	مَاذَا تَفْعَلُ الْآنَ؟	지금 무엇을 하니?
لِمَاذَا	لِمَاذَا سَافَرَ إِلَى أَمْرِيكَا؟	그가 왜 미국에 갔니?
كَيْفَ	كَيْفَ حَالُ وَالِدِكَ؟	너의 아버지 건강은 어떠시니?
أَيْنَ	أَيْنَ تَسْكُنُ؟	너는 어디에서 거주하니?
مَتَى	مَتَى رَجَعْتَ مِنْ تُونِسَ؟	튀니지에서 언제 돌아왔니?
كَمْ	كَمْ دُولَارًا مَعَكَ؟	너 몇 달러를 갖고 있니?

문항 사례1

빈칸에 들어갈 말로 알맞은 것은? 2011학년도 대학수학능력시험 9월 모의평가

A: ______ هٰذِهِ الْحَقِيبَةُ؟

B: بِعَشَرَةِ دَنَانِيرَ.

① مَنْ ② هَلْ ③ أَيَّ ④ بِكَمْ ⑤ مَتَى

풀이 بِكَمْ اِشْتَرَيْتَ هٰذِهِ الْحَقِيبَةَ؟ (이 가방을 얼마에 구입했니?)의 بِكَمْ(얼마에)를 이해하면 B가 بِعَشَرَةِ دَنَانِيرَ 라고 대답한 것이 "10 디나르에 (구입했음을)" 쉽게 알 수 있을 것이다. 따라서 A의 질문에 بِكَمْ(얼마에)가 들어갈 것으로 추측이 가능하다.

A: 이 가방은 얼마짜리예요?
B: 10 디나르짜리입니다.

[정답] ④

문항 사례2

빈칸에 들어갈 말로 알맞은 것은? 2007학년도 대학수학능력시험

A: ________ تُرِيدُ أَنْ تَأْكُلَ؟
B: أُرِيدُ أَنْ آكُلَ الدَّجَاجَ.

① مَنْ ② كَمْ ③ مَتَى ④ مَاذَا ⑤ لِمَاذَا

풀이 B가 대답에서 الدَّجَاجَ(통닭)을 먹고 싶다고 했으므로 A가 무엇을 먹고 싶냐고 물었음을 알 수 있다. '무엇'에 해당하는 의문사는 مَا와 مَاذَا가 있는데 مَاذَا 다음에는 동사가 오고, مَا 다음에는 주로 명사가 온다.

A: 너는 무엇을 먹고 싶니?
B: 나는 통닭을 먹고 싶어.

[정답] ④

문항 사례3

빈칸에 들어갈 말로 알맞은 것은? 2008학년도 대학수학능력시험 9월 모의평가

A: ________ هٰذِهِ؟
B: هٰذِهِ أُخْتِي لَيْلَى.

① مَا ② مَنْ ③ هَلْ ④ كَيْفَ ⑤ لِمَاذَا

풀이 B가 "이 여성은 우리 누이 라일라입니다."라고 했음에 비추어, A가 "이 여성이 누구입니까?"라고 물었음을 추측할 수 있다.

A: 이 여성은 누구입니까?
B: 이 여성은 우리 누이 라일라입니다.

[정답] ②

해법

대답의 내용을 이해하면 무엇을 묻고 있는지 짐작할 수 있다. 질문의 내용에 따른 의문사를 선택하면 비교적 쉽게 풀어낼 수 있을 것이다.

Tip

난이도가 비교적 낮은 문항으로서 2011학년도 이전에 5회 출제되었으나 최근에는 출제된 바가 없다.

연습 문제

1 빈칸에 들어갈 말로 알맞은 것은?

A: ________ سَتُسَافِرُ إِلَى الْمَغْرِبِ؟

B: سَأُسَافِرُ إِلَيْهَا فِي الشَّهْرِ الْقَادِمِ.

① كَمْ　② أَيٌّ　③ مَاذَا　④ مَتَى　⑤ لِمَاذَا

2 빈칸에 들어갈 말로 알맞은 것은?

A: ________ هِيَ؟

B: هِيَ مُوَظَّفَةٌ فِي الْبَنْكِ.

① مَنْ　② أَيٌّ　③ لَنْ　④ عَلَى　⑤ حَوْلَ

3 빈칸에 들어갈 말로 알맞은 것은?

A: ________ تَعَلَّمْتِ اللُّغَةَ الْعَرَبِيَّةَ؟

B: تَعَلَّمْتُهَا فِي كُورِيَا.

① مَنْ　② لِمَاذَا　③ مَتَى　④ أَيْنَ　⑤ كَيْفَ

✔ 정답

1 ④

풀이 B의 대답에 있는 فِي الشَّهْرِ الْقَادِمِ은 '다음 달에'라는 시간을 나타내는 부사구이다. 따라서 A의 질문에 시간을 묻는 의문사가 사용될 것임을 짐작할 수 있다.

A: 당신은 언제 모로코로 여행 갑니까?
B: 나는 그곳으로 다음 달에 여행 갈 겁니다.

2 ①

풀이 B의 대답은 그녀의 직업이나 신분에 관한 것이다. 따라서 A의 질문은 그녀가 누구인가를 묻는 것임을 추측할 수 있다.

A: 그녀는 누구입니까?
B: 그녀는 그 은행 직원입니다.

3 ④

풀이 B의 대답에 '한국에서'라는 장소가 언급되었음에 비추어 A의 질문은 장소를 묻는 것임을 짐작할 수 있다.

A: 너는 어디에서 아랍어를 배웠니?
B: 나는 그것을 한국에서 배웠어.

CHAPTER_10 낱말의 기능

낱말의 기능: 전치사, 의문사, 관용적 표현, 연결형, 호격사 등

문항 사례1

낱말의 기능이 나머지 넷과 다른 것은? 2009학년도 대학수학능력시험

① دَفَعَ　② سَمِعَ　③ شَهْرٌ　④ نَظَرَ　⑤ وَقَفَ

풀이 아랍어의 단어는 3개(명사, 동사 불변사)의 품사로 갈린다. 명사의 범주에는 형용사도 포함된다. 왜냐하면 아랍어 형용사가 명사처럼 성・수・격 변화와 한정 상태 여부에서 명사처럼 변화하기 때문이다. 원형 동사는 3개의 자음으로 구성되어 있고, 원형 동사의 완료형은 فَعَلَ 또는 فَعِلَ 아니면 فَعُلَ 형태이다. 명사에는 기본적으로 주격, 소유격 그리고 목적격이 있으며, 이 격은 어말 모음으로 표현한다. 어말에 ـٌ이나 ـٍ, ـًا이 있으면 그 낱말은 명사이다. ③은 어말에 주격 모음 부호가 붙어 있으므로 명사형임을 쉽게 알 수 있다. [정답] ③

문항 사례2

낱말의 기능이 나머지 넷과 다른 것은? 2008학년도 대학수학능력시험

① أَنَا　② هُوَ　③ هِيَ　④ أَنْتَ　⑤ دَرَسَ

풀이 ①, ②, ③, ④는 인칭대명사 독립형이고, ⑤는 동사이다. [정답] ⑤

문항 사례3

낱말의 기능이 나머지 넷과 다른 것은? 2008학년도 대학수학능력시험 8월 모의평가

① مَحَلٌّ　② مَدْخَلٌ　③ مَخْرَجٌ　④ مَرْكَزٌ　⑤ اِسْتَمَعَ

풀이 ①, ②, ③, ④는 어말에 비한정 상태의 주격 모음 ـٌ이 붙어 있으므로 명사이다. 또 다른 공통점은 어두에 장소 명사임을 나타내는 مَـ가 덧붙어 있는 것이다. ⑤는 '경청하다'라는 의미의 파생형 동사이다. [정답] ⑤

문항 사례4

〈보기〉와 기능이 다른 것은? 2007학년도 대학수학능력시험 6월 모의평가

보기
فِي

① عَنْ　② مِنْ　③ أَخٌ　④ إِلَى　⑤ عَلَى

풀이 〈보기〉와 ①, ②, ④, ⑤의 낱말은 전치사이고, ③은 어말에 주격 모음을 나타내는 ـٌ이 덧붙어 있으므로 명사이다. أَخٌ의 의미는 형제이다. [정답] ③

해법

동사(원형 동사와 파생형 동사 포함)에는 일정한 모음 배열 형태가 있다. 이 모음 배열 형태를 이해하면 모음 부호를 표기하지 않아도 모음을 정확히 붙여 읽을 수 있다.
명사의 범주에는 동명사, 능동 분사, 수동 분사, 장소 명사, 기구 명사, 규칙 복수, 불규칙 복수, 형용사 등도 포함되는데 각각의 명사에는 일정한 모음 배열 형태가 있다. 이 모음 배열 규칙을 알면 모음이 붙어 있지 않아도 읽을 수 있을 뿐 아니라 의미도 추측할 수 있다.
불변사의 범주에는 전치사와 접속사 등이 포함되는데 글자 수가 많지 않을 뿐 아니라 명사와 동사가 아니면 불변사이기 때문에 비교적 쉽게 파악할 수 있다. 관건은 동사 변화와 명사의 특징을 파악하는 것이다.

〈기본 어휘표〉에 수록된 불변사:

إِذَا، إِلَى، أَمْ، أَنْ، أَنَّ، إِنَّ، بِـ، بَعْدَ، بَلْ، بَيْنَ، تَحْتَ، ثُمَّ، حَتَّى، حَوَالَيْ، حَوْلَ، خِلَالَ، خَلْفَ،
سَـ، سَوْفَ، عَلَى، عَنْ، عِنْدَ، غَيْرُ، فَـ، فَوْقَ، قَدْ، كَـ، لِـ، لَا، لَمْ، لَمَّا، لَنْ، لَوْ، مَا، مِثْلَ، مَعَ،
مِنْ، مُنْذُ، وَ، يَا

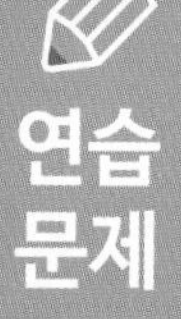

연습 문제

1 낱말의 기능이 나머지 넷과 <u>다른</u> 것은?

① مَسْجِدٌ ② مَلْعَبٌ ③ مَطْبَخٌ ④ مِفْتَاحٌ ⑤ مَطْعَمٌ

2 낱말의 기능이 나머지 넷과 <u>다른</u> 것은?

① حَوَالَيْ ② مَشْغُولٌ ③ مَوْجُودٌ ④ مَفْتُوحٌ ⑤ مَقْبُولٌ

3 낱말의 기능이 나머지 넷과 <u>다른</u> 것은?

① بَائِعٌ ② تَاجِرٌ ③ سَائِق ④ طَالِبٌ ⑤ قَالَ

✔ 정답

1 ④

풀이 ①, ②, ③, ⑤는 장소 명사 형태이다. 장소 명사의 특징은 어두에 مَـ가 덧붙어 있다. ④는 '열쇠'라는 의미의 기구 명사 형태이다. 기구 명사의 특징 중의 하나는 어두에 مِـ가 덧붙는 것이다.

2 ①

풀이 ②, ③, ④, ⑤는 원형 동사의 수동 분사 형태이다. ①은 '약 …'이라는 의미의 전치사로서 뒤에 양수사(기수사)가 온다.

3 ⑤

풀이 ①, ②, ③, ④는 원형 동사의 능동분사 형태로서 원형 동사의 행위자를 의미한다. ⑤는 '말하다'라는 의미의 완료형 동사이다.

CHAPTER_11 접속사 إِنَّ와 그의 자매어

명사절을 이끄는 접속사 إِنَّ와 그의 자매어는 문장의 주어에 a 모음을 붙여 목적격 형태를 취하게 하거나 주어 자리에 인칭대명사가 오는 경우에는 접미형을 취하는 것이 특징이다.

إِنَّ	اَلْكِتَابُ مُفِيدٌ – إِنَّ الْكِتَابَ مُفِيدٌ.	그 책은 유익합니다. – 그 책은 참 유익합니다.
أَنَّ	أَشَارَ إِلَى أَنَّ وَقْتَ الاِمْتِحَانِ قَصِيرٌ وَالْأَسْئِلَةُ صَعْبَةٌ.	시험 시간은 짧고 문제들이 어렵다고 그가 암시했습니다.
لٰكِنَّ	اَلْمَنْزِلُ صَغِيرٌ لٰكِنَّ مَنْظَرَهُ جَمِيلٌ.	그 집은 작지만 그 집의 경치는 아름답습니다.
لَعَلَّ	لَعَلَّ الْمُسَافِرَ وَاصِلٌ هٰذَا الْمَسَاءَ.	아마도 그 여행객이 오늘 저녁에 도착할 것이다.
لِأَنَّ	أُحِبُّ الرَّبِيعَ لِأَنَّ الزُّهُورَ كَثِيرَةٌ فِيهِ.	여름에 꽃들이 많기 때문에 나는 봄을 좋아합니다.
كَأَنَّ	تَسْقُطُ أَوْرَاقُ الزُّهُورِ كَأَنَّ الثَّلْجَ نَازِلٌ.	눈이 내리는 것처럼 꽃잎들이 떨어진다.

문항 사례1

빈칸에 들어갈 말로 알맞은 것은? 2014학년도 대학수학능력시험 예비

A: هَلْ تُعْجِبُكِ هٰذِهِ الْحَقِيبَةُ؟

B: نَعَمْ، تُعْجِبُنِي كَثِيرًا. ________ غَالِيَةٌ جِدًّا.

① لٰكِنَّهَا ② لٰكِنَّهُ ③ لٰكِنَّكِ ④ لٰكِنَّكَ ⑤ لٰكِنَّنِي

풀이 لٰكِنَّ(그런데) 다음에 오는 주어는 목적격 형태의 명사이거나 인칭대명사 접미형이다. 술어인 غَالِيَةٌ이 여성 단수임에 비추어 주어도 여성이어야 한다. 따라서 빈칸에는 لٰكِنَّ에 여성 단수형 3인칭 대명사(ـهَا)가 덧붙은 것이 들어가야 한다.

A: 이 가방이 네 마음에 드니?
B: 응, 아주 내 마음에 들아. 그런데 그것은 아주 비싸.

[정답] ①

해법

إِنَّ와 그 자매어들에 관한 문항의 핵심은 그것들이 이끄는 명사문의 주어가 목적격 형태(어말 모음이 a)라는 것이다.

إِنَّ와 그 자매어에 관한 문항은 "밑줄 친 부분의 쓰임이 옳은 것을 고른 것은?"이라는 형식인데 그 대부분이 다른 문법 사항과 더불어 어말 모음의 정확성에 관한 것이다. 접속사 إِنَّ와 그 자매어들에 관해 문항을 출제하려면 주어가 목적격 형태를 취하는 것, 즉 주어이면서도 어말에 a 모음 부호 있는 것을 선택지에 담아야 할 것이다. 격모음 하나만을 묻게 문항이 되면 그 문항의 수준이 현저히 낮아지기 때문에 다른 문법 사항과 더불어 복합적으로 묻는 문항을 낼 수밖에 없을 것이다. 그래서 문항 사례가 하나밖에 없는 것이다.

연습문제

1 빈칸에 들어갈 말로 알맞은 것은?

A: هَل أَكَلْتَ الْغَدَاءَ؟
B: لَا، لَمْ آكُلْ.
A: لِمَاذَا لَمْ تَأْكُلْ؟
B: لَا أَسْتَطِيعُ أَنْ آكُلَ ________ صَائِمٌ.

① كُنْتُ ② أَنَا ③ لَعَلَّنِي ④ لَكِنَّنِي ⑤ لِأَنَّنِي

2 빈칸에 들어갈 말로 알맞은 것은?

A: مَاذَا قَال مُحَمَّدٌ لَكَ؟
B: قَالِ لِي ________ الْإِمْتِحَانَ كَانَ صَعْبًا.

① أَنْ ② إِنْ ③ إِنَّ ④ أَنَّ ⑤ إِذَنْ

3 빈칸에 들어갈 말로 알맞은 것은?

A: مَتَى تَبْدَأُ حَفْلَةُ عِيدِ الْمِيلَادِ؟
B: ________ الْحَفْلَةَ تَبْدَأُ فِي السَّاعَةِ السَّابِعَةِ مَسَاءً.

① لِأَنَّ ② كَأَنَّ ③ بِأَنَّ ④ لَعَلَّ ⑤ لَكِنَّ

✔ 정답

1 ⑤

풀이 A가 왜 식사하지 않았느냐고 물었기 때문에 B의 대답은 이유가 되어야 한다. 그러므로 빈칸에는 이유를 나타내는 접속사와 목적격 형태의 명사 또는 인칭대명사 접미형이 와야 한다.

A: 점심 식사 했니?
B: 아니, 먹지 않았어.
A: 왜 먹지 않았어?
B: 내가 단식하고 있기 때문에 먹을 수 없어.

2 ③

풀이 قَالَ(그가 말했다)의 목적어에 해당하는 명사절을 이끄는 접속사는 إِنَّ이고, إِنَّ의 명사(즉, إِنَّ가 이끄는 명사절의 주어)는 목적격 형태를 취한다.

A: 무함마드가 너에게 무슨 말을 했니?
B: 그가 나에게 시험이 어려웠다고 했어.

3 ④

풀이 주어인 الْحَفْلَةَ에 목적격 어말 모음 a가 덧붙어 있는 것에 비추어 빈칸에는 명사절을 이끄는 접속사가 필요하다. A가 파티 시각을 물어보았기에 그 대답으로는 لَعَلَّ(아마도)로 시작하는 접속사가 논리적이다.

A: 생일 파티가 언제 시작하지?
B: 아마도 저녁 일곱 시에 시작할 거야.

CHAPTER_12 문법적 오류 찾기

2013학년도부터 본수능과 모의 평가에서 꾸준히 출제되고 있다.

문항 사례1

밑줄 친 부분의 쓰임이 옳은 것만을 있는 대로 고른 것은? 2018학년도 대학수학능력시험

A: مَا رَأْيُكَ فِي هٰذَا الْقَمِيصِ الْأَبْيَضِ؟

B: لَا يُعْجِبُنِي، أُرِيدُ قَمِيصًا أَحْمَرَ.

(b) (a)

A: هٰذَا هُو، أَعْتَقِدُ أَنَّ هٰذَا الْقَمِيصُ مُنَاسِبٌ لَكَ.

(c)

B: حَسَنًا، أَشْكُرُكَ.

① (a) ② (c) ③ (a), (b) ④ (b), (c) ⑤ (a), (b), (c)

풀이 (a) يُعْجِبُنِي(내 마음에 듭니다; 글자 그대로는 '나를 기쁘게 하다')는 자주 출제되는 표현으로서 올바른 표현이다. 이 표현(يُعْجِبُ 기쁘게 하다)에서 유의할 것은 주어의 남녀 성과 어미에 붙은 인칭대명사 접미형(ـنِي 나를)이다.
(b) قَمِيصًا أَحْمَرَ(빨간 셔츠를)은 أُرِيدُ(내가 원하다)의 목적어로서 올바른 표현이다. أَحْمَرَ(빨간)은 2격 명사(기능상으로는 형용사)이다. 주격은 أَحْمَرُ이고, 소유격과 목적격은 أَحْمَرَ로 같다. 또한 비한정 상태이지만 어말에 'ㄴ' 음이 첨가(nunation)되어 있지 않은 것이 특징이다.
(c) "... أَنَّ هٰذَا الْقَمِيصُ"에서 هٰذَا الْقَمِيصُ는 어말의 모음이 잘못 표기되어 있다. أَنَّ를 포함한 إِنَّ의 자매어들은 명사절을 이끌면서 주어를 목적격 형태(어말 모음을 ـَ a)로 취하는 특징이 있다.

A: 이 하얀 셔츠 어때요?
B: 내 마음에 들지 않아요, 빨간 셔츠를 원해요.
A: 이게 그것입니다. 이 셔츠가 당신에게 어울린다고 생각합니다만.
B: 잘 됐습니다. 고마워요.

[정답] ③

문항 사례2

밑줄 친 부분의 쓰임이 옳은 것을 고른 것은? 2014학년도 대학수학능력시험

عَائشَةُ : يَا أُسْتَاذٌ، مَتَى الْإِمْتِحَانُ؟
(a)

اَلْأُسْتَاذُ: اَلْإِمْتِحَانُ بَعْدَ أُسْبُوعٍ. وَيَجِبُ أَنْ تَدْرُسِي مُجْتَهِدَةً.
(b)

عَائشَةُ : هَلِ الْأَسْئِلَةُ صَعْبَةٌ؟
(c)

اَلْأُسْتَاذُ: لَا، لَسْتُ صَعْبَةً، بَلْ هِيَ سَهْلَةٌ جِدًّا.
(d)

عَائشَةُ : أَشْكُرُكَ.

① (a), (b) ② (a), (d) ③ (b), (c) ④ (b), (d) ⑤ (c), (d)

풀이 (a) 호격사 يَا의 용법에서 주목할 것은 호격사(يَا) 다음에 오는 호격 명사의 어말 모음이다. 호격 명사가 단일 명사라면 어말 모음이 u(ـُ)이고, 복합어 구조(연결형 구조)라면 전연결어의 어말 모음이 a(ـَ)이다.

예 يَا مُحَمَّدُ, 무함마드야 يَا عَبْدَ اللهِ 압달라야

따라서 يَا أُسْتَاذٌ은 어말 모음이 잘못된 것이다. يَا أُسْتَاذُ가 바른 표현이다.

(b) "…يَجِبُ أَنْ"은 "…해야 한다"라는 표현이다. 이때 접속사 أَنْ 다음에는 접속법 동사가 와야 한다. تَدْرُسِي는 2인칭 여성 단수 접속법 동사이며, 직설법으로는 تَدْرُسِينَ인데 어말의 نَ가 소실되어 접속법이 된 것이다.

(c) "الْأَسْئِلَةُ صَعْبَةٌ"는 바른 표현이다. أَسْئِلَة는 سُؤَال(질문)의 복수이지만 '사물의 복수는 여성 단수로 취급한다'는 규칙에 따라 여성 단수로 간주되며, 그것의 술어도 여성형인 صَعْبَةٌ이 된 것이다.

(d) لَسْتُ는 1인칭 단수형이다. 여성 단수로 취급되는 사물의 복수인 الْأَسْئِلَةُ가 주어이므로 3인칭 여성 단수형(لَيْسَتْ)이 그 자리에 와야 한다.

[정답] ③

문항 사례3

밑줄 친 부분의 쓰임이 옳은 것을 있는 대로 고른 것은? 2013학년도 대학수학능력시험

أَحْمَدُ : أَيَّ فَصْلٍ تُحِبِّينَ؟
(a)

فَاطِمَةُ: أُحِبُّ فَصْلَ الْخَرِيفِ.
(b)

أَحْمَدُ : لِمَاذَا؟

فَاطِمَةُ: لِأَنَّ الْأَشْجَارُ جَمِيلَةٌ جِدًّا فِيهِ.
(c)

* أَشْجَارٌ : 나무들

① (a) ② (c) ③ (a), (b) ④ (b), (c) ⑤ (a), (b), (c)

풀이 (a) تُحِبِّينَ(네가 좋아한다)는 2인칭 여성 단수형이며, 대화의 상대방이 여성 단수이기 때문에 바른 표현이다.
(b) "فَصْلَ الْخَرِيفِ(가을철을)"은 연결형(복합어)이다. 연결형에서 전연결어는 격변화하지만 후연결어는 항상 소유격이다. الْخَرِيفِ는 후연결어이다. 그러므로 바른 표현이다.
(c) "... لِأَنَّ الْأَشْجَارُ"는 바른 표현이 아니다. 명사절을 이끄는 إِنَّ와 그 자매어들은 주어를 목적격 형태로 취하는 것이 특징이다. لِأَنَّ도 إِنَّ의 자매어이기 때문에 الْأَشْجَار의 어말 격모음이 a(ـَ)이어야 한다.

아흐마드: 너는 어느 계절을 좋아하니?
파티마: 나는 가을철을 좋아해.
아흐마드: 왜?
파티마: 나무들이 그때 아주 아름답기 때문이야.

[정답] ③

해법

3장에서 다룬 문법 사항들이 고등학교 교과과정에서 정한 범주에서 핵심 사항들이다. 본 단원의 <Chapter_12 문법적 오류 찾기>에서 제시한 문항 풀이 연습을 통하여 고교 교육과정의 문법의 핵심에 익숙해지는 것이 고득점에 유리할 것이다.

Tip

여성의 이름은 모두 2격 명사이다. 여성의 이름에 정관사가 붙어 있지 않아도 어말에 'ㄴ' 음이 붙어 있지 않다. 즉 어말에 nunation이 없다. 예 عَائِشَةُ، عَائِشَةَ هِنْدُ، هِنْدَ

그러나 남성의 이름은 어말에 nunation이 있을 수 있다. 즉 어말에 un(ـٌ), in(ـٍ), an(ـً)이 붙어 있을 수 있다. 예 مُحَمَّدٌ، مُحَمَّدٍ، مُحَمَّدًا 참조 أَحْمَدُ، أَحْمَدَ

연습 문제

1 밑줄 친 부분의 쓰임이 옳은 것만을 있는 대로 고른 것은?

كَمَالٌ: أُرِيدُ أَنْ أَشْتَرِي قَمِيصًا.
(a)

اَلْبَائِعُ: عِنْدِي قُمْصَانٌ جَمِيلٌ.
(b)

وَصَلَتْ الْيَوْمَ فَقَطْ.

كَمَالٌ: هَلْ عِنْدَكَ لَوْنٌ أَزْرَقُ؟
(c)

اَلْبَائِعُ: نَعَمْ. مَا مَقَاسُكَ؟

كَمَالٌ: مَقَاسِي مُتَوَسِّطٌ.

اَلْبَائِعُ: هٰذَا هُوَ مُتَوَسِّطٌ. هَلْ يُعْجِبُكَ هٰذَا؟

كَمَالٌ: نَعَمْ، يُعْجِبُنِي كَثِيرًا.
(d)

① (a), (b) ② (a), (c) ③ (b), (c)
④ (b), (d) ⑤ (c), (d)

2 밑줄 친 부분의 쓰임이 옳지 않은 것은?

كَانَتْ لَيْلَى مَرِيضَةً أَمْسِ.
(a)

لَمْ تَأْكُلْ وَلَمْ تَشْرَبْ.

كَانَتْ حَرَارَةُ جِسْمِهَا عَالِيَةً.
(b)

فَحَصَ الطَّبِيبُ لَيْلَى،

وَأَعْطَى لَهَا حُقْنَةً وَوَصْفَةً لِلدَّوَاءِ.
(c)

سَتَكُونُ فِي حَالَةٍ طَيِّبَةٍ قَرِيبًا،
(d)

مَا شَاءَ اللّٰهُ.
(e)

① (a) ② (b) ③ (c)
④ (d) ⑤ (e)

3 밑줄 친 부분의 쓰임이 옳은 것은?

*يَدُهُ صَغِيرٌ.
(a)

*إِنَّ هُوَ قَادِمٌ الْآنَ.
(b)

*قَرَأَ أَحْمَدُ قِصَّةً عَرَبِيًّا.
(c)

*أَشْعُرُ بِأَلَمٍ فِي جِسْمِي كُلِّهِ.
(d)

*أَصْبَحَ حُسَيْنٌ مُعَلِّمًا بَعْدَ أَرْبَعَةِ سَنَوَاتٍ.
(e)

① (a) ② (b) ③ (c)
④ (d) ⑤ (e)

✔ 정답

1 ⑤

풀이 (a) 접속사 أَنْ 다음에 미완료 동사가 올 경우에는 접속법 형태의 동사 활용형이 와야 한다. (يَشْتَرِي)اِشْتَرَى의 미완료 3인칭 남성 단수의 접속법 형태는 يَشْتَرِيَ이며 1인칭 단수 접속법 형태는 أَشْتَرِيَ이다. أَشْتَرِي(내가 구입한다)는 직설법 형태이므로 바른 표현이 아니다. (×)

(b) قُمْصَان은 قَمِيص(셔츠)의 불규칙 복수형이다. 사물의 복수는 여성 단수 취급하는 규칙에 따라 قُمْصَان을 수식하는 형용사도 여성 단수형이어야 한다. 따라서 "아름다운 셔츠들이"는 قُمْصَانٌ جَمِيلَةٌ이어야 한다. قُمْصَانٌ جَمِيلٌ은 바른 표현이 아니다. (×)

(c) "파란"을 의미하는 أَزْرَقُ는 소유격과 목적격이 같은 형태인 2격 명사이다. 따라서 لَوْنٌ أَزْرَقُ(파란 색깔)은 (남)성 · (단)수 · (주)격이 일치하는 바른 표현이다. (○)

(d) يُعْجِبُ ...(…을/를 기쁘게 한다)는 인칭대명사 접미형과 더불어 "…의 마음에 들다"라는 의미로 사용되곤 한다. 따라서 يُعْجِبُنِي는 يُعْجِبُ에 1인칭 접미형 대명사 نِي가 덧붙은 것으로 "내 마음에 든다"는 의미이며 바른 표현이다. (○)

카말: 셔츠 하나를 사고자 합니다.
판매원: 아름다운 셔츠들이 있습니다. 딱 오늘 도착했습니다.
카말: 파란 색깔 있습니까?
판매원: 네. 당신의 치수는 무엇인가요?
카말: 내 치수는 미디움입니다.
판매원: 이것이 바로 미디움입니다. 이것이 마음에 듭니까?
카말: 네, 아주 내 마음에 듭니다.

2 ⑤

풀이 (a) مَرِيضَةً은 كَانَتْ(3인칭 여성 단수 형태)의 술어로서 여성 단수 목적격 형태를 취하고 있다. كَانَ 동사의 술어가 목적격 형태를 취하는 것은 바른 표현이다. (○)

(b) حَرَارَةُ جِسْمِهَا에서 جِسْمِهَا이 소유격 형태인 것은 연결형의 후연결어는 소유격 형태이어야 한다는 규칙에 따른 것으로서 바른 표현이다. (○)

(c) أَعْطَى의 주어는 3인칭 남성 단수로서 바로 앞에 언급된 فَحَصَ의 3인칭 남성 단수 주어와 일치하는 것으로 바른 표현이다. (○)

(d) حَالَةٍ طَيِّبَةٍ은 طَيِّبَة가 حَالَة를 수식하는 관형어구로서 피수식어와 수식어 사이에 성 · 수 · 격이 일치해야 하는 규칙에 들어맞는 것이다. (○)

(e) مَا شَاءَ اللّٰهُ는 지금 막 언급되었던 사건이나 일에 대해 감사나 기쁨을 표명하거나 찬양하는 감정을 나타내는 표현으로서 신의 의지대로 이루어졌음을 상기시키는 말이다. 그러나 위 대화문의 문맥에서는 건강 상태가 좋아지는 것은 아직 이루어지지 않았다. 반면에 건강 상태가 좋아지는 것처럼 앞으로 발생할 일에 대해서는 창조주인 신의 의지대로 앞으로 그렇게 이루어질 것이라는 의미의 إِنْ شَاءَ اللّٰهُ가 사용된다. 따라서 위 대화문의 밑줄 친 مَا 대신에 إِنْ을 사용해야 바른 표현이 된다. (×)

라일라는 어제 아팠습니다. 먹지도 못했고 마시지도 못했습니다. 그녀는 체온이 높았습니다. 의사가 라일라를 진찰하고 그녀에게 주사를 놓아 주고 약 처방전을 주었습니다. 신이 원하신다면 조만간 그녀의 상태가 좋아질 것입니다.

3 ④

풀이 (a) 신체 부위 중에서 쌍으로 이루어진 부분은 여성 명사로 간주한다는 규칙에 따라 يَد는 여성 명사이다. 주어인 "손(يَد)"이 여성 명사이기 때문에 서술어인 "작습니다(صَغِير)"도 여성형(صَغِيرَة)이어야 한다. (×)

(b) 명사절을 이끄는 접속사 إِنَّ 다음에 오는 주어는 의미는 주격이지만 형태상으로는 목적격이어야 한다. 따라서 독립형 인칭대명사(هُوَ)가 아니라 접미형 인칭대명사(هُ)가 와야 한다. (×)

(c) قِصَّةً عَرَبِيًّا에서 عَرَبِيًّا은 바른 표현이 아니다. 관형어구에서는 피수식어와 수식어가 성 · 수 · 격에서 일치해야 함으로 عَرَبِيَّةً으로 표현되어야 한다. (×)

(d) فِي جِسْمِي كُلِّهِ의 كُلِّهِ에서 접미형 인칭대명사 هِ는 앞에 언급된 جِسْمِي를 가리키는 말이며, 이때 كُلّ은 '전부, 전체'를 의미한다. هِ에 모음 u가 아니라 i가 덧붙은 것은 바로 앞에 있는 كُلِّ의 모음 i의 영향을 받아 발음상의 편이화 현상이 일어난 것이며, 바른 표현이다. (○)

(e) أَرْبَعَةِ سَنَوَاتٍ(4년)에서 أَرْبَعَةِ가 바른 표현이 아니다. 사물의 수나 양을 나타내는 양수사의 성별은 표현하고자 하는 사물의 단수형 성별에 따른다. 연(年)을 나타내는 سَنَوَات의 단수형은 سَنَة로서 여성이다. 따라서 "4년"을 표현할 때는 여성형 양수사 أَرْبَع를 사용해야 한다. (×)

* 그의 손은 작습니다.
* 그는 지금 오고 있습니다.
* 아흐마드는 아랍 소설 한 편을 읽었습니다.
* 나는 온몸이(내 몸 전부가) 아픕니다.
* 후세인은 사 년 후에 선생님이 되었습니다.

의사소통 표현의 이해 및 활용 능력

CHAPTER_01 인사 표현

고등학교 교육과정에서 이수하기를 권장하고 있는 〈의사소통 기본 표현〉 중에서 인사말로는 다음과 같은 것들이다.

1 일반적인 인사

A: اَلسَّلَامُ عَلَيْكُمْ. 안녕하세요. (의역)

B: وَعَلَيْكُمُ السَّلَامُ. 안녕하세요. (답례)

2 안부 인사 (How is your condition?)

A: كَيْفَ حَالُكَ[الْحَالُ]؟ 네 (건강) 상태는 어떠니?

B: أَنَا بِخَيْرٍ وَالْحَمْدُ لِلّٰهِ. وَأَنْتَ؟ 알라 덕분에(신을 찬미할지어다) 나는 잘 있어. 그런데 너는?

A: (أَنَا) بِخَيْرٍ، الْحَمْدُ لِلّٰهِ. (나도) 잘 있어, 알라 덕분에.

3 오전 인사 (Good morning)

A: صَبَاحَ الْخَيْرِ. 좋은 아침.

B: صَبَاحَ النُّورِ. 좋은 아침. (답례)

4 늦은 오후와 저녁 인사

A: مَسَاءَ الْخَيْرِ. Good afternoon 또는 Good evening

B: مَسَاءَ النُّورِ.

5 감사 인사

A: شُكْرًا جَزِيلًا. 대단히 감사합니다.

B: عَفْوًا. 천만의 말씀을.

6 환영 인사

A: أَهْلًا وَسَهْلًا (بِكَ). 어서 오십시오.

B: أَهْلًا بِكَ. 반갑습니다. (답례)

A: مَرْحَبًا (بِكَ). 반갑습니다.

B: مَرْحَبًا (بِكَ). 반갑습니다.

7 작별 인사

A: مَعَ السَّلَامَةِ. 안녕히 계세요.

B: مَعَ السَّلَامَةِ. 안녕히 가세요.

A: إِلَى اللِّقَاءِ. 다시 만날 때까지.

B: إِلَى اللِّقَاءِ. 다시 만날 때까지.

처음 만났다가 헤어질 때 하는 말

A: فُرْصَةٌ سَعِيدَةٌ. (만나서) 즐거웠습니다.

B: فُرْصَةٌ سَعِيدَةٌ. (만나서) 즐거웠습니다.
*직역: "즐거운 기회입니다."

8 신년이나 명절(또는 생일 등 즐거운 날)을 맞이하여 하는 축하 인사

كُلُّ عَامٍ وَأَنْتُمْ بِخَيْرٍ (وَعِيدُكُمْ مُبَارَكٌ).

매년 건강하(시고 축복 받는 명절이 되)길 바랍니다.

9 생일 축하 인사

عِيدُ مِيلَادٍ سَعِيدٌ (لَكَ).

(당신의) 생일을 축하합니다.

10 기타 인사

A: أَنَا مَسْرُورٌ بِلِقَائِكَ. 당신을 만나서 기쁩니다.

B: أَنَا مَسْرُورٌ أَيْضًا. 저도 역시 기쁩니다.

문항 사례1

빈칸에 들어갈 말로 알맞은 것을 보기에서 고른 것은? 2015학년도 대학수학능력시험

A: اَلسَّلَامُ عَلَيْكُمْ.

B: وَعَلَيْكُمُ السَّلَامُ.

A: كَيْفَ الْحَالُ؟

B: ________.

보기

(a) أَنَا بِخَيْرٍ (b) اَلْحَمْدُ لِلّٰهِ (c) أَلْفُ مَبْرُوكٍ (d) إِلَى اللِّقَاءِ

① (a), (b) ② (a), (d) ③ (b), (c) ④ (b), (d) ⑤ (c), (d)

풀이 "كَيْفَ الْحَالُ؟"에서 الْحَالُ(건강 상태는; the condition)은 حَالُكَ(너의 건강 상태는)으로 바꿔 쓸 수 있다. 이에 대한 대답은 "أَنَا بِخَيْرٍ(나는 잘 있어)"와 "اَلْحَمْدُ لِلّٰهِ(알라 덕분에(신을 찬미할지어다))"를 이어를 말하거나 이 둘 중 하나만을 언급하는 것이다. 또한 이것들의 순서를 뒤바꾸어 말해도 된다.

"أَلْفُ مَبْرُوكٍ"는 '축하합니다'라는 مَبْرُوك에 '천'(أَلْف)이라는 양수사를 덧붙여 '천 번 축하한다'는 것을 표현한 것이다.

A: 안녕하세요.

B: 안녕하세요.

A: (건강) 상태는 어떻습니까?

B: 나는 잘 있어. / 신을 찬미할지어다.

(a) 나는 잘 있어 (b) 신을 찬미할지어다 (c) 천배로 축하해 (d) 다시 만날 때까지 [정답] ①

문항 사례2

빈칸에 공통으로 들어갈 말로 알맞은 것은? 2011학년도 대학수학능력시험

A: صَبَاحَ ________.

B: صَبَاحَ النُّورِ.

A: مَسَاءَ ________.

B: مَسَاءَ النُّورِ.

① بِكَ ② أَهْلًا ③ تَعَالَ ④ الْخَيْرِ ⑤ مَسْرُورٌ

풀이 ① '당신과 함께'라는 의미 ② 환영의 인사말 ③ '다가오라'는 의미의 명령형 동사 ④ 양호한 건강 상태 ⑤ '기쁘다'는 의미의 형용사

A: 좋은 아침.
B: 좋은 아침.
A: 좋은 오후(늦은 오후[저녁] 인사)
B: 좋은 오후(늦은 오후[저녁] 인사에 대한 답례) [정답] ④

문항 사례3

빈칸에 들어갈 말로 알맞은 것은? 2016학년도 대학수학능력시험

مِين سُو : عِيدُ مِيلَادِي بَعْدَ غَدٍ، يَا أَحْمَدُ.
أَحْمَدُ : ＿＿＿＿＿، وَعِيدُ مِيلَادٍ سَعِيدٌ.

① عَنْ إِذْنِكَ ② أَنَا مُوَافِقٌ ③ اَلسِّعْرُ مَعْقُولٌ ④ أَعْطِنِي فَاتُورَةً ⑤ كُلُّ عَامٍ وَأَنْتَ بِخَيْرٍ

풀이 ① '당신의 허락을 얻어' ② '나는 동의합니다' ③ '가격이 합리적이다' ④ '나에게 주세요' ⑤는 '매년 건강하기를 바라'라는 의미의 축하 인사로서 대화의 문맥에 부합한다.

민수: 아흐마드야, 내 생일이 모레야.
아흐마드: 매년 건강하고 즐거운 생일이 되길 바라. [정답] ⑤

문항 사례4

빈칸에 들어갈 말로 알맞은 것은? 2013학년도 대학수학능력시험 9월 모의평가

سُومِي: مَاذَا يَقُولُ الْعَرَبُ لِلتَّهْنِئَةِ بِعِيدِ الْأَضْحَى عادَةً؟
كَرِيمٌ : ＿＿＿＿＿.
سُومِي: وَمَاذَا يَقُولُ الْعَرَبُ لِلتَّهْنِئَةِ بِعِيدِ الْمِيلَادِ؟
كَرِيمٌ : عِيدُ مِيلَادٍ سَعِيدٌ، وَ＿＿＿＿＿.

① لَازِمٌ ② صَحِيحٌ ③ اَلْحَمْدُ لِلّٰهِ ④ مَمْنُوعٌ الدُّخُولُ ⑤ كُلُّ عَامٍ وَأَنْتُمْ بِخَيْرٍ

풀이 عِيدُ الْأَضْحَى(희생절)은 아브라함이 신에 대한 믿음의 표시로 그의 아들을 바치자 신께서 그 아들 대신 양을 희생시킨 것을 기념하는 명절이다.
① '필요하다' ② '옳다' ③ '신 덕택에; 신을 찬미할지어다' ④ '출입 금지'
아랍인의 인사법 중에는 희생절과 단식종료절 그리고 각종 경사스러운 날을 맞이하여 축하하는 의미로 "كُلُّ عَامٍ وَأَنْتُمْ بِخَيْرٍ(매년 당신들이 건강하길 바랍니다)"라고 표현한다.

사미: 아랍인들은 희생절을 축하하기 위해 보통 무슨 말을 합니까?
카림: 매년 당신들이 건강하기를 바랍니다.
사미: 그리고 아랍인들은 생일을 축하하기 위해 무슨 말을 합니까?
카미: 즐거운 생일과 매년 당신들이 건강하기를 바랍니다. [정답] ⑤

문항 사례5

빈칸에 들어갈 말로 알맞은 것만을 〈보기〉에서 있는 대로 고른 것은?

2013학년도 대학수학능력시험 9월 모의평가

A: مَعَ السَّلَامَةِ، يَا سَمِيرَةُ.
B: ________.

보기
(a) تَعَالَ (b) إِلَى اللِّقَاءِ (c) مَعَ السَّلَامَةِ

① (a) ② (b) ③ (a), (c) ④ (b), (c) ⑤ (a), (b), (c)

풀이 "مَعَ السَّلَامَةِ"와 "إِلَى اللِّقَاءِ"는 작별 인사말로서 서로 교차시켜 사용할 수 있다.

A: 사미라야, 잘 있어.
B: 잘 가/다시 만날 때까지.
(a) 이리 와 (b) 다시 만날 때까지 (c) 잘 가 (또는 잘 있어) [정답] ④

문항 사례6

빈칸에 들어갈 말을 〈보기〉에서 찾아 순서대로 바르게 배열한 것은? 2009학년도 대학수학능력시험

A: اَلسَّلَامُ عَلَيْكُمْ.
B: ________
A: ________
B: ________

보기
(a) كَيْفَ الْحَالُ؟ (b) بِخَيْرٍ، وَالْحَمْدُ لِلّٰهِ. (c) وَعَلَيْكُمُ السَّلَامُ.

① (a) – (b) – (c) ② (a) – (c) – (b) ③ (b) – (a) – (c) ④ (c) – (a) – (b) ⑤ (c) – (b) – (a)

풀이 아랍어 인사법은 먼저 인사를 건네는 말과 그에 대한 답례가 정형화되어 있는 것이 일반적이다. 그러므로 그 순서를 숙지하는 것이 인사 표현에 관한 문제 풀이의 관건이다.

A: 안녕하세요.
B: (c) 안녕하세요.(답례)
A: (b) 건강 상태는 어떻습니까?
B: (a) 신 덕분에 잘 있습니다. [정답] ④

해법

교육과정에서 이수하기를 권장하는 〈의사소통 기본 표현〉에 수록된 인사말을 이해해야 한다. 이 〈의사소통 기본 표현〉에 수록된 인사말은 주고받는 말이 대체적으로 정형화되어 있다. 그러므로 앞에서 언급한 부분만 숙지하면 문항이 어떻게 출제되어도 쉽게 정답을 고를 수 있을 것이다.

Tip

〈문항 사례〉와【연습문제】에서 보는 바와 같이 인사말 표현에 관한 문항은 대화문 안의 빈칸에 들어갈 말로 알맞은 것을 고르는 형식인데 최근의 수능은, 대화문의 길이가 길어지는 경향이 있다. 대화문이 아무리 길어도 기본 인사 표현에 익숙하면 문제될 것이 전혀 없다. 인사말에 관한 것은 매번 한 문항이 출제되고 있는데 모두 1점을 배정하였다.

연습 문제

1 빈칸에 들어갈 말로 알맞은 것을 〈보기〉에서 고른 것은?

A: سَأُسَافِرُ إِلَى عُمَانَ بَعْدَ غَدٍ.
B: رِحْلَةً سَعِيدَةً.
A: شُكْرًا. أَتَّصِلُ بِكَ بَعْدَ وُصُولِي.
B: ________.
A: مَعَ السَّلَامَةِ.

*وُصُولِي: 나의 도착

보기 (a) هٰذَا غَالٍ (b) إِلَى اللِّقَاءِ (c) مَعَ السَّلَامَةِ (d) أُحِبُّ السِّبَاحَةَ

① (a), (b) ② (a), (c) ③ (b), (c) ④ (b), (d) ⑤ (c), (d)

2 빈칸에 공통으로 들어갈 말로 알맞은 것은?

A: مَسَاءَ الْخَيْرِ.
B: مَسَاءَ النُّورِ.
A: كَيْفَ حَالُكَ؟
B: أَنَا بِخَيْرٍ، ________. وَأَنْتَ؟
A: أَنَا بِخَيْرٍ، ________.

① مَرْحَبًا ② اَلْحَمْدُ لِلّٰهِ ③ أَلْفُ مَبْرُوكٍ ④ مَعَ السَّلَامَةِ ⑤ أَهْلًا وَسَهْلًا

3 빈칸 (a), (b)에 공통으로 들어갈 말로 알맞은 것은?

(a) ________ وَأَنْتُمْ بِخَيْرٍ.

A: عِيدُ مِيلَادِي فِي الْغَدِ.
B: عِيدُ مِيلَادٍ سَعِيدٌ، وَ ________ (b)
وَأَنْتَ بِخَيْرٍ.

① لَحْظَةً ② لَا بَأْسَ ③ كُلَّ عَامٍ ④ مَعَ السَّلَامَةِ ⑤ اِنْتَظِرْ قَلِيلًا

✔ 정답

1 ③

풀이 (a) '이것은 비싸다' (b) '다시 만날 때까지' (c) '잘 가 또는 잘 있어' (d) '나는 수영을 좋아해'

A: 나 모레 오만으로 여행 갈 거야.
B: 즐거운 여행이 되길 바라.
A: 고마워. 내가 도착해서 너에게 연락할게.
B: 잘 가 (또는 다시 만날 때까지).
A: 잘 있어.

2 ②

풀이 ① '반갑다' ② '신을 찬미할지어다' ③ '천배로 축하해' ④ '잘 가 또는 잘 있어' ⑤ '어서 오세요'

A: 좋은 저녁.
B :좋은 저녁.
A: 네 건강은 어때?
B: 나는 잘 있어. 신을 찬미할지어다. 그리고 넌?
A: 나도 잘 있어. 신을 찬미할지어다.

3 ③

풀이 ① '잠시만요' ② '걱정하지 마라' ③ '매년' ④'잘 가, 잘 있어' ⑤ '잠시 기다려 주세요'

신년이나 명절 등 경사스러운 날을 맞이하며 하는 축하 인사말로 كُلَّ عَامٍ وَأَنْتُمْ (أَوْ أَنْتَ) بِخَيْرٍ가 있다.

A: 내 생일이 모레야.
B: 즐거운 생일 보내고 매년 건강하길 바라.

CHAPTER_02 소개하기

〈의사소통 기본 표현〉에 제시된 소개의 문장으로는 다음이 있다.

مَا اسْمُكَ؟	당신의 이름이 무엇입니까?
عُمْرِي خَمْسَ عَشْرَةَ سَنَةً.	내 나이는 15살입니다.
رَقْمُ الْهَاتِفِ ١٢٣٤٥٦٧.	전화번호는 1234567입니다.
عِنْدِي ثَلَاثَةُ إِخْوَةٍ وَأُخْتٌ.	나에게는 3명의 형제와 한 명의 누이가 있습니다.
مِنْ أَيْنَ أَنْتَ؟	당신은 어디에서 왔습니까?
أَنَا مِنَ الْكُوَيْتِ.	나는 쿠웨이트에서 왔습니다.
أَنَا كُوَيْتِيٌّ.	나는 쿠웨이트 사람입니다.
مَا عَمَلُكَ؟	(مَا شُغْلُكَ؟، مَا مِهْنَتُكَ؟) 당신의 직업은 무엇입니까?
أَنَا مُهَنْدِسٌ فِي شَرِكَةِ الْكُومْبِيُوتِر.	나는 컴퓨터 회사 엔지니어입니다.
أَتَكَلَّمُ اللُّغَةَ الْعَرَبِيَّةَ جَيِّدًا.	나는 아랍어를 잘합니다.
هٰذَا صَدِيقِي خَالِدٌ.	이 사람은 내 친구 칼리드입니다.
هٰذِهِ أُخْتِي.	얘는 내 누이입니다.

문항 사례1

글의 내용으로 보아 빈칸에 들어갈 말로 알맞은 것은? 2017학년도 대학수학능력시험

عُمْرُ مُحَمَّدٍ خَمْسَ عَشْرَةَ سَنَةً. نَبِيلَةُ أَكْبَرُ مِنْ مُحَمَّدٍ بِسَنَةٍ. سَالِمٌ أَكْبَرُ مِنْ نَبِيلَةَ بِأَرْبَعِ سَنَوَاتٍ.

A: كَمْ عُمْرُ سَالِمٍ؟

B: عُمْرُهُ ________ سَنَةً.

① أَرْبَعَ عَشْرَةَ ② سِتَّ عَشْرَةَ ③ سَبْعَ عَشْرَةَ ④ تِسْعَ عَشْرَةَ ⑤ عِشْرُونَ

풀이 〈의사소통 기본 표현〉에서 나이를 나타내는 예로서 10대의 나이를 제시하고 있다. (عُمْرِي خَمْسَ عَشْرَةَ سَنَةً)

① 14 ② 16 ③ 17 ④ 19 ⑤ 20

무함마드의 나이는 15살입니다. 나빌라는 무함마드보다 한 살 많습니다. 살림은 나빌라보다 네 살 많습니다.
A: 살림의 나이는 얼마입니까?
B: 그의 나이는 스무 살입니다. [정답] ⑤

문항 사례2

대화의 내용으로 보아 B에 대해 알 수 있는 것만을 〈보기〉에서 있는 대로 고른 것은?

2016학년도 대학수학능력시험

A: مَرْحَبًا. أَنَا سَالِمٌ مِنَ الْمَغْرِبِ، وَأَنْتَ؟
B: مَرْحَبًا بِكَ. اِسْمِي فَرِيدٌ. وَأَنَا مِنَ الْكُوَيْتِ.
A: أَنَا طَبَّاخٌ. وَأَنْتَ مَا عَمَلُكَ؟
B: أَنَا مُدَرِّسٌ.

보기
(a) 나이 (b) 이름 (c) 직업 (d) 출신지

① (a), (c) ② (b), (d) ③ (a), (b), (d) ④ (a), (c), (d) ⑤ (b), (c), (d)

풀이 "مَا عَمَلُكَ؟"는 '당신의 직업은 무엇입니까?'이다. 〈기본 어휘표〉에서 عَمَلٌ은 '일, 노동, 사업'이라고 하고, شُغْلٌ은 '일, 사업'이라고 하며, مِهْنَةٌ은 '직업'이라고 제시하고 있다. 그러나 이 세 개의 낱말 모두가 '직업'이라는 의미로 쓰이며, 오히려 عَمَلٌ이나 شُغْلٌ의 사용 빈도가 더 높다고 할 수 있다.

A: 반갑습니다. 나는 모로코에서 온 살림입니다. 당신은요?
B: 저도 반갑습니다. 내 이름은 파리드입니다. 나는 쿠웨이트에서 왔습니다.
A: 나는 요리사입니다. 당신은 직업이 무엇입니까?
B: 나는 교사입니다. [정답] ⑤

문항 사례3

빈칸에 들어갈 말로 알맞은 것은? 2015학년도 대학수학능력시험

A: ______ ؟
B: أَنَا مِنْ دِمَشْقَ.
A: إِذَنْ، هَلْ أَنْتَ سُورِيٌّ؟
B: نَعَمْ، أَنَا سُورِيٌّ.

① مَا اسْمُكَ ② مَتَى تَنَامُ ③ مَاذَا هُنَاكَ ④ مِنْ أَيْنَ أَنْتَ ⑤ هَلْ هٰذَا خَفِيفٌ

풀이 ① '당신의 이름은 무엇입니까' ② '당신은 언제 잡니까' ③ '거기에 무엇이 있습니까' ④ '당신은 어디에서 오셨습니까' ⑤ '이것은 가볍습니까'
〈의사소통 기본 표현〉에서 국적이나 출신을 나타내는 말로 제시된 "مِنْ أَيْنَ أَنْتَ؟"을 활용한 문항이다.

A: 당신은 어디에서 오셨습니까?
B: 저는 다마스쿠스에서 왔습니다.
A: 그렇다면 당신은 시리아 사람입니까?
B: 네, 저는 시리아 사람입니다. [정답] ④

문항 사례4

빈칸에 들어갈 말을 〈보기〉에서 찾아 순서대로 바르게 배열한 것은? 2011학년도 대학수학능력시험

A: أَنَا خَالِدٌ. وَمَنْ أَنْتِ؟
B: ______________
A: ______________
B: ______________

보기
(a) نَعَمْ، أَنَا طَالِبٌ. وَأَنْتِ؟ (b) أَنَا لَيْلَى. هَلْ أَنْتَ طَالِبٌ؟ (c) أَنَا طَالِبَةٌ أَيْضًا.

① (a) – (b) – (c) ② (a) – (c) – (b) ③ (b) – (a) – (c) ④ (b) – (c) – (a) ⑤ (c) – (b) – (a)

풀이 A가 B에게 ("당신은 누구십니까?"라고) 질문하는데 2인칭 여성 단수 대명사(أَنْتِ)를 사용하였기 때문에 B는 여성이다. 그러므로 첫 번째 빈칸에는 '나는 (여성의 이름인) 라일라입니다'로 시작하는 (b)가 알맞다. 두 번째 빈칸은 "당신은 학생입니까"라고 묻는 말에 대한 대답이어야 하니까 "네"로 대답하는 (a)가 알맞다. 세 번째 빈칸은 여성인 라일라가 대답하는 것이므로 "나도 (여)학생입니다"라고 말하는 (c)가 알맞다.

A: 나는 칼리드입니다. 당신은 누구십니까?
B: (b) 나는 라일라입니다. 당신은 학생입니까?
A: (a) 네, 나는 학생입니다. 당신은요?
B: (c) 나도 (여)학생입니다. [정답] ③

문항 사례5

빈칸에 들어갈 말로 알맞은 것은? 2015학년도 대학수학능력시험 6월 모의평가

مُوَظَّفُ الْمَطَارِ : أَعْطِنِي جَوَازَ السَّفَرِ، مِنْ فَضْلِكَ.
مُحَمَّدٌ : تَفَضَّلْ.
مُوَظَّفُ الْمَطَارِ : ________ ؟
مُحَمَّدٌ : أَنَا لِيبِيٌّ.

① مَاذَا تَلْبَسُ ② مَاذَا تَطْبُخُ ③ مَا هِوَايَتُكَ ④ مَا جِنْسِيَّتُكَ ⑤ إِلَى أَيْنَ تَذْهَبُ

풀이 "أَعْطِنِي(나에게 주세요)"는 أَعْطَى(يُعْطِي)의 명령법 2인칭 남성 단수형 أَعْطِ에 1인칭 단수 접미형 대명사 (ـنِي 나에게)가 덧붙은 것(أَعْطِنِي)이다.
"مِنْ فَضْلِكَ(부디, 제발)"은 부탁이나 청할 때 쓰는 명령법과 함께 정중한 표현으로 쓰인다.
① '무엇을 입습니까' ② '무슨 요리를 합니까' ③ '당신의 취미는 무엇입니까' ④ '당신의 국적은 무엇입니까'
⑤ '당신은 어디로 갑니까'

공항 직원: 저에게 여권 좀 주세요.
무함마드: 자 받으세요.
공항 직원: 당신의 국적은 무엇입니까?
무함마드: 저는 리비아 사람입니다.

[정답] ④

문항 사례6

B에 대해 알 수 없는 것은? 2015학년도 대학수학능력시험 9월 모의평가

A: مَا اسْمُكَ؟
B: اِسْمِي فَرِيدٌ.
A: أَمَا جِنْسِيَّتُكَ؟
B: أَنَا لُبْنَانِيٌّ. وَلٰكِنْ أَسْكُنُ الْآنَ فِي سِيوُل.
A: وَمَا عَمَلُكَ؟
B: أَنَا مُهَنْدِسٌ فِي شَرِكَةٍ.

① 국적 ② 나이 ③ 이름 ④ 직업 ⑤ 거주지

풀이 "مَا عَمَلُكَ؟", "مَا جِنْسِيَّتُكَ؟", "مَا اسْمُكَ؟" 등은 "مَا هٰذَا؟(이것은 무엇입니까?)"과 같은 형식의 의문문이다.
"أَنَا مُهَنْدِسٌ فِي شَرِكَةٍ"는 〈의사소통 기본 표현〉에서 보여 주고 있는 직업을 나타내는 대표적인 형식의 문장이다.

A: 당신의 이름은 무엇입니까?
B: 내 이름은 파리드입니다.
A: 당신의 국적은 무엇입니까?
B: 나는 레바논 사람입니다. 그런데 지금은 서울에서 살고 있습니다.
A: 당신의 직업은 무엇입니까?
B: 나는 회사의 엔지니어입니다. [정답] ②

해법

〈의사소통 기본 표현〉에 수록된 소개에 관한 대표적인 표현에 익숙하는 것이 문제 풀이의 관건이다.

〈의사소통 기본 표현〉에서는 〈소개〉 영역에서 자기의 이름, 나이, 연락처, 가족 관계, 국적 등 출신, 직업, 외국어 구사 능력, 그리고 제3자를 소개하는 내용 등이 수록되어 있다. 따라서 이런 내용 등을 활용한 문항이 출제되며, 매번 수능에서 한 문항 정도 출제되고 있다.

Tip

양수사(기수사)와 가산 명사를 연결형으로 만들어 3~10개를 표현할 때, 즉 가산 명사의 3~10까지의 개수를 나타낼 때 양수사(기수사)의 성별 선택은 가산 명사의 단수형의 성별과 일치시킨다.

예 ثَلَاثَةُ إِخْوَةٍ 3명의 형제들

※إِخْوَةٌ의 단수형은 أَخٌ으로서 남성이다. 따라서 '셋'을 나타내는 양수사의 남성형 ثَلَاثَةٌ가 أَخٌ의 복수형인 إِخْوَةٌ과 연결형을 이루게 된 것이다. 3~10까지의 양수사의 성별은 형태상으로 남녀가 바뀐 것처럼 보인다. 3~10에서는 어말에 ة가 덧붙은 것이 남성형이고 그렇지 않은 것이 여성형이다.

연습 문제

1 빈칸에 들어갈 말로 알맞은 것은?

A: ؟ ____________

B: هُوَ مُوَظَّفٌ فِي شَرِكَةٍ. وَأَنْتِ؟

A: أَنَا مُوَظَّفَةٌ فِي بَنْكٍ.

① مَا ذٰلِكَ ② كَمْ ثَمَنُهُ
③ كَمْ عُمْرُهُ ④ مَا عَمَلُهُ
⑤ مَا جِنْسِيَّتُهُ

2 빈칸에 들어갈 말로 알맞은 것은?

A: ؟ ____________

B: أَنَا كُورِيٌّ.

A: أَعْطِنِي جَوَازَ السَّفَرِ، مِنْ فَضْلِكَ.

B: هٰذَا هُوَ.

① مَاذَا تَعْمَلُ ② مَا شُغْلُكَ
③ كَيْفَ تَطْبُخُهُ ④ مَا جِنْسِيَّتُكَ
⑤ إِلَى أَيْنَ تَذْهَبُ

3 B에 대해 알 수 없는 것은?

A: مَا اسْمُكَ؟

B: اِسْمِي حُسَيْنٌ.

A: مَا جِنْسِيَّتُكَ؟

B: أَنَا مَغْرِبِيٌّ.

وَلٰكِنَّنِي أَسْكُنُ الْآنَ فِي بُوسَان.

A: وَمَا مِهْنَتُكَ؟

B: أَنَا طَالِبٌ فِي جَامِعَةٍ.

① 국적 ② 나이 ③ 이름
④ 직업 ⑤ 거주지

✔ 정답

1 ④

풀이 B의 대답은 〈의사소통 기본 표현〉에서 직업을 나타내는 대표적인 문장이다. 그러므로 빈칸에는 직업이 무엇인지를 묻는 내용이 들어가야 함을 짐작할 수 있다.

① '그것은 무엇입니까' ② '그것의 값은 얼마입니까'
③ '그의 나이는 얼마입니까' ④ '그의 직업은 무엇입니까'
⑤ '그의 국적은 무엇입니까'

A: 그의 직업은 무엇입니까?
B: 그는 회사원입니다. 당신은요?
A: 나는 은행원입니다.

2 ④

풀이 "أَنَا كُورِيٌّ"은 〈의사소통 기본 표현〉에서 국적을 나타내는 대표적인 표현으로 소개하고 있다. 따라서 빈칸의 물음에는 국적을 묻는 말이 알맞음을 짐작할 수 있다.

① '당신은 무슨 일을 하십니까' ② '당신의 직업은 무엇입니까'
③ '당신은 그것을 어떻게 요리를 합니까'
④ '당신의 국적은 무엇입니까' ⑤ '당신은 어디로 갑니까'

A: 당신의 국적은 무엇입니까?
B: 저는 한국 사람입니다.
A: 저에게 여권 좀 주세요.
B: 이것이 그것입니다(여기 있습니다).

3 ②

풀이 "مَا اسْمُكَ؟", "مَا جِنْسِيَّتُكَ؟", "مَا مِهْنَتُكَ؟" 등은 "مَا هٰذَا؟(이것은 무엇입니까?)"와 같은 형식의 의문문이다. "أَنَا طَالِبٌ فِي جَامِعَةٍ"는 〈의사소통 기본 표현〉에서 보여 주고 있는 직업을 나타내는 대표적인 형식의 문장이다.

A: 당신의 이름은 무엇입니까?
B: 내 이름은 후세인입니다.
A: 당신의 국적은 무엇입니까?
B: 나는 모로코 사람입니다.
그런데 지금은 부산에서 살고 있습니다.
A: 당신의 직업은 무엇입니까?
B: 나는 대학생입니다.

CHAPTER_03 감정 표현

〈의사소통 기본 표현〉에서 〈감정 표현〉을 4가지 영역으로 나누에 제시하고 있다.

감사의 표현	▲ أَشْكُرُكَ (عَلَى الْعَشَاءِ) (저녁 식사에 대해) 감사드립니다. ▲ شُكْرًا 감사합니다. ▲ اَلْحَمْدُ لِلّٰهِ 아아 고마워라, 신의 덕택에. ▲ أَلْفُ شُكْرٍ 천배로 감사합니다.
사과 및 유감 표현	▲ أَنَا آسِفٌ 미안합니다.
희로애락 표현	▲ أَنَا حَزِينٌ 나는 슬픕니다. ▲ أَنَا سَعِيدٌ 나는 행복합니다. ▲ أَنَا مَسْرُورٌ بِلِقَائِكَ 나는 당신을 만나서 기쁩니다. ※ 노여움에 해당하는 표현은 수록되어 있지 않음.
놀람의 표현	▲ رَائِعٌ! 멋지다! ▲ عَجِيبٌ! 굉장하네, 훌륭하군!

문항 사례1

빈칸에 들어갈 말로 알맞은 것은? 2017학년도 대학수학능력시험

A: هَيَّا نُشَاهِدْ فِيلْمًا فِي السِّينَمَا مَسَاءَ الْيَوْمِ.

B: ＿＿＿＿＿＿ . عِنْدِي مَوْعِدٌ هٰذَا الْمَسَاءَ.

A: هَلْ نَسْتَطِيعُ أَنْ نُشَاهِدَهُ بَعْدَ غَدٍ؟

B: نَعَمْ، نَلْتَقِي بَعْدَ غَدٍ.

① أَنَا آسِفٌ ② اَلْحِذَاءُ خَفِيفٌ ③ اَلطَّعَامُ لَذِيذٌ ④ اَلْغُرْفَةُ نَظِيفَةٌ ⑤ اَلْمُدَرِّسَةُ لَطِيفَةٌ

풀이 ② '그 신발은 가볍다' ③ '그 음식은 맛있다' ④ '그 방은 깨끗하다' ⑤ '그 여선생님은 온후하다'
① "أَنَا آسِفٌ"(내가 미안해; 미안합니다)는 〈의사소통 기본 표현〉에서 사과나 유감을 표시하는 말로 제시하고 있다.

A: 우리 오늘 저녁에 영화관에서 영화 한 편 보자.
B: 미안해. 오늘 저녁에 나 약속이 있어.
A: 모레에는 우리 그것을 볼 수 있을까?
B: 응, 모레 만나.

[정답] ①

문항 사례2

빈칸에 들어갈 말로 알맞은 것은? 2010학년도 대학수학능력시험

A: كَيْفَ حَالُكَ بَعْدَ الْمَرَضِ
يَا مُحَمَّدُ؟
B: بِخَيْرٍ،
__________.

* بَعْدَ الْمَرَضِ: 아픈 후에

① قَادِمٌ ② سَهْلٌ ③ وَاسِعٌ ④ صَعْبٌ ⑤ اَلْحَمْدُ لِلّٰهِ

풀이 ① '다가오는' ② '쉽다' ③ '넓다' ④ '어렵다'

⑤는 '신을 찬미할지어다; 신의 덕택으로; 신에 감사드린다' 등의 의미를 지닌 표현으로서 〈의사소통 기본 표현〉에 감사 표현의 하나로 소개되어 있다.

A: 무함마드야, 아팠다던데 건강은 어때?
B: 신의 덕택으로 잘 있어. [정답] ⑤

문항 사례3

빈칸에 들어갈 말로 알맞은 것은? 2017학년도 대학수학능력시험 9월 모의평가

A: مَسَاءَ الْخَيْرِ.
B: مَسَاءَ النُّورِ. هٰذِهِ هَدِيَّةٌ لَكِ.
A: __________ عَلَى الْهَدِيَّةِ.
B: عَفْوًا.

① صَحِيحٌ ② أَلْفُ شُكْرٍ ③ إِلَى اللِّقَاءِ ④ أَنَا مُجْتَهِدٌ ⑤ فُرْصَةٌ سَعِيدَةٌ

풀이 ① '옳다' ② '천 배로 고마워' ③ '다시 만날 때까지' ④ '나는 부지런하다' ⑤ '즐거운 기회였습니다'

A: 안녕(저녁 인사).
B: 안녕(답례). 이것은 네 선물이야.
A: 선물에 대하여 천배로 고마워.
B: 천만에. [정답] ②

문항 사례4

빈칸에 들어갈 말로 알맞은 것만을 〈보기〉에서 있는 대로 고른 것은?

2016학년도 대학수학능력시험 9월 모의평가

A: لِمَاذَا تَأَخَّرْتَ عَنِ الْمَوْعِدِ؟
B: ________ . قُمْتُ مِنَ النَّوْمِ فِي وَقْتٍ مُتَأَخِّرٍ.
A: لَا بَأْسَ. هَلْ دَرَسْتَ حَتَّى الْفَجْرِ؟
B: نَعَمْ. لَدَيَّ امْتِحَانٌ الْيَوْمَ.

보기
(a) عَظِيمٌ　(b) لَازِمٌ　(c) أَنَا آسِفٌ

① (a)　② (c)　③ (a), (b)　④ (b), (c)　⑤ (a), (b), (c)

풀이 (a) '위대하다' (b) '필요하다' (c) '미안합니다'

A: 왜 약속 시간에 늦었니?
B: 미안해. 늦은 시간에 잠에서 일어났어.
A: 괜찮아. 새벽까지 공부했니?
B: 응. 오늘 나 시험이 있어.

[정답] ②

문항 사례5

빈칸에 들어갈 말로 알맞은 것은? 2015학년도 대학수학능력시험 6월 모의평가

A: آلُو ، هَلْ وَصَلْتَ إِلَى الْمَكْتَبِ؟
B: نَعَمْ. وَصَلْتُ، وَأَنْتَظِرُكَ.
A: ________ . سَأَتَأَخَّرُ قَلِيلًا عَنِ الْمَوْعِدِ.
B: لَا بَأْسَ.
A: أَرَاكَ بَعْدَ قَلِيلٍ.

① أَنَا آسِفٌ　② اَلرَّقْمُ خَطَأٌ　③ عِنْدِي سُؤَالٌ　④ هٰذَا وَاجِبِي　⑤ اِمْشِ عَلَى الطُّولِ

풀이 ① '미안합니다' ② '번호가 틀립니다' ③ '나에 질문이 있습니다' ④ '이것은 나의 의무입니다'
⑤ '똑바로 걸어가세요'

A: 여보세요, 너 사무실에 도착했니?
B: 응. 나 도착해서 너 기다리고 있어.
A: 미안해. 난 약속 시간에 조금 늦을 거야.
B: 괜찮아.
A: 잠시 후에 볼게.

[정답] ①

해법

〈의사소통 기본 표현〉의 감정 표현에 속하는 소재로 출제된 문항은 주로 유감을 나타내거나(6문항) 감사하는 마음을 표현하는 내용(3문항)이 핵심이었다.

'…에 대해 사과하다'라는 의미의 대표적인 표현인 "اِعْتَذَرَ (يَعْتَذِرُ) عَنْ …"가 〈기본 어휘표〉와 현용 교과서에 수록되어 있지 않아 사과 표현을 중심으로 한 문제를 출제하기 어려울 것이다.

기쁨과 노여움과 슬픔과 즐거움을 나타내는 표현 중에서는 '화를 내다'라는 의미의 غَضْبَانُ가 〈기본 어휘표〉에는 수록되어 있지만 이 낱말을 〈의사소통 기본 표현〉이나 현용 교과서에서는 전혀 다루고 있지 않다. 또한 노여움은 소재로서 긍정적이지 않고 출제진의 호감정을 유발하기 어려워 '노여움'을 나타내는 표현이 핵심 내용으로 출제될 가능성은 아주 낮다.

Tip

"اَلْحَمْدُ لِلّٰهِ."는 안부 인사말인 "كَيْفَ الْحَالُ؟"의 대답으로도 쓰이지만, 식사 후의 포만감을 표현할 때, 무사히 여행을 마치고 돌아왔을 때, 병이 나았을 때, 위험한 상태에서 벗어 났을 때 등 신에 대한 감사를 나타내는 표현으로 쓰이기도 한다.

연습 문제

1 빈칸에 들어갈 말로 알맞은 것은?

A: يَا مُحَمَّدُ، سَمِعْتُ أَنَّكَ كُنْتَ مَرِيضًا.
كَيْفَ حَالُكَ؟
B: بِخَيْرٍ، ________.

① قَادِمٌ ② لَحْظَةً
③ وَاسِعٌ ④ بِكُلِّ سُرُورٍ
⑤ اَلْحَمْدُ لِلّٰهِ

2 빈칸에 들어갈 말로 알맞은 것은?

A: هَلْ تَسْتَطِيعُ أَنْ تَزُورَنِي؟
B: فِي أَيِّ سَاعَةٍ أَزُورَكَ؟
A: فِي السَّاعَةِ الرَّابِعَةِ مَسَاءً.
B: ________.
فِي ذٰلِكَ الْوَقْتِ وَعِنْدِي مَوْعِدٌ آخَرُ.

① أَنَا آسِفٌ ② اَلرَّقْمُ خَطَأٌ
③ عِنْدِي سُؤَالٌ ④ هٰذَا وَاجِبِي
⑤ أَلْفُ شُكْرٍ

3 빈칸에 들어갈 말로 알맞은 것은?

A: آلُو، هَلْ وَصَلْتَ إِلَى الْمَقْهَى؟
B: نَعَمْ. وَصَلْتُ مُنْذُ قَلِيلٍ.
A: آسِفٌ. سَأَتَأَخَّرُ قَلِيلًا عَنِ الْمَوْعِدِ.
B: ________.
A: أَرَاكَ بَعْدَ قَلِيلٍ.

① مَرْحَبًا ② لَا بَأْسَ
③ مَعَ الْأَسَفِ ④ هٰذِهِ أُخْتِي
⑤ تَحِيَّةً طَيِّبَةً

✔ 정답

1 ⑤

풀이 ① '다가오는' ② '잠시만요' ③ '넓다' ④ '기꺼이'
⑤ '신을 찬미할지어다; 신의 덕택으로; 신에 감사드린다'

A: 무함마드야, 아팠다고 들었는데. 네 건강은 어때?
B: 신의 덕택으로 잘 있어.

2 ①

풀이 ① '미안합니다' ② '번호가 틀립니다'
③ '나에 질문이 있습니다' ④ '이것은 나의 의무입니다'
⑤ '천배로 고맙습니다'

A: 너 나에게 올 수 있어?
B: 몇 시에 너에게 갈까?
A: 오후 4시에.
B: 미안해. 그 시각에 나에게 다른 약속이 있어.

3 ②

풀이 ① '반갑습니다' ② '괜찮아' ③ '유감스럽게도'
④ '이 사람은 내 누이입니다' ⑤ 편지 서두에 적는 인사말

A: 여보세요. 너 카페에 도착했니?
B: 응. 나 조금 전에 도착했어.
A: 미안해. 난 약속 시간에 조금 늦을 거야.
B: 괜찮아.
A: 잠시 후에 볼게.

CHAPTER_04 의사 표현

〈의사소통 기본 표현〉의 의사 표현에서는 다음과 같이 칭찬이나 동의, 반대, 의견 묻기, 제안하기, 호불호, 의무 행위, 칭찬 등에 관한 기본적인 표현를 제시하고 있다.

칭찬이나 동의를 나타내는 표현	▲صَحِيحٌ. 옳아. ▲فِكْرَةٌ جَمِيلَةٌ. 멋진 생각이야. ▲لَا بَأْسَ. 걱정 말아라; 좋아. ▲طَيِّبٌ. 좋아. ▲أَنَا مَعَكَ. 나는 네 편이야. ▲أَنَا مُوَافِقٌ. 나는 동의해. ▲بِكُلِّ سُرُورٍ. 기꺼이.
반대를 나타내는 표현	▲عِنْدِي رَأْيٌ آخَرُ. 나에게 다른 의견이 있어. ▲لَسْتُ مُوَافِقًا. 나는 동의하지 않아. ▲هٰذَا غَيْرُ مَعْقُولٍ. 이것은 합리적이지 않아. ▲غَيْرُ صَحِيحٍ. 이것은 옳지 않아.
의견을 묻는 표현	▲مَا رَأْيُكَ فِي هٰذَا؟ 이것에 대해 어떻게 생각하세요?
제안하기 표현	▲هَيَّا نُشَاهِدْ فِيلْمًا الْيَوْمَ. 오늘 영화 한 편 보자.
호불호의 표현	▲أُحِبُّ الْمُوسِيقَى. 나는 음악을 좋아합니다. ▲يُعْجِبُنِي هٰذَا الْحِذَاءُ. 이 신발이 내 마음에 듭니다. ▲لَا أُحِبُّ هٰذَا اللَّوْنَ. 나는 이 색깔을 좋아하지 않습니다.
의무 행위 표현	▲لَا بُدَّ أَنْ تَقُومَ مُبَكِّرًا. 너는 일찍 일어나야 한다. ▲يَجِبُ أَنْ تُذَاكِرَ جَيِّدًا. 너는 공부를 잘해야 한다.
칭찬하기 표현	▲مُمْتَازٌ. 훌륭하다. ▲عَظِيمٌ. 대단하다. ▲مَا شَاءَ اللهُ. 신이 원하신 대로다. – 아주 잘되었다는 의미임.

문항 사례1

빈칸에 들어갈 말로 알맞지 않은 것은? 2018학년도 대학수학능력시험

A: أَيْنَ سَتَذْهَبُ فِي الْعُطْلَةِ الْمَدْرَسِيَّةِ الْقَادِمَةِ؟

B: لَا أَعْرِفُ.

A: هَلْ يُمْكِنُكَ أَنْ تَذْهَبَ مَعِي إِلَى الْإِسْكَنْدَرِيَّةِ لِلسِّيَاحَةِ؟

B: نَعَمْ، ＿＿＿＿＿.

① طَيِّبٌ ② أَنَا مَعَكَ ③ بِكُلِّ سُرُورٍ ④ فِكْرَةٌ جَمِيلَةٌ ⑤ لَسْتُ مُوَافِقًا

풀이 ① '좋아' ② '나는 너와 함께 한다' ③ '기꺼이' ④ '훌륭한 생각이다' ⑤ '나는 동의하지 않아'

①, ②, ③, ④는 동의하는 표현이고 ⑤만 동의하지 않는 표현이다.

A: 다음 방학에 어디 갈 거니?
B: 모르겠는데.
A: 나와 함께 관광하러 알렉산드리아에 갈 수 있니?
B: 응, 좋아(기꺼이, 좋은 생각인데, 난 네 편이야 등). [정답] ⑤

문항 사례2

글과 대화의 내용으로 보아 빈칸에 들어갈 말로 알맞은 것은? 2018학년도 대학수학능력시험

عِنْدَ الْعَرَبِ الْمُسْلِمِينَ عِبَارَاتٌ إِسْلَامِيَّةٌ خَاصَّةٌ. فَيَقُولُونَ "بِسْمِ اللّٰهِ" قَبْلَ أَنْ يَبْدَأُوا أَيَّ عَمَلٍ، وَأَيْضًا "اَلْحَمْدُ لِلّٰهِ" بَعْدَ نِهَايَةِ أَيِّ عَمَلٍ، وَكَذٰلِكَ "مَا شَاءَ اللّٰهُ" عِنْدَمَا يَنْظُرُونَ إِلَى شَيْءٍ جَدِيدٍ أَوْ عَمَلٍ عَظِيمٍ.

*عِبَارَاتٌ : 표현들

A: أُنْظُرْ إِلَى الْأَهْرَامِ الْعَظِيمَةِ.

B: ＿＿＿＿＿.

*اَلْأَهْرَام : 피라미드들

① بِسْمِ اللهِ ② مَسَاءُ الْخَيْرِ ③ مَا شَاءَ اللهُ ④ اَلسَّلَامُ عَلَيْكُمْ ⑤ كُلُّ عَامٍ وَأَنْتُمْ بِخَيْرٍ

지문에서 〈يَبْدَأُوا〉는 철자법이 잘못된 것이며, 함자(ء)의 받침 규칙에 따르면 〈يَبْدَؤُوا〉이어야 한다.

풀이 ① '신의 이름으로' ② '늦은 오후나 저녁 인사' ③ '신이 원하신 대로입니다' ④ '안녕하세요' ⑤ '매년 당신들이 건강하시길 바랍니다'

무슬림 아랍인들에게는 특별한 이슬람식 표현이 있다. 그래서 어떤 일을 시작하기 전에 "신의 이름으로"라고 말하며, 어떤 일을 끝내고 난 후에는 "신의 덕분에"라고 말하고, 새로운 것이나 대단한 일을 바라볼 때는 "신이 원하신 대로입니다"라고 말한다.

A: 거창한 피라미드들 바라보세요.
B: <u>신께서 원하신 대로네요.</u> [정답] ③

문항 사례3

빈칸에 들어갈 말로 알맞은 것을 〈보기〉에서 고른 것은? 2017학년도 대학수학능력시험

A
هَلْ عِنْدَكَ وَقْتٌ فِي يَوْمِ السَّبْتِ الْقَادِمِ؟
B
نَعَمْ، لِمَاذَا؟
A
أُرِيدُ أَنْ أَدْعُوَكَ لِحُضُورِ حَفْلَةِ عِيدِ مِيلَادِي.
B
__________ . سَأَحْضُرُ الْحَفْلَةَ.
*حُضُورِ : 참석

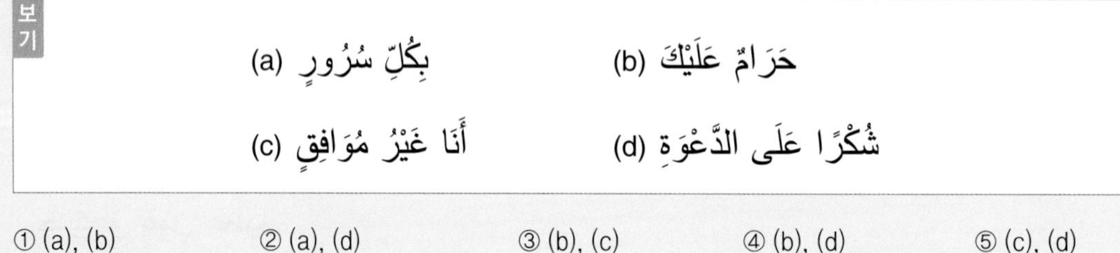

(b) حَرَامٌ عَلَيْكَ
(c) أَنَا غَيْرُ مُوَافِقٍ
(d) شُكْرًا عَلَى الدَّعْوَةِ

① (a), (b) ② (a), (d) ③ (b), (c) ④ (b), (d) ⑤ (c), (d)

풀이 A가 생일 파티에 초대하겠다고 했는데 B가 "파티에 참석할게"라고 대답했으므로 빈칸에는 초대를 수락하는 표현이 알맞다.

A: 다음 토요일에 너 시간이 있니?
B: 응, 왜?
A: 내 생일 파티에 참석하도록 너를 초대하고 싶어.
B: <u>기꺼이/초대해 줘서 고마워</u>. 파티에 참석할게.
(a) 기꺼이 (b) (그것을) 해서는 안 돼 (c) 나는 동의하지 않아 (d) 초대해 줘서 고마워 [정답] ②

문항 사례4

빈칸에 들어갈 말로 알맞은 것을 〈보기〉에서 찾아 순서대로 바르게 배열한 것은?

2017학년도 대학수학능력시험

A: مَرْحَبًا. مَاذَا تُرِيدُ؟

B: ______________.

A: هَلْ يُعْجِبُكَ هٰذَا الْقَمِيصُ الْأَسْوَدُ؟

B: ______________.

A: ______________؟

B: مُمْتَازٌ . سَأَشْتَرِيهِ.

보기

(a) أُرِيدُ قَمِيصًا حَدِيثًا

(b) مَا رَأْيُكَ فِي هٰذَا الْقَمِيصِ الْأَزْرَقِ

(c) لَا، لَا يُعْجِبُنِي. أُحِبُّ الْقَمِيصَ الْأَزْرَقَ

① (a) - (b) - (c) ② (a) - (c) - (b) ③ (b) - (a) - (c) ④ (c) - (a) - (b) ⑤ (c) - (b) - (a)

풀이 첫 번째 물음 "무엇을 원하십니까?"에 대한 대답으로는 "나는 현대식 셔츠를 원합니다"가 알맞다. 두 번째 질문 "이 검은 셔츠가 당신의 마음에 듭니까?"에 대한 대답으로는 "마음에 듭니다." 아니면 "마음에 들지 않습니다."가 알맞다. 그러므로 두 번째 질문에 대한 대답은 〈보기〉의 (c)가 알맞다. 세 번째 질문은 그에 대한 대답으로 "훌륭합니다."라는 칭찬의 표현임에 비추어 상대방의 의견을 묻는 "이 푸른 셔츠에 대해 어떻게 생각합니까?"로 짐작할 수 있다.

A: 어서 오십시오. 무엇을 원하십니까?
B: (a) 저는 현대식의 셔츠를 원합니다.
A: 이 검은 셔츠가 당신의 마음에 듭니까?
B: (c) 아니요, 마음에 들지 않습니다. 저는 푸른색 셔츠를 원합니다.
A: (b) 이 푸른색 셔츠에 대해 어떻게 생각하세요?
B: 훌륭합니다. 그걸로 사겠습니다.

[정답] ②

문항 사례5

빈칸에 들어갈 말로 알맞은 것은? 2016학년도 대학수학능력시험

مُحَمَّدٌ : كَمْ لُغَةً أَجْنَبِيَّةً تَتَكَلَّمُ؟

مِين جُون: أَتَكَلَّمُ اللُّغَةَ الْعَرَبِيَّةَ وَالْإِنْجْلِيزِيَّةَ وَالْفَرَنْسِيَّةَ.

مُحَمَّدٌ : ________ . أَيْنَ دَرَسْتَ هٰذِهِ اللُّغَاتِ؟

مِين جُون: فِي كُلِّيَّةِ اللُّغَاتِ.

*الْفَرَنْسِيَّةَ : 프랑스어

① حَرَامٌ عَلَيْكَ ② إِلَى الْيَمِينِ ③ مَا شَاءَ اللهُ ④ اَلْخَطُّ مَشْغُولٌ ⑤ اَلْقِطَارُ سَرِيعٌ

풀이 ① '해서는 안 돼' ② '오른쪽으로' ③ '신이 원하신 것이다' ④ '통화중입니다' ⑤ '기차는 빠르다'
문맥상 빈칸에는 3개 국어를 구사한다는 말에 대한 칭찬의 말이 알맞다. "مَا شَاءَ اللهُ"는 〈의사소통 기본 표현〉에서 칭찬의 말로 소개하고 있다.

무함마드: 너 몇 개 외국어를 말할 수 있니?
민준: 아랍어와 영어 그리고 프랑스어를 말할 수 있어.
무함마드: 신이 원하신 대로구나. 그 언어들을 어디에서 배웠니?
민준: 외국어 대학에서. [정답] ③

해법

의견 제시와 의견 묻기, 그리고 동의 및 호/불호 등에 관한 문항은 매년 1문항 이상 출제되고 있을 정도로 〈의사소통〉에 중요하다. 상기 기출 문항에서 반복적으로 인용된 표현에 익숙해지면 문항의 내용을 일부 변경하더라도 정답을 찾는 데에 별 어려움이 없을 것이다.

Tip

칭찬이나 동의를 나타내는 표현	▲ لَا بَأْسَ ▲ فِكْرَةٌ جَمِيلَةٌ ▲ صَحِيحٌ ▲ أَنَا مُوَافِقٌ ▲ أَنَا مَعَكَ ▲ طَيِّبٌ ▲ بِكُلِّ سُرُورٍ
반대를 나타내는 표현	▲ لَسْتُ مُوَافِقًا ▲ عِنْدِي رَأْيٌ آخَرُ ▲ هٰذَا غَيْرُ صَحِيحٍ ▲ هٰذَا غَيْرُ مَعْقُولٍ
의견을 묻는 표현	▲ مَا رَأْيُكَ فِي هٰذَا؟

연습 문제

1 빈칸에 들어갈 말로 알맞은 것은?

A: هَلْ تُعْجِبُكِ هٰذِهِ الْحَقِيبَةُ؟

B: نَعَمْ، ________ كَثِيرًا.

① يُعْجِبُكِ ② تُعْجِبُكِ
③ يُعْجِبُنِي ④ تُعْجِبُنِي
⑤ أَعْجَبَكِ

2 빈칸에 들어갈 말로 알맞지 않은 것은?

A: أَيْنَ سَتَذْهَبُ فِي نِهَايَةِ الْأُسْبُوعِ الْقَادِمَةِ؟

B: لَمْ أُقَرِّرْ.

A: هَلْ يُمْكِنُكَ أَنْ تُشَاهِدَ مَعِي فِيلْمَ "وَجْدَة"؟

B: نَعَمْ، ________.

① طَيِّبٌ ② أَنَا مُوَافِقٌ
③ بِكُلِّ سُرُورٍ ④ فِكْرَةٌ جَمِيلَةٌ
⑤ لَسْتُ مُوافِقًا

3 빈칸에 들어갈 말로 알맞은 것은?

A: هَلْ نَزُورُ الْبَتْرَاءَ فِي السَّبْتِ الْقَادِمِ؟

B: ________.

*اَلْأَهْرَامُ : 피라미드

① زُرْتُ عَمَّانَ ② إِنْ شَاءَ اللّٰهُ
③ اَلْحَمْدُ لِلّٰهِ ④ وَعَلَيْكُمُ السَّلَامُ
⑤ كُلُّ سَنَةٍ وَأَنْتُمْ بِخَيْرٍ

✔ 정답

1 ④

풀이 "이 가방이 당신의 마음에 듭니까?"라는 질문에 대한 긍정의 대답으로는 "네, (그 가방이) 내 마음에 듭니다"가 알맞다. "내 마음에 든다"의 주어는 가방(الْحَقِيبَةُ)이므로 "마음에 든다"라는 동사는 3인칭 여성 단수형(تُعْجِبُ)이어야 하고, 이 동사 뒤에는 1인칭 단수의 대명사 접미형(ني)이 덧붙어야 한다.

A: 이 가방이 당신의 마음에 듭니까?
B: 네, 아주 내 마음에 듭니다.

2 ⑤

풀이 ① '좋아요' ② '동의합니다' ③ '기꺼이' ④ '훌륭한 생각이다' ⑤ '나는 동의하지 않아'

A: 다음 주말에 어디 갈 거니?
B: 정하지 못했어.
A: 나와 함께 "와즈다"라는 영화 구경할 수 있니?
B: 응, 좋아(동의해, 기꺼이, 좋은 생각인데).

3 ②

풀이 ① '나는 암만에 가 보았다' ② '신께서 원하신다면' ③ '신 덕분에' ④ '안녕하세요(답례)' ⑤ '매년 당신들이 건강하시기 바랍니다'

"إِنْ شَاءَ اللّٰهُ"(인샬라)라는 표현은 미래의 일에 대한 동의나 긍정의 의미로 사용된다.

A: 우리 다음 토요일에 페트라에 가 볼까?
B: 인샬라(신께서 원하신다면).

CHAPTER_05 날씨 표현

〈기본 어휘표〉에 수록된 날씨 표현과 관련된 낱말들은 다음과 같다.

- 날씨 (جَوٌّ ؛ طَقْسٌ):

  비 (مَطَرٌ), 눈 (ثَلْجٌ), 덥다 (حَارٌّ), 차갑다 (بَارِدٌ), 따뜻하다 (دَافِئٌ),
  흐리다 (غَائِمٌ), 눈이 온다 (مُثْلِجٌ 〈기본 어휘표〉에 없음), 비가 온다 (مُمْطِرٌ),
  화창하다 (مُشْمِسٌ), (날씨가) 좋다; 맑게 개다 (لَطِيفٌ)
  * 내린다(내려온다)는 의미로 (يَنْزِلُ) نَزَلَ라는 동사를 사용하기도 한다.

- 날씨에 관한 문항의 특이 사항:

  가) 삽화 이용 사례가 많다(눈, 우산과 비, 해, 구름 등).
  나) ‘이다’ 동사인 (يَكُونُ) كَانَ를 이용한 사례가 많다(목적격 형태의 술어와 관련 있음).
  다) 지명을 이용한 사례도 많다(아랍 세계의 국가명과 수도명을 알아 둘 필요가 있음).

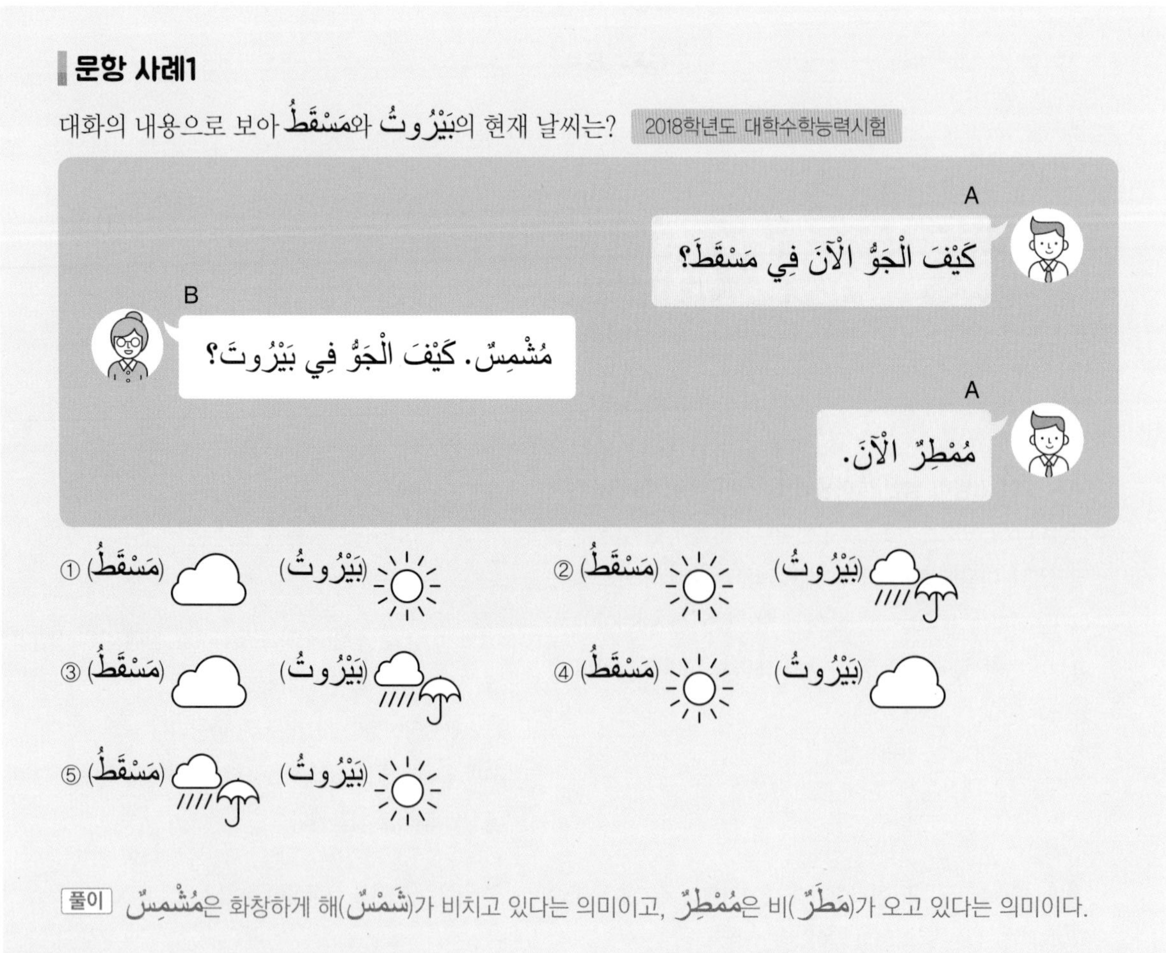

문항 사례1

대화의 내용으로 보아 مَسْقَطُ와 بَيْرُوتُ의 현재 날씨는? 2018학년도 대학수학능력시험

① (مَسْقَطُ) (بَيْرُوتُ)
② (مَسْقَطُ) (بَيْرُوتُ)
③ (مَسْقَطُ) (بَيْرُوتُ)
④ (مَسْقَطُ) (بَيْرُوتُ)
⑤ (مَسْقَطُ) (بَيْرُوتُ)

풀이 مُشْمِسٌ은 화창하게 해(شَمْسٌ)가 비치고 있다는 의미이고, مُمْطِرٌ은 비(مَطَرٌ)가 오고 있다는 의미이다.

A: 무스카트의 현재 날씨는 어떻습니까?
B: 화창합니다. 베이루트의 날씨는 어떻습니까?
A: 지금 비가 옵니다. [정답] ②

문항 사례2

대화의 내용으로 보아 دِمَشْقُ의 어제와 오늘의 날씨는? 2017학년도 대학수학능력시험

حَامِدٌ: كَيْفَ زِيَارَتُكَ إِلَى دِمَشْقَ، يَا كَمَالُ؟
كَمَالٌ: اَلْحَمْدُ لِلّٰهِ، رَائِعَةٌ جِدًّا.
حَامِدٌ: وَكَيْفَ الْجَوُّ هُنَاكَ؟
كَمَالٌ: كَانَ الْجَوُّ مُمْطِرًا أَمْسِ، وَلٰكِنَّهُ مُشْمِسٌ الْيَوْمَ.

① (어제) 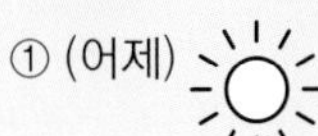 (오늘) 
② (어제) (오늘)
③ (어제) (오늘)
④ (어제) (오늘)
⑤ (어제)  (오늘)

풀이 أَمْسِ는 '어제'이고, اَلْيَوْمَ는 '오늘'이다. كَانَ의 술어는 격변화하는 명사형일 경우에 목적격 형태를 취한다 (كَانَ الْجَوُّ مُمْطِرًا).

하미드: 카말아, 너의 다마스쿠스 방문은 어때?
카말: 신 덕분에 아주 좋아.
하미드: 거기 날씨는 어때?
카말: 어제는 비가 왔었는데 오늘은 화창해. [정답] ②

문항 사례3

اَلْقَاهِرَةُ의 어제와 오늘 날씨에 해당하는 그림을 〈보기〉에서 고른 것은? 2015학년도 대학수학능력시험

A: كَيْفَ كَانَ الْجَوُّ أَمْسِ فِي الْقَاهِرَةِ؟
B: كَانَ الْجَوُّ مُشْمِسًا.
A: كَيْفَ الْجَوُّ الْيَوْمَ؟
B: اَلْجَوُّ مُمْطِرٌ.

보기

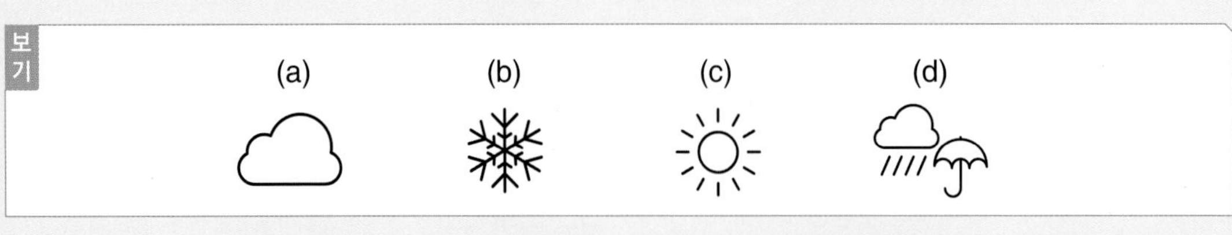
(a)
(b)
(c)
(d)

① (a), (b) ② (a), (c) ③ (b), (c) ④ (b), (d) ⑤ (c), (d)

풀이 "كَانَ الْجَوُّ مُشْمِسًا(날씨가 화창했었다)"에서 كَانَ의 술어는 مُشْمِسًا으로 목적격 형태를 취하고 있다.

A: 어제 카이로 날씨는 어땠어?
B: 날씨는 화창했어.
A: 오늘 날씨는 어때?
B: 비가 오고 있어. [정답] ⑤

문항 사례4

빈칸에 들어갈 말로 알맞은 것은? 2013학년도 대학수학능력시험

_____ الْجَوُّ لَطِيفًا وَمُنَاسِبًا لِلرِّحْلَاتِ غَدًا.
27
27
28
27

① كَانَ ② كُنْتُ ③ تَكُونُ ④ سَتَكُونُ ⑤ سَيَكُونُ

풀이 '내일'이라는 때를 나타내는 부사(غَدًا)가 언급되어 있으므로 빈칸에는 كَانَ(…이다)의 미완료 시제 인칭 변화형이 와야 한다. الْجَوُّ(날씨가)가 3인칭 남성 단수이므로 كَانَ의 3인칭 남성 단수 미완료형(يَكُونُ)에 미래시제임을 나타내는 불변화사(...سَـ)가 덧붙은 سَيَكُونُ(…일 것이다)가 정답이다.

내일 날씨가 화창할 것이며 여행하기에 적당할 것입니다. [정답] ⑤

문항 사례5

대화로 보아 طَرَابُلُس의 현재 날씨는? 2018학년도 대학수학능력시험 9월 모의평가

A
كَيْفَ الْجَوُّ الْآنَ فِي طَرَابُلُس؟
B
اَلْجَوُّ مُمْطِرٌ هُنَا.

①  ②  ③  ④  ⑤ 

풀이 طَرَابُلُس는 국제적으로는 '트리폴리'라고 한다. مُمْطِرٌ은 "비가 온다"라는 날씨의 상태를 나타내는 말이다.

A: 지금 트리폴리 날씨는 어떻습니까?
B: 여기 날씨는 비가 옵니다. [정답] ①

문항 사례6

빈칸에 들어갈 말로 알맞지 않은 것은? 2011학년도 대학수학능력시험 9월 모의평가

A: كَيْفَ كَانَ الْجَوُّ أَمْسِ، يَا أَحْمَدُ؟
B: كَانَ الْجَوُّ ＿＿＿＿＿＿ أَمْسِ.

① حَارًّا ② بَارِدًا ③ دَافِئًا ④ صَغِيرًا ⑤ لَطِيفًا

풀이 ④ صَغِيرًا은 '어리다; 작다'를 나타내는 말이므로 날씨에는 어울리지 않는다.
① 덥다 ② 차갑다 ③ 따뜻하다 ⑤ 맑다

A: 아흐마드야, 어제 날씨 어땠어?
B: 어제 날씨 더웠어/차가웠어/따뜻했어/맑았어. [정답] ④

해법

날씨에 관한 문항 풀이의 핵심은 <기본 어휘표>에 수록된 날씨와 그 상태에 관한 낱말을 익히는 것이다.

과거 시제와 미래 시제일 경우 '…이다' 동사인 (يَكُونُ) كَانَ를 이용한 사례가 많다(이때 술어는 목적격 형태를 취한다). 그러나 현재 시제에서는 '…이다' 동사를 사용하지 않는다.

Tip

아랍 지역의 날씨에 관한 대화문이나 글의 내용이 많이 출제되고 있다. 따라서 적어도 아랍 국가명과 수도명을 알고 있으면 문항 풀이에 크게 도움이 된다.

• 날씨의 상태를 묻는 질문

كَيْفَ الْجَوُّ؟ 날씨가 어떤가요?

كَيْفَ كَانَ الْجَوُّ؟ 날씨가 어땠습니까?

كَيْفَ سَيَكُونُ الْجَوُّ؟ 날씨가 어떻게 될까요?

연습 문제

1 بَيْرُوتُ의 날씨에 해당하는 그림은?

> A: كَيْفَ كَانَ الْجَوُّ أَمْسِ فِي بَيْرُوتَ؟
>
> B: كَانَ الْجَوُّ لَطِيفًا.
>
> A: وَكَيْفَ الْجَوُّ الْيَوْمَ؟
>
> B: اَلْجَوُّ غَائِمٌ.

① (어제) (오늘)
② (어제) (오늘)
③ (어제) (오늘)
④ (어제) (오늘)
⑤ (어제) (오늘)

2 대화의 내용으로 보아 سِيوُل와 اَلرِّبَاطُ의 현재 날씨는?

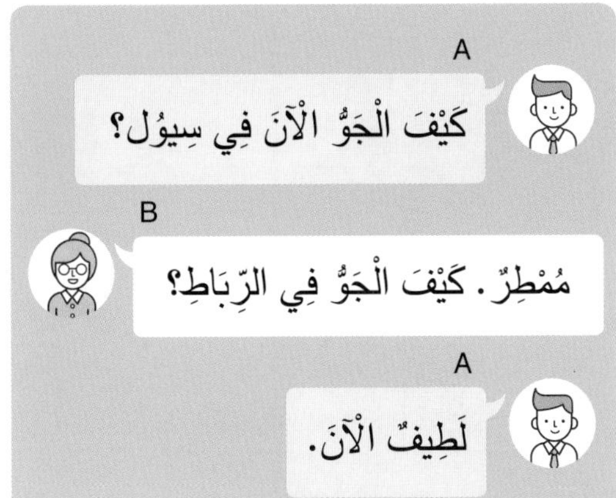

A
كَيْفَ الْجَوُّ الْآنَ فِي سِيوُل؟
B
مُمْطِرٌ. كَيْفَ الْجَوُّ فِي الرِّبَاطِ؟
A
لَطِيفٌ الْآنَ.

① (سيوُل) (اَلرِّبَاطُ)
② (سِيوُل) (اَلرِّبَاطُ)
③ (سِيوُل) (اَلرِّبَاطُ)
④ (سِيوُل) (اَلرِّبَاطُ)
⑤ (سِيوُل) (اَلرِّبَاطُ)

3 빈칸에 들어갈 말로 알맞은 말은?

> A: هَلْ سَمِعْتَ أَخْبَارًا عَنْ جَوِّ الْغَدِ؟
>
> B: نَعَمْ. ________ الْجَوُّ مُمْطِرًا، إِنْ شَاءَ اللهُ.

① كَانَ ② كَانَتْ
③ تَكُونُ ④ سَتَكُونُ
⑤ سَيَكُونُ

✔ 정답

1 ③

풀이 لَطِيفٌ (날씨가) 좋다; 맑게 개다, غَائِمٌ 흐리다

A: 어제 베이루트 날씨는 어땠어?
B: 날씨가 맑았어.
A: 오늘은 날씨가 어때?
B: 날씨가 흐려.

2 ⑤

풀이 لَطِيفٌ은 맑게 갠 날씨를 나타내는 말이고, مُمْطِرٌ은 비(مَطَرٌ)가 오고 있다는 의미이다.

A: 서울의 현재 날씨는 어떻습니까?
B: 화창합니다. 라바트의 날씨는 어떻습니까?
A: 지금 비가 옵니다.

3 ⑤

풀이 "إِنْ شَاءَ اللهُ"(신이 원하신다면)는 실현되지 않은 상황에서 앞으로 그렇게 될 것이라는 긍정의 의미이다. 그러므로 빈칸에는 미래 시제를 나타내는 동사가 알맞다.

A: 내일 날씨에 관한 뉴스를 들었니?
B: 응. (날씨는) 비가 올 거야, 신이 원하신다면.

CHAPTER_06 초대 표현

기출 문제에서 초대의 표현은 초대장이나 게시문 또는 안내문, 공고를 통해 관련된 사람들을 초대하고 모집/소집 하는 것을 내용으로 하고 있다. 기출 문제를 살펴보면 문항마다 공통적으로 반복해서 적용되고 있는 일정한 형식을 알 수 있다.

مَعْرِضٌ '전시장이나 전시회'

مِهْرَجَانٌ '축제'

يَتَشَرَّفُ بِدَعْوَتِكُمْ إِلَى/لِـ... '그가 여러분들을 …에 삼가 초대합니다'

حَفْلَةُ الزَّوَاجِ '결혼식'(실제로는 결혼 피로연)

مِيلَادٌ '생일'(간혹 عِيدُ الْمِيلَادِ로 표현)

문항 사례1

게시문의 내용으로 알맞은 것은? 2018학년도 대학수학능력시험

دَعْوَةٌ

مِهْرَجَانُ الْمُوسِيقَى الْعَرَبِيَّةِ

الْمَكَانُ : اَلصَّالَةُ الْكَبِيرَةُ

اَلسَّاعَةُ : مِنْ ٢ إِلَى ٥ مَسَاءً

اَلتَّارِيخُ : مِنْ ٩ إِلَى ١٦ يُونْيُو ٢٠١٧م

جَامِعَةُ الْكُوَيْتِ

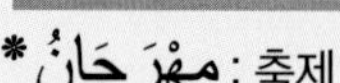
*مِهْرَجَانٌ : 축제

① 문학제 초대 ② 영화제 초대 ③ 음악제 초대 ④ 음식 축제 초대 ⑤ 장미 축제 초대

풀이 مُوسِيقَى는 음악을 의미하는 외래어이고, مِهْرَجَانٌ은 축제를 의미한다.

초청
아랍 음악 축제
장소: 대강당
시간: 오후 2시부터 5시까지
일자: 2017년 6월 9일부터 16일까지
쿠웨이트 대학교

[정답] ③

문항 사례2

초대장의 내용과 일치하는 것은? 2016학년도 대학수학능력시험

إِبْرَاهِيمُ صَالِحٍ

يَتَشَرَّفُ بِدَعْوَتِكُمْ لِحَفْلِ زَوَاجِ ابْنِهِ

"يُوسُفُ"

وَذٰلِكَ يَوْمَ الْخَمِيسِ

اَلسَّاعَةَ ٨ مَسَاءً

٢٠١٥/١١/١٩م

فِي فُنْدُقِ الدَّوْحَةِ

*حَفْلٌ : 예식, 연회　　*م : 서력

① 결혼식은 금요일에 있다.
② 결혼식장은 도하의 호텔이다.
③ 신랑의 아버지는 يُوسُفُ이다.
④ 결혼식 시각은 저녁 7시이다.
⑤ 결혼식 날짜는 2015년 11월 18일이다.

풀이 ① 결혼식은 목요일이다. ③ 신랑의 아버지는 이브라힘 살리흐이다. ④ 결혼식 시각은 저녁 8시이다. ⑤ 결혼식 날짜는 2015년 11월 19일이다.

이브라힘 살리흐는 여러분들을 그의 아들 유수프의 결혼식에 삼가 초대합니다.
2015/11/19 목요일 저녁 8시 도하 호텔　　[정답] ②

문항 사례3

초대장의 내용으로 알 수 없는 것은? 2016학년도 대학수학능력시험 6월 모의평가

يَتَشَرَّفُ

أَحْمَدُ يُوسُفُ

بِدَعْوَتِكُمْ لِحَفْلِ زَوَاجِ ابْنِهِ

"حُسَيْنٌ"

وَذٰلِكَ يَوْمَ السَّبْتِ ٢٠١٥/٦/١٣م

اَلسَّاعَةَ ٧ مَسَاءً

فِي فُنْدُقِ الْجَزِيرَةِ بِالرِّيَاضِ

*حَفْلٌ : 예식, 연회　　*م : 서력

① 신랑 이름은 حُسَيْنٌ이다.
② 결혼식장은 리야드에 있다.
③ 결혼식에서는 식사가 제공된다.
④ أَحْمَدُ يُوسُفُ의 형제가 결혼한다.
⑤ 결혼식은 토요일 저녁에 열린다.

풀이 ④ 형제가 아니라, 아들이 결혼한다.

※③ "결혼식에서는 식사가 제공된다."도 엄밀하게 본다면 알 수 없는 내용이다. 결혼 피로연에서 일반적으로 음식을 제공한다는 관습에 비추어 맞는 것이지 حَفْلُ الزَّوَاجِ(결혼 피로연)만으로 식사를 제공하는지는 알 수 없다.

아흐마드 유수프는 그의 아들 후세인의 결혼식에 여러분을 삼가 초대합니다.
일시: 2015/6/13 토요일 저녁 7시 장소: 리야드 알자지라 호텔

[정답] ④

문항 사례4

안내문의 내용과 일치하지 않는 것은? 2017학년도 대학수학능력시험 6월 모의평가

مَتْحَفُ أَسْوَان

وَقْتُ الزِّيَارَةِ

فِي الصَّيْفِ: مِنَ السَّاعَةِ ٨ صَبَاحًا إِلَى ٦ مَسَاءً

فِي الشِّتَاءِ : مِنَ السَّاعَةِ ٨ صَبَاحًا إِلَى ٤ مَسَاءً

سِعْرُ التَّذْكِرَةِ

٣٥ جُنَيْهًا (اَلطَّالِبُ ١٢ جُنَيْهًا)

① 입장료는 30 주나이흐이다.
② 아스완 박물관의 안내문이다.
③ 학생 입장료는 12주나이흐이다.
④ 여름철 관람 시간은 오전 8시부터 오후 6시까지이다.
⑤ 겨울철 관람 시간은 오전 8시부터 오후 4시까지이다.

풀이 ٣٥는 35이다.

아스완 박물관
개관 시간: 여름 아침 8시 ~ 오후 6시
겨울 아침 8시 ~ 오후 4시
입장료: 35 파운드 (학생 12 파운드)

[정답] ①

문항 사례5

안내문의 내용으로 알 수 없는 것은? 2018학년도 대학수학능력시험 9월 모의평가

اَلْعَرْضُ الْخَاصُّ بِالْفَنِّ الْكُورِيِّ

اَلزَّمَانُ

مِنْ ٥ مَايُو إِلَى ٢٨ مَايُو

اَلْوَقْتُ

مِنْ ٩ صَبَاحًا إِلَى ٥ مَسَاءً

أَسْعَارُ التَّذَاكِرِ

اَلْكِبَارُ : ٢٥ جُنَيْهًا / اَلطُّلَّابُ: ١٥ جُنَيْهًا

اَلْمَكَانُ

مَتْحَفُ الْفَنِّ الْإِسْلَامِيِّ بِالْقَاهِرَةِ

*اَلْعَرْضُ : 전시

① 관람 기간 ② 관람 시간 ③ 관람 요금 ④ 관람 장소 ⑤ 반입 금지 품목

풀이 اَلْعَرْضُ الْخَاصُّ بِالْفَنِّ الْكُورِيِّ는 "한국 예술 특별전"이다. اَلزَّمَانُ는 기간이고, اَلْوَقْتُ는 시간이며, أَسْعَارُ التَّذَاكِرِ는 티켓 가격이고, اَلْمَكَانُ는 장소이다.

한국 예술 특별전
→ 기간, 시간, 요금, 장소 언급됨. [정답] ⑤

해법

초청장이나 안내문, 게시문, 모집/소집 공고문 등을 이용한 문항은 주어진 내용의 주제가 무엇인지를 묻거나, 지문의 내용과 일치/불일치 하는 것을 고르거나, 지문을 통해 알 수 있는/없는 것을 고르는 것들이 대부분이다(그 이유는 선택지 5개를 만들기에 이런 유형의 문항이 용이하기 때문이다).

연습 문제

1 초대장의 내용과 일치하는 것은?

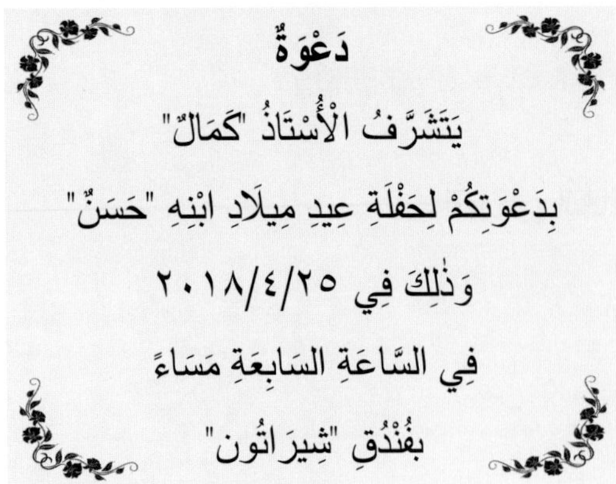

دَعْوَةٌ

يَتَشَرَّفُ الْأُسْتَاذُ "كَمَالٌ"

بِدَعْوَتِكُمْ لِحَفْلَةِ عِيدِ مِيلَادِ ابْنِهِ "حَسَنٌ"

وَذٰلِكَ فِي ٢٠١٨/٤/٢٥

فِي السَّاعَةِ السَّابِعَةِ مَسَاءً

بِفُنْدُقِ "شِيرَاتُون"

① 생일 파티는 일요일에 있다.
② 생일 파티 시각은 저녁 7시이다.
③ 생일 파티 장소는 "هِيلْتُون" 호텔이다.
④ 생일의 주인공은 "كَمَالٌ" 교수이다.
⑤ 생일 파티 날짜는 2018년 4월 20일이다.

2 게시문의 내용으로 알맞은 것은?

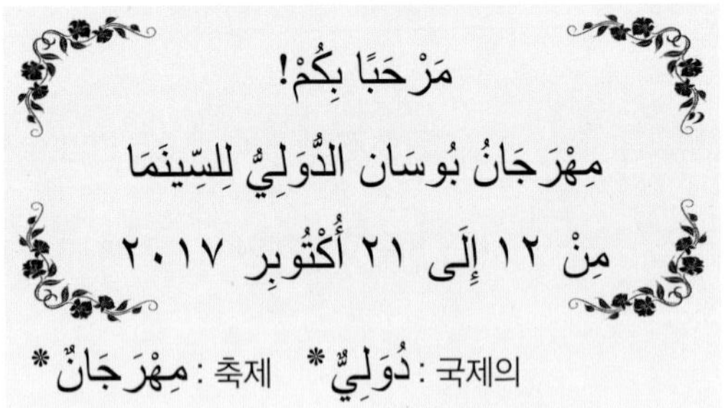

مَرْحَبًا بِكُمْ!

مِهْرَجَانُ بُوسَان الدُّوَلِيُّ لِلسِّينَمَا

مِنْ ١٢ إِلَى ٢١ أُكْتُوبِر ٢٠١٧

*مِهْرَجَانٌ : 축제 *دُوَلِيٌّ : 국제의

① 학술제 ② 가요제
③ 영화제 ④ 장미 축제
⑤ 민속 무용제

3 초대장의 내용과 일치하지 않는 것은?

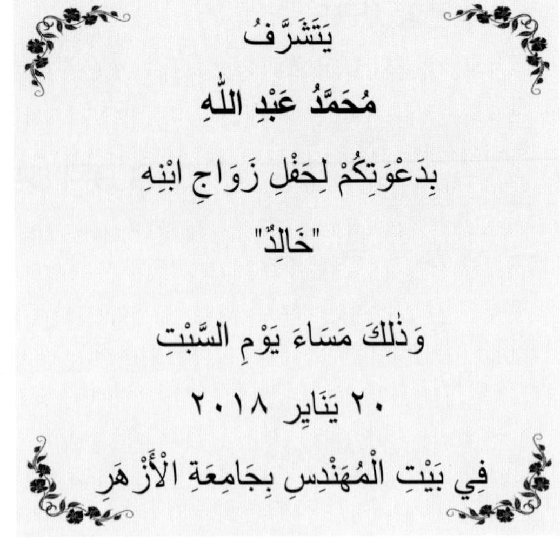

يَتَشَرَّفُ

مُحَمَّدُ عَبْدِ اللّٰهِ

بِدَعْوَتِكُمْ لِحَفْلِ زَوَاجِ ابْنِهِ

"خَالِدٌ"

وَذٰلِكَ مَسَاءَ يَوْمِ السَّبْتِ

٢٠ يَنَايِر ٢٠١٨

فِي بَيْتِ الْمُهَنْدِسِ بِجَامِعَةِ الْأَزْهَر

① 신랑의 이름은 خَالِدٌ이다.
② 결혼식은 토요일 저녁에 있다.
③ 결혼식장은 아즈하르대학교 엔지니어 하우스에 있다.
④ 결혼식 날짜는 2018년 1월 20일이다.
⑤ مُحَمَّدُ عَبْدِ اللّٰهِ는 딸의 결혼식을 알리고 있다.

✔ 정답

1 ②

풀이 شِيرَاتُون은 Sheraton을 음역한 것이다.

카말 교수는 그의 아들 "하산"의 생일 파티에 여러분들을 삼가 초대합니다.
2018/4/25 저녁 7시 나일 호텔
① 알 수 없다 ③ شِيرَاتُون 호텔이다 ④ "حَسَنٌ"이다
⑤ 4월 25일이다

2 ③

풀이 ⟨مِهْرَجَانُ بُوسَان الدُّوَلِيُّ لِلسِّينَمَا⟩는 "부산국제영화제"라는 표현이다.

부산국제영화제 오신 여러분들을 환영합니다
2017년 10월 12~21일

3 ⑤

풀이 무함마드 압둘라는 자기 아들의 결혼식을 알리고 있다.

무함마드 압둘라는 그의 아들 칼리드 결혼식에 여러분을 삼가 초대합니다.
결혼식은 2018/1/20 토요일 저녁 아즈하르대학교 엔지니어 하우스에서

CHAPTER_07 약속 표현

〈의사소통 기본 표현〉에서는 약속을 정하는 과정에서 일어날 수 있는 대화의 내용으로 가능성 타진과 시간 말하기, 장소를 묻고 답하는 것을 제시하고 있다.

가능성 타진 표현	▲ هَلْ تَسْتَطِيعُ أَنْ تَزُورَنِي الْيَوْمَ؟ 너 오늘 나를 찾아올 수 있니? ▲ إِنْ شَاءَ اللّٰهُ. 신이 원하신다면. (그렇게 하겠다는 긍정의 의미)
시간 묻고 답하기	▲ فِي أَيِّ سَاعَةٍ؟ 몇 시에? ▲ فِي السَّاعَةِ الْخَامِسَةِ إِنْ شَاءَ اللّٰهُ. 신이 원하신다면 다섯 시에.
장소 묻고 답하기	▲ أَيْنَ أُقَابِلُكَ؟ 너를 어디에서 만나? ▲ أُقَابِلُكَ أَمَامَ السِّينَمَا. 내가 너를 영화관 앞에서 만날게.

문항 사례1

대화의 내용으로 보아 A와 B가 만나기로 한 시각은? 2016학년도 대학수학능력시험

A: يَا صَدِيقِي، مَتَى يَبْدَأُ مَعْرِضُ السَّيَّارَاتِ؟
B: يَبْدَأُ الْيَوْمَ. هَلْ نَذْهَبُ مَعًا؟
A: نَعَمْ. إِذَنْ مَتَى نَتَقَابَلُ؟
B: فِي السَّاعَةِ الْعَاشِرَةِ وَالنِّصْفِ صَبَاحًا.
A: حَسَنًا.

① AM 10:00　② AM 10: 15　③ AM 10: 20　④ AM 10:30　⑤ AM 10:45

풀이 시각을 나타낼 때 시 단위는 (순서를 나타내는) 서수를 사용하고, 분 단위 중에서 15분과 20분, 그리고 30분은 각각 해당하는 분수를 사용할 수 있다. 15분(quarter)은 1/4인 رُبْعٌ이고, 20분은 1/3인 ثُلْثٌ, 30분은 1/2인 نِصْفٌ이다.

A: 친구야, 자동차 전시는 언제 시작해?
B: 오늘 시작해. 우리 함께 갈까?
A: 그래. 그러면 우리 언제 만나?
B: 아침 10시 반에.
A: 좋아.

[정답] ④

문항 사례2

대화의 내용으로 보아 سُو مِي가 하려는 것은? 2018학년도 대학수학능력시험 6월 모의평가

لَيْلَى : مَاذَا سَتَفْعَلِينَ يَوْمَ الْجُمْعَةِ؟

سُو مِي: سَأَذْهَبُ إِلَى السِّينَمَا، وَأُشَاهِدُ فِيلْمًا كُورِيًّا جَدِيدًا.

لَيْلَى : طَيِّبٌ. هَلْ يُمْكِنُ أَنْ نَذْهَبَ مَعًا؟

سُو مِي: نَعَمْ، بِالتَّأْكِيدِ.

① 
② 
③ 
④ 

⑤ 

풀이 영화관은 cinema에서 음차(音借)하여 표기한 سِينَمَا이고, 영화는 film에서 음차한 فِيلْمٌ이다.
"هَلْ يُمْكِنُ أَنْ ...؟(…할 수 있어?)"를 〈의사소통 기본 표현〉에서 약속을 하기 위해 가능성을 묻는 것으로 소개하고 있다.

라일라: 금요일에 너 무엇을 할 거니?
수미: 나 영화관에 가서 새로 나온 한국 영화를 볼 거야.
라일라: 좋아. 우리 함께 갈 수 있어?
수미: 그래, 물론이지. [정답] ①

문항 사례3

빈칸에 들어갈 말로 알맞은 것은? 2013학년도 대학수학능력시험 9월 모의평가

A: هَلْ يُمْكِنُ أَنْ نُشَاهِدَ مَعًا فِيلْمًا فِي يَوْمِ الْأَحَدِ؟

B: ________ ، طَبْعًا.

A: حَسَنًا، نَتَقَابَلُ فِي ذٰلِكَ الْيَوْمِ.

① عَفْوًا ② آسِفٌ ③ مُمْكِنٌ ④ لَوْ سَمَحْتَ ⑤ لَسْتُ مَعَكَ

풀이 A가 일요일에 영화 한 편 같이 볼 수 있겠느냐고 가능성을 물어보자 B가 "물론 …지"라고 대답한 것이기 때문에 طَبْعًا(물론)이라는 표현에 비추어 빈칸에는 "가능하다"는 표현이 적합하다.

① 감사 인사에 대한 대답이나 실례를 범했을 때 쓰는 말 ② 미안함을 표현하는 말 ③ 가능하다는 의미 ④ "당신이 허락한다면"이라는 양해를 구하는 표현 ⑤ "나는 너와 같이 하지 않아"라는 반대를 의미하는 표현

A: 일요일에 우리 함께 영화 볼 수 있겠어?
B: 물론 가능해.
A: 잘 되었네, 그날 만나자. [정답] ③

문항 사례4

그림과 대화의 내용으로 보아 B가 서울역에 도착할 시각은? 2018학년도 대학수학능력시험 9월 모의평가

A: مَتَى يُغَادِرُ الْقِطَارُ مَحَطَّةَ بُوسَان إِلَى مَحَطَّةِ سِيوُل؟
B: بَعْدَ رُبْعِ سَاعَةٍ.
A: كَمْ سَاعَةً يَسْتَغْرِقُ السَّفَرُ بِالْقِطَارِ مِنْ مَحَطَّةِ بُوسَان إِلَى مَحَطَّةِ سِيوُل؟
B: ثَلَاثَ سَاعَاتٍ.
A: طَيِّبٌ، نَلْتَقِي أَمَامَ مَحَطَّةِ سِيوُل، إِنْ شَاءَ اللّٰهُ.

* يُغَادِرُ : 출발한다

① PM 4:30 ② PM 4:45 ③ PM 5:00 ④ PM 5:15 ⑤ PM 5:30

풀이 전화 통화는 1시 45분에 이루어졌다. 기차가 그로부터 15분 후에 출발하고 서울까지 세 시간 걸린다고 했으니 도착 예정 시각은 5시이다.

"اِسْتَغْرَقَ(يَسْتَغْرِقُ)"는 "(어느 정도의 시간이) 걸리다"는 의미이며, 시간을 나타내는 명사가 목적어로 온다. 그래서 "ثَلَاثَ سَاعَاتٍ"은 (생략된 동사) يَسْتَغْرِقُ의 목적어이다.

A: 기차가 서울로 언제 부산역을 출발해요?
B: 15분 후에.
A: 부산역에서 서울역까지 기차로 가는 데 몇 시간 걸려요?
B: 세 시간 (걸려).
A: 좋네요. 서울역 앞에서 만나요. 인샤알라. [정답] ③

문항 사례5

두 사람이 대화를 나눈 요일은? 2011학년도 대학수학능력시험 9월 모의평가

A: مَا رَأْيُكَ فِي زِيَارَةِ الْمَتْحَفِ غَدًا؟
B: مَا الْغَدُ مِنَ الْأُسْبُوعِ؟
A: يَوْمُ الْجُمْعَةِ.
B: طَيِّبٌ، أَنَا مُوَافِقٌ.

① 일요일 ② 월요일 ③ 화요일 ④ 수요일 ⑤ 목요일

풀이 "مَا الْغَدُ مِنَ الْأُسْبُوعِ؟(내일이 무슨 요일입니까?)"고 묻는 말에 금요일이라고 대답했으므로 오늘은 목요일이다.

A: 내일 박물관에 가 보는 것에 대해 어떻게 생각해?
B: 내일이 무슨 요일이지?
A: 금요일이야.
B: 좋아, 그렇게 하자(동의해).

[정답] ⑤

해법

약속을 하는 대화문을 이용하여 문제가 출제될 때, 대체적으로 질문의 대상이 되는 것은 시간이다. 육하원칙 중에서 때에 관한 문항이 많을 수밖에 없다. 이유는 약속의 이유나 인물, 방법, 장소 등에 관한 선택지를 만들면서 정답이 아닌 것으로 4개나 선정하기가 용이하지 않기 때문이다. 선택지를 읽기만 해도 오답임을 알 수 있을 정도로 너무 동떨어진 선택지를 제시하면 문항의 격이 현저하게 떨어지고, 그렇게 되면 흔히 (깃발을 정답 옆에 꽂아 정답임을 암시할 수 있는) "깃발 문제"를 출제했다는 세평을 받을 수 있기 때문이다.

Tip

- 때나 시간을 나타내는 낱말: اَلْيَوْمَ 오늘(부사), غَدًا 내일(부사), بَعْدَ غَدٍ 모레(부사), دَقِيقَةٌ 1분, سَاعَةٌ 한 시간, يَوْمٌ 하루, أُسْبُوعٌ 1주일, شَهْرٌ 한 달, سَنَةٌ 1년, فِي أَيِّ سَاعَةٍ؟ 몇 시에?
- 가능하다는 표현: يَسْتَطِيعُ أَنْ … يُمْكِنُ أَنْ …(동사), مُمْكِنٌ(부사)

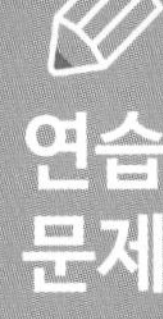

연습문제

1 대화의 내용으로 알맞은 것은?

A: آلُو ، مَرْحَبًا. هُنَا مَطْعَمُ "عَلِيٌّ بَابَا".
B: مَرْحَبًا.
أُرِيدُ أَنْ أَحْجِزَ مَائِدَةً لِأَرْبَعَةِ أَشْخَاصٍ.
A: مَتَى تَحْضُرُونَ؟
B: فِي السَّاعَةِ السَّابِعَةِ هٰذَا الْمَسَاءَ.

① 기차 여행 ② 식당 예약 ③ 영화 관람
④ 박물관 구경 ⑤ 항공권 구매

2 대화의 내용으로 보아 B와 살림의 약속 시각은?

A: كَمِ السَّاعَةُ الْآنَ؟
B: اَلسَّاعَةُ الرَّابِعَةُ وَالنِّصْفُ مَسَاءً.
A: مَتَى مَوْعِدُكَ مَعَ سَالِمٍ؟
B: بَعْدَ نِصْفِ سَاعَةٍ.

① PM 3:30 ② PM 4:00 ③ PM 4:15
④ PM 4:30 ⑤ PM 5:00

3 빈칸에 들어갈 말로 알맞은 것은?

A: مَا رَأْيُكَ فِي مُشَاهَدَةِ فِيلْمٍ عَرَبِيٍّ؟
B: فِكْرَةٌ جَمِيلَةٌ. مَتَى وَأَيْنَ نُشَاهِدُهُ؟
A: هٰذَا الْمَسَاءَ وَفِي سِينَمَا "مِيغَا بَاكْس".
B: مُنَاسِبٌ.
A: نَلْتَقِي أَمَامَ شُبَّاكِ التَّذَاكِرِ فِي السَّاعَةِ ٧.
B: ______________.

① عَفْوًا ② آسِفٌ
③ لَوْ سَمَحْتَ ④ غَيْرُ مُمْكِنٍ
⑤ إِنْ شَاءَ اللّٰهُ

✔ 정답

1 ②

풀이 (حَجَزَ (يَحْجِزُ 예약하다 مَائِدَةٌ 탁자(식탁), 테이블 مَطْعَمٌ 식당

A: 여보세요. 안녕하세요. 여기는 알리바바 레스토랑입니다.
B: 안녕하세요. 4인용 테이블을 예약하고자 합니다.
A: 언제 오실 겁니까?
B: 오늘 저녁 7시에 갑니다.

2 ⑤

풀이 "كَمِ السَّاعَةُ الْآنَ؟"는 현재 시각을 묻는 대표적인 표현이며, "مَا السَّاعَةُ الْآنَ؟"이라고 할 수도 있다.
نِصْفُ سَاعَةٍ은 1/2시간(=30분)이다.

A: 지금 몇 시니?
B: 오후 네시 반이야.
A: 살림과의 너의 약속이 언제야?
B: 30분 후에 있어.

3 ⑤

풀이 A와 B는 아랍 영화 구경하기로 이미 약속하였다. 그러므로 "매표구 앞에서 7시에 만나자."라는 말에 대한 응답은 긍정의 의미이어야 한다. 미래의 일에 대한 긍정의 표현으로 사용되는 관용구를 찾으면 된다.

A: 아랍 영화 한 편 보는 것 어떻게 생각해?
B: 좋은 생각인데. 우리 언제 어디서 그것을 볼까?
A: 오늘 저녁에 메가박스 영화관에서.
B: 적당한데.
A: 7시에 매표구 앞에서 만나자.
B: 인샤알라(신이 원하신다면).

CHAPTER_08 전화 통화

〈의사소통 기본 표현〉에서는 전화 통화에서 자주 발생하는 대화나 표현으로 다음과 같이 제시하고 있다.

آلُو.	여보세요.
هَلِ السَّيِّدُ خَالِدٌ مَوْجُودٌ؟	칼리드 씨(가) 계십니까?
هَلْ مُحَمَّدٌ فِي الْبَيْتِ؟	무함마드 집에 있나요?
هَلْ يُمْكِنُنِي أَنْ أَتَكَلَّمَ مَعَ السَّيِّدِ كِيمْ؟	김 선생님과 (제가) 통화할 수 있습니까?
مَنْ يَتَكَلَّمُ؟ (مَنِ الَّذِي يَتَكَلَّمُ؟)	누구시지요? (전화 거신 분은 누구십니까?)
أَنَا صَدِيقٌ لِسَالِمٍ.	나는 살림의 친구입니다.
دَقِيقَةً وَاحِدَةً.	1분만요.
لَحْظَةً.	잠시만요.
اَلْخَطُّ مَشْغُولٌ.	통화 중입니다.

문항 사례1

빈칸에 들어갈 말로 알맞은 것을 보기에서 찾아 순서대로 바르게 배열한 것은? 2018학년도 대학수학능력시험

اَلْمُمَرِّضَةُ: آلُو، ________.

مُحَمَّدٌ : آلُو. هَلِ الطَّبِيبُ أَحْمَدُ شَوْقِي مَوْجُودٌ؟

اَلْمُمَرِّضَةُ: لَا، غَيْرُ مَوْجُودٍ.

________؟

مُحَمَّدٌ : ________.

اَلْمُمَرِّضَةُ: اِتَّصِلْ مَرَّةً ثَانِيَةً فِي السَّاعَةِ الثَّالِثَةِ.

보기

(a) مَنْ يَتَكَلَّمُ

(b) هُنَا مُسْتَشْفَى "السَّلَامُ"

(c) أَنَا مُحَمَّدٌ، مَرِيضُ الطَّبِيبِ

① (a) - (b) - (c)　② (a) - (c) - (b)　③ (b) - (a) - (c)　④ (b) - (c) - (a)　⑤ (c) - (a) - (b)

풀이 대화문과 〈보기〉의 말을 살펴보건대 두 번째 빈칸은 의문문이므로 〈보기〉의 (a) "누구십니까"가 알맞고 그에 대한 대답으로는 (c) "저는 선생님 환자 무함마드입니다"가 알맞다.
"غَيْرُ مَوْجُودٍ"은 부정의 뜻을 나타내는 غَيْر와 발견된다(즉, 있다)라는 의미의 مَوْجُود가 연결형(복합어)을 이루어 "없다"를 의미한다.

간호사: 여보세요. (b) 여기는 "살람" 병원입니다.
무함마드: 여보세요. 아흐마드 샤우키 의사 선생님 계세요?
간호사: 아니오, 안 계십니다.
(a) 누구시지요?
무함마드: (c) 저는 선생님 환자 무함마드입니다.
간호사: 세 시에 다시 한 번 걸어 주세요. [정답] ③

문항 사례2

빈칸에 들어갈 말로 알맞은 것은? 2015학년도 대학수학능력시험

سَمِيرٌ : آلُو، هَلْ خَالِدٌ مَوْجُودٌ؟
أَخُو خَالِدٍ: لَا، هُوَ غَيْرُ مَوْجُودٍ. مَنْ يَتَكَلَّمُ؟
سَمِيرٌ : ________________.
أَخُو خَالِدٍ: أَهْلًا وَسَهْلًا. اِتَّصِلْ مَرَّةً أُخْرَى.

① هُوَ تَعْبَانُ ② أَنْتَ مُوَافِقٌ ③ عِنْدِي صُدَاعٌ
④ أَعْمَلُ فِي الْمَصْنَعِ ⑤ أَنَا صَدِيقٌ لِخَالِدٍ

풀이 〈의사소통 기본 표현〉에서도 "누구십니까?(مَنْ يَتَكَلَّمُ؟)"라는 질문의 대답으로 "저는 …입니다"(أَنَا ...) 형식을 권장하고 있다.
① '그는 피곤하다' ② '네가 동의하는 구나' ③ '나에게 두통이 있어' ④ '나는 그 공장에서 일해' ⑤ '저는 칼리드의 친구입니다'

사미르: 여보세요. 칼리드 있어요?
칼리드의 형: 아니요, 없어요. 누구십니까?
사미르: 저는 칼리드의 친구입니다.
칼리드의 형: 반가워. 다시 한 번 걸어 줘. [정답] ⑤

문항 사례3

빈칸에 들어갈 말로 알맞은 것은? 2015학년도 대학수학능력시험 6월 모의평가

A: آلُو، هَلْ يُمْكِنُنِي أَنْ أَتَكَلَّمَ مَعَ السَّيِّدِ خَالِدٍ.

B: لَحْظَةً، اَلسَّيِّدُ خَالِدٌ ________ الْآنَ. هَلْ تُرِيدُ أَنْ تَتْرُكَ رِسَالَةً لَهُ؟

A: لَا. سَأَتَّصِلُ مَرَّةً ثَانِيَةً.

① هٰذَا سَهْلٌ ② أَنَا بَعْدَكَ ③ تَعَالَ هُنَا ④ خَطُّهُ مَشْغُولٌ ⑤ هٰذَا غَيْرُ مَعْقُولٍ

풀이 ① '이것은 쉽다' ② '나는 너 다음이야' ③ '이쪽으로 와' ④ '그는 통화 중입니다' ⑤ '이것은 불합리합니다'

A: 여보세요. 칼리드 씨와 통화할 수 있습니까?
B: 잠시만요, 지금 <u>통화 중입니다</u>. 그분에게 메시지 남겨 두시겠습니까?
A: 아니요. 다시 걸겠습니다. [정답] ④

문항 사례4

빈칸에 들어갈 말로 알맞은 것은? 2017학년도 대학수학능력시험 9월 모의평가

خَالِدٌ : آلُو. أَنَا خَالِدٌ، صَدِيقٌ لِسَلِيمٍ. هَلْ مِنَ الْمُمْكِنِ أَنْ أَتَكَلَّمَ مَعَ سَلِيمٍ؟

أُمُّ سَلِيمٍ: مَرْحَبًا، يَا خَالِدُ. هُوَ غَيْرُ مَوْجُودٍ الْآنَ.

خَالِدٌ : حَسَنًا، ________ . مَعَ السَّلَامَةِ.

① هٰذَا رَخِيصٌ ② أَنْتَ مُوَافِقٌ ③ لَسْتُ كَسْلَانُ
④ سَأَتَّصِلُ مَرَّةً أُخْرَى ⑤ يَجِبُ أَنْ تَمْشِيَ إِلَى الْأَمَامِ

풀이 ① '이것은 싼 것입니다' ② '네가 동의하다' ③ '나는 게으르지 않습니다' ④ '내가 다시 걸겠습니다'
⑤ '앞으로 걸어가야 합니다'
⑤의 "يَجِبُ أَنْ..."는 "…해야 한다"는 표현이다.

칼리드: 여보세요. 저는 살림의 친구 칼리드입니다. 살림과 통화할 수 있나요?
살림의 어머니: 반가워요, 칼리드. 그는 지금 없어요.
칼리드: 좋습니다. <u>다시 걸겠습니다</u>. 안녕히 계세요. [정답] ④

문항 사례5

빈칸에 들어갈 말로 알맞은 것은? 2015학년도 대학수학능력시험 9월 모의평가

A: آلُو .

B: آلُو . ________ ؟

A: أَنَا سَامِي صَدِيقُ لَيْلَى. هَلْ لَيْلَى مَوْجُودَةٌ؟

B: لاَ. هِيَ غَيْرُ مَوْجُودَةٍ. قَدْ خَرَجَتْ مِنَ الْبَيْتِ فِي الصَّبَاحِ.

① مَنْ يَتَكَلَّمُ ② مَا هِوَايَتُكَ ③ مِنْ أَيْنَ هُوَ ④ مَتَى تَسْتَيْقِظُ ⑤ بِكَمْ هٰذِهِ التُّفَّاحَةُ

풀이 ① '누구십니까' ② '당신의 취미는 무엇입니까' ③ '그는 어디에서 왔습니까' ④ '당신은 언제 잠에서 일어납니까' ⑤ '이 사과는 얼마입니까'

A: 여보세요.
B: 여보세요. 누구십니까?
A: 저는 라일라의 친구 사미입니다. 라일라 있어요?
B: 아니요. 그녀는 있지 않아요. 아침에 집에서 나갔어요.

[정답] ①

해법

전화 통화와 관련된 문항은 <의사소통 기본 표현>에서 제시하고 있는 표현과 다음과 같은 기본적인 표현을 포함하고 있다.

مَنْ يَتَكَلَّمُ؟	(전화 통화에서) 누구십니까? (Who is speaking?)
اَلْخَطُّ مَشْغُولٌ.	통화 중입니다. (The line is busy.)
هُوَ مَوْجُودٌ/غَيْرُ مَوْجُودٍ.	그분이 계십니다/안 계십니다.
أَتَّصِلُ مَرَّةً أُخْرَى[مَرَّةً ثَانِيَةً].	제가 다시 걸겠습니다(연락하겠습니다).

전화 통화 내용에서 도착할 시간, 만날 시간 등 시각을 묻는 문항이 자주 출제되고 있다. 이때 15분(1/4; رُبْع), 20분(1/3; ثُلْث), 30분(1/2; نِصْف)에 대한 표현을 알아두면 도움이 될 것이다.

연습 문제

1 빈칸에 들어갈 말로 알맞은 것은?

A: آلُو ، هَلْ كَرِيمٌ فِي الْبَيْتِ؟
B: لاَ. هُوَ غَيْرُ مَوْجُودٍ،
فَ ________ ؟
A: أَنَا أَحْمَدُ، صَدِيقُ كَرِيمٍ.
B: هَلْ تُرِيدُ أَنْ تَتْرُكَ رِسَالَةً لَهُ؟
A: أَتَّصِلُ مَرَّةً أُخْرَى.

① مَا هٰذَا
② بِكَمْ هٰذَا
③ أَيْنَ تَنْزِلُ
④ مَنْ يَتَكَلَّمُ
⑤ مِنْ أَيْنَ أَنْتَ

2 빈칸에 들어갈 말로 알맞은 것은?

A: آلُو ، هَلْ مُحَمَّدٌ مَوْجُودٌ؟
B: لاَ. هُوَ غَيْرُ مَوْجُودٍ، فَمَنْ يَتَكَلَّمُ؟
A: ________ .
B: سَيَعُودُ بَعْدَ سَاعَةٍ، إِنْ شَاءَ اللّٰهُ.
A: سَأَتَّصِلُ مَرَّةً أُخْرَى.

① هٰذَا سَهْلٌ
② أَنَا بَعْدَكَ
③ تَعَالَ هُنَا
④ أَنَا صَدِيقُ مُحَمَّدٍ
⑤ هٰذَا غَيْرُ مَعْقُولٍ

3 빈칸에 들어갈 말로 알맞은 것을 〈보기〉에서 찾아 순서대로 바르게 배열한 것은?

A: هَلْ سَمِيرٌ مَوْجُودٌ؟
B: لاَ. ________ ، مَنْ يَتَكَلَّمُ؟
A: ________ .
B: ________ ؟
A: لاَ. سَأَتَّصِلُ بَعْدَ سَاعَةٍ.

보기
(a) هُوَ لَيْسَ مَوْجُودًا
(b) هَلْ تُرِيدُ أَنْ تَقُولَ لَهُ شَيْئًا
(c) أَنَا حَسَنٌ، صَدِيقُهُ

① (a) – (b) – (c)
② (a) – (c) – (b)
③ (b) – (a) – (c)
④ (b) – (c) – (a)
⑤ (c) – (b) – (a)

✔ 정답

1 ④

풀이 "저는 카림의 친구 아흐마드입니다"라는 대답에 비추어 보건대, 질문은 "누구세요?"라고 물어보는 것으로 짐작할 수 있다.

A: 여보세요, 카림이 집에 있어요?
B: 아니요. 그가 지금 없는데 누구세요?
A: 저는 카림의 친구 아흐마드입니다.
B: 그에게 전할 말 있습니까?
A: 제가 다시 걸겠습니다.

2 ④

풀이 빈칸은 "مَنْ يَتَكَلَّمُ؟(전화하는 분은 누구시지요?)"라는 물음에 대한 대답이므로 자신의 신분을 밝히는 말이 빈칸에 알맞다.

A: 여보세요. 무함마드 있어요?
B: 아니요. 그는 없는데, 누구십니까?
A: 저는 무함마드의 친구입니다.
B: 신이 원하신다면, 그는 한 시간 후에 돌아올 거예요.
A: 제가 다시 한번 걸겠습니다.

3 ②

풀이 첫 번째 빈칸은 존재 여부를 묻는 말에 대답이 들어가야 한다. 두 번째 빈칸에는 "전화 건 사람이 누구냐?"는 질문에 대한 대답이다. 세 번째 빈칸은 의문문이어야 한다.

A: 사미르 있습니까?
B: 아니요. (a) 그가 없습니다만 누구시지요?
A: (c) 저는 그의 친구 하산입니다.
B: (b) 그에게 어떤 말을 하고 싶습니까?
A: 아니요. 한 시간 후에 다시 걸겠습니다.

CHAPTER_09 물건 구입 표현

물건을 구입하는 과정에서 발생하는 물건의 보유와 적합성 여부, 가격에 관한 질의응답, 그리고 물건 선택의 표현 등에 관하여 〈의사소통 기본 표현〉에서는 다음과 같은 예문을 제시하고 있다.

물건 보유와 적합성 여부에 관한 질문 표현	▲ هَلْ عِنْدَكَ قَمِيصٌ أَكْبَرُ ؟ 더 큰 셔츠 있습니까? ▲ هَلْ هٰذَا الْحِذَاءُ مُنَاسِبٌ لِي؟ 이 신발이 나에게 맞는 겁니까?
가격에 관한 질의응답 표현	▲ بِكَمْ هٰذَا؟ 이것은 얼마입니까? ▲ كَمْ ثَمَنُ هٰذَا الْكِتَابِ؟ 이 책 값이 얼마입니까? ▲ هٰذَا الْقَمِيصُ بِمِائَةِ جُنَيْهٍ. 이 셔츠는 백 주나이흐(파운드)입니다. ▲ بِعَشَرَةِ دَنَانِيرَ. 십 디나르입니다. (단수형은 دِينَارٌ, 복수형은 دَنَانِيرُ) ▲ اَلسِّعْرُ مَعْقُولٌ. 가격이 적당합니다. ▲ هٰذَا رَخِيصٌ. 이것은 값이 쌉니다.
물건 선택 표현	▲ أُرِيدُ حِذَاءً أَسْوَدَ. 검은색 신발을 원합니다.

문항 사례1

대화의 내용으로 보아 أُمُّ يُوسُفَ가 지불해야 하는 금액은? 2018학년도 대학수학능력시험

أُمُّ يُوسُفَ: بِكَمْ كِيلُو التُّفَّاحِ؟
مُحَمَّدٌ : بِعَشَرَةِ دَرَاهِمَ.
أُمُّ يُوسُفَ: أَعْطِنِي كِيلُو.

① 5디르함 ② 10디르함 ③ 15디르함 ④ 20디르함 ⑤ 25디르함

풀이 دَرَاهِمُ는 دِرْهَمٌ(디르함; 화폐 단위의 하나)의 복수형이고, عَشَرَةٌ(10)는 남성형이다.
3~10까지의 개수를 표현할 때는 기수와 해당 명사의 복수형을 복합어로(연결형으로) 만들어 나타낸다. 이때 기수의 성별은 해당 명사 단수형의 성별에 따른다.
أَعْطَى(يُعْطِي) '주다'의 2인칭 남성 단수 명령형은 أَعْطِ이고 2인칭 여성 단수 명령형은 أَعْطِي이다. 여기에 '나에게'에 해당하는 인칭대명사 접미형 〈ـنِي..〉를 덧붙이면 (أَعْطِينِي)أَعْطِنِي가 된다.

조셉의 어머니: 사과 킬로에 얼마예요?
모하메드: 10 디르함입니다.
조셉의 어머니: 1킬로 주세요.

[정답] ②

문항 사례2

빈칸에 들어갈 말로 알맞은 것은? 2015학년도 대학수학능력시험

A: مَرْحَبًا. مَاذَا تُرِيدُ؟
B: أُرِيدُ أَنْ أَشْتَرِيَ هَدِيَّةً لِبِنْتِي.
A: مَا رَأْيُكَ فِي هٰذَا الْحِذَاءِ؟
B: حَسَنًا، ________؟
A: عِشْرُونَ دِينَارًا.

① مَا بِكَ ② كَمْ ثَمَنُهُ ③ مَتَى تَصِلُ ④ كَمِ السَّاعَةُ ⑤ مَا عُنْوَانُكَ

풀이 A가 "20디나르입니다."라고 대답한 것에 비추어 B의 질문은 값을 물어보는 것으로 짐작할 수 있다.
① '너에게 무슨 일이 있어' ② '그것의 값은 얼마입니까' ③ '너 언제 도착해' ④ '몇 시입니까' ⑤ '네 주소가 어떻게 돼'

A: 어서 오십시오.
B: 우리 딸 선물을 사려고 합니다.
A: 이 신발 어떠세요?
B: 좋습니다, 그것의 값이 얼마지요?
A: 20디나르입니다.

[정답] ②

문항 사례3

대화의 내용과 일치하는 것만을 〈보기〉에서 있는 대로 고른 것은? 2014학년도 대학수학능력시험

الْبَائِعُ : أَيُّ خِدْمَةٍ؟
مِين جُون: هَلْ عِنْدَكَ مَكْتَبٌ؟
الْبَائِعُ : نَعَمْ. مَا رَأْيُكَ فِي هٰذَا؟
مِين جُون: هٰذَا الْمَكْتَبُ أَبْيَضُ. هَلْ عِنْدَكَ لَوْنٌ أَسْوَدُ؟
الْبَائِعُ : لَا، لَيْسَ عِنْدِي مَكْتَبٌ أَسْوَدُ.
مِين جُون: حَسَنًا، أَشْتَرِي الْمَكْتَبَ الْأَبْيَضَ.

> **보기**
>
> a. 민준은 흰색 책상을 산다.
>
> b. 상점에는 검은색 책상이 없다.
>
> c. 판매원은 노란색 책상을 권한다.

① a ② c ③ a, b ④ b, c ⑤ a, b, c

풀이 "أَيّ خِدْمَةٍ؟"은 손님을 맞이하는 말로 쓰이는 표현이며, "무엇을 도와드릴까요/무얼 찾으세요?"(May I help you?)라는 의미로 통용된다.

"لَيْسَ عِنْدِي مَكْتَبٌ أَسْوَدُ."에서 مَكْتَبٌ أَسْوَدُ이 목적격이 아니라 주격 상태인 것은 لَيْسَ의 술어가 아니라 주어이기 때문이다. (كَانَ의 자매어인 لَيْسَ의 술어라면 목적격 형태를 취해야 한다.)

민수의 마지막 대화문에서 حَسَنًا의 자리에는 문맥상 "괜찮아요/좋아요"(Never mind! It doesn't matter! It's all right; لَا بَأْسَ 또는 طَيِّبٌ, حَسَنٌ) 정도의 말이 적당하다.

حَسَنًا이라는 목적격 형태는 그 앞에 동사나 명사가 생략된 것으로 짐작되는 말이다. حَسَنًا은 갈채를 보내거나 동의하는 의사를 표명할 때 쓰는 말로서 '잘, 훌륭하게 ….'(بِشَكْلٍ حَسَنٍ ...)나 (상대방이 어떤 일을 잘했을 때 갈채를 보내는 의미로 보내는) فَعَلْتَ فِعْلًا حَسَنًا(당신이 아주 잘했습니다)에서 فَعَلْتَ فِعْلًا (명사를 수식하는 형용사만 남긴 동사와 목적격 명사)를 생략하고 말한 것으로 짐작할 수 있는 표현이다.

그러나 한 아랍 국가에서 발행된 책에서 '괜찮아요'라는 의미의 자리에 حَسَنًا이 사용된 사례가 한 차례 있은 후부터 일부 출제자들이 حَسَنًا을 '괜찮아요'라는 의미로 변형시켜 고착화하고 있는 실정이다.

판매원: 무얼 찾으시죠?
민수: 책상이 있습니까?
판매원: 네. 이것 어때요?
민수: 이 책상은 흰색이네요. 검은색 있습니까?
판매원: 아니요, 검은색 책상은 없습니다.
민수: 좋아요(괜찮아요), 흰색 책상으로 사겠습니다. [정답] ③

문항 사례4

빈칸에 들어갈 말로 알맞은 것은? 2016학년도 대학수학능력시험 6월 모의평가

> سُعَادُ : لَوْ سَمَحْتِ، هَلْ عِنْدَكِ فُسْتَانٌ أَصْغَرُ؟
>
> اَلْبَائِعَةُ: نَعَمْ، عِنْدِي فُسْتَانٌ أَصْغَرُ. ____________ ؟
>
> سُعَادُ : صَغِيرٌ.

① بِكَمْ هٰذَا ② مَا لَوْنُهُ ③ مَا مَقَاسُكِ ④ كَيْفَ أَلْبَسُهُ ⑤ مَتَى اشْتَرَيْتِهِ

풀이 أَصْغَرُ는 صَغِيرٌ(작다)의 비교급 형태이다. 수아드가 대답한 ".صَغِيرٌ"(제 사이즈는 스몰(samall)입니다)"은 주어(مَقَاسِي)를 생략하고 술어(صَغِيرٌ)만 언급한 것이다.

라지(large)는 كَبِيرٌ, 미디움(medium)은 مُتَوَسِّطٌ이다.

① '이것은 얼마입니까' ② '그것의 색깔이 무엇입니까' ③ '당신의 치수는 무엇입니까' ④ '그것을 어떻게 입습니까' ⑤ '그것을 언제 구입하셨나요'

수아드: 실례지만 더 작은 드레스 있습니까?
판매원: 네, 더 작은 드레스 있습니다. 치수(사이즈)가 무엇입니까?
수아드: 스몰입니다. [정답] ③

문항 사례5

빈칸에 들어갈 말로 알맞은 것은? 2016학년도 대학수학능력시험 9월 모의평가

اَلْبَائِعُ : أَيُّ خِدْمَةٍ؟
مَحْمُودٌ: أُرِيدُ حِذَاءً رِيَاضِيًّا.
اَلْبَائِعُ : مَا رَأْيُكَ فِي هٰذَا الْحِذَاءِ؟
مَحْمُودٌ: مُنَاسِبٌ. __________ ؟
اَلْبَائِعُ : مِائَةُ دِرْهَمٍ.

보기
(a) كَمْ مَرَّةً (b) كَمْ ثَمَنُهُ
(c) كَمْ سِعْرُهُ (d) كَمِ السَّاعَةُ

① (a), (b) ② (a), (c) ③ (b), (c) ④ (b), (d) ⑤ (c), (d)

풀이 〈의사소통 기본 표현〉에서는 가격을 묻는 표현으로 "بِكَمْ هٰذَا؟"와 "كَمْ ثَمَنُ هٰذَا؟" 두 가지 형태의 의문문을 제시하고 있다. "بِكَمْ هٰذَا؟"라고 물으면 금액 앞에 ...بِـ를 덧붙여서 대답하고, "كَمْ ثَمَنُ هٰذَا؟"라고 물으면 ...بِـ를 덧붙이지 않고 그냥 금액만 언급한다.
ثَمَنٌ과 سِعْرٌ은 가격을 의미하는 동의어로 흔히 사용된다.

판매원: 무엇을 찾으십니까?
마흐무드: 운동화를 원합니다.
판매원: 이 신발 어때요?
마흐무드: 맞습니다. 값은 얼마입니까?
판매원: 백 디르함입니다.
(a) 몇 번 (b), (c) 가격은 얼마입니까 (d) 몇 시입니까 [정답] ③

해법

물건 구입을 주제로 한 문항은 주로 가격을 묻고 대답하는 표현, 가격이 비싼지/싼지를 나타내는 표현, 구입하는 물건 값의 합계 등이다.

“كَمْ ثَمَنُ هٰذَا؟(이것의 값은 얼마입니까?)”는 “مَا ثَمَنُ هٰذَا؟”로 표현할 수도 있으며, 이것은 “مَا اسْمُ هٰذَا؟(이것의 명칭은 무엇입니까?)”와 같은 형식의 의문문이다.

“بِكَمْ دِينَارٍ اشْتَرَيْتَ هٰذَا؟(이것을 몇 디나르에 구입했니?)”에서 دِينَارٍ을 생략하여 “اشْتَرَيْتَ هٰذَا بِكَمْ”(이것을 얼마에 구입했니?)라고 표현할 수도 있음과 “عِنْدِي شِيك بِمِلْيُون وُون.(나에게 백만원짜리 수표가 한 장 있습니다)”을 고려해 보면 “بِكَمْ هٰذَا؟”가 “이것 얼마에 (팝니까)?”, 또는 “이것은 얼마짜리예요?(بِكَمْ (تَبِيعُ) هٰذَا؟)”로 번역할 수 있음을 이해할 수 있을 것이다.

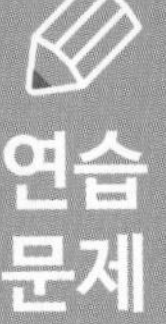

연습문제

1 빈칸에 들어갈 말로 알맞은 것을 〈보기〉에서 고른 것은?

A: أَيَّ خِدْمَةٍ تُرِيدُ؟
B: أُرِيدُ أَنْ أَشْتَرِيَ هَدِيَّةً لِبِنْتِي.
A: مَا رَأْيُكَ فِي هٰذِهِ الْحَقِيبَةِ؟
B: مُنَاسِبَةٌ. ______ ؟
A: مِائَةُ دِينَارٍ.

보기 (a) كَمْ يَوْمًا (b) مَا ثَمَنُهُ (c) كَمْ سِعْرُهُ (d) كَمِ السَّاعَةُ

① (a), (b) ② (a), (c) ③ (b), (c) ④ (b), (d) ⑤ (c), (d)

2 대화의 내용으로 보아 A가 지불해야 할 금액은?

A: بِكَمْ هٰذَا الْقَلَمُ؟
B: بِرِيَالٍ.
A: وَبِكَمْ هٰذَا الدَّفْتَرُ؟
B: بِنِصْفِ رِيَالٍ.
A: أَعْطِنِي خَمْسَةَ أَقْلَامٍ وَسِتَّةَ دَفَاتِرَ.

① 6디나르 ② 7디나르 ③ 8디나르 ④ 9디나르 ⑤ 10디나르

3 빈칸에 들어갈 말을 〈보기〉에서 찾아 순서대로 바르게 배열한 것은?

A: بِكَمْ هٰذَا الْبَصَلُ؟
B: ______
A: ______
B: ______

보기
a. اَلْكِيلُو بِثَلَاثَةِ دَرَاهِمَ.
b. تَفَضَّلِي. شُكْرًا.
c. طَيِّبٌ. أَعْطِنِي كِيلُو مِنْ فَضْلِكَ.

① a - b - c ② a - c - b ③ b - a - c ④ c - a - b ⑤ c - b - a

✔ 정답

1 ③

풀이 가격을 물을 때 كَمْ 대신에 مَا를 사용할 수도 있다(كَمِ الثَّمَنُ؟ = مَا الثَّمَنُ؟). ثَمَنٌ과 سِعْرٌ은 동의어로 사용될 때도 있다.

A: 무엇을 도와드릴까요?
B: 딸을 위한 선물을 사고자 합니다.
A: 이 가방 어때요?
B: 적당합니다. 값은 얼마입니까?
A: 100디르함입니다.
(a) 몇 번 (b) 가격은 얼마입니까 (c) 가격은 얼마입니까
(d) 몇 시입니까

2 ③

풀이 قَلَمٌ의 복수형은 أَقْلَامٌ이고, دَفْتَرٌ의 복수형은 دَفَاتِرُ이다. خَمْسَةٌ은 다섯이고, سِتَّةٌ은 여섯이다.

A: 이 연필 얼마예요?
B: 1리얄입니다.
A: 이 공책은 얼마입니까?
B: 1/2리얄입니다.
A: 나에게 연필 5개와 공책 6권을 주세요.

3 ②

풀이 "تَفَضَّلِي.(자 받으세요)"는 상대방에게 '…을 해 보라'고 권유하는 명령법 표현이다. 상대방은 2인칭 여성 단수이며, 상대방이 남성 단수일 경우는 "تَفَضَّلْ."이라고 한다. "مِنْ فَضْلِكَ"는 부탁의 표현으로서 명령법 동사와 함께(간혹 생략되기도 하지만) 쓰인다.

A: 이 양파 얼마입니까?
B: (a) 킬로에 3디르함입니다.
A: (c) 좋아요. 1킬로 주세요.
B: (b) 자 받으세요. 감사합니다.

CHAPTER_10 여가 활동 표현

〈의사소통 기본 표현〉에서는 여가 활동에 관한 질의응답의 대표적인 표현으로 다음과 같은 문장을 제시하고 있다.

مَاذَا تَفْعَلُ فِي الْوَقْتِ الْفَارِغِ؟	당신은 비어 있는 시간에 무엇을 합니까?
مَا هِوَايَتُكَ؟	당신의 취미는 무엇입니까?
أُحِبُّ أَنْ أَطْبُخَ طَعَامًا عَرَبِيًّا.	나는 아랍 음식을 만드는 것을 좋아합니다.
أَسْبَحُ فِي الْبَحْرِ كُلَّ يَوْمٍ.	나는 매일 바다에서 수영합니다.
أَلْعَبُ كُرَةَ الْقَدَمِ مَرَّةً فِي الْأُسْبُوعِ.	나는 1주일에 한 번 축구를 합니다.

문항 사례1

대화의 내용으로 보아 이번 일요일에 A와 B가 함께 하려는 것은? 2018학년도 대학수학능력시험

A: مَاذَا تَفْعَلُ عَادَةً فِي يَوْمِ الْأَحَدِ؟

B: أَلْعَبُ كُرَةَ السَّلَّةِ مَعَ أَصْدِقَائِي فِي النَّادِي.

A: حَقًّا! أَنَا أَيْضًا أَلْعَبُ كُرَةَ السَّلَّةِ.

B: هَلْ يُمْكِنُكَ أَنْ تَلْعَبَ مَعَنَا فِي يَوْمِ الْأَحَدِ الْقَادِمِ؟

A: حَسَنًا، أَرَاكَ فِي النَّادِي.

① 공부 ② 농구 ③ 쇼핑 ④ 여행 ⑤ 탁구

풀이 فِي يَوْمِ الْأَحَدِ الْقَادِمِ (오는 일요일에)에서 قَادِمٌ은 '다가오는, 다음의'를 의미한다.
"... يُمْكِنُكَ أَنْ"은 '네가 …을 할 수 있다'를 의미한다.
أَرَاكَ (내가 너를 보다)는 (رَأَى(يَرَى)의 1인칭 남녀 공통 단수 미완료형인 أَرَى에 2인칭 대명사 남성 단수 접미형인 كَ가 덧붙은 것(أَرَى+كَ=أَرَاكَ)이다. 알리프 막수라(ى)에 다른 글자가 덧붙을 때, 이 알리프 막수라(ى)를 알리프(ا)로 표기한다.

A: 일요일에 보통 무엇을 하니?
B: 클럽에서 내 친구들과 함께 농구를 해.
A: 정말로! 나도 농구를 하는데.
B: 오는 일요일에 우리와 함께 할 수 있을까?
A: 좋아, 클럽에서 볼게.

[정답] ②

문항 사례2

빈칸에 들어갈 말로 알맞은 것을 〈보기〉에서 찾아 순서대로 바르게 배열한 것은?

2016학년도 대학수학능력시험

A: مَاذَا تَفْعَلُ فِي هٰذِهِ الْعُطْلَةِ؟

B: ________________.

A: مَعَ مَنْ تَذْهَبُ إِلَى الْبَحْرِ؟

B: ________________. هَلْ تُحِبُّ أَنْ تَذْهَبَ مَعِي؟

A: نَعَمْ. ____________.

보기

(a) بِكُلِّ سُرُورٍ

(b) أَذْهَبُ مَعَ الْأُسْرَةِ

(c) أَذْهَبُ إِلَى الْبَحْرِ لِلسِّبَاحَةِ

① (a) - (b) - (c) ② (a) - (c) - (b) ③ (b) - (a) - (c) ④ (c) - (a) - (b) ⑤ (c) - (b) - (a)

풀이 بِكُلِّ سُرُورٍ(기꺼이, 흔쾌히)는 〈의사소통 기본 표현〉에서 찬성의 표현으로 소개하고 있다.

A: 이번 방학 때 무엇을 할 거니?
B: (c) 수영하러 바다에 갈 거야.
A: 누구와 함께 바다에 갈 거니?
B: (b) 가족과 함께 갈 거야. 너 나와 함께 가고 싶니?
A: 응. (a) 기꺼이.

[정답] ⑤

문항 사례3

빈칸에 들어갈 말로 알맞은 것을 〈보기〉에서 찾아 순서대로 바르게 배열한 것은?

2015학년도 대학수학능력시험

A: مَا هِوَايَتُكَ؟

B: ________________.

A: ________________?

B: ________________.

보기

(a) أُحِبُّ الْأَفْلَامَ الْمُوسِيقِيَّةَ

(b) هِوَايَتِي مُشَاهَدَةُ الْأَفْلَامِ

(c) أَيَّ نَوْعٍ مِنَ الْأَفْلَامِ تُحِبُّ

① (a) - (b) - (c)　② (a) - (c) - (b)　③ (b) - (a) - (c)　④ (b) - (c) - (a)　⑤ (c) - (b) - (a)

풀이 مُشَاهَدَةُ الْأَفْلَامِ (영화 관람)에서 مُشَاهَدَة는 شَاهَدَ(يُشَاهِدُ) (관람하다, 구경하다)의 동명사이다.
"... أَيَّ نَوْعٍ مِنْ"은 '어떤 종류의 …'이라는 관용구이다.

A: 당신의 취미는 무엇입니까?
B: (b) 내 취미는 영화 관람입니다.
A: (c) 당신은 어떤 종류의 영화를 좋아합니까?
B: (a) 나는 음악 영화를 좋아합니다.　[정답] ④

문항 사례4, 5

다음 글을 읽고 물음에 답하시오. 2014학년도 대학수학능력시험 9월 모의평가

A: كَيْفَ تَقْضِي يَوْمَ الْجُمْعَةِ؟

B: عَادَةً فِي الصَّبَاحِ أَغْسِلُ الْمَلَابِسَ وَأَطْبُخُ مَعَ وَالِدَتِي.

وَفِي الْمَسَاءِ أَذْهَبُ إِلَى حَدِيقَةِ الْأَزْهَرِ مَعَ أُسْرَتِي، ثُمَّ نَذْهَبُ إِلَى مَنْزِلِ جَدِّي.

A: ________ تَذْهَبُ إِلَى الْحَدِيقَةِ فِي الشَّهْرِ؟

B: أَرْبَعَ مَرَّاتٍ، لٰكِنْ لَنْ أَذْهَبَ إِلَيْهَا فِي يَوْمِ الْجُمْعَةِ الْقَادِمِ.

4 빈칸에 들어갈 말로 알맞은 것은?

① مَا لَكَ　② مِنْ أَيْنَ　③ كَيْفَ هُوَ　④ كَمْ مَرَّةً　⑤ مَا عُنْوَانُهُ

풀이 ① '너에게 무슨 일이 있니' ② '어디로부터' ③ '그것은 어때' ④ '몇 번' ⑤ '그의 주소는 뭐야'

A: 금요일을 어떻게 보내니?
B: 보통 아침에 빨래하고 우리 어머니와 함께 음식을 만들어. 저녁에는 가족과 함께 아즈하르 공원에 갔다가 우리 할아버지 댁으로 가.
A: 공원은 한 달에 몇 번 가니?
B: 네 번 가, 그러나 다음 금요일에는 그곳에 가지 않을 거야.　[정답] ④

5 대화로 보아 B가 금요일에 하는 일이 아닌 것은?

① 아침에 빨래를 한다.
② 저녁에 할아버지 댁에 간다.
③ 아침에 아버지와 산에 간다.
④ 저녁에 가족과 함께 공원에 간다.
⑤ 아침에 어머니와 함께 요리를 한다.

[정답] ③

해법

여가 활동과 관련된 문항에서 두드러진 특성은 취미와 관련된 것이 주류를 이루고 있다. 취미는 다양하겠지만 〈기본 어휘표〉에 수록된 취미만을 주로 출제 대상으로 삼게 된다. 〈기본 어휘표〉에 수록되지 않은 취미의 경우에는 주석을 달아 그 의미를 알려 주어야 한다. 그러면 문제의 난이도나 품격이 현저히 저하되게 된다. 기출 문제에 나타난 취미 관련 동사에 익숙해지는 것이 문제 풀이의 관건이 될 것이다.

요일, 시각 표현, 여가 시간, 취미, 수영, 축구, 농구, 탁구, 영화, 구경하다, 요리하다 등 기출 문제에 등장한 어휘를 중심으로 숙지해야 한다.

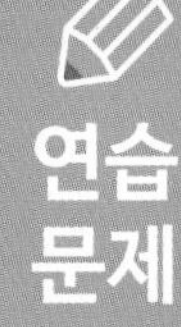

연습 문제

1 대화로 보아 A가 가 본 도시는?

A: إِلَى أَيْنَ سَتُسَافِرُ فِي هٰذِهِ الْعُطْلَةِ؟
B: سَأُسَافِرُ إِلَى الْقَاهِرَةِ.
A: هَلْ سَتُسَافِرُ إِلَى عَمَّانَ أَيْضًا؟
B: لَا، لَنْ أُسَافِرَ إِلَيْهَا.
A: زُرْتُهَا. إِنَّهَا مَدِينَةٌ جَمِيلَةٌ.

① 암만 ② 리야드 ③ 바그다드
④ 베이루트 ⑤ 다마스쿠스

2 다음 대화를 읽고 물음에 답하시오.

A: هَلْ عِنْدَكَ مَوْعِدٌ فِي يَوْمِ السَّبْتِ الْقَادِمِ؟
B: نَعَمْ، عِنْدِي مَوْعِدٌ مَعَ صَدِيقٍ لِي.
A: ________ مَعَهُ؟
B: سَنَذْهَبُ إِلَى حَدِيقَةِ الْحَيَوَانَاتِ.

1) 빈칸에 들어갈 말로 알맞은 것은?

① مَنْ هُوَ ② مَا ذٰلِكَ
③ مَا اسْمُكَ ④ مَاذَا سَتَفْعَلُ
⑤ كَمْ مَرَّةً فِي الْأُسْبُوعِ

2) B가 토요일에 가고자 하는 곳은?

① مَكْتَبٌ ② مَطْعَمٌ ③ سِينَمَا
④ حَدِيقَةٌ ⑤ مَدْرَسَةٌ

✔ 정답

1 ①

풀이 لَنْ은 미완료 접속법 동사와 함께(لَنْ أُسَافِرَ) 쓰이며, 미래 시제의 부정("여행하지 않을 것이다")을 의미한다. زُرْتُ는 '내가 방문했다'는 의미이다.

A: 너 이번 방학 때 어디로 여행할 거니?
B: 나 카이로로 여행할 거야.
A: 암만으로도 여행할 거니?
B: 아니, 그곳으로는 여행하지 않을 거야.
A: 나는 그곳에 가 보았는데 정말 아름다운 도시더라.

2–1) ④

풀이 صَدِيقٍ لِي은 '나의 한 친구'이고, حَدِيقَةَ الْحَيَوَانَاتِ은 '동물원'이다.

A: 오는 토요일에 너에게 약속이 있니?
B: 응, 나의 한 친구와 약속이 있어.
A: 그와 함께 무엇을 할 거니?
B: 우리 동물원에 갈 거야.

2–2) ④

풀이 حَدِيقَةُ الْحَيَوَانَاتِ도 حَدِيقَةٌ의 하나이다.

CHAPTER_11 길 안내와 교통수단 관련 표현

〈의사소통 기본 표현〉에서는 길 안내와 교통수단 등에 관한 기본 표현으로 다음과 같이 소개하고 있다.

교통수단	▲أَذْهَبُ إِلَى وَسَطِ الْمَدِينَةِ بِالتَّاكْسِي. 나는 택시로(를 타고) 도심으로 갑니다.
소요 시간	▲يَسْتَغْرِقُ السَّفَرُ ثَلَاثَ سَاعَاتٍ. 여행은 3시간 걸립니다.
출발 시간	▲مَوْعِدُ الْقِطَارِ إِلَى "بُوسَان" فِي السَّاعَةِ الْوَاحِدَةِ. 부산행 기차 (출발) 시각은 한 시입니다.
도착 시간	▲سَيَصِلُ الْقِطَارُ بَعْدَ رُبْعِ سَاعَةٍ. 기차가 15분 후에 도착할 것입니다.
교통 상태	▲اَلشَّارِعُ مُزْدَحِمٌ جِدًّا. 그 거리는 아주 혼잡합니다.
길 안내	▲أَيْنَ الْمَتْحَفُ الْوَطَنِيُّ؟ 국립 박물관이 어디에 있습니까? ▲هَلِ الْمَتْحَفُ بَعِيدٌ عَنْ هُنَا؟ 박물관이 여기서 멉니까? ▲كَيْفَ أَذْهَبُ إِلَى بَنْكِ كُورِيَا؟ 한국은행에 어떻게 갑니까? ▲اِرْكَبِ الْمِتْرُو. 지하철을 타세요. ▲اِنْزِلْ فِي مَحَطَّةِ "كوانغ هوا مون". '광화문' 역에서 내리세요. ▲يُمْكِنُ أَنْ تَمْشِيَ عَلَى الْأَقْدَامِ. 걸어서 갈 수 있어요. ▲اِمْشِ إِلَى الْأَمَامِ. 앞으로 가세요. ▲اِمْشِ عَلَى طُولٍ. 똑바로 가세요. ▲إِلَى الْيَمِينِ. 오른쪽으로. ▲إِلَى الْيَسَارِ. 왼쪽으로.

문항 사례1

빈칸에 들어갈 말로 알맞은 것은? 2017학년도 대학수학능력시험

لَيْلَى : أَيْنَ "دُونغ دَاي مُون" يَا سُومِي؟

سُومِي: فِي وَسَطِ سِيوُل.

لَيْلَى : ________؟

سُومِي: اِرْكَبِي الْمِتْرُو، وَانْزِلِي فِي مَحَطَّةِ "دُونغ دَاي مُون".

لَيْلَى : شُكْرًا.

① مَنْ هٰذِهِ ② مَتَى تَنَامِينَ ③ مِنْ أَيْنَ أَنْتِ ④ مَاذَا تَشْرَبِينَ ⑤ كَيْفَ أَصِلُ إِلَى هُنَاكَ

풀이 ① '이 사람이 누구야' ② '너는 언제 자' ③ '너는 어디에서 왔어' ④ '너는 무엇을 마셔' ⑤ '그곳에 어떻게 가'

라일라: 수미야, 동대문이 어디에 있어?
수미: 서울 중심에 있어.
라일라: 그곳에 어떻게 가?
수미: 지하철을 타고 동대문 역에서 내려.
라일라: 고마워.

[정답] ⑤

문항 사례2

빈칸에 들어갈 말로 알맞은 것은? 2016학년도 대학수학능력시험

A: هَلْ هٰذَا الْأُوتُوبِيسُ يَذْهَبُ إِلَى جَامِعَةِ الْقَاهِرَةِ؟

B: نَعَمْ. لٰكِنَّ الْجَامِعَةَ قَرِيبَةٌ جِدًّا مِنْ هُنَا.

يُمْكِنُكَ أَنْ ________ إِلَى الْجَامِعَةِ.

① تُغْلِقَ الْمَحَلَّ ② تَغْسِلَ الْأَطْبَاقَ ③ تَقُومَ مِنَ النَّوْمِ
④ تَتَنَاوَلَ الْفُطُورَ ⑤ تَمْشِيَ عَلَى الْأَقْدَامِ

풀이 ① '가게를 닫다' ② '접시들을 닦다' ③ '잠에서 일어나다' ④ '아침 식사를 하다' ⑤ '걸어서 가다'

A: 이 버스가 카이로 대학교로 갑니까?
B: 그런데 카이로 대학교는 여기서 아주 가까습니다.
카이로 대학교는 걸어서 갈 수 있습니다.

[정답] ⑤

문항 사례3

빈칸에 들어갈 말로 알맞은 것은? 2005학년도 대학수학능력시험

A: ________ ، أَيْنَ مَحَطَّةُ الْأُوتُوبِيسِ؟

B: هِيَ قَرِيبَةٌ مِنْ هُنَا. اِمْشِ إِلَى الْأَمَامِ.

① تَفَضَّلْ ② لَوْ سَمَحْتَ ③ اَلْحَمْدُ لِلّٰهِ ④ إِنْ شَاءَ اللّٰهُ ⑤ أَهْلًا وَسَهْلًا

풀이 길을 묻는 말 앞에 들어갈 말로는 양해를 구하는 표현이 알맞다.

① '자 해 보세요' ② '당신이 허락한다면(실례합니다)' ③ '신 덕분에' ④ '신이 원하신다면' ⑤ '환영합니다'

لَوْ سَمَحْتَ(당신이 허락한다면)은 조건에 대한 귀결을 생략한 채 조건만 언급한 것으로 상대방의 허락을 얻고자 하는 말이다. 또한 모르는 사람에게 말을 걸 때, 사람 앞을 지나갈 때, 자리를 뜰 때 등 실례를 무릅쓰고 부탁할 때 자주 쓰는 표현이다. 종종 "실례합니다"로 번역되기도 한다. 그러나 "실례합니다"나 "실례지만"으로 고정시키는 것은 바람직하지 않다. 수능에서는 길을 묻는 말 앞에 주로 사용하고 있는데, 이때 لَوْ سَمَحْتَ를 언급하고 잠시 간격을 두고 나서 길 등을 묻는 말이 언급되어야 한다. 이는 상대방의 허락이나 양해를 구하는 표현이기 때문이며, لَوْ سَمَحْتَ의 끝에는 쉼표(,)보다는 마침표(.)나 말없음표(…)를 덧붙이는 것(... لَوْ سَمَحْتَ)이 좋다.

A: 실례합니다. 버스 정류장이 어디입니까?

B: 그곳은 여기서 가깝습니다. 앞으로 걸어가세요. [정답] ②

문항 사례4

빈칸에 들어갈 말로 알맞은 것을 〈보기〉에서 찾아 순서대로 바르게 배열한 것은?

2017학년도 대학수학능력시험 6월 모의평가

A: لَوْ سَمَحْتَ، أَيْنَ مَطْعَمُ النِّيلِ؟

B: ________ .

A: ________ ؟

B: ________ .

보기

(a) اَلْمَطْعَمُ وَرَاءَ الْبَنْكِ

(b) نَعَمْ، هُوَ قَرِيبٌ مِنْ هُنَا

(c) هَلْ يُمْكِنُ أَنْ أَمْشِيَ عَلَى الْأَقْدَامِ

① (a) - (b) - (c) ② (a) - (c) - (b) ③ (b) - (a) - (c) ④ (c) - (a) - (b) ⑤ (c) - (b) - (a)

[풀이] 첫 번째 빈칸은 "나일 레스토랑이 어디에 있느냐"는 질문에 대한 대답이므로 (a)가 알맞고 두 번째 빈칸은 의문문이어야 한다. 〈보기〉에서 의문문은 "걸어서 갈 수 있느냐"고 묻는 (c)이다. 이에 대해 "네"라고 대답하며 "여기에서 가깝습니다"라고 한 (b)가 알맞다.

A: 나일 레스토랑이 어디에 있습니까?
B: (a) 그(나일) 레스토랑은 은행 뒤에 있습니다.
A: (c) 걸어서 갈 수 있습니까?
B: (b) 네, 그곳은 여기에서 가깝습니다. [정답] ②

문항 사례5

B가 دِمَشْق에서 حَلَب까지 가는 데 걸리는 시간은? 2016학년도 대학수학능력시험 6월 모의평가

A: مَتَى تُغَادِرُ دِمَشْقَ إِلَى حَلَبَ؟
B: فِي السَّاعَةِ السَّادِسَةِ صَبَاحَ الْيَوْمِ.
A: وَمَتَى تَصِلُ إِلَى حَلَبَ؟
B: فِي السَّاعَةِ الْعَاشِرَةِ وَالنِّصْفِ صَبَاحَ الْيَوْمِ.

① 4시간 ② 4시간 30분 ③ 5시간 ④ 5시간 30분 ⑤ 6시간

[풀이] 시 단위를 나타낼 때는 서수를 이용한다. 그래서 6시는 السَّاعَةَ السَّادِسَةَ이고, 10시는 السَّاعَةَ الْعَاشِرَةَ이다. نِصْف는 1/2을 나타내는 것으로서 시각을 표현할 때 30분을 의미한다.

A: 다마스쿠스에서 알레포로 언제 떠날 거니?
B: 오늘 아침 6시에.
A: 알레포에는 언제 도착하니?
B: 오늘 아침 10시 반에. [정답] ②

문항 사례6

빈칸에 들어갈 말로 알맞은 것은? 2017학년도 대학수학능력시험 9월 모의평가

A: هَلِ الْجَامِعَةُ قَرِيبَةٌ مِنْ بَيْتِكَ؟
B: لَا، لَيْسَتْ قَرِيبَةً.
A: كَيْفَ تَحْضُرُ إِلَى الْجَامِعَةِ كُلَّ يَوْمٍ؟
B: أَحْضُرُ ____________.

① بِالْمِتْرُو ② بَعْدَ سَنَةٍ ③ فِي النَّهَارِ ④ فِي الْخَرِيفِ ⑤ فِي الشَّهْرِ الْمَاضِي

[풀이] ① '지하철로' ② '1년 후에' ③ '낮에' ④ '가을에' ⑤ '지난달에'
빈칸은 "어떻게 등교하는냐"고 등교 방법을 묻는 질문에 대한 대답이 들어갈 자리이기 때문에 교통수단의 명칭이 들어가야 알맞다.

A: 학교가 너희 집에서 가깝니?
B: 아니, 가깝지 않아.
A: 매일 학교에 어떻게 오니?
B: 지하철로 와.

[정답] ①

해법

길 안내와 교통수단에 관한 문항에서는 일정한 형식의 질의 응답이 활용되고 있음을 알 수 있다. 우선 목적지의 위치를 묻는 말 앞에는 양해를 구하는 표현 لَوْ سَمَحْتَ가 언급되고 있다. (문자 그대로의 뜻은 "당신이 허락한다면"이고 보통은 "실례합니다"나 "실례지만"이라는 의미로 사용되기도 한다.)

길을 안내하는 표현에서는 명령법 동사가 자주 활용되고 있다.

- اِمْشِ 가세요 (직설법은 يَمْشِي)
- اِرْكَبْ 타세요 (직설법은 يَرْكَبُ)
- اُعْبُرْ 건너세요 (직설법은 يَعْبُرُ)
- اِنْزِلْ 내리세요 (직설법은 يَنْزِلُ)
- خُذْ (택시 등 탈것을) 타세요 (직설법은 يَأْخُذُ)

Tip

길 안내 등에 자주 쓰인 낱말:

مَتْحَفٌ وَطَنِيٌّ(국립 박물관), مَكْتَبُ الْبَرِيدِ(우체국), مَحَطَّةٌ(역, 정류장), بَنْكٌ(은행), حَدِيقَةٌ(공원), أُوتُوبِيس(버스), قِطَارٌ(기차), سَيَّارَةٌ(자동차; 승용차), طَائِرَةٌ(비행기), مِتْرُو(지하철), إِلَى الْأَمَامِ(앞쪽으로), ... قَرِيبٌ مِنْ(…에서 가깝다), ... بَعِيدٌ عَنْ(…에서 멀다), ... سَافَرَ(يُسَافِرُ) إِلَى(…로 여행하다), قَادِمٌ(다가오는, 다음의) مِيلَادٌ '생일'(간혹 عِيدُ الْمِيلَادِ로 표현)

연습문제

1 빈칸에 들어갈 말로 알맞은 것은?

A: __________ . أَيْنَ مَحَطَّةُ الْقِطَارِ؟
B: هِيَ فِي شَارِعِ مُحَمَّدٍ الْخَامِسِ.
A: كَيْفَ أَذْهَبُ إِلَيْهَا؟
B: يُمْكِنُكَ أَنْ تَذْهَبَ إِلَيْهَا بِالْأُوتُوبِيس رَقْمِ ٤٠.

① كَيْفَ صِحَّتُكَ
② لَوْ سَمَحْتَ
③ مَاذَا فَعَلْتَ أَمْسِ
④ مَتَى تَصِلُ إِلَيْهَا
⑤ هَلِ السَّيَّارَةُ جَدِيدَةٌ

2 B가 سِيوُل에서 بُوسَان까지 가는 데 걸리는 시간은?

A: مَتَى يُغَادِرُ الْقِطَارُ سِيوُل إِلَى بُوسَان؟
B: فِي السَّاعَةِ السَّادِسَةِ فِي الصَّبَاحِ.
A: وَفِي أَيِّ سَاعَةٍ يَصِلُ إِلَى بُوسَان؟
B: فِي السَّاعَةِ التَّاسِعَةِ وَالنِّصْفِ صَبَاحًا.

① 3시간 ② 3시간 30분 ③ 4시간
④ 4시간 30분 ⑤ 5시간

3 빈칸에 들어갈 말로 알맞은 것을 〈보기〉에서 찾아 순서대로 바르게 배열한 것은?

A: لَوْ سَمَحْتَ، أَيْنَ مَطْعَمُ "اَلْبَتْرَاء"؟
B: __________ .
A: __________ ؟
B: __________ .

보기
(a) اَلْمَطْعَمُ أَمَامَ الْمَتْحَفِ
(b) لَا، هُوَ لَيْسَ قَرِيبًا مِنْ هُنَا
(c) هَلْ يُمْكِنُ أَنْ أَمْشِيَ عَلَى الْأَقْدَامِ

① (a) – (b) – (c) ② (a) – (c) – (b)
③ (b) – (a) – (c) ④ (c) – (a) – (b)
⑤ (c) – (b) – (a)

✔ 정답

1 ②

풀이 모르는 사람에게 말을 걸 때나 사람 앞을 지나갈 때 등의 상황에서 양해를 구하는 표현으로 "لَوْ سَمَحْتَ"가 자주 사용된다.

A: 실례합니다. 기차역이 어디에 있나요?
B: 무함마드 5세 거리에 있습니다.
A: 그곳에 어떻게 갑니까?
B: 40번 버스로 갈 수 있습니다.

2 ②

풀이 시각을 묻는 표현으로는 의문사 مَتَى(언제)와 فِي أَيِّ سَاعَةٍ(몇 시에)가 주로 사용된다.

A: 서울에서 부산으로 기차가 언제 출발합니까?
B: 아침 6시에요.
A: 부산에는 언제 도착하나요?
B: 아침 9시 반에요.

3 ②

풀이 "عَلَى الْأَقْدَامِ"은 '도보로'라는 의미이다.

A: "페트라" 레스토랑이 어디에 있습니까?
B: (a) 그(페트라) 레스토랑은 박물관 앞에 있습니다.
A: (c) 걸어서 갈 수 있습니까?
B: (b) 아니요, 그곳은 여기에서 가깝지 않습니다.

CHAPTER_12 환전 관련 표현

〈의사소통 기본 표현〉과 〈기본 어휘표〉에 수록된 환전 관련 어휘로는 (صَرَفَ(يَصْرِفُ (환전하다)가 있다. 그러나 본수능과 모의평가에서는 "…을 바꾸다"라는 의미의 (غَيَّرَ(يُغَيِّرُ도 활용한다.

나는 백 달러를 환전하고 싶습니다.	أُرِيدُ أَنْ أَصْرِفَ مِئَةَ دُولَارٍ.

문항 사례1

빈칸에 들어갈 말로 알맞은 것은? 2018학년도 대학수학능력시험

A: كَمْ سِعْرُ الدِّينَارِ التُّونِسِيِّ لِلدُّولَارِ الْيَوْمَ؟

B: ثَلَاثَةُ دَنَانِيرَ.

A: ________________.

B: خُذْ ثَلَاثَمِئَةِ دِينَارٍ.

① فُرْصَةٌ سَعِيدَةٌ ② اَلْخَطُّ مَشْغُولٌ ③ أَنَا مَسْرُورٌ بِلِقَائِكَ
④ سَلِّمْ لِي عَلَى أَخِيكَ ⑤ أُرِيدُ أَنْ أَصْرِفَ مِئَةَ دُولَارٍ

풀이 ① 처음 만나 헤어지면서 '즐거운 기회였습니다' ② '통화 중입니다' ③ '당신을 만나서 즐겁습니다'
④ '너희 형에게 내 안부를 전해 줘' ⑤ '100달러를 환전하고자 합니다'

A: 오늘 달러당 튀니지 디나르 값은 얼마입니까?
B: 3디나르입니다.
A: 100달러를 환전하고 싶습니다.
B: 300디나르 받으세요. [정답] ⑤

문항 사례2

빈칸에 들어갈 말로 알맞지 않은 것은? 2015학년도 대학수학능력시험

هَان سُو : يَا أُسْتَاذُ، هَلِ الْبِلَادُ الْعَرَبِيَّةُ لَهَا عُمْلَةٌ وَاحِدَةٌ؟
اَلْأُسْتَاذُ : لَا. لِكُلِّ بَلَدٍ عَرَبِيٍّ عُمْلَةٌ خَاصَّةٌ.
هَان سُو : وَمَا هِيَ أَسْمَاءُ الْعُمْلَاتِ لِلْبِلَادِ الْعَرَبِيَّةِ؟
اَلْأُسْتَاذُ : هِيَ كَثِيرَةٌ، وَمِنْهَا ________.

*عُمْلَةٌ : 화폐

① جُنَيْهٌ ② دِرْهَمٌ ③ رِيَالٌ ④ لِيرَةٌ ⑤ دُولَارٌ

풀이 جُنَيْهٌ, دِرْهَمٌ, رِيَالٌ, لِيرَةٌ 등은 دِينَارٌ과 더불어 아랍 국가들에서 통용되고 있는 화폐의 명칭이다. جُنَيْهٌ은 pound(파운드)라고도 한다.

한수: 선생님, 아랍의 나라들에는 단일 화폐가 있습니까?
선생님: 아니. 아랍의 각 나라에는 고유의 화폐가 있어.
한수: 아랍 나라들의 화폐 이름이 무엇이에요?
선생님: 그것들은 많아, 그 중에는 주나이흐/디르함/리얄/리라가 있어. [정답] ⑤

문항 사례3

빈칸에 들어갈 말로 알맞은 것은? 2014학년도 대학수학능력시험

A: أُرِيدُ أَنْ أُغَيِّرَ الدُّولَارَ إِلَى الرِّيَالِ. ____________ ؟
B: اَلدُّولَارُ الْوَاحِدُ بِأَرْبَعَةِ رِيَالَاتٍ. كَمْ دُولَارًا مَعَكَ؟
A: مَعِي مِئَةُ دُولَارٍ، تَفَضَّلْ.
B: هَا هِيَ أَرْبَعُمِئَةِ رِيَالٍ.

① أَيْنَ الْبَنْكُ ② مَا سِعْرُ الدُّولَارِ ③ هَلْ أَنْتَ مَشْغُولٌ
④ هَلْ عِنْدَكَ صُدَاعٌ ⑤ مَتَى تَسْتَيْقِظُ عَادَةً

풀이 ① '은행이 어디 있습니까' ② '달러 가격은 무엇입니까' ③ '당신은 바쁩니까' ④ '당신에게 두통이 있습니까' ⑤ '보통 언제 일어납니까'

A: 달러를 리얄로 바꾸고자 합니다. 달러 가격은 어떻게 되나요?
B: 1달러는 4리얄입니다. 몇 달러 갖고 계세요?
A: 100달러 갖고 있습니다. 자 받으세요.
B: 여기 400리얄 있습니다. [정답] ②

문항 사례4

빈칸에 들어갈 말로 알맞은 것은? 2015학년도 대학수학능력시험 6월 모의평가

A: سَأُسَافِرُ إِلَى السُّودَانِ قَرِيبًا.
B: هَلْ غَيَّرْتَ النُّقُودَ؟
A: نَعَمْ. غَيَّرْتُ الدُّولَارَ إِلَى الْجُنَيْهِ فِي الْبَنْكِ.
B: ____________ رِحْلَةً سَعِيدَةً.

① عَفْوًا ② أَتَمَنَّى لَكَ ③ لَا أُوَافِقُكَ ④ هٰذَا غَيْرُ صَحِيحٍ ⑤ لَا أَعْتَقِدُ ذٰلِكَ

풀이 ① '천만의 말씀을' ② '너를 위해 기원해' ③ '나는 너에게 동의하지 않아' ④ '이것은 옳지 않아' ⑤ '나는 그것을 믿지 않아'

A: 나 곧 수단으로 여행할 거야.
B: 환전했니?
A: 응. 달러를 주나이흐로 은행에서 교환했어.
B: 너에게 즐거운 여행이 되길 기원해. [정답] ②

문항 사례5

빈칸에 들어갈 말로 알맞은 것을 〈보기〉에서 찾아 순서대로 바르게 배열한 것은?

2014학년도 대학수학능력시험 6월 모의평가

A: أَيُّ خِدْمَةٍ؟
B: ________________.
A: ________________؟
B: ________________.

보기

(a) كَمْ دُولَارًا مَعَكَ
(b) أُرِيدُ أَنْ أُغَيِّرَ دُولَارًا إِلَى جُنَيْهٍ
(c) مَعِي مِائَةُ دُولَارٍ. وَأُرِيدُهَا فِئَةَ عِشْرِينَ جُنَيْهًا

*فِئَةٌ: (얼마)짜리

① (a) - (b) - (c) ② (a) - (c) - (b) ③ (b) - (a) - (c) ④ (b) - (c) - (a) ⑤ (c) - (a) - (b)

풀이 "أَيُّ خِدْمَةٍ؟(무엇을 도와드릴까요?)"라고 묻는 말에 대한 대답은 거의 모든 교과서에서 "... أُرِيدُ أَنْ(…을 원합니다)"라고 시작한다. "أَيّ خِدْمَةٌ؟"라고 대부분의 사람들이 어말 모음을 생략하고 말하는데 그에 대한 응답이 "... (أَنْ) أُرِيدُ(…하기를 원합니다)"로 시작하는 점을 비춰 보면, 그 근거가 "أَيَّ خِدْمَةٍ (تُرِيدُ)؟"에서 تُرِيدُ를 생략한 것에서 비롯된 것이라고 짐작할 수 있다.
그래서 여러 차례의 고등학교 교과서 집필과정에서 필자는 "أَيَّ خِدْمَةٍ؟"처럼 أَيّ의 어말 모음으로 a로 표기하자고 제안한 바 있다. 어떤 어말 모음을 택하든 교과서에 따르면 첫 번째 빈칸은 〈... (أَنْ) أُرِيدُ〉로 시작한다.
두 번째 빈칸은 의문문이고, 세 번째 빈칸은 그에 대한 응답이어야 한다.

A: 무엇을 도와드릴까요?
B: (b) 달러를 주나이흐로 바꾸고자 합니다.
A: (a) 몇 달러를 갖고 있습니까?
B: (c) 100달러를 갖고 있으며 그것을 20주나이흐짜리로 원합니다. [정답] ③

해법

환전 관련 문항에서 핵심 문장은 "백 달러를 …로 환전하고/교환하고/바꾸고 싶습니다(أُرِيدُ أَنْ أَصْرِفَ مِئَةَ دُولَارٍ إِلَى …)"라는 표현과 "달러의 환율은 얼마입니까?(مَا سِعْرُ الدُّولَارِ؟)"이다.

아랍 국가의 화폐 이름들은 رِيَالٌ, جُنَيْهٌ, دِرْهَمٌ, دِينَارٌ, لِيرَةٌ 등이다. 국제 사회의 곳곳에서 통용되고 있는 달러는 دُولَارٌ이라고 표기한다.

연습문제

1 빈칸에 들어갈 말로 알맞은 것은?

A: أُرِيدُ أَنْ أَصْرِفَ الدُّولَارَ إِلَى الدِّرْهَمِ.
مَا سِعْرُ الدُّولَارِ؟
B: اَلدُّولَارُ الْوَاحِدُ بِعَشَرَةِ دَرَاهِمَ.
______________؟
A: مَعِي مِئَةُ دُولَارٍ، تَفَضَّلْ.
B: هَا هِيَ أَلْفُ دِرْهَمٍ.

① أَيْنَ الْبَنْكُ
② مَا سِعْرُ الدُّولَارِ
③ هَلْ أَنْتَ مَشْغُولٌ
④ هَلْ عِنْدَكَ صُدَاعٌ
⑤ كَمْ دُولَارًا مَعَكَ

2 빈칸에 들어갈 말로 알맞은 것을 〈보기〉에서 찾아 순서대로 바르게 배열한 것은?

A: أَيَّ خِدْمَةٍ تُرِيدُ؟
B: ______________.
A: ______________؟
B: ______________.

보기
(a) كَمْ دِرْهَمًا مَعَكَ
(b) أُرِيدُ أَنْ أُغَيِّرَ الدِّرْهَمَ إِلَى الدُّولَارِ
(c) مَعِي أَلْفُ دِرْهَمٍ، وَأُرِيدُهَا بِوَرَقَةِ عَشَرَةِ دُولَارَاتٍ

① (a) – (b) – (c)
② (a) – (c) – (b)
③ (b) – (a) – (c)
④ (b) – (c) – (a)
⑤ (c) – (a) – (b)

3 빈칸에 들어갈 말로 알맞은 것은?

A: أُرِيدُ أَنْ أُغَيِّرَ الدُّولَارَ إِلَى الرِّيَالِ.
مَا سِعْرُ الدُّولَارِ؟
B: ثَلَاثَةُ رِيَالَاتٍ لِلدُّولَارِ الْوَاحِدِ.
كَمْ دُولَارًا مَعَكَ؟
A: مَعِي مِئَةُ دُولَارٍ، تَفَضَّلْ.
B: هَا هِيَ ______________.

① 100리얄
② 200리얄
③ 300리얄
④ 400리얄
⑤ 500리얄

✔ 정답

1 ⑤

풀이 "100달러 갖고 있습니다."라는 대답을 유발한 질문은 "몇 달러 갖고 있습니까?"로 짐작할 수 있다.

A: 달러를 디르함으로 바꾸고자 합니다. 달러 환율은 어떻게 되나요?
B: 1달러는 10디르함입니다. 몇 달러 갖고 계세요?
A: 100달러 갖고 있습니다. 자 받으세요.
B: 여기 1,000디르함 있습니다.

2 ③

풀이 "أَيَّ خِدْمَةٍ تُرِيدُ؟"든 "أَيُّ خِدْمَةٍ؟"이든 이에 대한 대답은 대부분 "... أُرِيدُ"로 시작한다.

A: 무엇을 도와드릴까요?
B: (b) 디르함을 달러로 바꾸고자 합니다.
A: (a) 몇 디르함을 갖고 있습니까?
B: (c) 1,000디르함을 갖고 있는데 그것을 10달러짜리 지폐로 원합니다.

3 ③

풀이 달러 대 리얄의 환율은 1:3이다. 100달러를 교환하고자 한다.

A: 달러를 리얄로 바꾸고자 합니다.
달러 환율은 어떻게 되나요?
B: 1달러에 3리얄입니다. 몇 달러 갖고 계세요?
A: 100달러 갖고 있습니다. 자 받으세요.
B: 여기 300리얄 있습니다.

CHAPTER_13 음식 관련 표현

〈의사소통 기본 표현〉에서 좋아하는 음식과 식사 여부, 그리고 식사 시간 등과 관련된 기본 표현으로 다음과 같은 문장을 제시하고 있다.

مَاذَا تُحِبُّ أَنْ تَأْكُلَ؟	무엇을 먹고 싶습니까?
أُرِيدُ أَنْ آكُلَ الْكَبَابَ.	나는 케밥을 먹고 싶습니다.
هَلْ تَنَاوَلْتَ الْغَدَاءَ؟	점심 드셨습니까?
نَعَمْ، تَنَاوَلْتُ الْغَدَاءَ.	네, 점심 식사했습니다.
لَا، لَمْ آكُلْهُ.	아니요, 먹지 않았습니다.
مَتَى تَأْكُلُ الْعَشَاءَ؟	언제 저녁 식사합니까?
هٰذَا طَعَامٌ لَذِيذٌ.	이것은 맛있는 음식이네요.
فَاتُورَةٌ لَوْ سَمَحْتَ.	실례지만 계산서 (좀 주세요).

문항 사례1

빈칸 (a), (b)에 들어갈 말로 알맞은 것은? 2018학년도 대학수학능력시험

① (a) صَعْبٌ (b) عَجِيبٌ
② (a) غَيْرُ صَحِيحٍ (b) صَعْبٌ
③ (a) لَوْ سَمَحْتَ (b) تَفَضَّلْ
④ (a) إِلَى الْأَمَامِ (b) لَوْ سَمَحْتَ
⑤ (a) غَيْرُ صَحِيحٍ (b) إِلَى الْأَمَامِ.

풀이 صَعْبٌ은 '어렵다', عَجِيبٌ은 '놀랄 만하다', غَيْرُ صَحِيحٍ은 '옳지 않다', إِلَى الْأَمَامِ는 '앞쪽으로'이다. لَوْ سَمَحْتَ는 양해를 구하고자 할 때 주로 사용되는 '당신이 허락한다면'이고, تَفَضَّلْ은 정중히 권할 때 사용하는 '자 받으세요/…해 보세요/들어오세요/앉으세요' 등이다.

※필자가 출제한다면 "لَوْ سَمَحْتَ" 대신에 "مِنْ فَضْلِكَ"가 들어가도록 하여(أَعْطِنِي الْمِلْحَ مِنْ فَضْلِكَ.)라고 할 것이며, 의미는 "그 소금 좀 주세요"가 된다.

(a) 실례지만, 그 소금 주세요.
(b) 자 받으세요. [정답] ③

문항 사례2

빈칸에 들어갈 말로 알맞은 것은? 2017학년도 대학수학능력시험

A: هَلْ تَنَاوَلْتَ الْغَدَاءَ؟
B: لاَ، لَمْ أَتَنَاوَلْهُ، وَلَمْ آكُلْ شَيْئًا مُنْذُ الصَّبَاحِ.
A: ________________ . أَنَا أَيْضًا.
B: هَلْ نَذْهَبُ إِلَى الْمَطْعَمِ الْآنَ؟
A: نَعَمْ، هَيَّا نَذْهَبْ بِسُرْعَةٍ.

① اَلْبَنْطَلُونُ قَصِيرٌ ② اَلْأُوتُوبِيس سَرِيعٌ ③ مَكْتَبُ الْبَرِيدِ بَعِيدٌ
④ اَلتَّاكْسِي أَمَامَ الْبَنْكِ ⑤ يَبْدُو أَنَّكَ جَوْعَانُ جِدًّا

풀이 ① '바지가 짧다' ② '버스가 빠르다' ③ '우체국은 멀다' ④ '그 택시는 은행 앞에 있다' ⑤ '너는 아주 배가 고픈 것으로 보인다'

A: 점심 식사 했니?
B: 아니, 먹지 않았어. 아침부터 아무것도 먹지 못했어.
A: 아주 배고파 보이는구나. 나도 그래.
B: 우리 지금 식당에 갈까?
A: 그래, 빨리 가자. [정답] ⑤

문항 사례3

차림표와 대화로 보아 A와 B가 원하는 음식의 가격을 합한 금액은? 2016학년도 대학수학능력시험

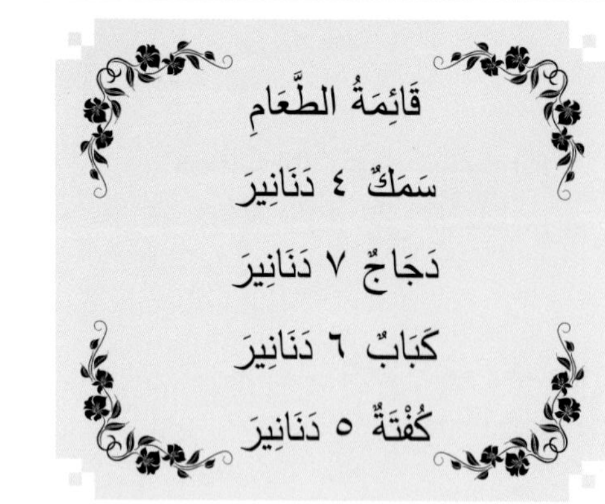

A: مَاذَا تُرِيدُ أَنْ تَأْكُلَ؟
B: أُرِيدُ أَنْ آكُلَ دَجَاجًا، وَأَنْتَ؟
A: أُرِيدُ سَمَكًا.

① 9디나르 ② 10디나르 ③ 11디나르 ④ 12디나르 ⑤ 13디나르

풀이 دَجَاجٌ(통닭)은 7디르함이고, سَمَكٌ(생선)은 4디르함이므로 합계는 11디르함이다.

A: 너 뭘 먹을래?
B: 나는 통닭을 먹을려고 하는데 너는?
A: 나는 생선을 원해. [정답] ③

문항 사례4

빈칸에 들어갈 말로 알맞은 것은? 2015학년도 대학수학능력시험

A: مِنْ فَضْلِكَ، قَائِمَةُ الطَّعَامِ.
B: ________ ، هٰذِهِ قَائِمَةُ الطَّعَامِ.
A: مَا طَبَقُ الْيَوْمِ؟
B: اَلْكُسْكُسِيُّ بِلَحْمِ الْخَرُوفِ.

① تَفَضَّلْ ② صَحِيحٌ ③ لَا بَأْسَ ④ أَظُنُّ بِذٰلِكَ ⑤ عَيْبٌ عَلَيْكَ

풀이 ① '자 받으세요' ② '옳습니다' ③ '걱정 마세요' ④ '나는 그렇게 생각합니다' ⑤ '부끄러운 줄 알아라'

A: (음식) 차림표 좀 주세요.
B: 자 받으세요. 여기 차림표 있습니다.
A: 오늘의 요리가 무엇입니까?
B: 양고기를 곁들인 쿠스쿠스입니다. [정답] ①

문항 사례5

빈칸에 들어갈 말로 알맞은 것을 〈보기〉에서 찾아 순서대로 바르게 배열한 것은?

2018학년도 대학수학능력시험 6월 모의평가

A: أَهْلًا وَسَهْلًا.
B: ________ .
A: تَفَضَّلْ. مَاذَا تُرِيدُ؟
B: ________ .
A: ________ ؟
B: نَعَمْ، شُورْبَةَ الْبَصَلِ.

보기

(a) أُرِيدُ سَمَكًا مَعَ خُبْزٍ
(b) هَلْ تُرِيدُ شَيْئًا آخَرَ
(c) قَائِمَةَ الطَّعَامِ، مِنْ فَضْلِكَ

① (a) - (b) - (c) ② (b) - (a) - (c) ③ (b) - (c) - (a) ④ (c) - (a) - (b) ⑤ (c) - (b) - (a)

풀이 "تَفَضَّلْ."은 상대방에게 무엇인가를 권하는 표현이다. 〈보기〉에서 차림표 부탁에 대한 응답으로 "여기 있으니 받으세요"라는 의미로 짐작된다.
"مَاذَا تُرِيدُ؟"에 대한 대답은 "أُرِيدُ ..."로 시작할 것이다. 〈보기〉 중에서는 (b)만이 의문문이다.

A: 어서 오십시오.
B: (c) 차림표 좀 부탁합니다.
A: 자 받으세요. 무엇을 원하십니까?
B: (a) 나는 빵과 함께 생선을 원합니다.
A: (b) 다른 것도 원하십니까?
B: 네, 양파 수프도 주세요. [정답] ④

문항 사례6

빈칸에 들어갈 말로 알맞은 것은? 2014학년도 대학수학능력시험 9월 모의평가

A: هَلْ ذَهَبْتَ إِلَى مَطْعَمِ النِّيلِ؟
B: نَعَمْ. إِنَّهُ مَطْعَمٌ مُزْدَحِمٌ دَائِمًا، __________ ؟
A: صَحِيحٌ. هُوَ مُزْدَحِمٌ بِالنَّاسِ لِأَنَّهُ يُقَدِّمُ كَبَابًا لَذِيذًا.
B: أَنَا جَوْعَانُ الْآنَ. هَيَّا بِنَا إِلَى الْمَطْعَمِ.

① مَنْ هُوَ ② أَيْنَ هُوَ ③ مَا هٰذَا ④ بِكَمْ هٰذَا ⑤ أَلَيْسَ كَذٰلِكَ

풀이 ① '그는 누구입니까' ② '그는 어디에 있습니까' ③ '이것은 무엇입니까' ④ '이것은 얼마입니까'
⑤ '그렇지 않습니까'
대답이 "(그 말이) 맞습니다."가 될 수 있는 빈칸의 질문은 선택지 중에서 ⑤만이 알맞다.

A: 나일 레스토랑에 가 보았습니까?
B: 네. 그곳은 참으로 항상 붐비는 식당이지요, 그렇지 않습니까?
A: 맞습니다. 그곳은 맛있는 케밥을 제공하기 때문에 사람들로 붐빕니다.
B: 지금 저 배가 고픕니다. 그 식당으로 갑시다. [정답] ⑤

해법

기출 문항을 통해서 주로 어떤 어휘와 표현이 음식물과 관련된 대화에 사용되고 있는지 파악하면 문제 풀이에 크게 도움이 될 것이다. 또한 음식 주문할 때 자주 사용되는 표현에 익숙해지길 바란다.

Tip

기출 문항에 나타난 음식물 관련 주요 어휘

- 아랍의 음식명(الطَّعَام الْعَرَبِيّ): كَبَاب (케밥), كُفْتَة (쿠프타), كُسْكُسِيّ (쿠스쿠스)
- 오늘의 요리(طَبَق الْيَوْمِ): أُرْز (쌀밥), لَحْم الْبَقَرِ (소고기), لَحْم الْخَرُوف (양고기), دَجَاج (닭), سَلَطَة (샐러드), خُبْز (빵)
- 음료수(الْمَشْرُوبَات): قَهْوَة (커피), شَاي (차), عَصِير (주스), مَاء (물)
- 배고프다 (جَوْعَانُ)
- 목이 마르다 (عَطْشَانُ)
- 아침 식사 (فُطُور), 점심 식사 (غَدَاء), 저녁 식사 (عَشَاء)

연습 문제

1 빈칸에 들어갈 말로 알맞은 것을 〈보기〉에서 있는 대로 고른 것은?

A: ______، أَعْطِنِي كُوبًا.
B: تَفَضَّلْ.

보기 (a) مِنْ فَضْلِكَ
(b) لَوْ سَمَحْتَ
(c) بِكُلِّ سُرُورٍ

① (a) ② (b) ③ (a), (b)
④ (a), (c) ⑤ (a), (b), (c)

2 빈칸에 들어갈 말로 알맞은 것을 〈보기〉에서 있는 대로 고른 것은?

A: أُرِيدُ أَنْ آكُلَ طَعَامًا عَرَبِيًّا.
B: إِذَنْ، هَيَّا نَذْهَبْ إِلَى مَطْعَمِ "عَلِيّ بَابَا".
A: هٰذِهِ فِكْرَةٌ جَمِيلَةٌ.
B: أَيَّ طَعَامٍ عَرَبِيٍّ تُرِيدُ؟
A: أُرِيدُ ______.

보기 (a) الْكِيمْتشِي
(b) الْكَبَاب
(c) الْكُسْكُسِيّ

① (a) ② (b) ③ (a), (b)
④ (a), (c) ⑤ (b), (c)

3 빈칸에 들어갈 말로 알맞은 것을 〈보기〉에서 있는 대로 고른 것은?

A: إِنَّ الْجَوَّ الْيَوْمَ حَارٌّ. فَأَنَا عَطْشَانُ.
B: مَاذَا تُرِيدُ أَنْ تَشْرَبَ؟
A: أُرِيدُ أَنْ أَشْرَبَ ______.

보기 (a) الْقَهْوَة (b) الشَّاي
(c) الْعَصِير (d) الْكَبَاب

① (a), (b) ② (a), (c) ③ (a), (d)
④ (b), (d) ⑤ (a), (b), (c)

✔ 정답

1 ③

풀이 문맥을 고려할 때 빈칸에는 양해를 구하거나 부탁하는 표현이 알맞다. "بِكُلِّ سُرُورٍ"은 기쁜 마음으로 승낙한다는 표현이다.

A: 부디/실례지만 컵 좀 주시겠습니까?
B: 자 받으세요.
(a) (물건을 부탁하며) 부디 (b) 당신이 허락한다면 (c) 기꺼이

2 ⑤

풀이 케밥은 중동 전역에 퍼져 있는 육류의 '구이'이며, 쿠스쿠스는 마그리브 지역의 전통 음식이다.

A: 나는 아랍 음식을 먹고 싶습니다.
B: 그렇다면 알리바바 식당으로 갑시다.
A: 그것 좋은 생각입니다.
B: 당신은 어떤 아랍 음식을 원합니까?
A: 나는 케밥/쿠스쿠스를 원합니다.
(a) 김치 (b) 케밥 (c) 쿠스쿠스

3 ⑤

풀이 A가 마시고 싶다고 말했기 때문에 빈칸에는 마실 수 있는 것이 알맞다.

A: 오늘 날씨가 덥습니다. 그래서 목이 마릅니다.
B: 무엇을 마시겠습니까?
A: 커피/차/주스를 마시고 싶습니다.
(a) 커피 (b) 차 (c) 주스 (d) 케밥

CHAPTER_14 건강 관련 표현

〈의사소통 기본 표현〉에서 건강과 관련된 표현으로 몸의 상태 묘사와 통증 표현과 약 처방 과정에 관한 표현을 제시하고 있다.

كَيْفَ صِحَّتُكَ؟	당신의 건강은 어떠세요?
أَنَا تَعْبَانُ.	나는 피곤합니다.
هُوَ مَرِيضٌ.	그가 아픕니다.
أَشْعُرُ بِأَلَمٍ فِي بَطْنِي.	배에 통증이 있습니다.
عِنْدِي صُدَاعٌ.	저에게 두통이 있습니다.
أُعْطِيكَ دَوَاءً.	당신에게 약을 (처방해) 주겠습니다.
خُذِ الدَّوَاءَ ثَلَاثَ مَرَّاتٍ يَوْمِيًّا.	매일 약을 3차례 드세요.

문항 사례1

대화의 내용으로 보아 B의 증상은? 2017학년도 대학수학능력시험

A: مَاذَا عِنْدَكَ؟

B: عِنْدِي صُدَاعٌ، وَحَرَارَتِي عَالِيَةٌ.

A: يَجِبُ أَنْ تَذْهَبَ إِلَى الْمُسْتَشْفَى.

B: نَعَمْ، سَأَذْهَبُ بَعْدَ قَلِيلٍ.

① 두통과 고열 ② 두통과 복통 ③ 두통과 한기 ④ 복통과 고열 ⑤ 복통과 한기

풀이 〈기본 어휘표〉에 구체적 병명으로는 '두통(صُدَاعٌ)'과 '감기(بَرْدٌ)' 밖에 수록되어 있지 않다. 〈의사소통 기본 표현〉에서는 '나에게 복통이 있음'을 "أَشْعُرُ بِأَلَمٍ فِي الْبَطْنِ(배에 통증을 느낍니다)"로 표현한다.
"مَاذَا عِنْدَكَ؟"는 "어찌 된 일인가? (What is the matter with you?)"라는 의미이다. 고열은 حَرَارَةٌ عَالِيَةٌ이다.

A: 너에게 무슨 일이 있는거야?
B: 나에게 두통도 있고, 열도 높아.
A: 너 병원에 가 봐야겠다.
B: 응, 잠시 후에 갈 거야.

[정답] ①

문항 사례2

대화의 내용으로 보아 B의 장래 희망은? 2015학년도 대학수학능력시험

A: مَاذَا تُرِيدُ أَنْ تُصْبِحَ فِي الْمُسْتَقْبَلِ؟
B: أُرِيدُ أَنْ أُصْبِحَ طَبِيبًا.
A: آمُلُ أَنْ تَكُونَ طَبِيبًا، إِنْ شَاءَ اللّٰهُ.
B: شُكْرًا.

① 경찰　② 의사　③ 간호사　④ 요리사　⑤ 운동선수

풀이 أَصْبَحَ(يُصْبِحُ) "…이 되다"는 كَانَ의 자매어로서 술어를 목적격 형태로 취하는 특징이 있다.

A: 너는 장래에 무엇이 되고 싶니?
B: 나는 의사가 되고 싶어.
A: 신이 원하신다면, 네가 의사가 되길 바라.
B: 고마워.

[정답] ②

문항 사례3

빈칸에 들어갈 말로 알맞은 것은? 2013학년도 대학수학능력시험 6월 모의평가

A: ____________ أَمْسِ؟
B: كُنْتُ فِي الْمُسْتَشْفَى لِأَنَّنِي شَعَرْتُ بِأَلَمٍ فِي بَطْنِي.

① مَاذَا شَاهَدْتَ　② مَاذَا كَتَبْتَ　③ مَتَى وَصَلْتَ　④ كَمْ دَفَعْتَ　⑤ أَيْنَ كُنْتَ

풀이 ① '무엇을 구경했니' ② '무엇을 썼니' ③ '언제 도착했니' ④ '얼마를 지불했니' ⑤ '어디 있었니'

A: 어제 너 어디 있었니?
B: 배에 통증이 있어서 병원에 있었어.

[정답] ⑤

문항 사례4

빈칸에 들어갈 말로 알맞은 것은? 2018학년도 대학수학능력시험 9월 모의평가

A: مَاذَا عِنْدَكَ؟ ________________ .

B: نَعَمْ، عِنْدِي صُدَاعٌ.

A: هَلْ أَخَذْتَ دَوَاءً؟

B: نَعَمْ، أَخَذْتُهُ.

① هٰذَا رَخِيصٌ ② بِكُلِّ سُرُورٍ ③ إِلَى الْيَمِينِ ④ يَبْدُو أَنَّكَ مَرِيضٌ ⑤ أَرَى أَنَّهُ مَعْقُولٌ

풀이 ① '이것은 값이 싸다' ② '기꺼이' ③ '오른쪽으로' ④ '네가 아파 보인다' ⑤ '나는 그것이 합리적이라고 본다'

A: 너에게 무슨 일이 있니? 네가 아파 보인다.
B: 그래, 두통이 있어.
A: 약 먹었니?
B: 응, 먹었어.

[정답] ④

문항 사례5

대화의 내용으로 보아 B의 증상은? 2017학년도 대학수학능력시험 9월 모의평가

A: مَاذَا عِنْدَكَ؟

B: عِنْدِي صُداعٌ وَأَشْعُرُ بِأَلَمٍ فِي بَطْنِي.

A: هَلْ حَرَارَتُكَ عَالِيَةٌ؟

B: لَا، لَيْسَتْ عَالِيَةً.

① 고열과 두통 ② 고열과 복통 ③ 두통과 복통 ④ 두통과 흉통 ⑤ 복통과 흉통

풀이 〈의사소통 기본 표현〉 등에 수록된 바에 따르면 두통은 صُدَاعٌ이고, 고열은 حَرَارَةٌ عَالِيَةٌ이며, 다른 통증은 "나는 …이/가 아픕니다"라는 의미의 "... أَشْعُرُ بِأَلَمٍ فِي"이란 표현을 쓴다.

A: 무슨 일이 있나요?
B: 두통이 있고 배도 아픕니다.
A: 열이 높나요?
B: 아니요, 높지 않습니다.

[정답] ③

해법

건강과 관련된 표현으로 기출 문제에서 가장 많이 나오는 문장은 "مَاذَا عِنْدَكَ؟(무슨 일로 왔습니까?)"라는 질문과 "عِنْدِي صُدَاعٌ.(두통이 있습니다.)", "أَشْعُرُ بِأَلَمٍ فِي بَطْنِي.(배에 통증이 있습니다.)"라는 대답이다.

Tip

약 등을 복용하다는 의미로 활용될 수 있는 아랍어 낱말에는 أَكَلَ(يَأْكُلُ), تَنَاوَلَ(يَتَنَاوَلُ), أَخَذَ(يَأْخُذُ)가 있다.

연습 문제

1 빈칸에 들어갈 말로 알맞은 것은?

A: عِنْدَكَ بَرْدٌ. أُعْطِيكَ دَوَاءً.
B: كَيْفَ آخُذُهُ.
A: مِلْعَقَةٌ كُلَّ سِتِّ سَاعَاتٍ.
B: لِمُدَّةِ كَمْ يَوْمٍ؟
A: لِمُدَّةِ ثَلَاثَةِ ________ .

① يَوْمٍ ② يَوْمًا ③ يَوْمٌ
④ أَيَّامٍ ⑤ أَيَّامٌ

2 빈칸에 들어갈 말로 알맞은 것은?

A: مَاذَا بِكَ؟
B: أَنَا تَعْبَانُ. وَحَرَارَتِي عَالِيَةٌ قَلِيلًا.
A: أُعْطِيكَ دَوَاءً. خُذْ رَاحَةً. وَبَعْدَ هٰذَا تَتَحَسَّنُ حَالَتُكَ، ________ .

① اَلْحَمْدُ لِلّٰهِ ② لَوْ سَمَحْتَ
③ فِكْرَةٌ جَمِيلَةٌ ④ فُرْصَةٌ سَعِيدَةٌ
⑤ إِنْ شَاءَ اللّٰهُ

3 빈칸에 들어갈 말로 알맞은 것은?

A: ________ ؟
B: أَشْعُرُ بِأَلَمٍ فِي جِسْمِي كُلِّهِ.
A: حَرَارَتُكَ عَالِيَةٌ قَلِيلًا.
B: كُنْتُ تَعْبَانَ طُولَ النَّهَارِ.
A: بَعْدَ تَنَاوُلِ الدَّوَاءِ خُذْ رَاحَةً.
B: أَشْكُرُكَ.

① مَاذَا عِنْدَكَ ② مَا رَأْيُكَ
③ كَيْفَ حَالُهُ ④ مِنْ أَيْنَ أَنْتَ
⑤ مَاذَا تَعْمَلُ

✔ 정답

1 ④

풀이 대화문에서 〈بَرْد〉는 '감기'이고, 〈مِلْعَقَة〉는 '숟가락', 〈كُلَّ سِتِّ سَاعَاتٍ〉는 '여섯 시간마다', 〈لِمُدَّةِ ...〉는 '… 동안'이다.

3~10까지의 수량을 표현할 때는 기수사와 해당 명사의 복수형을 결합하여(연결형으로) 나타낸다.

A: 감기 증세가 있습니다. 약을 드리지요.
B: 그것을 어떻게 복용합니까?
A: 여섯 시간마다 한 숟가락을 (복용하세요).
B: 며칠 동안 (복용합니까)?
A: 삼 일 동안 (복용하세요).

2 ⑤

풀이 ① 이루어진 일에 대해 신에게 감사하는 표현 ② 양해를 구하는 표현 ③ 동의의 표현 ④ 작별 직전의 덕담 ⑤ 미래의 일에 대한 긍정의 표현

A: 어떻게 오셨습니까?
B: 피곤하고 열도 조금 높아요.
A: 약을 드릴게요. 휴식을 취하세요. 그 후에 당신의 상태가 좋아질 겁니다. 신이 원하신다면.

3 ①

풀이 "فِي جِسْمِي كُلِّهِ"는 '나의 온몸에서'이다. "بَعْدَ تَنَاوُلِ الدَّوَاءِ"는 '약 복용 후에'이다. خُذْ는 (أَخَذَ/يَأْخُذُ)(취하다)의 명령형이다.

A: 어떻게 오셨습니까?
B: 온몸에 통증이 있습니다.
A: 열도 약간 높네요.
B: 온종일 피곤했었습니다.
A: 약 복용 후에 휴식을 취하세요.
B: 감사드립니다.

CHAPTER_15 일상생활의 활동 표현

일상생활 속의 활동과 습관 등에 관하여 〈의사소통 기본 표현〉에서는 다음과 같은 예문을 제시하고 있다.

기상과 관련된 표현	▲ أَسْتَيْقِظُ مُبَكِّرًا كُلَّ صَبَاحٍ. 나는 매일 아침 일찍 일어납니다. ▲ أَقُومُ فِي السَّاعَةِ السَّابِعَةِ صَبَاحًا. 나는 아침 7시에 일어납니다.
취침과 관련된 표현	▲ أَنَامُ فِي السَاعَةِ الْعَاشِرَةِ وَالنِّصْفِ. 나는 열시 반에 잡니다.
등교와 관련된 표현	▲ أَذْهَبُ إِلَى الْمَدْرَسَةِ فِي الثَّامِنَةِ. 나는 8시에 학교에 갑니다.
귀가와 관련된 표현	▲ أَرْجِعُ إِلَى الْبَيْتِ فِي السَّاعَةِ الْخَامِسَةِ عَادَةً. 나는 보통 5시에 귀가합니다.
TV 시청과 관련된 표현	▲ أَشَاهِدُ فِيلْمًا اللَّيْلَةَ. 나는 밤에 영화를 봅니다.

문항 사례1

سُو يُون의 일기에 나타난 하루 일과를 〈보기〉에서 찾아 순서대로 바르게 배열한 것은?

2018학년도 대학수학능력시험

٦(السَّبْتُ) مَايُو ٢٠١٧م

فِي الصَّبَاحِ ذَهَبْتُ إِلَى الْمَكْتَبَةِ، وَاشْتَرَيْتُ كِتَابًا. بَعْدَ الظُّهْرِ تَنَاوَلْتُ الْغَدَاءَ فِي الْمَطْعَمِ مَعَ صَدِيقِي. ثُمَّ ذَهَبْتُ مَعَهُ إِلَى حَدِيقَةِ الْحَيَوَانَاتِ. وَفِي الْمَسَاءِ رَجَعْتُ إِلَى بَيْتِي بِالْأُوتُوبِيس.

*م : 서력

① (a) - (b) - (c)　　② (a) - (c) - (b)　　③ (b) - (a) - (c)　　④ (b) - (c) - (a)　　⑤ (c) - (a) - (b)

풀이

서기 2017년 5월 6일(토요일)
아침에 나는 서점에 가서 책을 한 권 샀다. 오후에는 식당에서 친구와 함께 점심을 먹었다. 그러고 나서 그와 함께 동물원에 갔다. 저녁에 버스를 타고 귀가했다. [정답] ①

문항 사례2

A가 한 것으로 알맞은 것은? 2017학년도 대학수학능력시험

A: مَاذَا فَعَلْتَ فِي يَوْمِ الْأَحَدِ الْمَاضِي؟
B: لَعِبْتُ كُرَةَ السَّلَّةِ مَعَ أَصْدِقَائِي. وَأَنْتَ؟
A: كُنْتُ أُرِيدُ أَنْ أَلْعَبَ كُرَةَ الْقَدَمِ، وَلٰكِنْ دَرَسْتُ فِي الْمَكْتَبَةِ لِأَنَّ الْاِمْتِحَانَ قَرِيبٌ.
B: أَتَمَنَّى لَكَ أَنْ تَنْجَحَ.

① 
② 
③ 
④ 
⑤ 

풀이

A: 지난 일요일에 무엇을 했니?
B: 내 친구들과 함께 농구했는데 너는?
A: 축구를 하고 싶었는데 시험이 얼마 안 남아서 도서관에서 공부했어.
B: 네가 합격하기를 빌어. [정답] ③

문항 사례3, 4

다음 대화를 읽고 물음에 답하시오. 2010학년도 대학수학능력시험

A: أَقُومُ مِنَ النَّوْمِ عَادَةً فِي السَّاعَةِ السَّابِعَةِ صَبَاحًا، وَأَنْتَ؟
B: فِي السَّادِسَةِ صَبَاحًا.
A: إِذَنْ، ________ تَحْضُرُ إِلَى الْمَدْرَسَةِ؟
B: أَحْضُرُ إِلَيْهَا فِي الثَّامِنَةِ صَبَاحًا.

3 빈칸에 들어갈 말로 가장 알맞은 것은?

① لِأَنَّ　② مَنْ أَنْتَ　③ بِكَمْ هٰذَا
④ كَمْ طَبَقًا　⑤ فِي أَيِّ سَاعَةٍ

풀이 ① '…이기 때문에' ② '너는 누구니' ③ '이것은 얼마입니까' ④ '몇 개 층' ⑤ '몇 시에'

A: 나는 보통 아침 7시에 일어나는데 너는?
B: 아침 6시에.
A: 그러면 학교에는 몇 시에 가니?
B: 아침 8시에 등교해.

[정답] ⑤

4 대화의 내용과 일치하는 것은?

① B는 아침 5시에 일어난다.
② B는 보통 7시에 일어난다.
③ B는 6시에 집으로 돌아온다.
④ A는 보통 아침 7시에 일어난다.
⑤ A는 보통 8시에 아침 식사를 한다.

[정답] ④

문항 사례5

مُوسَى의 일과를 〈보기〉에서 찾아 순서대로 바르게 배열한 것은? 2017학년도 대학수학능력시험 9월 모의평가

عَادَةً فِي يَوْمِ السَّبْتِ، يَقْرَأُ مُوسَى كِتَابًا صَبَاحًا، وَيَغْسِلُ سَيَّارَتَهُ.
وَيَتَنَاوَلُ الْغَدَاءَ، ثُمَّ يَمْشِي فِي الْحَدِيقَةِ بَعْدَ الظُّهْرِ.

보기

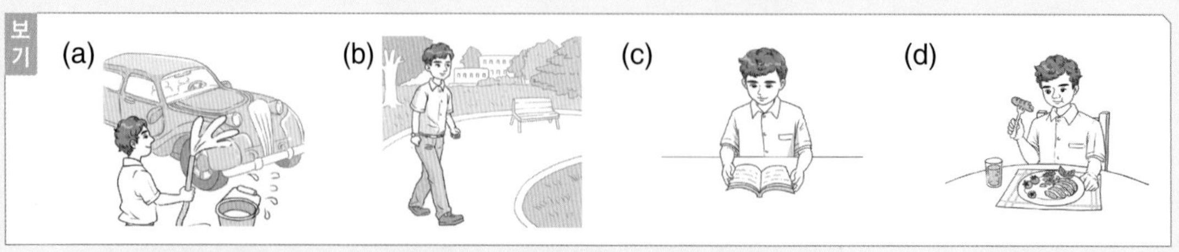

① (a) – (c) – (b) – (d)　② (c) – (a) – (d) – (b)　③ (c) – (d) – (a) – (b)
④ (d) – (a) – (b) – (c)　⑤ (d) – (b) – (a) – (c)

풀이

보통 일요일에 무사는 아침에 독서를 하고, 세차를 한다. 오후에 점심을 먹고 난 후에는 공원에서 걷는다.

[정답] ②

해법

일상생활에서 일어날 수 있는 일은 일일이 열거할 수는 없다. 그러나 기출 문제를 면밀히 검토하면 일정한 소수의 어휘가 반복됨을 발견할 수 있다. 그 이유는 〈기본 어휘표〉에 수록된 어휘를 사용하여 출제하기 때문이다. 〈기본 어휘표〉에 선정되어 있지 않은 어휘를 사용하려면 하단에 그에 대한 주석을 달아야 한다. 그렇게 되면 저급한 문제가 되거나 정답에 대한 힌트를 주게 될 수도 있다. 이런 일은 출제자가 기피하는 것이다. 일상생활과 관련된 문항은 해석을 할 수 있으면 바로 정답을 구할 수 있는 것이 대부분이다.

기출 문제에서 자주 사용되는 어휘에 익숙해지면 문제 풀이에 크게 도움이 될 것이다. 그 중에서도 동사의 의미에 주목하기를 바란다.

Tip

기출 문제에 자주 사용된 동사:

يَرْكَبُ (탈 것을) 타다	يَأْكُلُ 먹다
يَطْبُخُ 요리하다	يَقْرَأُ 읽다
يَكْتُبُ (편자 등을) 쓰다	يَشْرَبُ 마시다
يَغْسِلُ 씻다	يَسْبَحُ 수영하다
يَشْتَرِي 구입하다	يَفْحَصُ 진찰하다
يُشَاهِدُ 관람하다	يَنْزِلُ 내리다
يَلْعَبُ (운동을) 하다	يَخْرُجُ 나가다
يَجْلِسُ 앉다	

연습 문제

1 다음 대화를 읽고 물음에 답하시오.

A: أَنَامُ فِي السَّاعَةِ الْحَادِيَةَ عَشْرَةَ عَادَةً، وَأَنْتَ؟

B: فِي السَّاعةِ الثَّانِيَةَ عَشْرَةَ.

A: إِذَنْ، فِي أَيِّ سَاعَةٍ تَقُومُ مِنَ النَّوْمِ؟

B: أَقُومُ مِنْهُ في السَّادِسَةِ.

A: إِنَّكَ مُجْتَهِدٌ. أَقُوم مِنْهُ فِي السَّادِسَةِ وَالنِّصْفِ.

1) 밑줄 친 부분과 의미가 가장 가까운 것은?

① لِأَنَّ ② مَتَى ③ كَمْ سَاعَةً

④ أَيَّامٍ ⑤ أَيَّامٌ

2) A의 수면 시간은?

① 6시간 ② 6시간 30분 ③ 7시간

④ 7시간 30분 ⑤ 8시간

2 A가 한 것으로 알맞은 것은?

A: مَاذَا فَعَلْتَ فِي يَوْمِ السَّبْتِ الْمَاضِي؟

B: ذَهَبْتُ إِلَى بُوسَان بِالقِطَارِ، وَأَنْتَ؟

A: كُنْتُ أُرِيدُ أَنْ أَمْشِيَ فِي الْحَدِيقَةِ، وَلَكِنَّنِي شَاهَدْتُ فِيلْمًا لِأَنَّ الْجَوَّ كَانَ مُمْطِرًا.

B: هَلْ أَعْجَبَكَ الْفِيلْمُ؟

① 

② 

③ 

④ 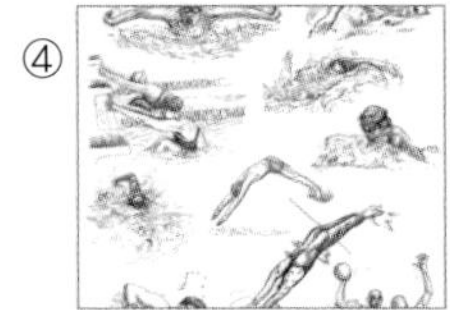

⑤ 

✔ 정답

1-1) ②

풀이 ① '…이기 때문에' ② '언제' ③ '몇 시간 (동안)' ④ '이것은 얼마입니까' ⑤ '그가 누구입니까'

A: 나는 보통 11시에 자는데 너는?
B: 12시에.
A: 그러면 몇 시에 일어나니?
B: 여섯 시에 일어나.
A: 참으로 너 부지런하구나. 나는 6시 반에 일어나는데.

1-2) ④

풀이 A는 11시에 자고 6시 반에 일어난다.

2 ⑤

풀이 "شَاهَدْتُ فِيلْمًا"은 '내가 영화를 관람했다'이다.

A: 지난 토요일에 무엇을 했니?
B: 기차를 타고 부산에 갔어, 너는?
A: 공원에서 걷고 싶었는데 비가 오고 있어서 영화 한 편 보았어.
B: 그 영화가 마음에 들었니?

CHAPTER_16 예약과 관련된 표현

〈의사소통 기본 표현〉에서 여행 시 예약과 관련된 표현으로 다음과 같은 문장을 제시하고 있다.

허락하신다면(실례합니다만) 방을 하나 예약하고자 합니다.	أُرِيدُ أَنْ أَحْجِزَ غُرْفَةً، لَوْ سَمَحْتَ.
싱글 침대가 있는 방을 부탁합니다.	أُرِيدُ غُرْفَةً بِسَرِيرٍ وَاحِدٍ مِنْ فَضْلِكَ.

문항 사례1

대화의 내용으로 보아 밑줄 친 부분과 의미가 가장 가까운 것은? 2018학년도 대학수학능력시험

A: أَيُّ خِدْمَةٍ؟

B: حَجَزْتُ غُرْفَةً بِاسْمِ سَالِمٍ فِي الْأُسْبُوعِ الْمَاضِي.

A: لَحْظَةً، يَا سَيِّدِي.

① عَلَى طُولٍ　② هٰذَا ثَقِيلٌ　③ أَنَا تَعْبَانُ　④ إِلَى الْيَسَارِ　⑤ اِنْتَظِرْ قَلِيلًا

풀이 ① '똑바로' ② '이것은 무겁다' ③ '나는 피곤하다' ④ '왼쪽으로' ⑤ '잠시 기다리세요'

A: 무엇을 도와드릴까요?
B: 지난주에 살림이란 이름으로 방을 하나 예약했습니다.
A: 잠깐만요, 고객님.

[정답] ⑤

문항 사례2

대화의 중심 내용으로 알맞은 것은? 2015학년도 대학수학능력시험

A: أَيُّ خِدْمَةٍ؟

B: أُرِيدُ أَنْ أَحْجِزَ غُرْفَةً؟

A: كَمْ يَوْمًا تُرِيدُ؟

B: لِمُدَّةِ أُسْبُوعٍ وَاحِدٍ.

① 길 묻기　② 방 예약　③ 식사 초대　④ 친구 소개　⑤ 항공권 구입

풀이

A: 무엇을 도와드릴까요?
B: 방을 하나 예약하고자 합니다.

A: 며칠 동안 원하십니까?
B: 1주일 동안요. [정답] ②

문항 사례3

대화의 내용으로 보아 مُحَمَّدٌ이 원하는 숙박 기간은? 2017학년도 대학수학능력시험 9월 모의평가

مُحَمَّدٌ : أُرِيدُ أَنْ أَحْجِزَ غُرْفَةً.
اَلْمُوَظَّفُ: مَتَى تُرِيدُ الْغُرْفَةَ؟ وَكَمِ الْمُدَّةُ؟
مُحَمَّدٌ : أُرِيدُ الْغُرْفَةَ مِنْ يَوْمِ الثُّلَاثَاءِ حَتَّى صَبَاحِ يَوْمِ الْجُمْعَةِ.

① 1박 2일 ② 2박 3일 ③ 3박 4일 ④ 4박 5일 ⑤ 5박 6일

풀이 화요일(통상 오후)부터 금요일 아침까지는 3박 4일의 기간이다.

무하마드: 방 하나를 예약하고자 합니다.
직원: 그 방을 언제 원하십니까? 그리고 기간은요?
무하마드: 화요일부터 금요일 아침까지 그 방을 원합니다. [정답] ③

문항 사례4

빈칸에 들어갈 말로 알맞은 것은? 2015학년도 대학수학능력시험 9월 모의평가

A: سَأُسَافِرُ إِلَى مِصْرَ فِي الشَّهْرِ الْقَادِمِ.
B: هَلْ حَجَزْتَ تَذْكِرَةَ الطَّائِرَةِ؟
A: لَا. ________ أَحْجِزْهَا بَعْدُ، لِأَنَّنِي كُنْتُ مَشْغُولًا جِدًّا.

① أَنْ ② لَمْ ③ لَنْ ④ مَا ⑤ لَسْتُ

풀이 أَحْجِزْهَا는 단축법 형태이다. 따라서 빈칸을 단축법을 지배하는 낱말이 와야 한다. 〈단축법+لَمْ〉의 형태는 '과거 시제 부정'을 의미한다.

A: 다음 달에 이집트로 여행 갈 것입니다.
B: 항공권을 예약하였나요?
A: 아니요, 제가 아주 바빠서 아직 예약하지 못했습니다. [정답] ②

해법

'예약하다'는 (يَحْجِزُ) حَجَزَ이다. 호텔 등을 예약할 때 예약 일수를 묻는 표현으로는 كَمْ يَوْمًا이나 لِمُدَّةِ كَمْ يَوْمٍ이 주로 사용된다. "아직 예약하지 못했다"는 표현은 لَمْ أَحْجِزْ بَعْدُ인데 이때 과거 부정을 나타내는 <단축법+لَمْ>(لَمْ أَحْجِزْ) 형태와 بَعْدُ(아직)라는 어휘에 유의하기 바란다.

Tip

시간을 나타내는 어휘들에 익숙해져야 한다.

오늘, 내일, 지난 주/달/해, 다음 주/달/해, 일~토요일, 분, 시, 하루 등

اَلْيَوْم، اَلْغَد، اَلْأُسْبُوعِ الْمَاضِي، اَلشَّهْر الْمَاضِي، اَلسَّنَة الْمَاضِيَة، اَلْأَحَد، اَلْاِثْنَيْن، اَلثُّلَاثَاء، اَلْأَرْبِعَاء، اَلْخَمِيس، اَلْجُمْعَة، اَلسَّبْت، دَقِيقَة، سَاعَة، يَوْم، إلخ

연습문제

1 대화의 내용으로 보아 A가 원하는 숙박 기간은?

A: أُرِيدُ أَنْ أَحْجِزَ غُرْفَةً بِسَرِيرٍ.
B: مَتَى تُرِيدُ الْغُرْفَةَ؟ وَلِمُدَّةِ كَمْ يَوْمٍ؟
A: أُرِيدُ الْغُرْفَةَ مِنْ مَسَاءِ الْخَمِيسِ الْقَادِمِ حَتَّى صَبَاحِ الْاِثْنَيْنِ الْقَادِمِ.

① 1박 2일 ② 2박 3일 ③ 3박 4일
④ 4박 5일 ⑤ 5박 6일

2 빈칸에 들어갈 말로 알맞은 것을 〈보기〉에서 찾아 순서대로 바르게 배열한 것은?

A: هَلْ حَجَزْتَ غُرْفَةً؟
B: ________________.
A: ________________؟
B: ________________.

보기
(a) لَا، لَمْ أَحْجِزْهَا بَعْدُ
(b) لِأَنَّ أُجْرَةَ الْغُرْفَةِ غَالِيَةٌ
(c) لِمَاذَا لَمْ تَحْجِزْهَا بَعْدُ

① (a) – (b) – (c) ② (a) – (c) – (b)
③ (b) – (a) – (c) ④ (b) – (c) – (a)
⑤ (c) – (a) – (b)

3 빈칸에 들어갈 말로 알맞은 것은?

A: سَأُسَافِرُ إِلَى الْمَغْرِبِ فِي الشَّهْرِ الْقَادِمِ.
B: هَلْ حَجَزْتَ تَذْكِرَةَ الطَّائِرَةِ؟
A: لَا. لَمْ أَحْجِزْهَا ______، لِأَنَّنِي لَمْ أَجِدْ تَذْكِرَةً رَخِيصَةً.

① أَنْ ② قَبْلَ ③ بَعْدُ
④ أَيْضًا ⑤ بَعْضٌ

✔ 정답

1 ④

풀이 A는 목요일 저녁(مَسَاءِ الْخَمِيسِ)부터 월요일 아침(صَبَاحِ الْاِثْنَيْنِ)까지 방을 사용하려고 한다.
A: 1인용 방 하나를 예약하고자 합니다.
B: 그 방을 언제 원하십니까? 그리고 며칠 동안이요?
A: 다음 목요일 저녁부터 다음 월요일 아침까지 그 방을 원합니다.

2 ②

풀이 أُجْرَةٌ은 '요금'이고, غَالِيَةٌ은 '비싸다'이다.
A: 방을 예약하셨습니까?
B: (a) 아니요, 아직 예약하지 못했습니다.
A: (c) 왜 아직 예약하지 못했습니까?
B: (b) 방 값이 비싸기 때문입니다.

3 ③

풀이 أَجِدْ는 (وَجَدَ/يَجِدُ) '발견하다'의 1인칭 단수 단축법 형태이다.
بَعْدُ는 〈단축법+لَمْ〉 형태의 과거 시제 부정의 의미와 함께 쓰일 때는 '아직'이란 의미이다.
A: 다음 달에 모로코로 여행 갈 것입니다.
B: 항공권을 예약하였나요?
A: 아니요, 싼 항공권을 찾지 못해서 아직 예약하지 못했습니다.

CHAPTER_17 직업 활동 관련 표현

〈의사소통 기본 표현〉에서 직업/직업 활동과 관련하여 다음의 표현을 소개하고 있다.

اَنَا مُدَرِّسٌ.	나는 교사입니다.
أَعْمَلُ فِي شَرِكَةٍ.	회사에서 일합니다(회사에 다닙니다).
أَنَا مُوَظَّفٌ فِي الْبَنْكِ.	나는 은행 직원입니다.
أَنَا مُدِيرٌ فِي شَرِكَةِ الْكُومْبِيُوتِر.	나는 컴퓨터 회사 관리자(과장/부장/이사/사장)입니다.

문항 사례1

빈칸에 들어갈 말로 알맞은 것은? 2018학년도 대학수학능력시험

A: أَنَا مُهَنْدِسٌ فِي الشَّرِكَةِ الْكَهْرَبَائِيَّةِ، وَاَنْتَ ______________ ؟

B: أَنَا مُدَرِّسٌ فِي الْمَدْرَسَةِ الثَّانَوِيَّةِ.

① مَا عَمَلُكَ ② مِنْ أَيْنَ عَلِيٌّ ③ مَتَى تَأْكُلُ الْعَشَاءَ

④ أَيْنَ مَحَطَّةُ الْمِتْرُو ⑤ كَمْ ثَمَنُ هٰذَا الْحِذَاءِ

풀이 ① '당신의 직업은' ② '알리는 어디서 왔습니까' ③ '당신은 언제 저녁을 먹습니까' ④ '지하철역이 어디 있습니까' ⑤ '이 신발 가격이 얼마입니까'

A: 나는 전기 회사 엔지니어입니다. 당신은 직업이 무엇입니까?
B: 나는 고등학교 교사입니다.

[정답] ①

문항 사례2

صَالِحٌ에 대해 알 수 있는 것을 〈보기〉에서 고른 것은? 2016학년도 대학수학능력시험 6월 모의평가

سَمِيرَةُ: مَا اسْمُكَ؟

صَالِحٌ: اِسْمِي صَالِحٌ، وَأَنْتِ؟

سَمِيرَةُ: اِسْمِي سَمِيرَةُ. مِنْ أَيْنَ أَنْتَ، يَا صَالِحُ؟

صَالِحٌ: أَنَا مِنَ السُّودَانِ. وَأَنَا مُهَنْدِسٌ فِي شَرِكَةِ الْكَهْرَبَاءِ، وَأَنْتِ؟

سَمِيرَةُ: أَنَا مِنْ تُونِسَ. وَأَدْرُسُ فِي الْجَامِعَةِ.

> **보기**
>
> a. 직업　　b. 취미　　c. 가족 관계　　d. 출신 국가

① a, b　　② a, d　　③ b, c　　④ b, d　　⑤ c, d

풀이

사미라: 당신의 이름은 무엇입니까?
살리흐: 제 이름은 살리흐입니다. 당신은?
사미라: 제 이름은 사미라입니다. 살리흐 씨, 당신은 어디에서 왔습니까?
살리흐: 저는 수단에서 왔습니다. 그리고 저는 전기 회사 직원입니다만 당신은요?
사미라: 저는 튀니지에서 왔고 대학에서 공부합니다. [정답] ②

문항 사례3

빈칸에 들어갈 말로 알맞은 것은? 2017학년도 대학수학능력시험 9월 모의평가

> A: ________ ؟
>
> B: أَنَا مُهَنْدِسٌ فِي مَصْنَعٍ. وَأَنْتِ؟
>
> A: أَنَا كَاتِبَةٌ لِلْقِصَّةِ.

① مَا ذٰلِكَ　　② كَمْ ثَمَنُهُ　　③ كَمْ عُمْرُهُ　　④ مَا عَمَلُكَ　　⑤ مَا جِنْسِيَّتُكَ

풀이 ① '저것은 무엇입니까' ② '그것의 가격은 얼마입니까' ③ '그의 나이는 얼마입니까' ④ '당신의 직업은 무엇입니까' ⑤ '당신의 국적은 무엇입니까'
"أَنَا مُهَنْدِسٌ فِي مَصْنَعٍ."은 〈의사소통 기본 표현〉에서 직업을 나타내는 표현으로 소개하고 있다. 그러므로 "أَنَا مُهَنْدِسٌ فِي مَصْنَعٍ."이라는 대답을 유도한 질문은 직업을 묻는 내용이어야 한다.

A: 당신의 직업은 무엇입니까?
B: 나는 공장의 엔지니어입니다. 당신은요?
A: 나는 (소설) 작가입니다. [정답] ④

문항 사례4

빈칸에 들어갈 말로 알맞은 것은? 2016학년도 대학수학능력시험 9월 모의평가

A: أَيْنَ وَالِدُكَ؟

B: وَالِدِي فِي الْكُوَيْتِ.

A: ________؟

B: هُوَ مُهَنْدِسٌ فِي شَرِكَةِ الْكُومْبيُوتِر.

① كَمْ ثَمَنُهُ　② مَا عَمَلُهُ　③ أَلَيْسَ كَذٰلِكَ　④ مَا الْمُشْكِلَةُ　⑤ فِي أَيِّ سَاعَةٍ

풀이 ① '그것의 가격은 얼마입니까' ② '그의 직업은 무엇입니까' ③ '그렇지 않습니까' ④ '문제가 무엇입니까' ⑤ '몇 시에'

A: 너희 아버지는 어디에 계시니?
B: 우리 아버지는 쿠웨이트에 계십니다.
A: 그분의 직업은 무엇이니?
B: 그분은 컴퓨터 회사 엔지니어입니다. [정답] ②

문항 사례5

대화의 내용으로 알맞은 것은? 2014학년도 대학수학능력시험 9월 모의평가

A: مَاذَا تُرِيدُ أَنْ تُصْبِحَ فِي الْمُسْتَقْبَلِ؟

B: أُرِيدُ أَنْ أُصْبِحَ طَبِيبًا.

A: لِمَاذَا تُرِيدُ أَنْ تَكُونَ طَبِيبًا؟

B: لِأَنَّنِي أُرِيدُ أَنْ أُسَاعِدَ الْمَرْضَى عَلَى الشِّفَاءِ.

① 어학 연수　② 요리 방법　③ 식사 예절　④ 장래 희망　⑤ 호텔 예약

풀이 أُصْبِحَ를 أَكُونَ로 대체하여도 된다.

A: 장래에 무엇이 되고 싶습니까?
B: 의사가 되고 싶습니다.
A: 왜 의사가 되고 싶습니까?
B: 환자들을 치료하는 것을 돕고 싶기 때문입니다. [정답] ④

해법

직업 활동과 관련하여 기출 문제에 나타난 문장의 핵심은 "مَا عَمَلُكَ؟(당신의 직업은 무엇입니까)"와 ".أَنَا مُهَنْدِسٌ فِي شَرِكَةٍ(나는 회사의 엔지니어입니다.)"와 같은 형식의 문장이다. "مَا عَمَلُكَ؟"은 "مَاذَا تَعْمَلُ؟"로 바꾸어 말할 수도 있다.

Tip

〈기본 어휘표〉에 수록된 직업을 나타내는 어휘들은 다음과 같다.

선생님	مُعَلِّمٌ، مُدَرِّسٌ	의사	طَبِيبٌ	엔지니어	مُهَنْدِسٌ	학자	عَالِمٌ
간호사	مُمَرِّضٌ	요리사	طَبَّاخٌ	관리자	مُدِيرٌ	노동자	عَامِلٌ
직원	مُوَظَّفٌ	상인	تَاجِرٌ	대통령	رَئِيسٌ	작가	كَاتِبٌ

연습 문제

1 대화의 내용으로 알맞은 것은?

A: مَاذَا تُرِيدُ أَنْ تَعْمَلَ فِي الْمُسْتَقْبَلِ؟
B: أُرِيدُ أَنْ أَعْمَلَ مُعَلِّمًا.
A: لِمَاذَا تُرِيدُ أَنْ تَكُونَ مُعَلِّمًا؟
B: لِأَنَّنِي أُرِيدُ أَنْ أُعَلِّمَ الطُّلَّابَ.

① 물품 구입 ② 식사 예절 ③ 장래 희망
④ 친구 소개 ⑤ 호텔 예약

2 빈칸에 들어갈 말로 알맞은 것은?

A: ________؟
B: أَنَا مُوَظَّفٌ فِي بَنْكٍ. وَأَنْتِ؟
A: أَنَا طَبَّاخٌ فِي فُنْدُقٍ.

① مَا ذٰلِكَ ② مَا شُغْلُكَ
③ مَا ثَمَنُهُ ④ كَمْ عُمْرُكَ
⑤ مَا عُنْوَانُكَ

3 빈칸에 들어갈 말로 알맞은 것은?

A: مَاذَا يَعْمَلُ أَخُوكَ؟
B: يَعْمَلُ أَخِي مُهَنْدِسًا كَهْرَبَائِيًّا.
A: ________ يَعْمَلُ؟
B: هُوَ يَعْمَلُ فِي شَرِكَةٍ قَطَرِيَّةٍ.

① مَا أُجْرَتُهَا ② مَا عَمَلُهُ
③ أَلَيْسَ كَذٰلِكَ ④ مَا عُنْوَانُهُ
⑤ فِي أَيِّ شَرِكَةٍ

✔ 정답

1 ③

풀이 상대방의 직업을 묻는 표현으로 "مَاذَا تَعْمَلُ؟(무슨 일을 하십니까?)"라고 물을 수도 있다. "أَعْمَلُ مُعَلِّمًا."은 "나는 교사로서 근무한다."는 의미이다.

A: 장래에 무슨 일을 하고 싶습니까?
B: 교사로서 일하고 싶습니다.
A: 왜 교사가 되고 싶습니까?
B: 학생들을 가르치고 싶기 때문입니다.

2 ②

풀이 ① '그것은 무엇입니까' ② '당신의 직업은 무엇입니까' ③ '그것의 값은 얼마입니까' ④ '당신의 나이는 무엇입니까' ⑤ '당신의 주소는 무엇입니까'

A: 당신의 직업은 무엇입니까?
B: 나는 은행 직원입니다. 당신은요?
A: 나는 호텔 요리사입니다.

3 ⑤

풀이 ① '그것의 요금은 얼마입니까' ② '그의 직업은 무엇입니까' ③ '그렇지 않습니까' ④ '그의 주소는 무엇입니까' ⑤ '어느 회사에서'

A: 너희 형은 무슨 일을 하니?
B: 우리 형은 전기 기사로 일합니다.
A: 어느 회사에서 일하니?
B: 그는 카타르 회사에서 일합니다.

CHAPTER_18 축하와 기원 관련 표현

〈의사소통 기본 표현〉에서는 축하의 표현으로 "**!مَبْرُوكٌ**"과 "**!أَلْفُ مَبْرُوكٍ**"을 소개하고 있다. 그러나 이것은 표준적인 어법에서는 인정되지 않으며 아랍인이 아닌 사람들 사이에 통용되고 있는 구어이다. 표준 아랍어로 말하려면 "**مُبَارَكٌ**"이나 "**أَلْفُ مُبَارَكٍ**"으로 표현해야 할 것이다.

기원이나 소망의 표현으로는 "**أَتَمَنَّى أَنْ تَنْجَحَ**(당신이 합격하기를 빕니다)" 형식의 문장을 제시하고 있다.

문항 사례1

빈칸에 들어갈 말로 알맞은 것은? 2018학년도 대학수학능력시험

A: مَتَى سَيَنْتَهِي امْتِحَانُكَ؟
B: غَدًا، ____________.
A: أَتَمَنَّى أَنْ تَنْجَحَ.
B: شُكْرًا.

① اَلْمُخْلِصُ ② أَنَا آسِفٌ ③ حَرَامٌ عَلَيْكَ ④ هٰذَا صَدِيقِي ⑤ إِنْ شَاءَ اللّٰهُ

풀이 ① 편지의 끝맺음 경구(敬具)로서 보내는 사람 앞에 적는 표현 ② '미안합니다' ③ '그렇게 해서는 안 돼' ④ '이 사람은 나의 친구입니다' ⑤ '신이 원하신다면'

A: 언제 너의 시험이 끝나니?
B: 내일, 신이 원하신다면 (그렇게 될 거야).
A: 네가 합격하길 기원해.
B: 고마워.

[정답] ⑤

문항 사례2

빈칸에 들어갈 말로 알맞은 것은? 2015학년도 대학수학능력시험

فَرِيدٌ : مَتَى الْاِمْتِحَانُ، يَا أُسْتَاذُ؟
اَلْأُسْتَاذُ: فِي يَوْمِ الْخَمِيسِ الْقَادِمِ.
فَرِيدٌ : هَلِ الْاِمْتِحَانُ صَعْبٌ؟
اَلْأُسْتَاذُ: لَا. هُوَ سَهْلٌ، ____________.
فَرِيدٌ : شُكْرًا جَزِيلًا.

① حَرَامٌ عَلَيْكَ ② أَتَمَنَّى أَنْ تَنْجَحَ ③ اَلشَّارِعُ مُزْدَحِمٌ
④ اِمْشِ عَلَى الطُّولِ ⑤ مَمْنُوعٌ التَّصْوِيرُ

풀이 ① '그렇게 하면 안 돼' ② '네가 합격하기를 빌어' ③ '거리가 혼잡하다' ④ '똑바로 걸어가세요' ⑤ '촬영 금지'

A: 선생님, 시험이 언제예요?
B: 다음 목요일에 있어.
A: 시험이 어려워요?
B: 아니. 쉬워, 네가 합격하기를 빈다.
A: 대단히 감사합니다.

[정답] ②

문항 사례3

빈칸에 들어갈 말로 알맞은 것은? 2017학년도 대학수학능력시험 9월 모의평가

A: مَاذَا سَتَفْعَلِينَ فِي الْعُطْلَةِ الصَّيْفِيَّةِ الْقَادِمَةِ؟
B: سَأُسَافِرُ إِلَى الْأُرْدُنِّ لِزِيَارَةِ الْبَتْرَاءِ وَجَرَش.
A: رَائِعٌ، ________.

① أَنَا تَعْبَانُ ② حَرَامٌ عَلَيْكَ ③ اَلْبَنْكُ مُزْدَحِمٌ ④ اَلْخَطُّ مَشْغُولٌ ⑤ أَتَمَنَّى لَكِ رِحْلَةً سَعِيدَةً

풀이 ① '나는 피곤합니다' ② '그렇게 해서는 안 돼' ③ '은행은 붐빕니다' ④ '통화 중입니다' ⑤ '너에게 즐거운 여행이 되길 바라'

A: 다음 여름 방학 때 무엇을 할 거니?
B: 페트라와 제라시를 보러 요르단으로 여행할 거야.
A: 멋지네, 즐거운 여행이 되길 바라.

[정답] ⑤

문항 사례4

연하장에 사용될 표현으로 가장 알맞은 것은? 2005학년도 대학수학능력시험 6월 모의평가

① تَفَضَّلْ. ② لَا بَأْسَ. ③ يَا سَلَامْ. ④ إِنْ شَاءَ اللّٰهُ. ⑤ كُلَّ سَنَةٍ وَأَنْتُمْ بِخَيْرٍ.

풀이

① 자 해 보세요. ② 걱정 마. ③ 큰일 났네. ④ 신이 원하신다면. ⑤ 매년 건강하길 기원합니다.

[정답] ⑤

해법

소망, 기원을 나타내는 표현으로는 "أَتَمَنَّى أَنْ تَنْجَحَ.(네가 합격하기를 빈다)"와 "أَتَمَنَّى لَكَ رِحْلَةً سَعِيدَةً.(당신에게 즐거운 여행이 되기를 빕니다)" 두 가지가 자주 출제된다.

〈의사소통 기본 표현〉과 〈기본 어휘표〉에서 '축하' 표현을 "مَبْرُوكٌ"과 "أَلْفُ مَبْرُوكٍ"으로 소개하고 있어서 〈기출 문제〉에서도 이것을 인용하고 있지만 표준어법이 아니기 때문에 바람직한 것은 아니다.

Tip

표준어법에 맞는 축하 표현은 "**مُبَارَكٌ**"과 "**أَلْفُ مُبَارَكٍ**"이다. 〈기본 어휘표〉와 〈의사소통 기본 표현〉에 이 두 가지가 수록되어 있지 않아 인용하려면 주석이 달릴 것이다.

〈기본 어휘표〉와 〈의사소통 기본 표현〉에서 제시한 "**مَبْرُوكٌ**"의 표준어법에 따른 의미는 "(낙타 등이) 무릎을 꿇리게 된 것"으로서 축하와는 전혀 어울리지 않는 말이다.

연습 문제

1 빈칸에 들어갈 말로 알맞은 것은?

A: سَمِعْتُ أَنَّكَ سَتُسَافِرُ إِلَى مِصْرَ؟

B: صَحِيحٌ. سَأُسَافِرُ إِلَيْهَا فِي الشَّهْرِ الْقَادِمِ.

A: ________________.

① تَعَالَ هُنَا
② لَوْ سَمَحْتَ
③ اَلشَّارِعُ مُزْدَحِمٌ
④ لَا بَأْسَ
⑤ أَتَمَنَّى لَكَ رِحْلَةً سَعِيدَةً

2 빈칸에 들어갈 말로 알맞은 것은?

A: أَدْعُوكَ إِلَى حَفْلَةِ عِيدِ مِيلَادِي.

B: شُكْرًا عَلَى دَعْوَتِكَ.

كُلُّ عَامٍ وَ________________.

① فُرْصَةٌ سَعِيدَةٌ
② مَا الْمُشْكِلَةُ
③ مَرْحَبًا بِكَ
④ أَنْتَ بِخَيْرٍ
⑤ اَلْحَمْدُ لِلّٰهِ

✔ 정답

1 ⑤

풀이 여행을 떠나는 사람에게 덕담으로 "즐거운 여행이 되길 바랍니다"라는 표현을 많이 사용한다.

① 이리 오세요 ② 당신이 허락한다면 ③ 거리가 붐빕니다 ④ 괜찮습니다 ⑤ 즐거운 여행이 되길 바라

A: 난 네가 이집트로 여행할 거라고 들었어.
B: 맞아. 다음 달에 그곳으로 여행 갈 거야.
A: 즐거운 여행이 되길 바라.

2 ④

풀이 생일이나 명절 등의 덕담으로 "كُلُّ عَامٍ وَأَنْتُمْ بِخَيْرٍ." 을 많이 이용한다.

① 만나서 즐거웠습니다 ② 문제가 무엇입니까 ③ 환영합니다 ④ 건강하길 바라 ⑤ 신 덕분에

A: 내 생일 파티에 너를 초대할게.
B: 초대 고마워. 매년 건강하길 바라.

CHAPTER_19 편지 쓰기

편지 쓰기와 관련된 기출 문제에서는 편지/전자 우편 등의 수신인과 인사말, 끝맺음말, 경구와 발신인에 관하여 거의 정형화되어 있는 표현의 이해 여부와 본문의 내용과 일치/불일치 하는 것을 고르는 문항이 주류를 이루고 있다. 〈의사소통 기본 표현〉과 기출 문제에 따르면 다음과 같은 것들이 정형화되어 있음을 알 수 있다.

수신인 이름 (오른쪽 상단에 적음)	▲صَدِيقِي الْعَزِيزُ أَحْمَدُ 친애하는 나의 친구 아흐마드 ▲عَزِيزِي عُمَرُ 친애하는 나의 오마르
인사말 표현	▲تَحِيَّةٌ طَيِّبَةٌ وَبَعْدُ 편지 첫머리의 인사말
끝맺음말	▲سَلِّمْ لِي عَلَى الْأُسْرَة. 나의 안부를 가족에게 전해 주세요.
경구(敬具)와 발신인	▲صَدِيقُكَ الْمُخْلِصُ مُحَمَّدٌ 진실한 너의 친구 무함마드가

문항 사례1, 2

다음 글을 읽고 물음에 답하시오. 2018학년도 대학수학능력시험 6월 모의평가

اَلرِّبَاطُ

١٠ إِبْرِيلُ ٢٠١٧م

صَدِيقِي الْعَزِيزُ هَان سُو

(a) ________ ،

أَكْتُبُ إِلَيْكَ هٰذِهِ الرِّسَالَةَ مِنَ الْمَغْرِبِ. زُرْتُ الْأَمَاكِنَ السِّيَاحِيَّةَ الْمَشْهُورَةَ مِثْلَ جَامِعِ الفِنَاءِ وَسُوقِ مَرَّاكِشَ. اِشْتَرَيْتُ هَدَايَا لَكَ وَلِأُسْرَتِكَ. سَأَرْجِعُ إِلَى كُورِيَا فِي الْيَوْمِ الْأَوَّلِ مِنَ الشَّهْرِ الْقَادِمِ. سَلِّمْ لِي عَلَى أُسْرَتِكَ.

صَدِيقُكَ الْمُخْلِصُ

مُحَمَّدٌ

*م : 서력

1 빈칸 (a)에 들어갈 말로 알맞은 것은?

① عَجِيبٌ ② أَنَا مُوَافِقٌ ③ اِمْشِ عَلَى طُولٍ ④ عِنْدِي رَأْيٌ آخَرُ ⑤ تَحِيَّةٌ طَيِّبَةٌ وَبَعْدُ

풀이 빈칸은 편지 첫머리의 인사말이 들어가야 할 자리이다.

① '경이롭다' ② '동의합니다' ③ '똑바로 가세요' ④ '나에게 다른 의견이 있습니다' ⑤ 편지 첫머리의 인사말

라바트
서기 2017년 4월 10일
친애하는 나의 친구 한수
안녕
모로코에서 너에게 이 편지를 쓴다. 자미울파나와 마라케시 시장 같은 유명한 관광지들에 가 보았고, 너와 너의 가족 선물도 샀어. 한국에는 다음 달 1일에 돌아갈 거야.

너의 진실한 친구 무함마드

[정답] ⑤

2 윗글의 내용으로 보아 مُحَمَّدٌ이 한국으로 돌아가는 날짜는?

① 4월 17일 ② 4월 21일 ③ 5월 1일 ④ 5월 7일 ⑤ 5월 10일

[정답] ③

문항 사례3, 4

다음 글을 읽고 물음에 답하시오. 2017학년도 대학수학능력시험 6월 모의평가

١١ مِنْ مَايُو ٢٠١٦

صَدِيقِي الْعَزِيزُ أَحْمَدُ

كَيْفَ الْحَالُ؟ أَتَمَنَّى أَنْ تَكُونَ بِخَيْرٍ. أَنَا مُشْتَاقٌ إِلَيْكَ كَثِيرًا. أَشْكُرُكَ عَلَى الدَّعْوَةِ لِحَفْلَةِ عِيدِ مِيلَادِكَ. وَلٰكِنْ أَنَا الْآنَ فِي تُونِسَ. وَلِهٰذَا السَّبَبِ لَا يُمْكِنُنِي أَنْ أَحْضُرَ الْحَفْلَةَ. سَأَرْجِعُ إِلَى الْكُوَيْتِ فِي نِهَايَةِ هٰذَا الشَّهْرِ بَعْدَ أَنْ أَزُورَ مَدِينَةَ الْقَيْرَوَانِ وَجَامِعَ الزَّيْتُونَةِ.

________ أُسْرَتِكَ.

صَدِيقُكَ الْمُخْلِصُ

كَرِيمٌ

3 빈칸에 들어갈 말로 알맞은 것은?

① مَرْحَبًا ② مَتَى حَجَزْتَ ③ كَيْفَ صِحَّتُكَ ④ مِنْ أَيْنَ أَنْتَ ⑤ سَلِّمْ لِي عَلَى

풀이 빈칸에는 "(너의 가족)에게 내 안부를 전해 줘"에 해당하는 말이 알맞은 것으로 추정된다.

① '반갑습니다' ② '언제 예약했습니까' ③ '당신의 건강은 어떻습니까' ④ '당신은 어디에서 왔습니까' ⑤ '…에게 내 안부를 전해 줘'

2016년 5월 11일
친애하는 나의 친구 아흐마드
잘 있었어? 네가 건강하길 빌어. 너를 아주 보고 싶다. 네 생일 파티에 초대해 준 것에 대해 고마워. 그런데 내가 지금 튀니지에 있어. 그래서 파티에는 참석하지 못해. 카이라완 시와 자이투나 사원을 방문한 후 이달 말에 쿠웨이트로 돌아갈 거야.
네 가족에게 내 안부를 전해 줘.

진실한 너의 친구 카림

[정답] ⑤

4 글의 내용과 일치하는 것을 〈보기〉에서 고른 것은?

보기

(a) كَرِيمٌ은 지금 튀니지에 있다.

(b) كَرِيمٌ은 أَحْمَدُ의 생일 파티에 참석할 수 있다.

(c) كَرِيمٌ은 5월 말에 쿠웨이트로 돌아갈 예정이다.

(d) كَرِيمٌ은 카이라완 도서관과 자이투나 사원을 방문할 예정이다.

① (a), (b) ② (a), (c) ③ (b), (c) ④ (b), (d) ⑤ (c), (d)

풀이 카림은 현재 튀니지에 있어서 쿠웨이트에서 있을 생일 파티에 참석할 수 없다. 카이라완 도서관이 아니라 카이라완 시를 방문할 예정이다.

[정답] ②

문항 사례5, 6

다음 글을 읽고 물음에 답하시오. 2015학년도 대학수학능력시험 9월 모의평가

صَدِيقَتِي الْعَزِيزَةُ خَدِيجَةُ
تَحِيَّةٌ طَيِّبَةٌ وَبَعْدُ،
أَكْتُبُ إِلَيْكِ هٰذِهِ الرِّسَالَةَ مِنَ الْمَغْرِبِ. زُرْتُ مَدِينَةَ مَرَّاكِش أَمْسِ، وَهِيَ مَدِينَةٌ مَشْهُورَةٌ بِسُوقٍ كَبِيرَةٍ جِدًّا. وَأَعْجَبَتْنِي هٰذِهِ الْمَدِينَةُ الْجَمِيلَةُ كَثِيرًا. وَتَعَرَّفْتُ عَلَى كَثِيرٍ مِنَ الْأَصْدِقَاءِ وَالصَّدِيقَاتِ هُنَا. سَأَرْجِعُ إِلَى سُورِيَا فِي الشَّهْرِ الْقَادِمِ.
أَنَا مُشْتَاقَةٌ إِلَيْكِ.
سَلِّمِي لِي عَلَى أُسْرَتِكِ.

(a)
____

أَمِينَةُ
فِي ١٥ يُولِيُو ٢٠١٤

5 빈칸 (a)에 들어갈 말로 알맞은 것은?

① اَلْمُخْلِصَةُ ② حَرَامٌ عَلَيْكِ ③ مَشْغُولٌ اَلْخَطُّ ④ مَمْنُوعٌ الدُّخُولُ ⑤ هٰذَا غَيْرُ مَعْقُولٍ

풀이 ① 편지 끝머리에 쓰는 '진실한' ② '그렇게 하면 안 돼' ③ '통화 중이다' ④ '출입 금지' ⑤ '이것은 합리적이지 않다'

친애하는 나의 친구 카디자
안녕
나는 이 편지를 모로코에서 쓴다. 어제 마라케시 시에 가 보았어. 그곳은 아주 큰 시장으로 유명한 도시야. 이 아름다운 도시가 내 마음에 무척 들었어. 여기서 많은 남녀 친구들을 알게 되었어. 다음 달에 시리아로 돌아갈 거야. 보고 싶구나. 나의 안부를 네 가족에게 전해 줘.

진실한
아미나
2014년 7월 15일

[정답] ①

6 글의 내용과 일치하는 것을 〈보기〉에서 고른 것은?

보기
a. خَدِيجَةُ는 أَمِينَةُ의 선생님이다.
b. أَمِينَةُ는 모로코에서 편지를 쓴다.
c. أَمِينَةُ는 일주일 전에 마라케시를 방문했다.
d. أَمِينَةُ는 다음 달에 시리아로 돌아갈 것이다.

① a, b ② a, d ③ b, c ④ b, d ⑤ c, d

풀이 카디자와 아미나는 친구 사이이다. 아미나가 마라케시를 방문한 것은 어제의 일이다. [정답] ④

해법

편지글을 제시하고 묻는 문항에서 단골 소재는 수신인과 허두의 인사말, 안부 전해 달라는 끝인사, 그리고 발신인 표현이다. 〈의사소통 기본 표현〉과 기출 문제에서 거의 고정되어 있는 표현을 숙지하기 바란다. 편지글의 내용과 일치/불일치 하는 것, 또는 편지글의 내용으로 알 수 있는/없는 것을 고르는 문항도 단골로 출제되고 있다.

연습문제

[1~2] 다음 글을 읽고 물음에 답하시오.

سُعَادُ ____(a)____ صَدِيقَتِي:

تَحِيَّةً وَسَلَامًا،

أَكْتُبُ لَكِ هٰذِهِ الرِّسَالَةَ مِنَ الْمَغْرِبِ. وَصَلْتُ هُنَا مُنْذُ أَيَّامٍ قَلِيلَةٍ لِزِيَارَةِ بَعْضِ الْمُدُنِ السِّيَاحِيَّةِ. وَزُرْتُ الدَّارَ الْبَيْضَاءَ أَمْسِ، وَزُرْتُ الرِّبَاطَ الْيَوْمَ. وَسَأَزُورُ مَرَّاكِشَ غَدًا، إِنْ شَاءَ اللّٰهُ. إِنَّ مَرَّاكِشَ مَدِينَةٌ مَشْهُورَةٌ بِسَاحَةِ جَامِعِ الْفَنَا. فَيَأْتِي إِلَيْهَا كَثِيرٌ مِنَ السُّيَّاحِ لِمُشَاهَدَةِ السَّاحَةِ.

وَسَأَكْتُبُ لَكِ عَنْ زِيَارَةِ مَرَّاكِشَ بَعْدَ غَدٍ. وَسَأَعُودُ إِلَى عُمَانَ فِي نِهَايَةِ الْأُسْبُوعِ الْقَادِمِ.

سَلَامِي لِلصَّدِيقَاتِ، وَإِلَى اللِّقَاءِ.

صَدِيقَتُكِ ____(b)____

فَاطِمَةُ

*سَاحَةِ جَامِعِ الْفَنَا : 자미울파나 광장

*سَلَامًا : 인사를

| 보기 | (a) 파티마는 어제 라바트를 방문했다.
(b) 파티마는 내일 마라케시를 방문하려고 한다.
(c) 파티마는 오늘 페스를 방문했다.
(d) 파티마는 다음 주 말에 오만으로 돌아 갈 것이다.

1 빈칸 (a), (b)에 들어갈 말로 알맞은 것은?

① (a) عَزِيزٌ (b) مُخْلِصٌ
② (a) عَزِيزَةٌ (b) مُخْلِصَةٌ
③ (a) عَزِيزِي (b) الْمُخْلِصَةُ
④ (a) الْعَزِيزُ (b) الْمُخْلِصُ
⑤ (a) الْعَزِيزَةُ (b) الْمُخْلِصَةُ

2 글의 내용과 일치하는 것을 〈보기〉에서 고른 것은?

① (a), (b) ② (a), (c) ③ (a), (d)
④ (b), (d) ⑤ (c), (d)

✔ 정답

친애하는 나의 친구 수아드
편지 서두의 인사말
모로코에서 이 편지를 쓴다. 몇몇 관광 도시를 방문하려고 이곳에 며칠 전에 왔다. 어제는 카사블랑카에 가 보았고 오늘은 라바트에 갔었다. 신이 원하신다면 내일은 마라케시를 방문할 것이다. 실로 마라케시는 자미울파나 광장으로 유명한 도시이다. 그래서 많은 관광객들이 그 광장을 보려고 그 곳으로 온다.
모레 마라케시에 관하여 너에게 편지를 쓸게. 그리고 오만에는 다음 주 말에 돌아갈 거야.
친구들에게 내 안부 전해 줘. 다시 만날 때까지 안녕.
진실한 너의 친구
파티마

1 ⑤

풀이 빈칸 (a)의 수신인은 수아드로서 여성이다. 그러므로 "친애하는 나의 (여자)친구"는 "صَدِيقَتِي الْعَزِيزَةُ"이다. 빈칸 (b)의 발신인 파티마도 여성이다. 그러므로 '진실한 너의 (여자)친구"는 "صَدِيقَتُكِ الْمُخْلِصَةُ"이다.

2 ④

풀이 (a) 어제는 라바트가 아니라 카사블랑카를 방문했다. (×)
(c) 오늘은 페스가 아니라 라바트를 방문했다. (×)

문화의 이해 및
활용 능력

01 아랍어에 관한 문항

■ 일반적인 정보

아랍어는 히브리어, (현재는 사어가 된) 아람어와 함께 분류상 셈어에 속한다. 흔히 가장 오래된 언어 중 하나라고 한다. 아랍어는 아랍 연맹(Arab League) 회원국들의 공용어이자 국제 연합(United Nations)의 6개 공용어 중의 하나이다.

오늘날 아랍 세계에서 사용되고 있는 아랍어에는 اَلْفُصْحَى라고 불리는 표준 아랍어와 اَلْعَامِّيَّة라고 불리는 구어체 아랍어가 있다. 이슬람의 경전인 코란이 표준 아랍어로 적혀 있고, 유사 이래로 아랍의 많은 문인들이 그들의 작품 활동을 표준 아랍어로 하고 있으며, 표준 아랍어는 책과 신문, 잡지, 뉴스 방송, 강연, 그 밖의 공식적인 자리에서 사용되고 있다. 한편 구어체 아랍어는 집 안팎의 일상생활 대화에서 주로 사용되고 있다.

표준 아랍어의 문법은 코란과 고대 아랍 문학 작품에서 적용되고 있는 문법과 별로 다르지 않지만 구어체 아랍어는 그 형태와 어휘가 크게 달라졌으며 오늘날에는 나라마다 또는 한 국가 안에서도 지역에 따라 다르기도 한다.

많은 아랍 문인들이 표준 아랍어로 그들의 작품 활동을 하지만 일부는 그들의 작품에서 대화는 구어체 아랍어로 쓰는 것을 선호하고 있다. 표준 아랍어든 구어체 아랍어든 아랍어가 현대 아랍 세계의 나라가 유대 관계를 유지하도록 연결고리 역할을 하고 있다는 점은 모두가 동의하는 바다.

문항 사례1

아랍어에 관한 글이다. 글의 내용으로 알 수 없는 것은? 2018학년도 대학수학능력시험

اَللُّغَةُ الْعَرَبِيَّةُ مِنَ اللُّغَاتِ السَّامِيَّةِ، وَمِنْ أَقْدَمِ اللُّغَاتِ فِي الْعَالَمِ، وَلِلْعَرَبِيَّةِ أَهَمِّيَّةٌ كَبِيرَةٌ. فَهِيَ لُغَةُ الْقُرْآنِ وَالصَّلَاةِ فِي الْإِسْلَامِ. وَأَيْضًا هِيَ اللُّغَةُ الرَّسْمِيَّةُ لِأَعْضَاءِ جَامِعَةِ الدُّوَلِ الْعَرَبِيَّةِ. وَهِيَ مِنَ اللُّغَاتِ الرَّسْمِيَّةِ السِّتِّ لِلْأُمَمِ الْمُتَّحِدَةِ.

*أَهَمِّيَّةٌ : 중요함

*أَعْضَاءِ جَامِعَةِ الدُّوَلِ الْعَرَبِيَّةِ : 아랍 연맹 회원국들

*الْأُمَمِ الْمُتَّحِدَةِ : 국제 연합

① 셈어들 중 하나이다.
② 영어와 스페인어에 영향을 끼쳤다.
③ 국제 연합의 6개 공용어 중 하나이다.
④ 세계에서 가장 오래된 언어들 중 하나이다.
⑤ 이슬람에서 코란의 언어이자 예배의 언어이다.

풀이 아랍어에 대한 일반적인 상식을 조금만 갖고 있어도 ①, ③, ⑤가 사실과 일치함을 알 수 있다. ④가 올바른 것인지 아닌지는 좀 더 세부적인 정보가 필요하긴 하지만 어렵지 않게 알 수 있다. ② 본문에 언급되지 않은 내용이므로 이 문항에서는 정답이지만 아랍어에 대한 상식이나 정보를 제공하는 것으로는 함량 미달이다. 어느 언어든 주변의 언어와 영향을 주고받는 것은 보편적인 사실이기 때문이다. 구체적으로 어떤 영향을 주었는지 언급하지 않으면 유용한 정보라고 할 수 없다. 이 문항의 정답은 일반적인 상식만으로도 ②와 ④ 중에서 고르면 되는 셈이다.

이처럼 글의 내용으로 알 수 '있는/없는' 또는 '일치/불일치'하는 것을 고르는 문항에는 -제한된 정보를 제공하는 여건에서- 출제하기 힘든 애로 사항이 있을 것이다. 이는 자칫 잘못했다가는 다섯 선택지 중 하나를 고르는 것이 아니라 둘 중 하나를 고르는 상황과 같은 꼴이 되기 쉽기 때문이다. 기출 문제를 분석해 보면 이와 같은 사례가 자주 등장한다. 문화 영역의 소재에 대한 상식을 갖고 있으면 비교적 쉽게 정답에 접근할 수 있을 것이다.

아랍어는 셈어들 중 하나이며, 세계에서 가장 오래된 언어들 중 하나이다. 아랍어는 아주 중요하다. 이슬람에서 코란과 예배의 언어이기 때문이다. 또한 그것은 아랍 연맹 회원국들의 공용어이며, 국제 연합의 여섯 개 공용어 중 하나이기도 하다. [정답] ②

문항 사례2

글의 내용과 일치하지 않는 것은? 2017학년도 대학수학능력시험 9월 모의평가

اَللُّغَةُ الْعَرَبِيَّةُ هِيَ لُغَةُ الْحَضَارَةِ الْإِسْلَامِيَّةِ، وَهِيَ لُغَةُ الْقُرْآنِ الْكَرِيمِ، وَفِي الْعَصْرِ الْحَدِيثِ أَصْبَحَتْ لُغَةً عَالَمِيَّةً، وَهِيَ مِنَ اللُّغَاتِ الرَّسْمِيَّةِ السِّتِّ لِلْأُمَمِ الْمُتَّحِدَةِ. وَقَدْ دَخَلَ عَدَدٌ كَبِيرٌ مِنَ الْكَلِمَاتِ الْعَرَبِيَّةِ إِلَى بَعْضِ اللُّغَاتِ الْأَجْنَبِيَّةِ الْأُخْرَى مِثْلَ الْإِسْبَانِيَّةِ وَالْإِنْجِلِيزِيَّةِ، فَمَثَلًا كَلِمَاتُ 'alkali' وَ 'sugar' وَ 'magazine' أَتَتْ مِنَ اللُّغَةِ الْعَرَبِيَّةِ.

*لِلْأُمَمِ الْمُتَّحِدَةِ : 유엔의

① 아랍어는 اَلْقُرْآنُ의 언어이다.
② 아랍어는 고대 이집트 문명의 언어이다.
③ 아랍어는 유엔의 6대 공용어 중 하나이다.
④ 많은 아랍어 낱말들이 스페인어와 영어로 유입되었다.
⑤ 'alkali', 'sugar', 'magazine'은 아랍어에서 온 낱말들이다.

풀이 ② 이집트는 이슬람이 출현한 (서기 622년) 이후에 아랍화되었다. 그러므로 아랍어는 (기원 전의 문명인) 고대 이집트 문명의 언어일 수 없다.

아랍어는 이슬람 문명의 언어이자 성코란의 언어이며, 현대에는 세계적인 언어가 되었으며, 국제연합(UN)의 6개 공용어 중의 하나이다. 많은 아랍어 낱말들이 스페인어와 영어 같은 다른 몇몇 외국어에 들어갔다. 예를 들면 'alkali(알칼리)', 'sugar(설탕)', 'magazine(잡지)'라는 낱말들은 아랍어에서 왔다. [정답] ②

02 아랍인이 즐겨 사용하는 관용어구

1 إِنْ شَاءَ اللهُ 용법

إِنْ شَاءَ اللهُ는 '알라께서 원하신다면…'이라고 귀결절을 생략한 채로 쓰인 조건절이다. 아랍인 무슬림 사이에서 미래의 일을 ('알라께서 원하신다면'이라는 조건 하에서) 하겠다는 긍정의 의미로 통용되고 있다. 아랍인 무슬림들이 '인샤알라'를 자주 쓰게 된 것은 다음과 같은 일화에서 유래하였다. 예언자 무함마드가 추종자로부터 어느 동굴 사람들에 관하여 "그들의 누구입니까?"라는 질문을 받고 다음 날 계시를 받아 대답해 주겠다고 약속하였지만 다음 날로 예상했던 계시가 내려오지 않았다고 한다. 그후 내려온 첫 번째 계시에서 "(앞으로 하려고 결심한) 어떤 일에 대해서 "'내일 그 일을 하겠다'고 말하지 말고, '알라께서 원하신다면'이라고 말하라. …"는 코란 구절에서 기인한 것이다.

문항 사례1

빈칸에 들어갈 말로 가장 알맞은 것은? 2012학년도 대학수학능력시험

A: مَتَى تَحْضُرُ إِلَى الْمَدْرَسَةِ؟

B: بَعْدَ نِصْفِ سَاعَةٍ، ________ .

① جَيِّدًا ② تَعَالَ ③ بِخَيْرٍ ④ مَمْنُوعٌ ⑤ إِنْ شَاءَ اللهُ

풀이 ① '잘' ② '이리 와' ③ '잘 있습니다' ④ '금지되어 있다' ⑤ '신이 원하신다면'

A: 너 언제 학교에 오니?
B: 30분 후에, 인샤알라(신이 원하신다면).

[정답] ⑤

문항 사례2

빈칸에 들어갈 말로 알맞은 것은? 2009학년도 대학수학능력시험

A: مَتَى نُشَاهِدُ فِيلْمًا مَعًا؟

B: غَدًا، ________ .

① إِلَّا ② مِثْلَ ③ جَوْعَانُ ④ عَطْشَانُ ⑤ إِنْ شَاءَ اللهُ

풀이 ① '…을 제외하고' ② '…처럼' ③ '배고프다' ④ '목이 마르다', ⑤ '신이 원하신다면'

A: 우리 언제 함께 영화 관람해?
B: 내일, 신이 원하신다면. [정답] ⑤

문항 사례3

다음은 A와 B가 약속을 하는 상황이다. 빈칸에 들어갈 말로 알맞은 것은? 2007학년도 대학수학능력시험

A: هَلْ نَزُورُ الْأَهْرَامَ فِي هٰذَا الْأُسْبُوعِ؟
B: ________________.

*اَلْأَهْرَام : 피라미드

① زُرْتُ عَمَّانَ ② إِنْ شَاءَ اللّٰهُ ③ اَلْكَبَابُ لَذِيذٌ
④ اَلسَّلَامُ عَلَيْكُمْ ⑤ كُلُّ سَنَةٍ وَأَنْتُمْ بِخَيْرٍ

풀이 ① '암만에 가 보았다' ② '신이 원하신다면' ③ '케밥은 맛있다' ④ '안녕하세요' ⑤ '매년 건강하길 바랍니다'

A: 우리 이번 주에 피라미드 보러 갈까?
B: 신이 원하신다면(그렇게 하자는 긍정의 의미). [정답] ②

2 اَلْحَمْدُ لِلّٰهِ 용법

안부 인사를 받았을 때, 식사 후의 만족감을 나타낼 때, 여행을 무사히 마치고 돌아 왔을때, 병이 나았을 때, 위험한 상태에 벗어 났을 때 등 이미 이루어진 일의 다행스러움에 대하여 신에게 감사드리는 의미로 신을(알라를) 찬양하는 표현이다. 그러므로 "하느님 덕분에 (잘 있습니다)", "신을 찬양합니다", 또는 "모든 찬양은 알라만을 위한 것입니다" 등 문자 그대로의 해석으로서 유일신 사상을 내포하고 있는 말이다.

문항 사례1

빈칸에 들어갈 말로 가장 알맞은 것은? 2011학년도 대학수학능력시험 9월 모의평가

اَلْمُدَرِّسُ: هَلْ كَانَ الْاِمْتِحَانُ صَعْبًا؟
اَلطَّالِبُ : لَا. كَانَ الْاِمْتِحَانُ سَهْلًا، ________________.

① لَحْظَةً ② مَسَاءً ③ سَرِيعًا ④ اَلْحَمْدُ لِلّٰهِ ⑤ بِكُلِّ سُرُورٍ

풀이 ① '잠깐만' ② '저녁에' ③ '빠르게' ④ '알라 덕분에' ⑤ '기꺼이'

선생님: 시험이 어려웠니?
학생: 아니요. 하느님 덕택에 시험이 쉬웠습니다. [정답] ④

문항 사례2

빈칸에 들어갈 말로 알맞은 것은? 2018학년도 대학수학능력시험 6월 모의평가

اَلْعَرَبُ الْمُسْلِمُونَ عَادَةً يَأْكُلُونَ فِي الْفُطُورِ خُبْزًا وَبَيْضًا وَفُولًا،
وَيَشْرَبُونَ شَايًا أَحْمَرَ. وَفِي الْغَدَاءِ يَأْكُلُونَ لَحْمًا أَوْ دَجَاجًا مَعَ أَرُزٍّ.
فِي الْعَشَاءِ يَأْكُلُونَ طَعَامًا خَفِيفًا. وَيَسْتَخْدِمُونَ الْيَدَ الْيُمْنَى عِنْدَمَا يَأْكُلُونَ
أَوْ يَشْرَبُونَ، وَيَقُولُونَ قَبْلَ الطَّعَامِ "بِسْمِ اللّٰهِ"، وَيَقُولُونَ بَعْدَهُ
"________".

① لَا بَأْسَ ② تَعَالَ هُنَا ③ اَلْحَمْدُ لِلّٰهِ ④ مَا شَاءَ اللّٰهُ ⑤ مَعَ السَّلَامَةِ

풀이 ① '괜찮아' ② '이리 오세요' ③ '하느님 덕분에' ④ '하느님께서 원하신 것입니다', ⑤ '안녕히 계세요/가세요'
"بِسْمِ اللّٰهِ(알라(하느님)의 이름으로)"는 식사 전뿐 아니라 차량에 탑승하면서, 강의를 시작하면서 등 모든 일을 시작하면서 하는 말이다.

무슬림 아랍 사람들은 보통 아침 식사에서 빵과 달걀과 (삶은) 콩을 먹고, 홍차를 마십니다. 점심 식사에서는 쌀밥과 함께 고기나 (통)닭을 먹습니다. 저녁 식사에서는 가벼운 음식을 먹습니다. 식사하거나 마실 때에는 오른손을 사용하며, 식전에 "알라의 이름으로"라고 말하고, 식후에는 "알라(하느님) 덕분에"라고 말합니다.

[정답] ③

3 생일이나 명절 등을 맞이하여 축하하는 덕담

생일 축하	▲ عِيدُ مِيلَادٍ سَعِيدٌ 즐거운 생일(이 되길 바라)
명절 맞이	▲ عِيدٌ مُبَارَكٌ 축복 받는 명절 (보내세요) ▲ عِيدٌ سَعِيدٌ 즐거운 명절 (보내세요) ▲ عِيدُكُمْ مُبَارَكٌ 귀하의 명절은 축복 받을 겁니다.
명절과 새해 맞이	▲ كُلُّ عَامٍ وَأَنْتُمْ بِخَيْرٍ 새해가 거듭되며 귀하가 건강하길 바랍니다.

문항 사례1

글의 내용으로 보아 빈칸에 들어갈 말로 알맞은 것은? 2017학년도 대학수학능력시험

> يَسْتَخْدَمُ الْعَرَبُ عِبَارَاتٍ كَثِيرَةً لِلتَّحِيَّةِ. مَثَلًا يَقُولُونَ "اَلسَّلَامُ عَلَيْكُمْ"، وَيُجِيبُونَ "وَعَلَيْكُمُ السَّلَامُ". وَهُنَاكَ تَحِيَّةٌ خَاصَّةٌ لِلْأَعْيَادِ كَعِيدِ الْفِطْرِ وَعِيدِ الْأَضْحَى، وَهِيَ "__________". وَيَسْتَخْدِمُ الْعَرَبُ هٰذِهِ التَّحِيَّةَ فِي رَأْسِ السَّنَةِ الْجَدِيدَةِ أَيْضًا .
>
> *عِبَارَاتٌ : 표현들

① صَبَاحَ النُّورِ ② فُرْصَةٌ سَعِيدَةٌ ③ مَسَاءَ الْخَيْرِ

④ عِيدُ مِيلَادٍ سَعِيدٌ ⑤ كُلُّ عَامٍ وَأَنْتُمْ بِخَيْرٍ

풀이 ① 아침 인사말 ② (처음 만났다가 헤어질 때) '즐거운 시간을 가졌다' ③ 저녁 인사말 ④ 생일 축하 인사말 ⑤ '매년 건강하길 기원합니다'

"كُلُّ عَامٍ وَأَنْتُمْ بِخَيْرٍ"에서 كُلُّ عَامٍ 앞에 يُقْبِلُ(다가온다)로 추정되는 동사가 생략되어 있다. 그러므로 글자 그대로의 의미는 "새해가 되풀이되어 다가오는 가운데 당신들도 건강하길 바란다"는 것이다.

아랍인들은 많은 인사 표현들을 사용한다. 예를 들면 "앗살람 알라이쿰"이라고 말하며, "와알라이쿠뭇살람"이라고 대답한다. 단식종료절과 희생절 같은 명절을 위해 "쿨루 아민 와안툼 비카이린"이라는 특별한 인사말도 있다. 아랍인들은 이 인사말을 신년 초에도 사용한다. [정답] ⑤

문항 사례2

빈칸에 공통으로 들어갈 말로 알맞은 것은? 2013학년도 대학수학능력시험 9월 모의평가

> سُومِي: مَاذَا يَقُولُ الْعَرَبُ لِلتَّهْنِئَةِ بِعِيدِ الْأَضْحَى عَادَةً؟
>
> كَرِيمٌ : __________ .
>
> سُومِي: وَمَاذَا يَقُولُ الْعَرَبُ لِلتَّهْنِئَةِ بِعِيدِ الْمِيلَادِ؟
>
> كَرِيمٌ : عِيدُ مِيلَادٍ سَعِيدٌ، وَ__________ .
>
> *تَهْنِئَةٌ : 축하

① لَازِمٌ ② صَحِيحٌ ③ اَلْحَمْدُ لِلّٰهِ ④ مَمْنُوعٌ الدُّخُولُ ⑤ كُلُّ عَامٍ وَأَنْتُمْ بِخَيْرٍ

풀이 ① '필요하다' ② '옳다' ③ '신 덕분에; 신을 찬미할지어다', ④ '출입금지'

희생절과 단식종료절 그리고 각종 경사스러운 날을 맞이하여 축하하는 의미로 ⑤ "كُلُّ عَامٍ وَأَنْتُمْ بِخَيْرٍ(매년 당신들이 건강하길 바랍니다)"라는 말을 한다.

수미: 아랍 사람들은 희생절을 축하하기 위해 보통 뭐라고 말합니까?

카림: 매년 건강하길 바랍니다.
수미: 아랍 사람들은 생일을 축하하기 위해 뭐라고 말합니까?
카림: 즐거운 생일입니다. 매년 건강하길 바랍니다. [정답] ⑤

문항 사례3

아랍인의 인사에 대한 글이다. 글의 내용으로 알 수 있는 것은? 2015학년도 대학수학능력시험 6월 모의평가

> اَلْمَعْنَى مِنَ التَّحِيَّةِ الْإِسْلَامِيَّةِ عِنْدَ الْعَرَبِ هُوَ السَّلَامُ، مِثْلَ "اَلسَّلَامُ عَلَيْكُمْ" وَ"وَعَلَيْكُمُ السَّلَامُ". أَمَّا الْمَعْنَى الْآخَرُ فَهُوَ تَبَادُلُ الْاِحْتِرَامِ بَيْنَ النَّاسِ، مَثَلًا يُسَلِّمُ الصَّغِيرُ عَلَى الْكَبِيرِ، وَيُسَلِّمُ الْمَاشِي عَلَى الْجَالِسِ، وَالدَّاخِلُ إِلَى بَيْتِهِ أَوْ بَيْتِ غَيْرِهِ يَقُولُ التَّحِيَّةَ.
>
> *تَبَادُلُ الْاِحْتِرَامِ : 상호 존경 *الْمَاشِي : 걷고 있는 사람 *الْجَالِسُ : 앉아 있는 사람

① 집단이 개인에게 먼저 인사한다.
② 인사에 대한 대답은 짧게 하는 것이 미덕이다.
③ 앉아 있는 사람이 서 있는 사람에게 먼저 인사한다.
④ 집에 있는 사람이 들어오는 사람에게 먼저 인사를 한다.
⑤ 아랍인의 이슬람식 인사에는 평화의 의미가 담겨 있다.

풀이 ① 집단이 개인에게 먼저 인사한다는 내용은 지문에 언급되지 않았지만 실제로도 그 반대이다.
② 인사에 대한 대답은 짧게 하는 것이 미덕이더라도 언급 자체가 없다.
③ 앉아 있는 사람이 먼저 인사하는 것이 아니라 일어나 떠나는 사람이 먼저 인사한다.
④ 들어오는 사람이 먼저 인사하는 것은 어느 사회에서나 적용되는 예절이다.
이상의 내용은 이슬람식 인사에만 적용되는 예절이 아니라 모든 사회에 적용된다고 보는 것이 타당하다. 엄밀한 의미에서 ①, ②, ③, ④가 정답이 아님은 선택지만 읽고서도 쉽게 알 수 있다.

아랍인들에게 있어서 이슬람식 인사의 의미는 "앗살람 알라이쿰"과 "와알라이쿠뭇살람"처럼 앗살람(평화; 알라를 지칭하는 말이기도 함)이다. 또 다른 의미는 사람들 간의 상호 존경이다. 예를 들면, 나이 어린 사람이 연장자에게 인사를 하고, 걷고 있는 사람이 앉아 있는 사람에게 인사를 하고, 자기 집이나 다른 사람의 집에 들어가는 사람이 인사를 한다. [정답] ⑤

문항 사례4

글의 내용으로 알 수 있는 것은? 2017학년도 대학수학능력시험 9월 모의평가

> مِنْ تَحِيَّاتِ العَرَبِ تَحِيَّاتٌ تَقْلِيدِيَّةٌ وَتَحِيَّاتٌ إِسْلَامِيَّةٌ. مِنَ التَّحِيَّاتِ التَّقْلِيدِيَّةِ "مَرْحَبًا" وَ"أَهْلًا وَسَهْلًا". وَتَحْمِلُ التَّحِيَّاتُ الْإِسْلَامِيَّةُ مَعْنَى السَّلَامِ عَامَّةً، وَمِنْ بَيْنِهَا "اَلسَّلَامُ عَلَيْكُمْ"، وَيَسْتَخْدِمُ الْمُسْلِمُونَ حَوْلَ الْعَالَمِ هٰذِهِ التَّحِيَّةَ عَادَةً.
>
> *مِنْ بَيْنِهَا : 그것들 중에는

① "مَرْحَبًا"은 이슬람식 인사말이다.

② "اَلسَّلَامُ عَلَيْكُمْ"은 전통식 인사말이다.

③ "أَهْلًا وَسَهْلًا"은 이슬람식 인사말이다.

④ 아랍인은 주로 전통식 인사말을 사용한다.

⑤ 이슬람식 인사말은 일반적으로 평화의 의미를 지닌다.

풀이 ① 전통 방식의 인사말이다.

② 이슬람식 인사말이다.

③ 전통 방식의 인사말이다.

④ 무슬림들은 보통 이슬람식 인사말을 사용한다고 적혀 있다.

⑤ 이슬람식 인사말로 보통 "앗살람 알라이쿰"이라는 인사말이 사용된다.

아랍 사람들의 인사말 중에는 전통 방식의 인사말과 이슬람식 인사말이 있다. 전통 방식의 인사말 중에는 "마르하반"과 "아흘란 와사흘란"이 있다. 이슬람식 인사말들은 보통 앗살람(평화; 알라)의 의미를 간직하고 있는데 그것들 중에는 "앗살람 알라이쿰"이 있으며, 세계의 무슬림들은 보통 이 인사말을 사용한다. [정답] ⑤

03 아랍의 명절

아랍과 이슬람 세계에서 공통으로 기념하는 명절에는 라마단 직후에 오는 '단식종료절 (عِيدُ الْفِطْرِ)'과 아브라함이 신에게 아들을 제물로 바친 것을 기리는 '희생절(عِيدُ الْأَضْحَى)'이 있다. 그러므로 수능 아랍어의 문화 영역 출제 소재로 이 명절들이 간혹 채택되고 있다.

■ 라마단과 단식종료절에 관한 일반적인 정보

라마단은 이슬람력으로 아홉 번째 달의 이름이다. 이달 내내 일출부터 일몰까지 건강한 성인은 단식을 한다. 단식종료절은 라마단 때, 꼬박 한 달 동안 낮 시간에 단식을 한 후에 그 단식을 깨는 첫날로서 10번째 달의 초하루이다. 단식종료절은 법적으로는 단 하루이지만 통상 연휴가 3일간 계속된다. 무슬림들은 명절 예배를 올린 후에 축하 인사를 나누고, 가족과 친지, 친구들을 방문하며 명절 음식으로 식사를 같이 한다. 특별히 이 기간 동안에 가난한 사람에게 온정을 많이 베풀기도 한다.

■ 희생절에 관한 일반적인 정보

희생절은 ذُو الْحِجَّةِ(이슬람력으로 12번째 달; 순례 달)의 (사흘 간의 메카) 순례를 마친 10일에 시작하여 13일까지 - (단식종료절인 عِيدُ الْفِطْرِ가 단 하루인 것과 달리) - 나흘간 지속된다. 희생절은 아브라함이 아들을 제물로 바치라는 신의 명령을 이행하는 순간 그의 아들 대신 양이 희생물로 바쳐졌다는 이야기를 기리도록 만들어진 명절이다.

문항 사례1

밑줄 친 هٰذَا에 해당하는 것은? 2018학년도 대학수학능력시험

> هٰذَا شَهْرُ الصَّومِ. فِي هٰذَا الشَّهْرِ، اَلْمُسْلِمُونَ لَا يَأْكُلُونَ وَلَا يَشْرَبُونَ فِي النَّهَارِ. وَهُوَ الشَّهْرُ التَّاسِعُ فِي التَّقْوِيمِ الْإِسْلَامِيِّ. وَبَعْدَ هٰذَا الشَّهْرِ يَأْتِي عِيدُ الْفِطْرِ.
>
> *التَّقْوِيمِ : 달력

① رَمَضَانُ ② اَلْحِجَابُ ③ اَلزَّكَاةُ ④ عِيدُ الْأَضْحَى ⑤ أَلْفُ لَيْلَةٍ وَلَيْلَةٌ

풀이 ① 단식월의 이름 ② '히잡' ③ '자카트(희사금)' ④ '희생절' ⑤ '천일야화(千一夜話)'

이것은 단식하는 달입니다. 이달에 무슬림들은 낮에는 먹지도 마시지도 않습니다. 이것은 이슬람력으로 아홉 번째 달입니다. 이달 다음에 단식종료절이 옵니다. [정답] ①

문항 사례2

빈칸에 들어갈 말로 알맞은 것은? 2016학년도 대학수학능력시험

> سُو مِي: يَا سَمِيرَةُ، مَا هُوَ ________ ؟
> سَمِيرَةُ : هُوَ عِيدُ الْمُسْلِمِينَ الْأَوَّلُ، وَيَأْتِي بَعْدَ نِهَايَةِ شَهْرِ رَمَضَانَ.
> سُو مِي: وَمَاذَا يَفْعَلُ الْمُسْلِمُونَ فِيهِ؟
> سَمِيرَةُ : يَزُورُونَ الْأَقْرِبَاءَ وَالْأَصْدِقَاءَ وَيَتَبَادَلُونَ التَّهْنِئَةَ بَعْدَ صَلَاةِ الْعِيدِ.
>
> *يَتَبَادَلُونَ : ~을 주고 받다

① الْحَجُّ ② الصَّوْمُ ③ الْمَهْرُ ④ عِيدُ الْفِطْرِ ⑤ عِيدُ الْأَضْحَى

풀이 ① '순례' ② '단식' ③ '신부 값' ④ '단식종료절' ⑤ '희생절'

수미: 사미라야, 이둘피트르가 무엇이야?
사미라: 그것은 무슬림들의 첫 번째 명절이야. 그리고 라마단 달 바로 다음에 와.
수미: 무슬림들은 그때 무엇을 해?
사미라: 친척들과 친구들을 찾아가서 명절 예배를 마치고 축하 인사를 주고받아. [정답] ④

문항 사례3

글의 내용과 일치하지 않는 것은? 2018학년도 대학수학능력시험 6월 모의평가

> عِيدُ الْفِطْرِ هُوَ عِيدٌ صَغِيرٌ فِي الْعَالَمِ الْإِسْلَامِيِّ. يَأْتِي بَعْدَ نِهَايَةِ شَهْرِ رَمَضَانَ. فِي هٰذَا الْعِيدِ يَلْبَسُ الْعَرَبُ الْمُسْلِمُونَ مَلَابِسَ جَدِيدَةً، وَيَزُورُونَ الْعَائِلَةَ وَالْأَصْدِقَاءَ بَعْدَ صَلَاةِ الْعِيدِ. وَتَهْنِئَةُ هٰذَا الْعِيدِ هِيَ "كُلُّ عَامٍ وَأَنْتُمْ بِخَيْرٍ".

① عِيدُ الْفِطْرِ는 라마단 달 초순에 있다.
② عِيدُ الْفِطْرِ 이슬람 세계의 작은 명절이다.
③ عِيدُ الْفِطْرِ에 아랍 무슬림들은 새 옷을 입는다.
④ عِيدُ الْفِطْرِ의 축하 인사는 "كُلُّ عَامٍ وَأَنْتُمْ بِخَيْرٍ"이다.
⑤ عِيدُ الْفِطْرِ 예배 후에 아랍 무슬림들은 가족과 친구들을 방문한다.

풀이 عِيدُ الْفِطْرِ(단식종료절)는 이슬람력으로 9번째 달인 라마단이 끝나고 바로 이어지는 10번째 달 초하루이다. 흔히 عِيدُ الْفِطْرِ가 사흘인 것으로 알고 있지만 단식종료절은 단 하루이다. 다만 우리의 중추절이나 설 연휴처럼 단식종료절을 포함하여 보통 사흘 동안의 휴일을 갖는다. 사흘 동안 단식을 깨뜨리는 것이 아니라 단식을 깨뜨리는 것은 한 번의 식사로 이루어지는 것이기 때문이다. 전제적인 국가일수록 간혹 명절에 이어지는 공휴일의 기간이 더 길어지기도 한다.

단식종료절은 이슬람 세계에서 작은 명절이다. 라마단 달이 끝나면서 온다. 이 명절에 아랍 무슬림들은 새 옷을 입고 명절 예배 후에 가족과 친구들을 방문한다. 이 명절의 축하 인사말은 바로 "매년 당신들이 건강하시길 바랍니다"이다. [정답] ①

문항 사례4

밑줄 친 هُوَ에 해당하는 것은? 2018학년도 대학수학능력시험 9월 모의평가

هُوَ مِنَ الْأَعْيَادِ الدِّينِيَّةِ فِي الْعَالَمِ الْإِسْلَامِيِّ، وَيَأْتِي هٰذَا الْعِيدُ بَعْدَ نِهَايَةِ الْحَجِّ فِي شَهْرِ ذِي الْحِجَّةِ مِنْ كُلِّ عَامٍ. وَيُسَمَّى هٰذَا الْعِيدُ أَيْضًا بِالْعِيدِ الْكَبِيرِ. يَذْبَحُ الْمُسْلِمُونَ الْخَرُوفَ عَادَةً فِي هٰذَا الْعِيدِ.

*ذِي الْحِجَّةِ : 헤지라력의 마지막 달 이름　*يُسَمَّى : ~라고 불린다　*يَذْبَحُ : 도축한다

① اَلزَّكَاةُ　② رَمَضَانُ　③ عِيدُ الْفِطْرِ　④ الْعَرَبِيُّ اَلْخَطُّ　⑤ عِيدُ الْأَضْحَى

풀이 ① '희사' 또는 '이슬람 종교세' ② '라마단' ③ '단식종료절' ④ '아랍 서체' ⑤ '희생절'

그것은 이슬람 세계에서 종교적 명절 중의 하나이며, 이 명절은 매년 순례 달에 순례가 끝나고 난 다음에 온다. 이 명절은 큰 명절이라고도 불린다. 무슬림들은 이 명절에 보통 양을 도축한다. [정답] ⑤

04 이슬람의 관습

이슬람 세계에서는 일생에서 수행해야 하는 다섯 가지 관습이 있다. 이것들을 이슬람의 다섯 기둥이라고 한다. 증언(신앙 고백), 예배, 단식, 자카트(희사), 성지 순례가 그것들이다.

■ **증언:** 샤하다(الشَّهَادَة)라고 하는데 그 내용은 "알라 외에 신이 없고 무함마드가 알라의 사도입니다(أَشْهَدُ أَنَّ لَا إِلٰهَ إِلَّا اللّٰهُ، وَأَشْهَدُ أَنَّ مُحَمَّدًا رَسُولُ اللّٰهِ)"라고 자신의 신앙을 고백하는 것이다.

■ **예배:** 살라(الصَّلَاة)라고 한다. 예배는 하루에 다섯 차례 정해진 시각에 한다. 각 예배의 시작 시각은 태양의 위치와 관련이 있으며, 예배 시각은 예배 이름에 나타나 있다. 새벽 예배, 정오 예배, 아스르(늦은 오후) 예배, 일몰 예배, 저녁 예배가 그것들이다. 예배의 방향은 메카 대사원에 있는 카바 신전이다. 이슬람 세계에서 볼 때 메카가 세상의 중심인 것이다. 이런 모습에서 "컴퓨터 산업의 메카(중심지) 실리콘밸리에서 여러분을 환영합니다"와 같은 표현이 유래되었다.

■ **단식:** 사움(الصَّوْم) 또는 시얌(الصِّيَام)이라고 한다. 이슬람에서 성인에게 의무로 정해져 있는 단식은 일출부터 일몰까지 라마단 달 내내 한다. 단식 시간 동안에는 먹고 마시며 피우며 씹으며 목으로 넘기는 모든 행위를 금한다. 단식 시간 동안에는 부부 간의 성행위까지도 금한다.

■ **희사(喜捨):** 자카트(الزَّكَاة)라고 한다. 무슬림의 의무로서 납부하는 희사금은 소득의 2.5%이다(참조: 기독교의 십일조(十一租)는 10%).

■ **순례:** 핫지(الْحَجّ)라고 한다. 순례는 이슬람의 5주 (또는 5행) 중의 다섯 번째 기둥이며, 정해진 기간에 메카에 가서 정해진 순례 의식을 치르는 것이다. 이 순례는 (경제적 · 신체적) 능력이 있는 성인 무슬림에게 일생에 한 번은 다녀와야 할 의무이다. 의무적으로 수행해야 할 정해진 기간은 열두 번째 달 8일부터 10일까지이다. 그 밖의 일자에도 순례를 다녀올 수는 있지만 이때의 순례는 의무가 아니다. 순례를 마치고 나서는 양을 희생시키며 아브라함이 아들을 제물로 바치려 했던 일을 기린다.

문항 사례1

밑줄 친 هُوَ에 해당하는 것은? 2017학년도 대학수학능력시험 6월 모의평가

هُوَ الرُّكْنُ الْخَامِسُ فِي الْإِسْلَامِ، وَمَعْنَاهُ زِيَارَةُ مَكَّةَ بِالسُّعُودِيَّةِ لِأَدَاءِ الْمَنَاسِكِ مَرَّةً وَاحِدَةً فِي الْعُمْرِ، وَهُوَ وَاجِبٌ عَلَى كُلِّ مُسْلِمٍ عِنْدَهُ الْمَالُ وَالصِّحَّةُ.

*الرُّكْنُ : 기둥 *لِأَدَاءِ الْمَنَاسِكِ : 종교 의식을 수행하기 위하여 *الْمَالُ : 돈, 재산

① 순례 ② 라마단 ③ 자카트 ④ 신앙 고백 ⑤ 아라베스크

풀이 이슬람의 5주 중에서 다섯 번째의 것이 성지 메카를 순례하는 것이다. 이 5주를 이행해야 할 의무라는 점에서 5행(行)이라고도 한다. 신앙 고백, 예배, 단식, 자카트, 순례를 이르는 말이다.

그것은 이슬람의 다섯 번째 기둥이고, 그것의 의미는 (순례 동안에 행하는) 의식을 수행하기 위해서 일생에 한 번은 사우디아라비아에 있는 메카를 방문하는 것이며, 그것은 재물이 있고 건강한 무슬림에게는 의무이다.

[정답] ①

문항 사례2

그림과 글이 설명하는 도시는? 2018학년도 대학수학능력시험 6월 모의평가

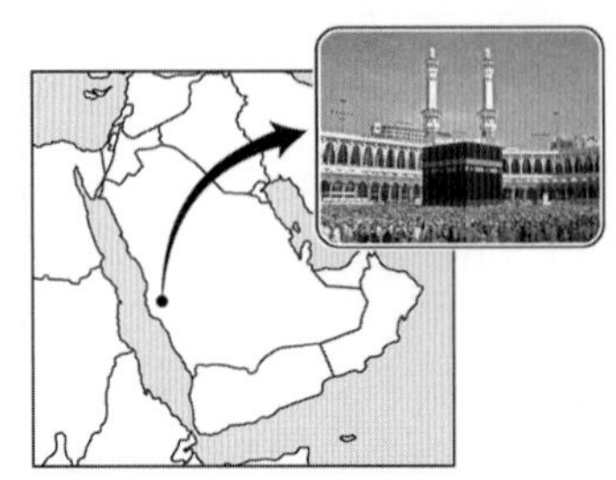

تَقَعُ هٰذِهِ الْمَدِينَةُ فِي غَرْبِ الْمَمْلَكَةِ الْعَرَبِيَّةِ السُّعُودِيَّةِ. وَيُحِبُّ الْمُسْلِمُونَ هٰذِهِ الْمَدِينَةَ، وَيَجِبُ عَلَى كُلِّ مُسْلِمٍ قَادِرٍ أَنْ يَزُورَ هٰذِهِ الْمَدِينَةَ مَرَّةً وَاحِدَةً أَوْ أَكْثَرَ لِلْحَجِّ.

*قَادِرٍ : 능력이 있는

① دِمَشْقُ ② مَكَّةُ ③ عَمَّانُ ④ اَلْكُوَيْتُ ⑤ اَلْخَرْطُومُ

풀이 지문에서 능력이 있는 무슬림에게는 이 도시를 순례하는 것이 의무라고 언급되어 있다. 이때 능력이 있는 무슬림이란 경제적 그리고 신체적으로 순례를 감당할 수 있어야 한다는 의미이다. 순례 경비를 다른 사람이 대신 부담해서는 안 되기 때문이다.

이 도시는 사우디아라비아 왕국의 서쪽에 위치하고 있다. 무슬림들은 이 도시를 좋아하며, 능력이 있는 모든 무슬림들에게 순례를 위해 한 번 이상 이 도시를 방문하는 것이 의무이다.

[정답] ②

문항 사례3

사진과 대화로 보아 가장 관련이 있는 것은? 2008학년도 대학수학능력시험

A: مَاذَا يَفْعَلُ الْمُسْلِمُونَ؟

B: يَطُوفُونَ حَوْلَ الْكَعْبَةِ ٧ مَرَّاتٍ.

*يَطُوفُونَ حَوْلَ... : 그들은 … 주위를 돈다

*اَلْكَعْبَةُ : 카바 신전

① 단식 ② 결혼식 ③ 졸업식 ④ 성년식 ⑤ 성지 순례

풀이 무슬림들은 메카 순례 때 대사원의 카바 신전 주위를 7바퀴 순회한다.

A: 무슬림들이 무엇을 합니까?
B: 그들은 카바 신전 주위를 7번 돌고 있습니다. [정답] ⑤

문항 사례4

사진과 설명으로 보아 관련 있는 것은? 2007학년도 대학수학능력시험

◎ هٰذَا وَاجِبٌ لِكُلِّ مُسْلِمٍ.
◎ يَقُومُ بِهِ الْمُسْلِمُونَ فِي شَهْرِ ذِي الْحِجَّةِ.

*يَقُومُ بِـ : ~을 행하다 *شَهْرُ ذِي الْحِجَّةِ : 이슬람력 12월

① 세례 ② 순례 ③ 할례 ④ 혼례 ⑤ 성년식

풀이 شَهْرِ ذِي الْحِجَّةِ은 이슬람력으로 12번째 달의 이름이며, 우리말로 "순례 달"이라는 의미이다.

◎ 이것은 모든 무슬림의 의무이다.
◎ 무슬림들이 순례 달에 그것을 행한다. [정답] ②

05 아랍인의 의상

■ 히잡에 관한 일반적인 정보

히잡은 도구 명사 형태의 낱말이며, 의미는 가리개이고, 가리는 부분은 머리카락이다. 옆 머리카락까지 가리려면 자연히 귀도 가리게 된다. 히잡을 쓰는 이유는 "… (얼굴과 손처럼) 보이게 되는 부분을 제외하고는 여성들의 장식을 (외간 남자에게) 보이지 말고, 키마르로 가슴을 감싸고, 남편이나 친정 아버지나 시아버지나 자식이나 남자형제나 형제자매의 자식이나 같은 여성이나 육체적 욕망이 없는 하인이나 성을 알지 못하는 어린 아이를 제외하고는 여성의 아름다움을 보이지 말라"고 말하라."라는 코란 구절에서 간음 예방을 위해 착용하라고 했기 때문이다. 그래서 집안에서는 착용하지 않고 외출할 때 착용한다.

문항 사례1

무슬림 여성의 اَلْحِجَابُ에 관한 글이다. 글의 내용으로 알 수 있는 것은? 2016학년도 대학수학능력시험

◎ تَلْبَسُ الْمَرْأَةُ الْمُسْلِمَةُ الْحِجَابَ عِنْدَمَا تَصِلُ إِلَى سِنِّ الْبُلُوغِ.
◎ تُغَطِّي الْمَرْأَةُ بِالْحِجَابِ شَعْرَ الرَّأْسِ وَالْجِسْمَ، وَتَكْشِفُ عَنِ الْوَجْهِ وَالْيَدِ.
◎ تَلْبَسُهُ عِنْدَمَا تَخْرُجُ مِنَ الْبَيْتِ.

*سِنّ الْبُلُوغ : 성년 *تُغَطِّي : ~을 가리다 *شَعْرَ الرَّأْسِ : 머리카락

① 사막 생활에 적합하다.
② 결혼한 이후에 착용한다.
③ 집에서 외출할 때 착용한다.
④ 다양한 디자인과 색상이 있다.
⑤ 최근에는 머리카락을 가리지 않는다.

풀이 ① 사막 생활에 적합하긴 하지만 주어진 글에 이에 대한 언급은 없다.
② 결혼 여부와 관계 없이 성년이 되면 착용하는 것이다.
④ 최근에는 다양한 디자인과 색상이 있지만 주어진 글에 이에 대한 언급이 없다.
⑤ 히잡은 한마디로 머리카락을 가리는 것이다.

◎ 무슬림 여성은 성년에 이르렀을 때 히잡을 착용합니다.
◎ 여성은 히잡으로 머리카락과 몸을 덮고, 얼굴과 손은 드러냅니다.
◎ 집에서 외출할 때 그것을 착용합니다.

[정답] ③

문항 사례2

다음 글이 공통으로 설명하고 있는 것은? 2013학년도 대학수학능력시험

◎ هٰذَا مَلْبَسٌ عَرَبِيٌّ وَاسْمُهُ كُوفِيَّةٌ.

◎ عَادَةً يَضَعُهُ الرَّجُلُ الْعَرَبِيُّ عَلَى الرَّأْسِ.

◎ مِنْ أَلْوَانِهِ الْأَحْمَرُ وَالْأَبْيَضُ وَالْأَسْوَدُ.

*أَلْوَانٌ : 색깔들

① 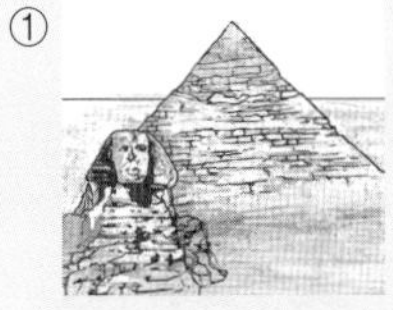
② 
③ 

④ 
⑤ 

풀이

◎ 이것은 아랍의 의상이다.
◎ 보통 아랍 남성이 머리에 얹는다.
◎ 그것의 색깔들 중에는 붉은색과, 흰색, 검은색이 있다.

[정답] ⑤

문항 사례3

글의 내용에 해당하는 그림은? 2015학년도 대학수학능력시험 9월 모의평가

يَلْبَسُ كَثِيرٌ مِنَ الرِّجَالِ الْعَرَبِ الْمَلَابِسَ التَّقْلِيدِيَّةَ فِي الْحَيَاةِ الْيَوْمِيَّةِ، وَمِنْهَا الثَّوْبُ وَالْكُوفِيَّةُ وَالْعِقَالُ. اَلثَّوْبُ مَلْبَسٌ طَوِيلٌ، وَالْكُوفِيَّةُ مِثْلَ مَنْدِيلٍ كَبِيرٍ. يَضَعُ الرِّجَالُ الْكُوفِيَّةَ عَلَى رُؤُوسِهِمْ وَيَضَعُونَ الْعِقَالَ عَلَى الْكُوفِيَّةِ.

*مَنْدِيلٍ : 사각의 천

① 
② 
③ 
④ 
⑤ 

풀이

많은 아랍의 남성들이 일상생활에서 전통 옷들을 입는다. 그것들 중에는 사웁과 쿠피야와 이칼이 있다. 사웁은 긴 옷이며, 쿠피야는 큰 사각형 수건과 비슷하다. 남자들은 머리 위에 쿠피야를 얹고, 쿠피야 위에 이칼을 얹는다.

[정답] ①

06 금기와 허용: 돼지고기, 술

허용된 것을 할랄(حَلَال)이라고 하고, 금지된 것을 하람(حَرَام)이라고 한다. 음식물 중에서 대표적인 하람은 돼지고기와 술이다. 돼지고기와 술임을 인지하고 있다면(단, 모르고 먹는 경우는 제외) 어떠한 경우에도 이 두 가지를 섭취하는 것은 금지되어 있다. 특히 육류의 경우에는 하람이 아니더라도 할랄 조건을 충족하지 않으면 섭취하지 않는 무슬림이 아주 많다. 그 할랄 조건에는 이슬람식 도살 의식이 들어 있다. "비스밀라(بِسْمِ اللّٰهِ: 알라의 이름으로)"라는 말을 하고 도살하는 것이 그것이다.

문항 사례1

대화의 내용으로 보아 빈칸에 들어갈 말로 알맞은 것은? 2018학년도 대학수학능력시험 6월 모의평가

جُون: هَلْ يَأْكُلُ الْمُسْلِمُ لَحْمَ الْخِنْزِيرِ، يَا عُمَرُ؟

عُمَرُ: لَا، اَلْمُسْلِمُ لَا يَأْكُلُ لَحْمَ الْخِنْزِيرِ، كَمَا أَنَّهُ لَا يَشْرَبُ الْخَمْرَ.

جُون: لِمَاذَا؟

عُمَرُ: لِأَنَّ كُلَّ هٰذَا ________ عَلَى الْمُسْلِمِ كَمَا جَاءَ فِي الْقُرْآنِ.

* الْخِنْزِير : 돼지 * الْخَمْر : 술

① جَدِيدٌ ② حَرَامٌ ③ حَلَالٌ ④ سَرِيعٌ ⑤ مُبَكِّرٌ

풀이 ① '새롭다' ② '금지되어 있다' ③ '허용되어 있다' ④ '빠르다' ⑤ '이르다'

존: 오마르야, 무슬림이 돼지고기를 먹니?
오마르: 아니, 무슬림은 돼지고기를 먹지 않아. 또한 술도 마시지 않아.
존: 왜?
오마르: 이 모두가 코란에 언급되어 있는 것으로 무슬림에게는 금지되어 있기 때문이야. [정답] ②

문항 사례2

글의 내용으로 보아 사미르가 먹지 않는 것은? 2006학년도 대학수학능력시험

أَنَا سَمِيرٌ وَأَنَا مُسْلِمٌ. آكُلُ السَّمَكَ وَالدَّجَاجَ وَلَحْمَ الْبَقَرِ وَلَحْمَ الْخَرُوفِ، وَلَا آكُلُ لَحْمَ الْخِنْزِيرِ.

* الْخِنْزِير : 돼지

① 생선 ② 닭고기 ③ 쇠고기 ④ 양고기 ⑤ 돼지고기

풀이

나는 사미르이며 무슬림입니다. 나는 생선과 닭, 소고기, 그리고 양고기를 먹으며, 돼지고기는 먹지 않습니다.
[정답] ⑤

문항 사례3

다음 글로 보아 مَحْمُودٌ이 먹지 않는 것은? 2008학년도 대학수학능력시험

مَحْمُودٌ لَا يَأْكُلُ هٰذَا اللَّحْمَ لِأَنَّهُ مُسْلِمٌ.

① 돼지 ② 닭 ③ 양 ④ 오리 ⑤ 소

풀이

마흐무드는 무슬림이기 때문에 이 고기를 먹지 않습니다. [정답] ①

문항 사례4

음식 문화에 관한 글이다. 빈칸 (a), (b)에 들어갈 말로 알맞은 것은? 2016학년도 대학수학능력시험

يَأْكُلُ الْمُسْلِمُونَ الْعَرَبُ لُحُومَ ＿＿(a)＿＿ مِثْلَ الْبَقَرِ وَالْخَرُوفِ وَالدَّجَاجِ الْمَذْبُوحَةِ عَلَى الطَّرِيقَةِ الْإِسْلَامِيَّةِ. وَلٰكِنَّهُمْ لَا يَأْكُلُونَ لُحُومَ ＿＿(b)＿＿ مِثْلَ الْخِنْزِيرِ.

*الْمَذْبُوحَةِ : 도축된 *الْخِنْزِيرِ : 돼지

① (a) الزَّكَاةِ (b) الصَّوْمِ
② (a) الْحَرَامِ (b) الزَّكَاةِ
③ (a) الْحَرَامِ (b) الْحَلَالِ
④ (a) الْحَلَالِ (b) الصَّوْمِ
⑤ (a) الْحَلَالِ (b) الْحَرَامِ

풀이

아랍 무슬림들은 이슬람식으로 도축된 소와 양 그리고 닭과 같은 허용된 것의 고기를 먹습니다. 그러나 그들은 돼지와 같이 금지된 것의 고기는 먹지 않습니다. [정답] ⑤

07 차 문화

문항 사례

글의 내용으로 알 수 없는 것은? 2015학년도 대학수학능력시험 6월 모의평가

يُحِبُّ الْعَرَبُ الشَّايَ وَالْقَهْوَةَ، وَيُفَضِّلُونَ الشَّايَ الْأَحْمَرَ عَلَى الْأَخْضَرَ، وَيَضَعُونَ عَادَةً السُّكَّرَ
وَالْحَلِيبَ مَعَ الشَّايِ. وَأَخَذَ الْعَرَبُ كَلِمَةَ "الشَّايُ" مِنَ اللُّغَةِ الصِّينِيَّةِ. أَمَّا الْقَهْوَةُ فَتَارِيخُهَا طَوِيلٌ
عِنْدَ الْعَرَبِ وَأَنْوَاعُهَا كَثِيرَةٌ، مِثْلَ الْقَهْوَةِ التَّقْلِيدِيَّةِ وَالْقَهْوَةِ البَدَوِيَّةِ، وَالْقَهْوَةِ التُّرْكِيَّةِ.
وَلِهٰذَا، أَخَذَ الْغَرْبُ كَلِمَةَ 'coffee' مِنَ اللُّغَةِ الْعَرَبِيَّةِ

*يُفَضِّلُونَ : 선호하다

① 아랍인은 차와 커피를 좋아한다.
② 'coffee'라는 말은 아랍어에서 유래했다.
③ 아랍의 차 역사는 커피의 역사보다 길다.
④ 아랍인은 보통 차에 설탕과 우유를 넣는다.
⑤ 아랍의 커피에는 전통 커피, 베두윈 커피, 터키 커피가 있다.

풀이 ③ 아랍의 커피 역사가 길다고 언급되어 있지만 차의 역사와의 비교는 언급되어 있지 않다. 나머지 선택지의 내용은 대체로 아랍인의 성향과 부합한다.

아랍 사람들은 차와 커피를 좋아하며, 녹차보다 홍차를 선호하고, 보통 차와 함께 설탕과 우유를 넣습니다. 아랍인들은 "샤이"라는 단어를 중국어에서 가져왔습니다. 커피에 대해 말하자면 커피의 역사는 아랍인에게 있어서 깁니다. 그 종류도 전통 커피, 베두윈 커피, 터키 커피처럼 많습니다. 이런 이유로 서양이 'coffee'라는 낱말을 아랍어에서 가져왔습니다.

[정답] ③

08 결혼 문화

아랍 사회의 혼인 과정은 대체로 다음과 같다.

중매인(仲媒人)이 신랑 신부 양가의 혼인 의사를 확인하고 각자에게 소개한다. 마흐르를 포함하여 혼인에 대한 합의가 이루어지면 혼인 날짜를 잡고 이날 혼인 사무를 담당하는 관할 사무소에 가서 مَأْذُون(혼인 절차를 주관하도록 법관에 의해 권한을 위임받은 자)의 입회 하에 혼인계약서에 관계자들(신랑과 신부, 양가의 보호자, 증인들)이 서명한다. 혼인 계약서에 서명할 때 마둔(مَأْذُون)이 보통 코란 개경장을 낭송한다. 이 서명 의식이 결혼식과 혼인신고에 해당하는 것이다. 혼인계약서의 특이사항으로는 마흐르(신부 값)가 기입되어 있어야 한다는 것이다. 신랑 신부가 신혼 초야를 치르기 전에 실제로 마흐르를 주고받지 않으면 그 혼인은 무효이다.

일반적으로 혼인 계약서에 서명한 날 저녁에 حَفْلَة زَفَافٍ (수능 기출문제에서는 حَفْلَة زَوَاجٍ으로 표기; 결혼 피로연)을 베푼다. (기출문제에서는 이 피로연이 결혼식인 것으로 인식하고 있음)

이슬람 세계에서 신랑과 신부가 사촌 남매인 경우가 상당히 많다. 도시보다는 지방에서 그리고 보수적인 가정에서 사촌혼 혹은 족내혼의 사례가 많다. 그 연유는 코란에서 찾을 수 있다.

> *"너희에게는 너희의 모친과, 딸, 자매, 고모, 이모, 형제의 딸, 자매의 딸, 너희에게 젖을 먹인 유모, 젖자매, 너희 처의 모친, 너희와 잠자리를 같이 한 너희의 처에 의해 너희가 후견인이 되는 의붓딸과의 결혼이 금지되어 있느니라. 그러나 너희가 그녀들과 잠자리를 같이 하지 않았다면 너희에게 죄가 되지 않느니라. 그리고 너희가 낳은 아들의 처와의 결혼과 두 자매와 동시에 결혼 생활하는 것은 금지되어 있으나 이미 지나간 것은 제외되느니라. 실로 알라께서는 가장 너그러우시고 자비로우시니라".* (코란 4장 23절)

코란에 혼인을 금지하고 있는 근친은 3촌 이내의 친척과 인척이다. 이 금지 범위 밖의 친인척 중 가장 가까운 촌수는 사촌이다. 사촌은 다른 촌수 관계에 있는 사람들보다 나이가 엇비슷한 경우가 많다. 그래서 부부로 맺어지는 데 유리하다.

문항 사례

대화의 내용으로 알 수 있는 것은? 2017학년도 대학수학능력시험 6월 모의평가

سُوجِي: كَيْفَ يَتِمُّ الزَّوَاجُ فِي الْمُجْتَمَعِ الْعَرَبِيِّ؟

لَيْلَى : يَعْتَقِدُ الْمُسْلِمُ أَنَّ الزَّوَاجَ وَاجِبٌ دِينِيٌّ وَاجْتِمَاعِيٌّ. يُعْطِي الْعَرِيسُ الْمَهْرَ لِعَائِلَةِ الْعَرُوسِ، وَتَسْتَخْدِمُ الْعَائِلَةُ هٰذَا الْمَهْرَ لِلْعَرُوسِ. لَا زَوَاجَ بِدُونِ مَهْرٍ. تَبْدَأُ حَفْلَةُ الزَّوَاجِ بَعْدَ الْعَقْدِ بَيْنَ الْعَرُوسِ وَالْعَرِيسِ.

*الْعَرِيسُ : 신랑　*الْعَرُوسِ : 신부　*الْمَهْرَ : 마흐르(혼례금)　*الْعَقْدِ : 계약

① 중매 결혼이 일반적이다.

② 사촌 간의 결혼이 가능하다.

③ 신랑은 신부 가족에게 마흐르를 준다.

④ 증인은 결혼 계약서를 작성할 때 참석한다.

⑤ 신랑은 결혼 동의를 얻기 위해 신부의 집으로 간다.

풀이 ① 아랍 사회에서는 연애 결혼보다 중매 결혼이 보다 일반적이지만 대화문에 이에 대한 언급이 없다. (X)

② 이슬람 세계에서는 3촌 이내의 인물과 혼인할 수 없다. 4촌 간의 결혼이 가능하며 보수적인 가정일수록 그 사례가 많은 편이다. 그러나 대화문에 이에 대한 언급이 없다. (X)

③ 대화문에 따르면 신랑이 신부 가족에게 마흐르를 준다가 맞다. (O)

※그러나 사실과 일치하지는 않다. 신부 가족에게 준다는 말은 대단히 애매한 말이다. 가족이 어디까지이며 누구에게 준다는 것인지 애매한 표현이기도 하지만 마흐르는 전적으로 신부의 소유이다. 마흐르는 결혼 후 남편의 부재로 인해 아내가 생활 능력이 없게 되었을 때를 대비하여 신랑이 신부에게 미리 주는 금품이다. 친정의 어느 누구에게도 이 마흐르를 사용할 수 있는 권리가 없다.

④ 증인은 결혼 계약서를 작성할 때 참석한다는 맞는 말이지만 대화문에 언급이 없다. (X)

⑤ 신랑은 결혼 동의를 얻기 위해 신부의 집으로 간다는 내용은 대화문에 언급이 없을 뿐 아니라 결혼 동의를 받는 장소는 어느 곳이든 상관이 없다. (X)

수지: 아랍 사회에서 결혼은 어떻게 이루어져?

라일라: 무슬림은 결혼이 종교적 그리고 사회적 의무라고 믿어. 신랑이 신부 가족에게 신부 값을 주고, 가족은 이 신부 값을 신부를 위해 사용해. 신부값 없는 결혼은 없어. 결혼 피로연은 신랑과 신부 간의 (혼인) 계약이 있은 후에 시작해.

[정답] ③

09 아랍인의 인명

일반적으로 아랍인의 공식 이름에는 자신의 개인 이름과 직계 조상들의 이름, 그리고 가문이나 부족명 또는 출신지명이 연이어 언급되어 있기 때문에 자신의 이름과 중간 이름 그리고 성으로만 구성된 서구인들의 이름보다 더 긴 편이다.

어떤 경우든 맨 처음에 나오는 이름이 자신의 개인 이름이고, 그 다음에 아버지, 할아버지, 증조부 등 그리고 가문이나 부족의 이름 또는 출신지명을 가리키는 관계형용사가 이어지곤 한다.

예를 들면,

사우디아라비아의 초대 국왕의 이름 اَلْمَلِك عَبْد الْعَزِيزِ عَبْدِ الرَّحْمَنِ فَيْصَلِ تُرْكِيّ آل سُعُود 알말릭 압둘아지즈 압두르라흐만 파이살 투르키 알 수우드에서 اَلْمَلِك 알말릭은 국왕이라는 직함이고, عَبْد الْعَزِيزِ 압둘아지즈는 국왕 자신의 이름이며, عَبْد الرَّحْمَن 압두르라흐만은 아버지의 이름, فَيْصَل 파이살은 조부의 이름, تُرْكِيّ 투르키는 증조부의 이름, 그리고 آل سُعُود 알 수우드는 '수우드 가문'이라는 뜻이다. 즉, '수우드 가문의 투르키의 (아들) 파이살의 (아들) 압두르라흐만의 (아들) 압둘아지즈 국왕'이라는 뜻이다.

كُنْيَة: '쿤야'라는 것은 가족 관계의 낱말(아버지, 어머니, 아들, 딸, 형제, 자매 등)을 이용하여 부르는 이름을 가리키는 것이다. (예: أَبُو سَعِيدٍ, اِبْن خَلْدُون, أُمّ كُلْثُوم, بِنْت مُحَمَّدٍ 등)

문항 사례1

대화의 내용으로 보아 سَمِيرٌ에 관해 알 수 있는 것은? 2017학년도 대학수학능력시험

مِين سُو: اِسْمِي "كِيم مِين سُو". يُمْكِنُ أَنْ تُنَادِيَنِي بِـ"مِين سُو"، لِأَنَّ "كِيم" هُوَ اسْمُ الْعَائِلَةِ.

سَمِيرٌ: اِسْمِي "سَمِيرٌ بْنُ حَسَنٍ". يُمْكِنُ أَنْ تُنَادِيَنِي بِـ "سَمِيرٌ" فَقَطْ، لِأَنَّ "حَسَنٌ" هُوَ اسْمُ أَبِي. وَأَيْضًا يُمْكِنُ أَنْ تُنَادِيَنِي بِـ "أَبُو كَرِيمٍ"، لِأَنَّ "كَرِيمٌ" هُوَ اسْمُ ابْنِي الْأَكْبَرِ.

*تُنَادِيَنِي بِـ...: 나를 ~라고 부른다

① 그의 성은 سَمِيرٌ이다. ② 그의 장남 이름은 حَسَنٌ이다.
③ 그의 아버지 이름은 كَرِيمٌ이다. ④ 그를 أَبُو كَرِيمٍ으로 부르기도 한다.
⑤ 그의 부인을 أُمُّ حَسَنٍ으로 부르기도 한다.

풀이 ① 사미르의 성은 언급되어 있지 않다.
② حَسَنٌ은 그의 장남 이름이 아니라 아버지 이름이다.
③ كَرِيمٌ은 그의 장남 이름이다.

④ 장남의 이름인 كَرِيمٌ을 이용하여 '카림의 아버지'라고 부른 이름을 كُنْيَة라고 한다.
⑤ أُمُّ حَسَنٍ은 그의 할머니를 이르는 표현이다.

민수: 내 이름은 "김민수"야. "김"은 성(가족의 이름)이기 때문에 나를 "민수"라고 불러도 돼.
사미르: 내 이름은 "사미르 븐 하산"입니다. "하산"은 우리 아버지 이름이기 때문에 나를 "사미르"라고만 불러도 됩니다. 또한 나의 큰아들이 카림이기 때문에 "카림의 아버지"라고 불러도 됩니다. [정답] ④

문항 사례2

글의 내용으로 보아 대화의 빈칸에 들어갈 말로 알맞은 것은? 2014학년도 대학수학능력시험 6월 모의평가

> اَلْعَرَبُ يُنَادُونَ الأَبَاءَ وَالْأُمَّهَاتِ بِاسْمِ وَلَدِهِمِ الْكَبِيرِ فِي الْأُسْرَةِ بَعْدَ الزَّوَاجِ لِلْاِحْتِرَامِ. وَأَيْضًا اَلْكُورِيُّونَ يُنَادُونَ بِاسْمِ أَوْلَادِهِمْ. تُسَمَّى هٰذِهِ الْعَادَةُ عِنْدَ الْعَرَبِ بِـ"اَلْكُنْيَةُ".
>
> *يُنَادُونَ : 부르다 *لِلْاِحْتِرَامِ : 존경의 의미로 *تُسَمَّى : 불리다

> A: يَا مُحَمَّدُ، مَا اسْمُ وَلَدِكَ الْكَبِيرِ ؟
>
> B: اِسْمُهُ كَمَالٌ.
>
> A: إِذَنْ، يُمْكِنُ أَنْ أُنَادِيَكَ بِـ"__________".

① أَبُو كَمَالٍ ② أَبُو مُحَمَّدٍ ③ أُمُّ مُحَمَّدٍ ④ كَمَالُ مُحَمَّدٍ ⑤ مُحَمَّدُ كَمَالٍ

풀이 ① 카말의 아버지 ② 무함마드의 아버지 ③ 무함마드의 어머니 ④ 무함마드의 카말 ⑤ 카말의 무함마드

아랍 사람들은 아버지와 어머니를 존경의 의미로 가정에서 결혼 후에 그분들의 큰 아이 이름으로 부릅니다. 한국 사람들도 그들의 아이들 이름으로 부릅니다. 아랍 사람들의 이런 관습을 "쿤야"라고 합니다.
A: 무함마드, 당신의 큰아들 이름이 무엇입니까?
B: 그의 이름은 카말입니다.
A: 그러면 당신을 "카말의 아버지"라고 불러도 되겠네요. [정답] ①

문항 사례3

빈칸에 들어갈 말로 알맞은 것은? 2011학년도 대학수학능력시험

> A: مَا اسْمُ تِلْكَ التِّلْمِيذَةِ؟
>
> B: اِسْمُهَا __________.

① أَحْمَدُ ② سَالِمٌ ③ كَرِيمٌ ④ مُحَمَّدٌ ⑤ مَرْيَمُ

풀이 ⑤ مَرْيَمُ만이 여성의 이름이다. 마르얌은 마리아를 가리키는 이름이다.

A: 저 여학생의 이름은 무엇입니까?
B: 그녀의 이름은 마르얌입니다. [정답] ⑤

문항 사례4

빈칸에 들어갈 말로 알맞지 않은 것은? 2011학년도 대학수학능력시험 9월 모의평가

A: أَنَا فَاطِمَةُ. وَمَنْ أَنْتَ؟
B: أَنَا ________ . وَأَنَا مُهَنْدِسٌ جَدِيدٌ.

① عَائِشَةُ ② مُحَمَّدٌ ③ كَمَالٌ ④ سَمِيرٌ ⑤ أَمِينٌ

풀이 عَائِشَةُ(아이샤)는 아랍 세계에서 흔히 찾아 볼 수 있는 여성의 이름이다. 무함마드의 가장 어린 부인으로, 신자들의 어머니로, 그리고 역사적으로 잘 알려져 있는 여성의 이름이기도 하다.

A: 저는 파티마입니다. 당신(남성)은 누구십니까?
B: 저는 무함마드/카말/사미르/아민입니다. 저는 신임 엔지니어입니다. [정답] ①

문항 사례5

아랍 사회에서 남성의 이름으로 사용되지 않는 것은? 2009학년도 대학수학능력시험 9월 모의평가

① سَالِمٌ ② خَالِدٌ ③ أَمِينٌ ④ عَائِشَةُ ⑤ عَبْدُ اللّٰهِ

풀이 ⑤ عَبْدُ اللّٰهِ는 عَبْدٌ(종)와 اللّٰه(알라; 유일신)가 복합어를 이루고 있는 연결형(عَبْدٌ اللّٰهِ; 알라의 종)이다. 이처럼 اللّٰه를 지칭하는 말과 عَبْدٌ이 연결형을 이루어 남성의 이름으로 사용되는 경우가 아주 많다. (예: عَبْد الرَّحْمٰنِ, عَبْد الْكَرِيمِ, عَبْد السَّلَامِ, عَبْد الرَّحِيمِ, عَبْد الْعَزِيزِ, عَبْد الصَّمَدِ 등) [정답] ④

문항 사례6

〈보기〉의 아랍인 이름에서 알 수 없는 것은? 2007학년도 대학수학능력시험 9월 모의평가

보기

أَحْمَدُ خَالِدٍ سَمِيرٍ الْبَيْرُونِيُّ

① 출신지 ② 본인 이름 ③ 이모 이름 ④ 아버지 이름 ⑤ 할아버지 이름

풀이

아흐마드	칼리드	사미르	알바이루티
본인 이름	부친 이름	조부 이름	출신지

[정답] ③

10 아랍어 서체

아랍인들은 그림이나 사진 대신 코란 구절이나 무함마드의 말씀을 여러 가지 아름다운 서체로 써서 액자에 넣거나 표구하여 벽 등에 걸어 놓고 감상한다.

아랍어 서체의 종류

الخَطّ الكُوفِيّ (쿠피 체), **خَطّ الرُّقْعَة** (루크아 체; 필기체), **خَطّ النَّسْخ** (나스크 체; 인쇄체), **خطّ الثُّلُث** (술루스 체), **الخطّ الفَارِسِيّ** (파리시 체; 페르시아 체), **الخطّ الدِّيوَانِيّ** (디완 체) 등이 있다.

문항 사례1

밑줄 친 هٰذَا에 해당하는 것은? 2016학년도 대학수학능력시험

> <u>هٰذَا</u> فَنٌّ عَرَبِيٌّ قَدِيمٌ. كَتَبَ الْعَرَبُ بِهِ بَعْضَ الْجُمَلِ الْعَرَبِيَّةِ عَلَى الْوَرَقِ وَعَلَى حَوَائِطِ الْمَسَاجِدِ.
> وَلَهُ أَنْوَاعٌ كَثِيرَةٌ مِثْلُ الثُّلُثِ وَالْكُوفِيِّ وَالنَّسْخِ.

① 
② 
③ 
④ 
⑤ 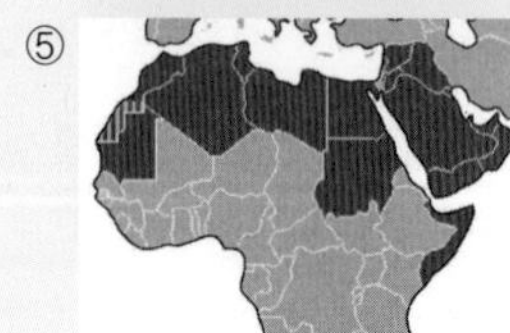

풀이

이것은 오래된 아랍의 예술이다. 아랍 사람들은 이것으로 아랍어 문장을 종이와 사원의 벽에 쓴다.
이것에는 술루스(체)와 쿠피(체)와 나스크(체)와 같은 많은 종류가 있다. [정답] ①

문항 사례2

그림이 공통으로 나타내는 것은? 2011학년도 대학수학능력시험

هُمْ وطرابيشُهُم
يرقُصون الدبْكَة

① اَلْهَرَمُ ② اَلْكَبَابُ ③ اَلْخَطُّ الْعَرَبِيُّ ④ اَلْقَهْوَةُ الْعَرَبِيَّةُ ⑤ أَلْفُ لَيْلَةٍ وَلَيْلَةٌ

풀이 ① 피라미드 ② 케밥 ③ 아랍어 서체 ④ 아랍의 커피 ⑤ 천일야화 [정답] ③

문항 사례3

글의 내용이 가리키는 것은? 2015학년도 대학수학능력시험 6월 모의평가

هُوَ مِنَ الْفُنُونِ الْعَرَبِيَّةِ الْمَعْرُوفَةِ فِي الْعَالَمِ. لَهُ أَشْكَالٌ مُخْتَلِفَةٌ. وَمِنْ أَشْهَرِهَا وَأَسْهَلِهَا فِي الْكِتَابَةِ النَّسْخُ وَالرُّقْعَةُ. يَسْتَخْدِمُ الْعَرَبُ النَّسْخَ فِي طِبَاعَةِ الْكُتُبِ، وَيَسْتَخْدِمُونَ الرُّقْعَةَ فِي الْكِتَابَةِ الْيَدَوِيَّةِ.

① اَلْحِجَابُ ② اَلْكَبَابُ ③ أَرَابِيسْك ④ اَلْأَهْرَامُ ⑤ اَلْخَطُّ الْعَرَبِيُّ

풀이 ① 히잡 ② 케밥 ③ 아라베스크 ④ 피라미드 ⑤ 아랍의 서체

이것은 세계에서 잘 알려져 있는 아랍의 예술 중의 하나이다. 이것에는 여러 가지 형태가 있다. 그것들 중에서 가장 유명하고 쓰기가 가장 쉬운 것 중에는 나스크(체)와 루크아(체)가 있다. 아랍 사람들은 책을 인쇄하는 데는 나스크(체)를 사용하고, 루크아(체)는 손으로 쓰는 데 사용한다. [정답] ⑤

11 이슬람의 경전인 코란

코란은 이슬람의 경전이다. 이슬람의 사도이자 예언자인 무함마드가 서기 610년부터 632년까지 천사 가브리엘을 통해 알라로부터 간헐적으로 계시 받은 것으로서 그의 사후 3대 칼리프 재위까지 20년이 지나기 전에 그의 교우들이 암송으로 구전되던 것들이 집대성된 것이다. 사후에 편찬되었다 하더라도 토씨 하나까지 그 내용의 진위에 대한 논쟁은 전혀 없다.

코란은 114개 장으로 구성되어 있으며, 제1장인 개경장을 제외하고 제2장부터 제114장까지 내용이 긴 장이 앞에 오도록 길이 순으로 배열되어 있다. 무슬림들은 개경장을 하루 다섯 차례 예배에서 17차례의 라카(رَكْعَة : 부복하며 절하는 것)를 하면서 한 번씩 암송한다.

라마단(단식월) 때는 이 코란을 30개 부분으로 나누어 매일 한 부분씩 읽는 관습도 있다.

문항 사례

글이 설명하고 있는 것은? 2016학년도 대학수학능력시험 9월 모의평가

> يَقُولُ الْمُسْلِمُونَ إِنَّ هٰذَا الْكِتَابَ نَزَلَ بِاللُّغَةِ الْعَرَبِيَّةِ مِنْ عَامِ ٦١٠ حَتَّى عَامِ ٦٣٢، خِلَالَ حَوَالَيْ ٢٣ عَامًا. وَهٰذَا الْكِتَابُ أَسَاسٌ رَئِيسِيٌّ لِلشَّرِيعَةِ الْإِسْلَامِيَّةِ، وَيَشْرَحُ أَرْكَانَ الْإِسْلَامِ. وَيَقْرَأُ الْمُسْلِمُونَ مِنْهُ فِي الصَّلَاةِ.
>
> *لِلشَّرِيعَةِ الْإِسْلَامِيَّةِ : 이슬람 법 *أَرْكَان : 기둥들

① اَلْبُخَلَاءُ ② اَلْقُرْآنُ ③ اَلْمُقَدِّمَةُ ④ كَلِيلَةُ وَدِمْنَةُ ⑤ اَلْقَانُونُ فِي الطِّبِّ

풀이 선택지들은 아랍의 문학 작품들이다.

① 알자히드의 〈수전노〉 ② 이슬람의 경전인 〈코란〉 ③ 이븐 칼둔의 〈역사 서설〉 ④ 이븐 알무캅파아의 〈칼릴라와 딤나〉 ⑤ 이븐 시나의 〈의학의 정전〉

무슬림들은 이 책이 610년부터 632년까지 약 23년 동안 아랍어로 계시되었다고 말한다. 이 책은 이슬람 법의 주된 토대이며, 이슬람의 지주(支柱)들을 설명하고 있다. 그리고 무슬림들은 그것들 중의 일부를 예배 때 낭송한다.

[정답] ②

12 아랍의 문학 작품: 천일야화, 칼릴라와 딤나

■ **천일야화(千一夜話):** 아랍어로는 'أَلْفُ لَيْلَةٍ وَلَيْلَةٌ(천 한 개의 밤이라는 의미)'이다. 영역판의 제목을 인용하여 〈아라비안나이트〉라고도 한다.

중동 지역에서 떠오르는 작품은 바로 이 〈아라비안나이트〉이다. 서구권에 유일하게 널리 알려진 중동의 공상 작품이다. 그래서 〈아라비안나이트〉의 존재감은 더욱 돋보일 수 밖에 없다. 서구권에서 중동을 배경으로 한 작품은 모두 〈아라비안나이트〉를 참고했다고 해도 과언이 아니다. 페르시아 설화를 골자로 8세기 이후 이슬람 세계 각지의 설화들이 뒤섞여서 16세기경에 현재의 형태로 완성되었다. 외설적인 묘사가 많아 1984년 이집트 법정에서 분서 판결을 받기도 하였다.

■ **칼릴라와 딤나:** 아랍어로는 'كَلِيلَةُ وَدِمْنَةُ'이다.

〈칼리라와 딤나〉의 원작은 인도의 설화집이다. 서기 8세기의 압바스 시대(750년 경)에 이븐 알무캅파아가 고대 페르시아어로 번역된 것을 아랍어로 다시 번역하였다. 이 과정에서 번역자는 원문에 얽매이지 않고 아랍과 이슬람적인 사상과 더불어 자신의 철학과 정치 사상, 사회 개혁 의지를 반영하였다. 이븐 무캅파아는 의미 전달에 중점을 두고 간략한 문체를 사용했다. 아랍 풍자 문학의 효시이며 산문 문학의 표본으로 간주되는 이 작품은 세계의 여러 언어로 번역되었으며, 〈천일야화〉와 함께 아랍 문학의 걸작으로 평가받고 있다.

이 번역자의 이름은 특이하다. "이븐 알무캅파아"의 의미는 "손가락이 오그라들게 된 자의 아들"이다. 그의 아버지가 세무 관리였는데 횡령 혐의로 태형을 받아 손가락이 오그라들게 되었다고 한다. 그의 아들이 후에 유명한 문인이 되었을 때, 아버지의 불명예로운 별명이 붙은 쿤야(가족 관계를 나타내는 이름; …의 아들)를 갖게 되었다.

문항 사례1

그림과 대화의 내용이 가리키는 것은? 2006학년도 대학수학능력시험

سُومِي: مَاذَا تَقْرَأُ، يَا خَالِدُ؟

خَالِدٌ : أَقْرَأُ قِصَّةً مِنْ "أَلْفُ لَيْلَةٍ وَلَيْلَةٌ"،

وَهِيَ قِصَّةٌ عَرَبِيَّةٌ مُمْتِعَةٌ جِدًّا.

① 아랍 건축　② 아랍 화폐　③ 아랍 축제　④ 아랍 도시　⑤ 아라비안나이트

풀이 "أَلْفُ لَيْلَةٍ وَلَيْلَةٌ"은 "천 한 개의 밤"이란 의미로서 한자어로는 천일야화(千一夜話)라고 하고 영어로는 Arabian Nights(아라비안나이트)라고 한다.

수미: 칼리드야, 무엇를 읽고 있니?
칼리드: "천일야화" 이야기를 읽어, 그건 아주 재미있는 아랍의 이야기 책이야.　[정답] ⑤

문항 사례2

كَلِيلَةُ وَدِمْنَةُ에 관한 글이다. 글의 내용으로 알 수 없는 것은? 2017학년도 대학수학능력시험 9월 모의평가

كِتَابُ "كَلِيلَةُ وَدِمْنَةُ" خُرَافَاتُ الْحَيَوَانِ، هُوَ عَمَلٌ أَدَبِيٌّ عَرَبِيٌّ عَظِيمٌ تُرْجِمَ مِنَ اللُّغَةِ الْفَارِسِيَّةِ الْقَدِيمَةِ، وَفِيهِ كَثِيرٌ مِنَ الْأَمْثَالِ، وَأَيْضًا وَالنَّقْدُ الْاِجْتِمَاعِيُّ. وَقَدْ تُرْجِمَ هٰذَا الْكِتَابُ إِلَى أَكْثَرَ مِنْ خَمْسِينَ لُغَةً فِي الْعَالَمِ. وَنَجِدُ فِيهِ قِصَصًا مُتَشَابِهَةً مَعَ الْقِصَصِ الشَّعْبِيَّةِ الْكُورِيَّةِ.

*خُرَافَاتُ : 우화 *تُرْجِمَ : 번역되었다 *مُتَشَابِهَةً : 유사한

① 이슬람 초기 시대의 작품이다. ② 50개 이상의 언어로 번역되었다.
③ 교훈들과 사회 비평을 담고 있다. ④ 한국 민담과 유사한 이야기들이 있다.
⑤ 고대 페르시아에서 아랍어로 번역되었다.

풀이 이슬람 초기라는 말은 위 글에 언급되어 있지도 않고, 이 작품이 만들어진 서기 750년은 이슬람이 출범한 지 130년이 지난 뒤라서 초기 작품이라고도 할 수 없다.

〈칼릴라와 딤나〉라는 책은 동물 우화이다. 그것은 고대 페르시아어에서 번역된 위대한 아랍 문학 작품이다. 그 안에는 많은 교훈이 있고 사회적 비평도 들어 있다. 이 책은 세계의 50개 언어 이상으로 번역되었다. 우리는 그 안에서 한국의 민담과 유사한 이야기들을 발견할 수 있다. [정답] ①

문항 사례3

빈칸에 들어갈 말로 알맞은 것은? 2014학년도 대학수학능력시험 6월 모의평가

A: فِي الْعَالَمِ الْعَرَبِيِّ كَثِيرٌ مِنَ الْقِصَصِ الْمُمْتِعَةِ. وَأَقْرَأُ فِي هٰذِهِ الْأَيَّامِ كِتَابَ "كَلِيلَةُ وَدِمْنَةُ". وَمَاذَا تَقْرَأُ؟

B: أَقْرَأُ كِتَابًا عَرَبِيًّا مَشْهُورًا، وَفِيهِ قِصَصٌ شَعْبِيَّةٌ عَنِ الْحُبِّ وَالْمُغَامَرَاتِ فِي الْمُجْتَمَعِ الْعَرَبِيِّ مِثْلَ "السِّنْدبَادُ". تَحْكِيهَا امْرَأَةٌ كُلَّ يَوْمٍ مِنَ الْمَسَاءِ حَتَّى الصَّبَاحِ.

A: مَا اسْمُ هٰذَا الْكِتَابِ؟

B: هُوَ ________.

*الْمُغَامَرَاتِ : 모험들 *تَحْكِيهَا : 이야기를 하다

① اَلْحِجَابُ ② اَلْمَسْجِدُ ③ اَلْمَقْهَى ④ أَلْفُ لَيْلَةٍ وَلَيْلَةٌ ⑤ اَلْخَطُّ الْعَرَبِيُّ

풀이 ① '히잡' ② '사원' ③ '카페' ④ '천일야화', ⑤ '아랍 서체'

A: 아랍 세계에는 재미있는 이야기들이 많이 있어. 나는 요즈음 "칼릴라와 딤나"라는 책을 읽고 있어. 너는 무엇을 읽니?
B: 나는 아랍의 유명한 책을 읽고 있는데 그 안에는 "신드바드(의 모험)" 같은 아랍 사회의 모험과 사랑에 관한 대중적인 설화들이 들어 있어. 매일 한 여성이 저녁부터 아침까지 그것들을 이야기해.
A: 그 책의 이름이 무엇이야?
B: 그것은 천일야화(아라비안나이트)야. [정답] ④

문항 사례4

글의 내용이 공통으로 다루는 것은? 2012학년도 대학수학능력시험 6월 모의평가

◎ أَلْفُ لَيْلَةٍ وَلَيْلَةٌ هِيَ قِصَّةٌ عَرَبِيَّةٌ قَدِيمَةٌ وَمَشْهُورَةٌ.

◎ نَجِيبٌ مَحْفُوظٌ كَاتِبٌ مِصْرِيٌّ، وَحَصَلَ عَلَى جَائِزَةِ نُوبِل فِي الْأَدَبِ سَنَةَ ١٩٨٨.

*جَائِزَةُ نُوبِل : 노벨상

① 경제 ② 화학 ③ 의학 ④ 평화 ⑤ 문학

풀이

◎ 〈천일야화〉는 아랍의 오래되고 유명한 설화이다.
◎ 나지브 마흐푸드는 이집트 작가이며, 1988년에 노벨 문학상을 받았다. [정답] ⑤

문항 사례5

인터넷 사이트에서 검색하고 있는 것은? 2011학년도 대학수학능력시험 9월 모의평가

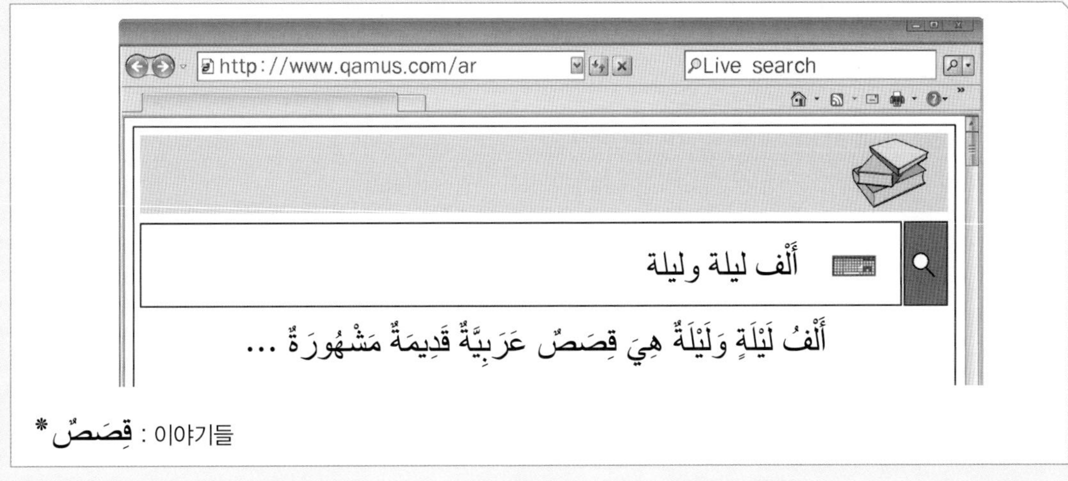

*قِصَصٌ : 이야기들

① 희생제 ② 성지 순례 ③ 천일야화 ④ 단식종료절 ⑤ 나집 마흐푸즈

풀이

〈천일야화〉는 아랍의 오래되었고 유명한 설화이며… [정답] ③

13 헤지라력(이슬람력)

헤지라력(이슬람력)으로 하루는 일몰부터 시작한다. 헤지라력의 기원은 예언자 무함마드가 메카에서 메디나로 이주(히지라, hijrah)한 날인 서기 622년 7월 15일이다. (이날이 이슬람의 공식적인 출현일이다.) 이슬람력은 태음력으로서 1년은 354일 8시간 4분 48초에 해당한다. 따라서 매년 약 10~11일의 차이가 발생한다.

19년에 7번 윤달이 있는 우리의 음력과 달리 헤지라력에는 윤달의 개념이 없다. 3년에 약 한 달 정도의 차이가 생겨서 단식월인 라마단이 어떤 해는 겨울에 올 수도 있고 어떤 해에는 여름에 올 수도 있다. 그렇지만 날짜는 같다. 즉 우리나라에서 초하루이면 아랍 국가에서도 초하루이다. 그리고 아랍 국가들이 포함된 이슬람 세계에서는 종교 행사를 이슬람력에 맞추어 거행한다.

헤지라라는 용어는 이주를 의미하는 아랍어 هِجْرَة를 국제 사회에서 hegira(헤지라)라고 표기한 데서 유래되었다.

문항 사례

글의 내용과 일치하지 않는 것은? 2018학년도 대학수학능력시험 9월 모의평가

اَلتَّقْوِيمُ الْهِجْرِيُّ تَقْوِيمٌ قَمَرِيٌّ. بَدَأَ التَّقْوِيمُ الْهِجْرِيُّ فِي سَنَةِ ٦٢٢م. فِي السَّنَةِ الْهِجْرِيَّةِ اِثْنَا عَشَرَ شَهْرًا مِثْلَ السَّنَةِ الْمِيلَادِيَّةِ، وَلٰكِنَّ السَّنَةَ الْهِجْرِيَّةَ أَقْصَرُ بِعَشَرَةِ أَيَّامٍ أَوْ أَحَدَ عَشَرَ يَوْمًا مِنَ السَّنَةِ الْمِيلَادِيَّةِ. يَسْتَخْدِمُ الْعَرَبُ فِي مُعْظَمِ الدُّوَلِ الْعَرَبِيَّةِ الْآنَ التَّقْوِيمَ الْمِيلَادِيَّ فِي الْحَيَاةِ الْيَوْمِيَّةِ، وَلٰكِنَّهُمْ يَسْتَخْدِمُونَ التَّقْوِيمَ الْهِجْرِيَّ فِي الْمُنَاسَبَاتِ الْإِسْلَامِيَّةِ.

*اَلتَّقْوِيمُ الْهِجْرِيُّ : 헤지라력(이슬람력) *تَقْوِيمٌ : 달력 *م : 서기 *اَلْمُنَاسَبَاتِ : 행사들

① 헤지라력은 태음력이다.
② 헤지라력의 1년은 12개월이다.
③ 헤지라력은 서기 622년에 시작되었다.
④ 서력의 1년은 헤지라력보다 10일 또는 11일이 짧다.
⑤ 오늘날 대부분의 아랍 국가에서 아랍인들은 일상생활에서 서력을 사용한다.

풀이 ④ 서기력으로 1년이 헤지라력 1년보다 10~11일 길다. 헤지라력으로 1년은 약 354일 8시간이다.

헤지라력은 태음력이다. 헤지라력은 서기 622년에 시작되었다. 헤지라력의 1년에는 서기력의 1년처럼 12개월이 있지만 헤지라력의 1년은 서기력의 1년보다 10일 또는 11일 짧다. 지금은 대부분의 아랍 국가에서 아랍 사람들이 일상생활에서 서기력을 사용하지만 이슬람의 행사들에서는 헤지라력을 사용한다. [정답] ④

14 아랍의 음식 문화

교과서나 시험에 자주 인용되는 아랍의 대표적인 음식들은 다음과 같다.

■ **케밥(الْكَبَاب)**: 꼬챙이에 작은 조각의 고기와 채소를 꿰어 구운 산적 요리이다.

■ **샤위르마(الشَّاوِرْمَة)**: 회전형 수직 꼬챙이에 양고기나 닭고기를 역원뿔형으로 쌓았다가 돌리면서 옆에서 나오는 불의 열기로 익혀 얇게 자른 불고기이다. 샌드위치나 햄버거처럼 주로 얇은 빵 사이에 넣어 먹는다.

■ **팔라필(الْفَلَافِل)**: 누에콩이나 병아리콩을 불려서 껍질을 벗긴 다음 갈은 것에 마늘 같은 여러 가지 향신료를 첨가하여 클로켓처럼 기름에 튀긴 음식이다. 이집트에서는 타아미야(الطَّعْمِيَّة)라고 한다.

■ **타진(الطَّاجِن)**: 붉은 진흙으로 깊지 않게 만들어 볕에 말린 후 오짓물(잿물)을 발라 구운 그릇 또는 이 그릇으로 만든 모로코의 찜 요리이다.

■ **쿠스쿠스(الْكُسْكُسِيّ)**: 거친 밀가루 반죽을 좁쌀 모양으로 만들어 증기를 쐬어 익힌 후 별도로 조리된 육류나 생선 또는 익힌 야채를 그 위에 얹어 내놓는 마그리브 지역의 대표적인 음식이다.

■ **캅사(الْكَبْسَة)**: 쌀밥 위에 닭고기나 양고기 등 육류를 얹어 놓은 사우디아라비아와 걸프 지역의 유명한 음식이다.

■ **만사프(الْمَنْسَف)**: 요르단의 대표적인 전통 음식, 먼저 고기를 잘 삶아 엉긴 우유제품과 섞어 놓고, 쌀에 버터를 첨가하여 지은 밥 아래에 얇은 빵을 깔아 두고 아몬드와 잣, 파슬리 등을 얹은 쌀밥 그리고 고기 순으로 쌓아 올리며, 맨 위에 얇은 빵을 다시 얹어서 손님에게 내놓는 잔치 음식이다.

문항 사례1

글의 내용으로 보아 빈칸에 들어갈 말로 알맞은 것은? 2014학년도 대학수학능력시험

لِكُلِّ بَلَدٍ عَرَبِيٍّ طَعَامُهُ الْخَاصُّ. يُحِبُّ الْعَرَبُ لُحُومَ الْخَرُوفِ وَالْبَقَرِ، وَيَتَنَاوَلُونَ الدَّجَاجَ وَالْأَسْمَاكَ أَيْضًا. وَتَشْتَهِرُ مِصْرُ بِالْكُشَرِي، وَالْمَغْرِبُ بِالْكُسْكُسِيّ، وَالسُّعُودِيَّةُ بِالْكَبْسَةِ. لٰكِنَّ الْعَرَبَ لَا يَأْكُلُونَ لَحْمَ الْخِنْزِيرِ، لِأَنَّهُ حَرَامٌ فِي الْإِسْلَامِ.

* تَشْتَهِرُ : 유명하다 * الْخِنْزِير : 돼지

A: هَلْ تُحِبُّ الطَّعَامَ الْعَرَبِيَّ؟

B: نَعَمْ. وَأُفَضِّلُ الطَّعَامَ الْمِصْرِيَّ، وَأَنْتَ؟

A: أَنَا أُفَضِّلُ الطَّعَامَ الْمَغْرِبِيَّ، مِثْلَ ________ . فَهُوَ لَذِيذٌ جِدًّا.

* أُفَضِّلُ : 선호하다

① اَلْكَبَابِ ② الْحَلِيبِ ③ السُّكَّرِ ④ الْكُشَرِي ⑤ الْكُسْكُسِيِّ

풀이 ① 케밥 ② 우유 ③ 설탕 ④ 코샤리 ⑤ 쿠스쿠스

아랍의 각 나라에는 그 나라의 특별한 음식이 있다. 아랍인들은 양고기와 소고기를 좋아하며, 닭과 생선도 먹는다. 이집트는 코샤리로 유명하고, 모로코는 쿠스쿠스로, 사우디아라비아는 캅사로 유명하다. 그러나 아랍인들은 돼지고기가 이슬람에서 금기이기 때문에 먹지 않는다.

A: 아랍의 음식을 좋아합니까?
B: 네. 이집트 음식을 선호합니다. 당신은요?
A: 나는 쿠스쿠스 같은 마그리브 지역의 음식을 선호합니다. 그것은 아주 맛있습니다. [정답] ⑤

문항 사례2

빈칸에 들어갈 말로 알맞은 것은? 2013학년도 대학수학능력시험 6월 모의평가

سَالِمٌ : هٰذَا طَعَامٌ عَرَبِيٌّ مَشْهُورٌ.
سُومِي: هَلْ هُوَ مِنَ اللَّحْمِ؟
سَالِمٌ : نَعَمْ. وَيُحِبُّهُ مُعْظَمُ الْعَرَبِ.
سُومِي: مَا اسْمُ هٰذَا الطَّعَامِ؟
سَالِمٌ : اِسْمُهُ ________.

① مَكَّةُ ② هِجْرَةٌ ③ كَبَابٌ ④ رَمَضَانُ ⑤ قَهْوَةٌ عَرَبِيَّةٌ

풀이 ① '메카' ② '이주' ③ '케밥', ④ '라마단' ⑤ '아라비아 커피'

살렘: 이것은 유명한 아랍의 음식입니다.
수미: 그것은 고기로 만들어집니까?
살렘: 네. 대부분의 아랍인이 그것을 좋아합니다.
수미: 이 음식의 이름이 무엇입니까?
살렘: 그것의 이름은 케밥입니다. [정답] ②

15 아랍연맹(جَامِعَةُ الدُّوَلِ الْعَرَبِيَّةِ)

아랍연맹을 줄여서 الْجَامِعَةُ الْعَرَبِيَّةُ라고도 한다. 1945년 3월 22일 중동지역의 평화와 안전을 확보하고 아랍 국가의 주권과 독립을 수호하기 위하여 결성되었다. 본부는 이집트의 수도 카이로에 있다. 창립 회원국은 시리아, 요르단, 이라크, 사우디아라비아, 레바논, 이집트, 예멘 등 7개국이며 현재는 팔레스타인을 포함해 22개국이 가입해 있다. 공용어는 당연히 아랍어이다.

문항 사례

아랍연맹에 관한 글이다. 글의 내용으로 알 수 없는 것은? 2016학년도 대학수학능력시험 6월 모의평가

اَلدُّوَلُ الْأَعْضَاءُ لِجَامِعَةِ الدُّوَلِ الْعَرَبِيَّةِ ٢٢ دَوْلَةً عَرَبِيَّةً. وَيَقَعُ مَقَرُّهَا فِي الْقَاهِرَةِ عَاصِمَةِ مِصْرَ. لُغَتُهَا الرَّسْمِيَّةُ هِيَ اللُّغَةُ الْعَرَبِيَّةُ. مِنْ أَهْدَافِهَا التَّعَاوُنُ بَيْنَ الدُّوَلِ الْأَعْضَاءِ.

*اَلدُّوَلُ الْأَعْضَاءُ : 회원국들 *مَقَرُّهَا : 그것의 본부 *الرَّسْمِيَّةُ : 공식적인 *التَّعَاوُنُ : 협력

① 본부는 카이로에 있다.
② 공식 언어는 아랍어이다.
③ 회원국은 22개 아랍 국가이다.
④ 회원국들 간의 협력을 목적으로 한다.
⑤ 창설을 주도한 국가는 아랍 에미리트이다.

풀이 아랍 에미리트가 창설을 주도했다면 본부를 아랍 에미리트에 두었을 것이다.

아랍연맹의 회원국들은 22개 아랍 국가들이다. 그것의 본부는 이집트의 수도 카이로에 있다. 그것의 공용어는 아랍어이다. 그것의 목적 중에는 회원국들 간의 협력이 있다. [정답] ⑤

16 아랍의 위인

■ 나지브 마흐푸드(1911~2006)

1988년 노벨 문학상을 수상한 이집트 작가이다. 한국에서는 그의 소설『우리 동네 아이들』,『도적과 개들』,『미다크 골목』,『거울들』 등 다수가 번역되었다.

■ 이븐 칼둔(1332~1406)

튀니지 출신이며, 중세 이슬람 세계를 대표하는 역사가, 사상가, 정치가이다.『이바르의 책(كِتَاب العِبَر)』이라는 제목의 세계사 전집을 저술하였다. 이 전집의 서론 격인『역사서설(الْمُقَدِّمَة)』이 한국어로 번역되었다.

■ 살라딘 알아이유비(1138~1193)

이라크 티크리트 출신의 쿠르드족 무슬림 장군이다. 십자군으로부터 이슬람의 영토를 수호하고, 이집트, 시리아, 예멘, 메카, 히자즈 등을 아우르는 이이유브 왕조를 세웠다. 탐욕스럽고 무자비했던 십자군의 군주들에 비해 온건하고 자비로운 군주로 덕망이 높았다.

■ 타하 후세인(1889~1974)

이집트의 작가인데 상 이집트의 농촌 출신이며 어려서 실명하였다. 아즈하르 대학과 파리 대학으로 유학했으며, 귀국하여 대학교수와 총장 그리고 교육부 장관을 역임하였다.『격동의 세월(اَلْأَيَّام)』은 그의 자서전적 소설이다. 평론과 에세이, 그리고 소설 분야에서 뛰어난 업적을 남겼다.

■ 이븐 밧투타(1304~1368)

모로코의 탄자 출신의 중세 아랍의 여행가, 탐험가이자 유명한 여행기『리흘라(رِحْلَة)』의 저자이다.

문항 사례1

صَلَاحُ الدِّينِ에 관한 글이다. 글의 내용과 일치하지 않는 것은? 2018학년도 대학수학능력시험

صَلَاحُ الدِّينِ الْأَيُّوبِيُّ رَجُلٌ مَشْهُورٌ فِي الْعَالَمِ الْعَرَبِيِّ وَالْإِسْلَامِيِّ. هُوَ مِنْ تِكْرِيتَ فِي الْعِرَاقِ. أَسَّسَ الدَّوْلَةَ الْأَيُّوبِيَّةَ فِي مِصْرَ وَالشَّامِ وَالْحِجَازِ وَالْيَمَنِ. فِي أَوَاخِرِ الْقَرْنِ الْحَادِي عَشَرَ حَارَبَ الصَّلِيبِيِّينَ فِي حُرُوبٍ كَثِيرَةٍ. حَافَظَ عَلَى الْأَرَاضِي الْعَرَبِيَّةِ وَالْإِسْلَامِيَّةِ مِنَ الصَّلِيبِيِّينَ. وَمَاتَ فِي دِمَشْقَ عَامَ ١١٩٣م.

*أَسَّسَ : 세웠다 *فِي أَوَاخِرِ ... : ~ 말에 *حَارَبَ : 전쟁을 하였다 *الصَّلِيبِيِّينَ : 십자군

① 이라크의 تِكْرِيت 출신이다.
② 서력 1193년에 다마스쿠스에서 사망하였다.
③ 11세기 말에 십자군과 많은 전쟁을 하였다.
④ 모로코와 알제리 지역에 اَلدَّوْلَةُ الْأَيُّوبِيَّةُ를 세웠다.
⑤ 십자군으로부터 아랍과 이슬람의 영토를 수호하였다.

풀이 살라딘의 활동 지역은 이집트와 예멘 그리고 샴 주변 지역이었다. 북아프리카 서쪽 지역인 마그리브 지역(현 모로코 주변 지역)으로 진출하지는 않았다.

살라딘 알아이유비는 아랍과 이슬람 세계에서 유명한 남성이다. 그는 이라크의 티크리트 출신이다. 그가 이집트와 샴 지역과 히자즈 그리고 예멘에 아이유브 국가를 세웠다. 11세기 말에 십자군과 많은 전쟁에서 전투를 하였다. 그는 십자군으로부터 아랍과 이슬람 땅을 수호하였다. 그리고 서기 1193년 다마스쿠스에서 사망했다.

[정답] ④

문항 사례2

اِبْنُ بَطُّوطَةَ에 관한 글이다. 글의 내용으로 알 수 없는 것은? 2017학년도 대학수학능력시험

كَانَ ابْنُ بَطُّوطَةَ مَشْهُورًا بِرِحْلَاتِهِ الطَّوِيلَةِ. بَدَأَ رِحْلَتَهُ عَامَ ١٣٢٥م، فَرَحَلَ إِلَى كَثِيرٍ مِنَ الدُّوَلِ فِي آسِيَا وَأُورُبَّا وَإِفْرِيقِيَا حَوَالَيْ ثَلَاثِينَ سَنَةً. كَانَتْ مَسَافَةُ رِحْلَتِهِ أَطْوَلَ مِنْ رِحْلَةِ مَارْكُو بُولُو. كَتَبَ ابْنُ بَطُّوطَةَ كِتَابًا عَنْ رِحْلَاتِهِ، وَفِيهِ يَتَحَدَّثُ عَنْ حَيَاةِ النَّاسِ وَعَادَاتِهِمْ فِي الْمَنَاطِقِ الْمُخْتَلِفَةِ.

*رَحَلَ : 여행했다 *مَسَافَةُ : 거리 *أَطْوَلَ : 더 긴

① 1325년에 태어났다.
② 약 30년 동안 여행했다.
③ 마르코 폴로보다 더 긴 거리를 여행했다.
④ 아시아, 유럽, 아프리카의 나라들을 여행했다.
⑤ 자신의 책에서 여러 지역의 생활과 관습에 관해서 말하고 있다.

풀이 ① 1325년은 이븐 밧투타가 태어난 해가 아니라 여행을 시작한 해이다.

이븐 밧투타는 긴 여행을 한 것으로 유명했다. 그는 자신의 여행을 서기 1325년에 시작했으며, 아시아와 유럽 그리고 아프리카의 많은 나라들로 약 30년 동안 여행했다. 그가 여행한 거리는 마르코 폴로의 여행보다 더 길다. 이븐 밧투타는 자신의 여행에 관한 책을 한 권 썼는데, 그 안에서 여러 지역에서의 사람들의 생활과 관습들에 대해서 이야기하고 있다.

[정답] ①

문항 사례3

اِبْنُ بَطُّوطَةَ에 관한 글이다. 글의 내용과 일치하는 것은? 2016학년도 대학수학능력시험 6월 모의평가

وُلِدَ ابْنُ بَطُّوطَةَ بِطَنْجَةَ فِي الْمَغْرِبِ عَامَ ١٣٠٤م. عِنْدَمَا كَانَ عُمْرُهُ ٢١ سَنَةً، غَادَرَ بَلَدَهُ لِزِيَارَةِ مَكَّةَ. ثُمَّ سَافَرَ إِلَى الْكَثِيرِ مِنَ الْبِلَادِ فِي ثَلَاثِ قَارَّاتٍ هِيَ آسِيَا وَإِفْرِيقِيَا وَأُورُوبَّا. وَكَتَبَ كِتَابًا مَشْهُورًا عَنْ رِحْلَتِهِ.

*وُلِدَ : 태어나다 *قَارَّاتٍ : 대륙들

① 예멘에서 태어났다. ② 1403년에 태어났다. ③ 유명한 철학서를 저술했다.
④ 3개 대륙의 많은 나라들을 여행했다. ⑤ 25세에 메카를 방문하기 위해 고국을 떠났다.

풀이 ① 모로코 태생이다. ② 1304년에 태어났다. ③ 유명한 여행 견문록을 썼다. ⑤ 21세에 메카로 떠났다.

이븐 밧투타는 서기 1304년에 모로코의 탄자에서 태어났다. 그의 나이 21살 때 그는 메카를 방문하기 위해 자기 나라를 떠났다. 그러고 나서 아시아, 아프리카, 유럽 3개 대륙의 많은 나라들로 여행했다. 그는 자신의 여행에 관하여 유명한 책을 썼다.

[정답] ④

문항 사례4

اِبْنُ خَلْدُونٍ에 관한 글이다. 글의 내용과 일치하지 않는 것은? 2016학년도 대학수학능력시험

اِبْنُ خَلْدُونٍ عَالَمٌ عَظِيمٌ فِي التَّارِيخِ وَالْحَضَارَةِ الْعَرَبِيَّةِ وَالْإِسْلَامِيَّةِ.
وَهُوَ مِنْ تُونِسَ، وَمَاتَ فِي الْقَاهِرَةِ عَامَ ١٤٠٦م.
وَكَتَبَ كِتَابًا مَشْهُورًا بِاسْمِ "اَلْمُقَدِّمَةُ" عَنِ الْمُجْتَمَعِ الْعَرَبِيِّ.
وَتُرْجِمَ هٰذَا الْكِتَابُ إِلَى لُغَاتٍ كَثِيرَةٍ.

*الْإِسْلَامِيَّةِ : 이슬람의 *م : 서력 *"اَلْمُقَدِّمَةُ" : 『역사서설』 *تُرْجِمَ : 번역되었다

① 이라크 출신이다. ② 카이로에서 생을 마쳤다. ③ 아랍 사회에 관한 책을 저술하였다.
④ 그의 『역사서설』은 여러 언어로 번역되었다. ⑤ 역사와 아랍 · 이슬람 문명 분야의 학자이다.

풀이 ① 이븐 칼둔은 튀니지 사람들이 자랑하는 튀니지 출신이다.

이븐 칼둔은 역사와 아랍 · 이슬람 문명 분야의 유명한 학자이다. 그는 튀니지 출신이며, 서기 1406년에 카이로에서 사망했다. 그는 아랍 사회에 관하여 『역사서설』이라는 이름으로 유명한 책을 저술하였다. 이 책은 많은 언어들로 번역되었다.

[정답] ①

문항 사례5

사진과 대화의 내용으로 보아 알 수 있는 것은? 2015학년도 대학수학능력시험

مِين سُو : مَنْ أَشْهَرُ كَاتِبٍ عَرَبِيٍّ؟
مُحَمَّدٌ : هُوَ الْكَاتِبُ الْمِصْرِيُّ نَجِيبُ مَحْفُوظٍ،
وَحَصَلَ عَلَى جَائِزَةِ نُوبِلِ فِي الْآدَابِ عَامَ ١٩٨٨.
مِين سُو : هَلْ قَرَأْتَ رِوَايَاتِهِ؟
مُحَمَّدٌ : نَعَمْ، قَرَأْتُ رِوَايَةَ "أَوْلَادُ حَارَتِنَا".

*جَائِزَةِ نُوبِلِ : 노벨상 *رِوَايَةَ : 소설 *حَارَتِنَا : 우리 동네

① نَجِيبُ مَحْفُوظٍ은 이라크 작가이다.
② مُحَمَّدٌ은 가장 유명한 아랍 작가이다.
③ نَجِيبُ مَحْفُوظٍ은 노벨 문학상을 받았다.
④ سُو مِين는 소설 『우리 동네 아이들』을 읽었다.
⑤ 소설 『우리 동네 아이들』은 1988년 출판되었다.

풀이 ① 나지브 마흐푸드는 이집트 작가이다. ② 무함마드는 어느 나라 사람인지 언급 자체가 없다. ④ 민수가 『우리 동네 아이들』을 읽었는지는 언급이 없다. ⑤ 『우리 동네 아이들』은 몇 년도에 출판되었는지 알 수 없다.

민수: 누가 가장 유명한 아랍의 작가입니까?
모하메드: 그는 이집트 작가 나지브 마흐푸드입니다.
그는 1988년 노벨 문학상을 받았습니다.
민수: 그의 소설들을 읽어 보았습니까?
모하메드: 네, 『우리 동네 아이들』이라는 소설을 읽었습니다.

[정답] ③

문항 사례6

طَهَ حُسَيْنٍ에 관한 글이다. 글의 내용과 일치하지 않는 것은? 2017학년도 대학수학능력시험 6월 모의평가

هُوَ كَاتِبٌ مِصْرِيٌّ كَبِيرٌ. عِنْدَمَا كَانَ صَغِيرًا، أَصْبَحَ ضَرِيرًا. دَرَسَ فِي جَامِعَةِ الْأَزْهَرِ، ثُمَّ حَصَلَ عَلَى الدُّكْتُورَاه فِي جَامِعَةِ الْقَاهِرَةِ. سَافَرَ إِلَى فَرَنْسَا، وَدَرَسَ الْأَدَبَ وَالتَّارِيخَ فِي جَامِعَةِ السُّورْبُون. وَكِتَابُهُ "اَلْأَيَّامُ" مَشْهُورٌ جِدًّا.

*ضَرِيرًا : 맹인 *الدُّكْتُورَاء : 박사 학위

① 이집트의 위대한 작가이다.
② 아즈하르 대학에서 공부했다.
③ 그의 책 "اَلْأَيَّامُ"는 매우 유명하다.
④ 카이로 대학에서 박사 학위를 받았다.
⑤ 소르본 대학에서 문학과 언어학을 공부했다.

풀이 ⑤ 소르본 대학에서 문학과 역사를 공부했다.

그는 이집트의 위대한 작가이다. 그가 어렸을 때 장님이 되었다. 아즈하르 대학교에서 수학하고 나서 카이로 대학교에서 박사 학위를 받았다. 프랑스로 유학 가서 소르본 대학교에서 문학과 역사를 공부했다. 그의 책 『알아이얌』은 아주 유명하다.

[정답] ⑤

17 전통 시장

■ خَانُ الْخَلِيلِيّ (칸 알칼릴리)

이집트의 수도 카이로(اَلْقَاهِرَة)에 있으며 형성된 지 600년 이상 되었다. خَان(칸)은 대상(隊商; 카라반)의 숙박소(여관)이다. 따라서 칸은 상거래 활동의 중심이었다. اَلْخَلِيلِيّ(알칼릴리)는 오늘날에는 구 카이로에 있는 하나의 행정 구역 이름이기도 하다. 이 시장은 카이로 사람들의 일상생활에 없어서는 안 되는 소중한 공간일 뿐만 아니라 관광객들이 이집트 역사와 일상의 문화를 접하는 장소로서 더할 나위 없이 좋은 곳이다. 마믈루크(노예 군인들)가 통치했던 왕조 시대에 팔레스타인의 알칼릴라(اَلْخَلِيلَة) 지역의 많은 상인이 이곳으로 이주해 와서 정착하였다. "칸 알칼릴리"라는 이름이 등장하게 된 것은 이들과 관련이 있으며, 알칼릴라 태생의 술탄의 아들 جَرْكَس الْخَلِيلِيّ (자르카스 알칼릴리)가 1382년에 세운 대상들의 숙박소가 "خَان الْخَلِيلِيّ(칸 알칼릴리; 알칼릴리의 여관)"이라는 이름으로 불리게 된 것이다.

칸 알칼릴리 시장은 많은 이집트 작가와 문인들이 그들의 작품 활동에서 영감을 받은 곳으로도 유명하다. 그들 중 대표적인 인물로 نَجِيب مَحْفُوظ (나지브 마흐푸드)가 있으며, 그는『خَان الْخَلِيلِيّ』라는 소설을 썼으며, 이 소설은 영화로도 만들어졌다.

■ اَلْحَمِيدِيَّة (알하미디야)

시리아의 수도 다마스쿠스에 있는 시장의 이름이다. 이 이름은 1780년 오스만 제국의 술탄 압둘하미드 1세(السُّلْطَان عَبْدُ الْحَمِيد الْأَوَّل)의 이름에서 유래되었다. 이 시장 주변에 세례 요한의 시신이 안치된 유서 깊은 우마이야 사원과 아랍의 영웅 살라딘의 묘소가 있어 관광객의 발길이 잦은 곳이다.

문항 사례1

글의 내용으로 알 수 없는 것은? 2018학년도 대학수학능력시험

> فِي مُعْظَمِ الْمُدُنِ الْعَرَبِيَّةِ الْكَبِيرَةِ أَسْوَاقٌ تَقْلِيدِيَّةٌ. وَهٰذِهِ الأَسْوَاقُ مَرْكَزٌ تِجَارِيٌّ. وَكَذٰلِكَ فِي هٰذِهِ الْأَسْوَاقِ مَسَاجِدُ كَبِيرَةٌ لِاجْتِمَاعِ الْمُسْلِمِينَ لِلصَّلَاةِ وَالدِّرَاسَةِ. وَفِي مَقَاهِي هٰذِهِ الْأَسْوَاقِ يَجْلِسُ عَادَةً بَعْضُ الْأُدَبَاءِ الْعَرَبِ وَيَتَحَدَّثُونَ عَنِ الْأَدَبِ وَالثَّقَافَةِ. وَمِنْ هٰذِهِ الْأَسْوَاقِ الْمَشْهُورَةِ فِي الْعَالَمِ الْعَرَبِيِّ سُوقُ "خَانُ الْخَلِيلِيِّ" فِي الْقَاهِرَةِ.
>
> * الْأُدَبَاء : 문인들

① 카이로에는 خَانُ الْخَلِيلِيّ 시장이 있다.
② 아랍의 전통 시장에는 공중 목욕탕이 있다.
③ 대부분의 아랍 대도시에는 전통 시장이 있다.
④ 아랍의 전통 시장에는 큰 이슬람 사원이 있다.
⑤ 일부 문인들은 전통 시장의 카페에서 문학을 이야기한다.

풀이 ② 전통 시장에 공중 목욕탕이 있는 것은 극히 제한된 도시에서만 가능하다. 이슬람 사회에서는 같은 성이라 하더라도 상대방에게 자신의 알몸을 보여 주는 것은 금기이다. 그래서 대중 목욕 문화가 형성되기 어렵다. 대중 목욕탕이 있다고 하더라도 최소한 수영복 차림으로 입장한다. 도시 전체의 대중 목욕탕 수도 몇 개 안 되며, 대중 목욕탕이 없는 아랍 국가가 있는 국가보다 훨씬 많다.

대부분의 아랍 대도시에는 전통 시장들이 있다. 이 시장들은 교역의 중심지이다. 또한 이 시장들에는 무슬림들이 예배와 공부를 위해 모이기 위한 커다란 사원들이 있다. 이 시장들의 카페에서 보통 몇몇 문인들이 앉아 문학과 문화에 대해 이야기한다. 아랍 세계의 이런 유명한 시장들 중에 카이로의 "칸 알칼릴리" 시장이 있다.

[정답] ②

문항 사례2

글의 내용으로 보아 خَانُ الْخَلِيلِيِّ 시장에 대해 알 수 없는 것은? 2018학년도 대학수학능력시험 6월 모의평가

سُوقُ خَانِ الْخَلِيلِيِّ مِنَ الْأَسْوَاقِ الْمَشْهُورَةِ فِي مِصْرَ.
وَتُعَدُّ مَرْكَزًا تِجَارِيًّا مُهِمًّا فِي الْقَاهِرَةِ، وَتَقَعُ بِجَانِبِ جَامِعِ
الْأَزْهَرِ. هُنَاكَ مَحَلَّاتٌ وَمَطَاعِمُ وَمَقَاهٍ شَعْبِيَّةٌ كَثِيرَةٌ.
وَفِي الْأَدَبِ الْمَصْرِيِّ قِصَّةٌ طَوِيلَةٌ بِاسْمِ هٰذِهِ السُّوقِ.

*تُعَدُّ : 간주되다

① 카이로에 있다.
② 카페들이 많다.
③ 커피 무역의 중심지이다.
④ الْأَزْهَرُ 사원 근처에 있다.
⑤ 이 시장의 이름을 딴 소설이 있다.

※ 제시된 글에서 "아즈하르 사원"을 아랍어로 جَامِعِ الْأَزْهَرِ로 표현하였는데 실제로 아즈하르 사원의 아랍어 표기는 اَلْجَامِعِ الْأَزْهَرِ이다.

풀이 ① 카이로의 상업 중심지라는 언급이 있다.

② "카페들이 많다"는 아주 애매한 표현이지만 언급되어 있다. 아랍 남성들은 카페를 자주 이용한다. 사교의 장소이며 일상생활의 정보를 교환하는 만남의 장소이다.

③ "커피 무역의 중심지이다"는 언급되어 있지 않다.

④ 칸 알칼릴리 시장은 아즈하르 사원과 대학교에서 가깝다.

⑤ 「خَانُ الْخَلِيلِيِّ」라는 제목의 장편 소설이 있다고 언급되어 있으며, 실제로도 출판되었다.

칸 알칼릴리 시장은 이집트의 유명한 시장들 중의 하나이다. 카이로의 중요한 상업 중심지로 간주되며, 아즈하르 사원 옆에 있다. 그곳에는 가게들과 식당들 그리고 대중적인 카페들이 많이 있다. 이집트 문학에서는 이 시장의 이름을 딴 장편 소설도 있다.

[정답] ③

문항 사례3

خَانُ الْخَلِيلِيّ 시장에 관한 글이다. 글의 내용과 일치하지 않는 것은? 2015학년도 대학수학능력시험 9월 모의평가

فِي مِصْرَ أَسْوَاقٌ كَثِيرَةٌ، أَشْهَرُهَا سُوقُ خَانِ الْخَلِيلِيّ. وَهِيَ مِنْ أَقْدَمِ الْأَسْوَاقِ الشَّعْبِيَّةِ بِالْقَاهِرَةِ، عُمْرُهَا أَكْثَرُ مِنْ ٦٠٠ عَامٍ. يَزُورُهَا السُّيَّاحُ مِنْ كُلِّ أَنْحَاءِ الْعَالَمِ، وَيَشْتَرُونَ بَعْضَ الْهَدَايَا التَّذْكَارِيَّةِ. وَالْجَامِعُ الْأَزْهَرُ قَرِيبٌ مِنْ هٰذِهِ السُّوقِ.

*التَّذْكَارِيَّةِ : 기념의

① 알렉산드리아에 있다.
② 알아즈하르 사원에서 가깝다.
③ 이집트에서 가장 유명한 시장이다.
④ 600년이 넘는 역사를 지니고 있다.
⑤ 전 세계에서 온 관광객이 방문하는 곳이다.

풀이 ① 칸 알칼릴리 시장은 이집트 수도인 카이로에 있다.

이집트에는 많은 시장들이 있는데 그 중에서 가장 유명한 것은 칸 알칼릴리 시장이다. 그것은 카이로에서 가장 오래된 통속 시장이며, 나이는 600살 이상이다. 전 세계로부터 관광객들이 찾아오며, 기념 선물들을 구입한다. 아즈하르 사원이 이 시장에서 가깝다. [정답] ①

문항 사례4

글의 내용으로 알 수 없는 것은? 2014학년도 대학수학능력시험

دِمَشْقُ مِنْ أَهَمِّ الْعَوَاصِمِ الْعَرَبِيَّةِ الْقَدِيمَةِ. فِيهَا بَعْضُ الْآثَارِ الْإِسْلَامِيَّةِ الْمَشْهُورَةِ، مِثْلَ الْجَامِعِ الْأُمَوِيِّ وَقَبْرِ صَلَاحِ الدِّينِ وَسُوقِ الْحَمِيدِيَّةِ. هٰذِهِ السُّوقُ مِنْ أَقْدَمِ الْأَسْوَاقِ الْعَرَبِيَّةِ، وَكَانَتْ مَرْكَزَ مَدِينَةِ دِمَشْقَ الْقَدِيمَةِ فِي التِّجَارَةِ وَالصِّنَاعَةِ. وَيَزُورُهَا كَثِيرٌ مِنَ السُّيَّاحِ الْأَجَانِبِ يَوْمِيًّا.

* قَبْرِ : 묘소

① 하미디야 시장은 무역과 산업의 중심지였다.
② 다마스쿠스는 고대 아랍의 수도들 중 하나였다.
③ 하미디야 시장은 우마이야 사원보다 더 오래되었다.
④ 다마스쿠스에는 우마이야 사원과 살라딘 묘소가 있다.
⑤ 많은 외국인 관광객들이 매일 하미디야 시장을 찾는다.

풀이 하미디야 시장과 우마이야 사원의 건립 시기는 언급되어 있지 않다.

다마스쿠스는 가장 중요한 아랍의 오래된 수도들 중의 하나이다. 그곳에는 우마이야 사원과 살라딘 묘소 그리고 하미디야 시장 같이 유명한 이슬람 유적이 몇 군데 있다. 이 시장은 가장 오래된 아랍 시장 중의 하나이며, 상업과 산업 분야에서 옛날의 다마스쿠스 시 중심지였다. 날마다 많은 외국인 관광객들이 이곳을 찾아온다.

[정답] ③

18 아랍의 유적지

■ 피라미드

이집트 기자(اَلْجِيزَة)에 있는 3개의 피라미드는 기원전 2500년대에 세워졌다. 가장 큰 것은 쿠푸 왕의 것이고 바로 옆에 아들(خَفْرَع)의 것과 손자(مَنْقَرَع)의 것도 있다. 이것들은 세계 7대 불가사의 중 하나이다. 가장 큰 것의 높이는 147m이고 밑변의 길이는 약 230m이다.

■ 페트라

요르단의 고대 유적이다. 암벽에 세워진 페트라는 바위를 뜻하기도 한다. 나바트 왕국의 수도로 번영했다가 106년에 로마 제국에 멸망했다. 페트라 입구의 폭은 10m도 채 안 되지만 거대한 절벽 사이에 있다. 페트라 안쪽으로 1㎞ 이상 들어가면 보물창고라는 뜻의 알카즈나(اَلْخَزْنَة)라는 건축물이 나온다. 이것은 절벽의 바위에 조각하여 만든 것이다.

■ 우마이야 사원

서기 705년에 지어졌다. 이슬람 사원이 들어서기 전에는 작은 교회가 있었던 곳이다. 이 교회의 지하 납골당에서 세례 요한의 머리가 발견되어 현재 이 사원 안에 보관되어 있다. 이 사원 밖의 한 편에는 십자군으로부터 아랍 이슬람 영토를 수호한 영웅 살라딘의 묘가 있는 사당이 있다. 사원 밖에는 아주 많은 각양각색의 물품을 거래하는 알하미디야 시장이 있다.

■ 아즈하르 사원

이집트 카이로에 위치한 아즈하르 사원은 서기 972년에 준공되었으며, 이슬람 세계에서 순니파 이슬람법 연구를 위한 가장 중요한 기관이 되었다. 주변에 아즈하르 대학과 칸 알칼릴리 시장이 있다.

문항 사례1

글의 내용으로 알 수 있는 것은? 2017학년도 대학수학능력시험

اَلْجَامِعُ الْأَزْهَرُ مِنَ الْمَسَاجِدِ الْمُهِمَّةِ فِي مِصْرَ وَالْعَالَمِ الْعَرَبِيِّ مُنْذُ أَكْثَرَ مِنْ أَلْفِ سَنَةٍ، وَقَدْ بَدَأَ جَوْهَرٌ الصِّقِلِّيُّ بِنَاءَهُ عَامَ ٩٧٠م. كَانَ الطُّلَّابُ يَدْرُسُونَ فِي الْمَدْرَسَةِ التَّابِعَةِ لِلْجَامِعِ، ثُمَّ أَصْبَحَتْ هٰذِهِ الْمَدْرَسَةُ جَامِعَةَ الْأَزْهَرِ. اَلْآنَ يَأْتِي الطُّلَّابُ إِلَى جَامِعَةِ الْأَزْهَرِ لِدِرَاسَةِ الْعُلُومِ الْإِسْلَامِيَّةِ وَالْعُلُومِ الْأُخْرَى.

*أَكْثَرَ : 더 많은 *م : 서기 *...التَّابِعَةِ لِـ : ~에 부속된

① اَلْجَامِعُ الْأَزْهَرُ는 아랍 세계 최초의 사원이다.
② اَلْجَامِعُ الْأَزْهَرُ는 970년의 역사를 가지고 있다.
③ اَلْجَامِعُ الْأَزْهَرُ의 출신 인물로는 جَوْهَرٌ الصِّقِلِّيُّ가 있다.

④ اَلْجَامِعُ الْأَزْهَرُ의 부속학교는 جَامِعَةُ الْأَزْهَرِ가 되었다.
⑤ اَلْجَامِعُ الْأَزْهَرُ는 전 세계 무슬림들의 순례지 중의 하나이다.

풀이 ① 이슬람 세계에서 최초의 사원은 사우디아라바아의 메디나에 있는 예언자 사원(اَلْمَسْجِد النَّبَوِيّ)이다.
② 아즈하르 사원은 서기 970년에 건설되기 시작하여 1,000년이 넘는 역사를 갖고 있다.
③ جَوْهَرٌ الصِّقِلِّيُّ는 아즈하르 사원을 건립한 사람이다.
④ 아즈하르 사원은 예배와 강의실로 사용되다가 아즈하르 사원의 부속 대학교가 되었다.
⑤ 무슬림이 의무로 찾아가야 하는 순례지는 이집트의 아즈하르 사원이 아니라 사우디아라비아의 메카 대사원이다.

아즈하르 사원은 천 년 전부터 이집트와 아랍 세계에서 중요한 사원 중의 하나이며, 자우하르 앗시킬리가 서기 970년에 건설했다. 사원 부속 학교에서 학생들이 공부하곤 했었는데 나중에 이 학교가 아즈하르 대학교가 되었다. 지금은 학생들이 이슬람학과 다른 학문을 배우려고 아즈하르 대학으로 온다. [정답] ④

문항 사례2

글의 내용으로 보아 빈칸에 들어갈 말로 알맞은 것은? 2015학년도 대학수학능력시험 6월 모의평가

اَلْمَسْجِدُ مَكَانٌ مُهِمٌّ عِنْدَ الْمُسْلِمِينَ لِلصَّلَاةِ وَالتَّعَارُفِ وَدِرَاسَةِ الدِّينِ وَقِرَاءَةِ الْقُرْآنِ. وَفِي الدُّوَلِ الْعَرَبِيَّةِ مَسَاجِدُ مَشْهُورَةٌ، مِثْلَ جَامِعِ الْأَزْهَرِ فِي الْقَاهِرَةِ وَجَامِعِ الزَّيْتُونَةِ فِي مَدِينَةِ تُونِسَ وَالْجَامِعِ الْأُمَوِيِّ فِي دِمَشْقَ، وَالْمَسْجِدِ الْحَرَامِ فِي مَكَّةَ.

*التَّعَارُفِ : 친교 *قِرَاءَةِ : 읽기

A: أَيْنَ تَقْضِي شَهْرَ رَمَضَانَ؟
B: سَوْفَ أَزُورُ الْمَسْجِدَ الْحَرَامَ.
A: إِذَنْ، هَلْ سَتَذْهَبُ إِلَى ＿＿＿＿＿＿ .
B: نَعَمْ.

① مِصْرَ ② تُونِسَ ③ سُورِيَا ④ الْيَمَنِ ⑤ السُّعُودِيَّةِ

풀이 اَلْمَسْجِد الْحَرَام은 사우디아라비아 메카(مَكَّة)의 중심에 있으며, 한국에서는 메카의 대사원이라고 한다. 문자 그대로의 의미는 금지된 사원(금사, 禁寺)이다. 금지된 사원이라고 불리게 된 것은 예언자 무함마드가 들어온 이후로 그 안에서 싸움이 금지되어 있기 때문이다. 그 안에 카바(اَلْكَعْبَة) 신전이 있으며, 무슬림들이 이 카바를 향해 예배한다. 이 방향이 어느 쪽인지 모를 때는 예배하지 않는다. 그 이유는 알라가 아닌 다른 것을 향해 예배하는 꼴이기 때문이다. 아즈하르 사원의 공식 아랍어 명칭은 위 지문에 표기된 جَامِعُ الْأَزْهَرِ가 아니라 اَلْجَامِعُ الْأَزْهَرُ이다.

무슬림들에게 사원은 예배와 친교와 (이슬람) 종교를 배우고 코란을 낭송하는 데 중요한 장소이다. 아랍 국가들에는 카이로의 아즈하르 사원, 투니스의 자이투나 사원, 다마스쿠스의 우마이야 사원, 메카의 하람 사원(대

사원)과 같이 유명한 사원들이 있다.
A: 라마단 달을 어디에서 보낼 거야?
B: 메카 대사원을 방문할 거야.
A: 그렇다면, 사우디아라비아로 갈 거야?
B: 응. [정답] ⑤

문항 사례3

사진과 글의 설명이 가리키는 곳은? 2014학년도 대학수학능력시험 6월 모의평가

هِيَ مَدِينَةٌ أَثَرِيَّةٌ وَثَقَافِيَّةٌ فِي الْأُرْدُنِّ. تَقَعُ فِي وَسَطِ الصَحْرَاءِ فِي جَنُوبِ الْأُرْدُنِّ. وَفِيهَا مَعْبَدُ "اَلْخَزْنَةُ" وَالْمَسْرَحُ الرُّومَانِيُّ. وَاخْتَارَتْهَا الْيُونِسْكُو وَاحِدَةً مِنْ عَجَائِبِ الدُّنْيَا السَّبْعِ الْجَدِيدَةِ فِي ٢٠٠٧م. وَيَزُورُهَا السُّيَّاحُ مِنْ كُلِّ الْعَالَمِ.

*اَلْمَسْرَحُ : 극장 *عَجَائِبِ الدُّنْيَا السَّبْعِ : 세계 7대 불가사의들

① أَسْوَانُ ② بَغْدَادُ ③ صَنْعَاءُ ④ مَرَّاكِشُ ⑤ اَلْبَتْرَاءُ

풀이 ① 아스완(이집트 남부의 도시) ② 바그다드(이라크의 수도) ③ 사나(예멘의 수도) ④ 마라케시(모로코 남부의 왕궁 도시) ⑤ 페트라(요르단의 암벽 도시)

그것은 요르단의 문화 유적 도시이다. 남부 요르단의 사막 가운데에 위치하고 있다. 그곳에는 "알카즈나"라는 신전(숭배 장소)과 로마 극장이 있다. 서기 2007년 유네스코가 그것을 새로운 세계 7대 불가사의 중의 하나로 선정했다. 전 세계에서 관광객들이 그곳을 찾아간다. [정답] ⑤

문항 사례4

글의 내용이 가리키는 것은? 2014학년도 대학수학능력시험 9월 모의평가

يَزُورُ كَثِيرٌ مِنَ السُّيَّاحِ الْآثَارَ الْمَشْهُورَةَ بِالْقَاهِرَةِ وَالْجِيزَةِ. وَفِي صَحْرَاءِ الْجِيزَةِ مَقَابِرُ لِلْمُلُوكِ الْمِصْرِيِّينَ الْقُدَمَاءِ، وَهٰذِهِ الْمَقَابِرُ مَصْنُوعَةٌ مِنَ الْأَحْجَارِ الْكَبِيرَةِ. وَهِيَ ثَلَاثُ مَقَابِرَ: اَلْمَقْبَرَةُ الْكَبِيرَةُ لِلْمَلِكِ خُوفُو، وَالْمَقْبَرَةُ الْمُتَوَسِّطَةُ لِلْمَلِكِ خَفْرَعَ، وَالْمَقْبَرَةُ الصَّغِيرَةُ لِلْمَلِكِ مَنْقَرَعَ.

*مَقَابِرُ : 무덤들(مَقْبَرَةٌ의 복수) *لِلْمُلُوكِ : 왕들의(لِلْمَلِكِ의 복수) *مَصْنُوعَةٌ : 만들어진

① اَلْكَعْبَةُ ② اَلْأَهْرَامُ ③ اَلْكُسْكُسِيُّ ④ اَلْخَطُّ الْعَرَبِيُّ ⑤ أَلْفُ لَيْلَةٍ وَلَيْلَةٌ

풀이 ① 카바 신전 ② 피라미드 ③ 쿠스쿠스 ④ 아랍어 서체 ⑤ 천일야화

많은 관광객들이 카이로와 기자에 있는 유명한 유적들을 보러 옵니다. 기자의 사막에는 고대 이집트 왕들의 무덤들이 있는데 이 무덤들은 큰 돌들로 만들어졌습니다. 그것들은 세 개의 무덤이며; 큰 것은 쿠푸 왕의 것이고, 중간 것은 카프라아 왕의 것이며, 작은 것은 만카라아 왕의 것입니다. [정답] ②

19 아랍의 대도시 정보

■ **바그다드(بَغْدَادُ)**: 이라크의 수도, 서기 762년 압바스 왕조 때 건설되었다.

■ **두바이(دُبَيٌّ)**: 아랍 에미리트 연합을 구성하는 7개 이마라(إِمَارَة; 토후국이라고도 함) 중의 하나
아랍 에미리트의 수도는 두바이가 아니라 아부다비(أَبُو ظَبْيٍ)이다.

■ **다마스쿠스(دِمَشْقُ)**: 시리아의 수도. 현존하는 도시 중 가장 오래된 도시
우마이야 사원과 알하미디야 시장으로 유명하다.

■ **카이로(اَلْقَاهِرَة)**: 이집트의 수도. 642년 이후에 아랍화되었다.
기자의 피라미들, 아즈하르 사원, 칸 알칼릴리 시장 등으로 유명하다.

■ **메카(مَكَّةُ)**: 사우디아라비아에 있는 이슬람의 성지, 예배 방향, 이교도 출입금지 지역
카바(اَلْكَعْبَة) 신전이 있는 사원은 메카의 대사원(اَلْمَسْجِد الْحَرَام)

문항 사례1

대화의 내용으로 알 수 없는 것은? 2017학년도 대학수학능력시험 6월 모의평가

هَان سُو : أَيْنَ تَقَعُ دَوْلَةُ الْعِرَاقِ؟
حَامِدٌ : تَقَعُ فِي شَمَالِ شَرْقِ الْجَزِيرَةِ الْعَرَبِيَّةِ.
هَان سُو : وَمَا عَاصِمَةُ الْعِرَاقِ؟
حَامِدٌ : اَلْعَاصِمَةُ بَغْدَادُ. وَكَانَتْ مَدِينَةً مُهِمَّةً فِي الْعَصْرِ الْعَبَّاسِيِّ،
وَقَدْ تَحَدَّثَ كِتَابُ "أَلْفُ لَيْلَةٍ وَلَيْلَةٌ" عَنْ بَغْدَادَ.

*اَلْعَصْرِ الْعَبَّاسِيِّ : 압바스 시대

① 이라크의 수도는 바그다드이다.
② 이라크에는 유프라테스 강이 있다.
③ 바그다드는 압바스 시대에 중요한 도시였다.
④ 이라크는 아라비아 반도의 북동쪽에 위치한다.
⑤ 『천일야화』에는 바그다드에 관한 이야기가 있다.

풀이 ② "이라크에는 유프라테스 강이 있다"는 사실이긴 하지만 위 대화문에는 언급되어 있지 않다. 대화의 내용으로 알 수 없는 것을 고르는 문항이기 때문에 바로 ②가 정답이다. 나머지 선택지들은 대화의 내용과 일치하고 실제와 일치한다.

한수: 이라크는 어디에 위치하고 있습니까?
하미드: 아라비아 반도의 북동쪽에 위치합니다.
한수: 이라크의 수도는 무엇입니까?
하미드: 수도는 바그다드입니다. 압바스 시대에는 중요한 도시였습니다.
"천일야화"는 바그다드에 관해서 이야기했습니다.

[정답] ②

문항 사례2

빈칸에 들어갈 말로 알맞은 것은? 2017학년도 대학수학능력시험 9월 모의평가

_______ هِيَ إِحْدَى الْمُدُنِ الْمُهِمَّةِ فِي دَوْلَةِ الْإِمَارَاتِ الْعَرَبِيَّةِ الْمُتَّحِدَةِ. اَلْجَوُّ فِي هٰذِهِ الْمَدِينَةِ حَارٌّ جِدًّا وَمُشْمِسٌ فِي مُعْظَمِ الْأَيَّامِ. وَهُنَاكَ كَثِيرٌ مِنَ الْأَبْنِيَةِ الْمُرْتَفِعَةِ الْحَدِيثَةِ وَالْأَمَاكِنِ السِّيَاحِيَّةِ مِثْلَ "بُرْجُ خَلِيفَةٍ".

① دُبَيٌّ ② دِمَشْقُ ③ بَيْرُوتُ ④ اَلْقَاهِرَةُ ⑤ اَلْخَرْطُومُ

※ ①에서 두바이를 2격 명사로 표기하고 있지만 사실 두바이는 3격 명사이다. 따라서 دَبَيٌّ으로 표기하는 것이 옳다. 지문에서 "부르지 칼리파"〈بُرْج خَلِيفَة〉에서 خَلِيفَة을 3격 명사로 간주하여 〈بُرْج خَلِيفَةٍ〉으로 표기 했으나. ة가 붙어 있는 인명은 모두 2격 명사이다. 따라서 〈بَرْج خَلِيفَةَ〉로 표기해야 한다.

풀이 ① 두바이 ② 다마스쿠스(시리아의 수도) ③ 베이루트(레바논의 수도) ④ 카이로(이집트의 수도) ⑤ 카루툼(수단의 수도)

두바이는 아랍 에미리트 연합의 중요한 도시들 중의 하나이다. 이 도시의 날씨는 대부분의 날에 덥고 해가 내리쬔다. 그곳에는 "칼리파 타워" 같은 현대의 고층 건물들과 관광지들이 많이 있다. [정답] ①

문항 사례3

그림과 글의 설명이 가리키는 국가는? 2013학년도 대학수학능력시험 9월 모의평가

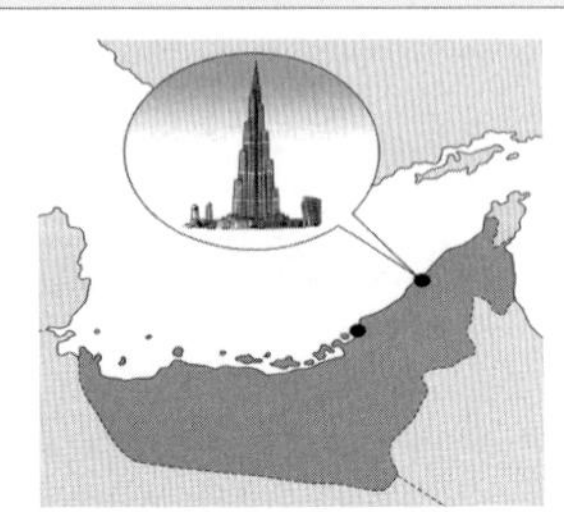

◎ هٰذِهِ دَوْلَةٌ عَرَبِيَّةٌ، وَعَاصِمَتُهَا أَبُو ظَبْيٍ.

◎ هِيَ مَشْهُورَةٌ بِبُرْجِ الْخَلِيفَةِ.

*بُرْجٌ : 탑, 타워

① عُمَانُ ② اَلْيَمَنُ ③ اَلْعِرَاقُ ④ اَلْإِمَارَاتُ ⑤ اَلسُّعُودِيَّةُ

※ 두 번째 문장에서 "بُرْج الْخَلِيفَةِ"는 잘못 표기한 것이다. 두바이에 있는 "칼리파 타워"는 아랍 에미리트 연합의 통치자 이름에서 따온 것이다. 그의 이름에 들어 있는 "칼리파(خَلِيفَة)"에는 정관사가 붙어 있지 않으며, 2격 명사이다.

풀이 ① 오만 ② 예멘 ③ 이라크 ④ 에미리트 ⑤ 사우디아라비아

◎ 이것은 아랍 국가이며, 수도는 아부다비이다.

◎ 그것은 알칼리파 타워로 유명하다. [정답] ④

문항 사례4

사진과 글이 설명하는 도시는? 2016학년도 대학수학능력시험 9월 모의평가

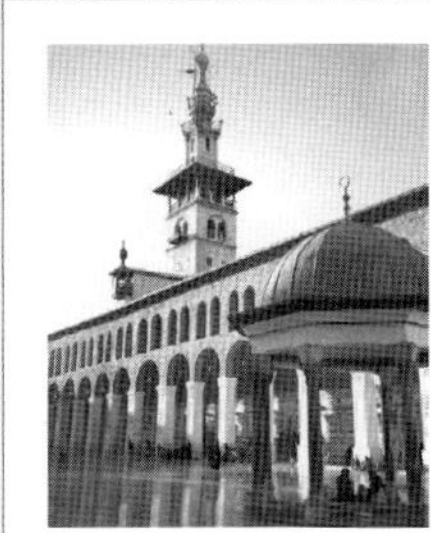

كَانَتْ هٰذِهِ الْمَدِينَةُ مُهِمَّةً فِي الْمَاضِي. وَكَانَتْ عَاصِمَةَ الدَّوْلَةِ الْإِسْلَامِيَّةِ فِي الْعَصْرِ الْأُمَوِيّ، وَهِيَ الْآنَ عَاصِمَةُ سُورِيَا، وَمَشْهُورَةٌ بِالْجَامِعِ الْأُمَوِيّ وَقبْرِ صَلَاحِ الدِّينِ وَسُوقِ الْحَمِيدِيَّةِ.

* قَبْرِ : 무덤

① دِمَشْقُ ② بَغْدَادُ ③ بَيْرُوتُ ④ اَلرِّبَاطُ ⑤ طَرَابُلُسُ

풀이 ① 다마스쿠스 ② 바그다드 ③ 베이루트 ④ 리바트 ⑤ 트리폴리

이 도시는 과거에 중요했습니다. 우마이야 시대에 이슬람 국가의 수도였으며, 현재는 시리아의 수도이며, 우마이야 사원과 살라딘의 묘 그리고 알하미디야 시장으로 유명합니다. [정답] ①

부록

제1회 실전 모의고사

5교시 제2외국어/한문 영역(아랍어)

성명		수험 번호					-				

1. 밑줄 친 낱말과 모음 배열이 같은 것은? [1점]

فَاطِمَةُ صَدِيقَةٌ عَرَبِيَّةٌ لِـ"سُومِي".

① نَشِيطَةٌ ② مُدِيرَةٌ ③ مُسْلِمَةٌ
④ مُعَلِّمَةٌ ⑤ طَالِبَةٌ

2. 밑줄 친 부분의 표기가 옳은 것은? [1점]

① اَلْدَلِيلُ ② اَلْشَوْكَةُ ③ اَلْكُرْسِيُّ
④ اَلْتِجَارَةُ ⑤ اَلغَسَّالَةُ

3. □에 공통으로 들어갈 글자는? [1점]

① بٌ ② رٌ ③ سٌ ④ طٌ ⑤ كٌ

4. 다음 낱말들의 의미를 포괄하는 것은?

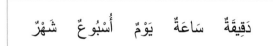

دَقِيقَةٌ سَاعَةٌ يَوْمٌ أُسْبُوعٌ شَهْرٌ

① جِهَةٌ ② خُضَرٌ ③ سَمَكٌ
④ لَوْنٌ ⑤ وَقْتٌ

5. □에 들어갈 글자들을 모두 조합하여 만들어지는 낱말에 해당하는 우리말은?

① 산 ② 소 ③ 집 ④ 차 ⑤ 책

6. 빈칸에 들어갈 말로 알맞은 것은?

A: هَلْ يُعْجِبُكِ هٰذَا الْفُسْتَانُ؟
B: لَا. لَا ______ لَوْنُهُ. هَلْ عِنْدَكِ لَوْنٌ آخَرُ؟

① يُعْجِبُكِ ② تُعْجِبُكِ ③ يُعْجِبُكَ
④ تُعْجِبُكَ ⑤ يُعْجِبُنِي

7. 빈칸 (a), (b)에 들어갈 말로 알맞은 것은?

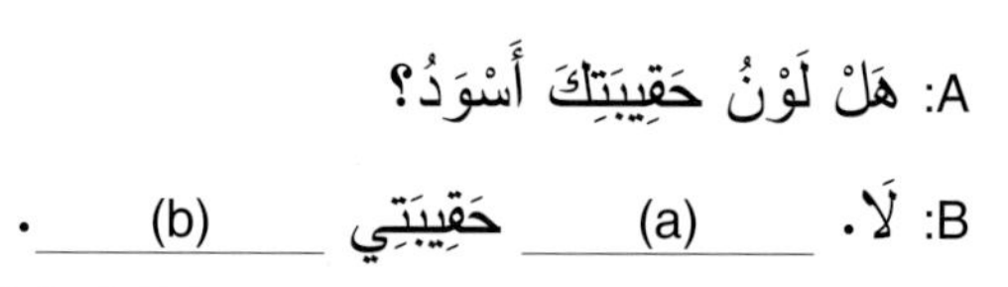
A: هَلْ لَوْنُ حَقِيبَتِكَ أَسْوَدُ؟
B: لَا. ___(a)___ حَقِيبَتِي ___(b)___.

① (a) لَيْسَ (b) أَسْوَدُ
② (a) لَيْسَ (b) أَسْوَدَ
③ (a) لَيْسَتْ (b) سَوْدَاءَ
④ (a) لَيْسَتْ (b) أَسْوَدَ
⑤ (a) لَيْسَ (b) سَوْدَاءَ

8. 빈칸에 들어갈 말로 알맞은 것을 〈보기〉에서 고른 것은?

A: مَنْ لَيْلَى؟
B: هِيَ ____________ فِي هٰذِهِ الصُّورَةِ.

보기

(a) أَصْغَرُ بِنْتٍ (b) أَطْوَلُ الطَّالِبَةِ
(c) أَجْمَلُ طَالِبٍ (d) أَكْبَرُ الطَّالِبَاتِ

① (a), (b) ② (a), (c) ③ (a), (d)
④ (b), (c) ⑤ (c), (d)

9. 밑줄 친 부분의 쓰임이 옳은 것을 고른 것은?

تَعَلَّمَ سَمِيرٌ اللُّغَةَ الْكُورِيَّةَ لِمُدَّةِ سَنَةٍ وَاحِدَةٍ (a) فِي الْقَاهِرَةِ.
وَسَافَرَ إِلَى كُورِيَا لِيَدْرُسَ (b) تَارِيخَ كُورِيَا وَثَقَافَتَهَا (c).
فِي الْعُطْلَةِ الشَّتْوِيَّةِ الْمَاضِيَةِ زَارَ بَعْضَ الْأَمَاكِنِ السِّيَاحِيِّ (d).

① (a), (b) ② (a), (c) ③ (a), (d)
④ (b), (c) ⑤ (b), (d)

10. 빈칸에 들어갈 말로 알맞은 것을 〈보기〉에서 고른 것은? [1점]

A: اَلسَّلَامُ عَلَيْكُمْ.
B: وَعَلَيْكُمُ السَّلَام.
A: كَيْفَ الْحَالُ؟
B: __________ .

보기

(a) بِخَيْرٍ (b) مَعَ السَّلَامَةِ
(c) اَلْحَمْدُ لِلّٰهِ (d) إِلَى اللِّقَاءِ

① (a), (b) ② (a), (c) ③ (b), (c)
④ (b), (d) ⑤ (c), (d)

11. 빈칸에 들어갈 말로 알맞은 것은?

A: مَاذَا تَعْمَلُ؟
B: أَعْمَلُ مُوَظَّفًا فِي شَرِكَةِ الْكُومْبِيُوتِر.
وَأَنْتَ، مَا __________ ؟
A: أَنَا مُدِيرٌ فِي شَرِكَةِ التِّجَارَةِ.

① اسْمُكَ ② عَمَلُكَ ③ هِوَايَتُكَ
④ جِنْسِيَّتُكَ ⑤ تَعْمَلِينَ

12. 빈칸에 들어갈 말로 알맞은 것은? [1점]

A: سَمِعْتُ أَنَّكَ مَرِيضٌ. كَيْفَ الْحَالُ؟
B: بِخَيْرٍ، __________ .

① بِالتَّأْكِيدِ ② تَعَالَ هُنَا ③ حَرَامٌ عَلَيْكَ
④ اَلْحَمْدُ لِلّٰهِ ⑤ فِكْرَةٌ جَمِيلَةٌ

13. 빈칸에 들어갈 말로 알맞지 않은 것은?

A: كَمْ لُغَةً تَتَكَلَّمُ؟
B: ثَلَاثُ لُغَاتٍ: الْكُورِيَّةَ وَالْإِنْجْلِيزِيَّةَ وَالْعَرَبِيَّةَ.
A: __________ . كَذٰلِكَ تَتَكَلَّمُهَا جَيِّدًا.
B: شُكْرًا جَزِيلًا.

① رَائِعٌ ② عَظِيمٌ ③ مُمْتَازٌ
④ أَنَا مَعَكَ ⑤ مَا شَاءَ اللّٰهُ

14. 카이로의 날씨에 해당하는 그림은? [1점]

A: كَيْفَ كَانَ الْجَوُّ فِي الْقَاهِرَةِ أَمْسِ؟
B: كَانَ الْجَوُّ مُمْطِرًا.
A: وَكَيْفَ الْجَوُّ فِيهَا الْآنَ؟
B: هُوَ مُشْمِسٌ.

15. 초대장과 일치하는 것은?

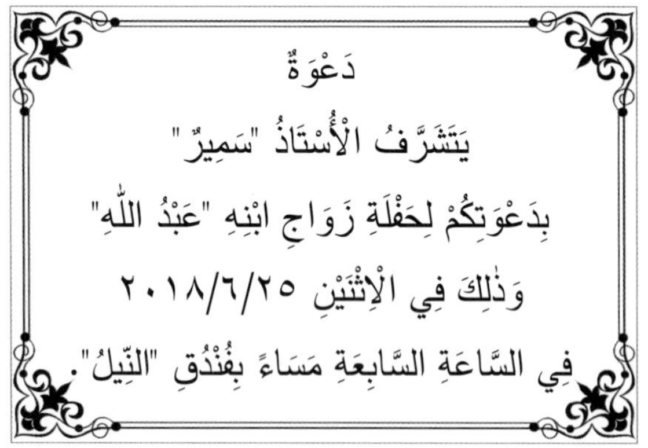
دَعْوَةٌ
يَتَشَرَّفُ الْأُسْتَاذُ "سَمِيرٌ"
بِدَعْوَتِكُمْ لِحَفْلَةِ زَوَاجِ ابْنِهِ "عَبْدُ اللّٰهِ"
وَذٰلِكَ فِي الْاِثْنَيْنِ ٢٠١٨/٦/٢٥
فِي السَّاعَةِ السَّابِعَةِ مَسَاءً بِفُنْدُقِ "النِّيلُ".

① 신랑은 سَمِيرٌ이다.
② 결혼 피로연은 월요일에 있다.
③ 결혼 피로연 시각은 저녁 6시이다.
④ 결혼 피로연 장소는 힐튼 호텔이다.
⑤ 결혼 피로연은 2018년 6월 20일에 있다.

16. 대화의 내용으로 보아 두 사람이 대화를 나눈 요일은?

A: مَتَى عِيدُ مِيلَادِكَ؟
B: يَوْمُ الْأَرْبِعَاءِ الْقَادِمُ.
A: إِذَنْ، بَعْدَ الْغَدِ، أَلَيْسَ كَذٰلِكَ؟
B: كَلَامُكَ صَحِيحٌ.

① 일요일 ② 월요일 ③ 화요일
④ 수요일 ⑤ 목요일

17. 밑줄 친 말과 같은 의미로 바꾸어 쓸 수 있는 것은?

A: هَلْ يُمْكِنُنِي أَنْ أَتَكَلَّمَ مَعَ الطَّبِيبِ سَمِيرٍ؟
B: هُوَ غَيْرُ مَوْجُودٍ الْآنَ. مَنْ يَتَكَلَّمُ؟
A: أَنَا مَرِيضٌ لَهُ.
B: هَلْ تُرِيدُ أَنْ تَتْرُكَ رِسَالَةً لَهُ؟
A: لَا. أَتَّصِلُ مَرَّةً <u>ثَانِيَةً</u>.

① آخَرَ ② أُخْرَى ③ أَخِيرَةً
④ آسِفَةً ⑤ أُجْرَةٌ

18. 대화의 내용으로 보아 B가 지불해야 할 금액은?

A: مَاذَا تُرِيدِينَ؟
B: أُرِيدُ لَحْمَ الْبَقَرِ. بِكَمِ الْكِيلُو؟
A: بِسِتِّينَ دِرْهَمًا.
B: أَعْطِنِي كِيلُو وَنِصْفًا مِنْهُ مِنْ فَضْلِكَ.
A: هَلْ تُرِيدِينَ شَيْئًا آخَرَ أَيْضًا؟
B: لَا.

① ٥٠ دِرْهَمًا ② ٦٠ دِرْهَمًا ③ ٨٠ دِرْهَمًا
④ ٩٠ دِرْهَمًا ⑤ ١٠٠ دِرْهَمٍ

19. 대화의 내용으로 보아 다음 토요일에 A와 B가 함께 하려는 것은? [1점]

A: مَاذَا تَفْعَلُ فِي نَهَايَةِ الْأُسْبُوعِ عَادَةً؟
B: أَلْعَبُ كُرَةَ الْقَدَمِ مَعَ أَصْدِقَائِي.
A: أَنَا أَيْضًا أُحِبُّهَا كَثِيرًا.
B: هَلْ تُحِبُّ أَنْ تَلْعَبَهَا مَعَنَا يَوْمَ السَّبْتِ الْقَادِمَ.
A: نَعَمْ، بِكُلِّ سُرُورٍ.

① 농구 ② 수영 ③ 축구 ④ 탁구 ⑤ 핸드볼

20. 빈칸에 들어갈 말로 알맞은 것을 〈보기〉에서 찾아 순서대로 바르게 배열한 것은?

A: ______________.
B: أَيَّ خِدْمَةٍ تُرِيدُ؟
A: أَيْنَ مَحَطَّةُ الْقِطَارِ؟
B: ______________.
A: ______________؟
B: ______________.

보기

(a) فِي شَارِعِ مُحَمَّدٍ الْخَامِسِ
(b) اِرْكَبِ الْأُوتُوبِيسَ رَقْمَ 7 أَمَامَ الْمَدْرَسَةِ
(c) كَيْفَ أَذْهَبُ إِلَيْهَا
(d) لَوْ سَمَحْتَ

① (d)-(a)-(c)-(b) ② (d)-(b)-(c)-(a)
③ (d)-(a)-(b)-(c) ④ (d)-(b)-(a)-(c)
⑤ (d)-(c)-(a)-(b)

21. 빈칸에 들어갈 말로 알맞은 것은?

A: أُرِيدُ أَنْ أَصْرِفَ الدُّولَارَ إِلَى الرِّيَالِ.
______________؟
B: أَرْبَعَةُ رِيَالَاتٍ لِلدُّولَارِ الْوَاحِدِ.
كَمْ دُولَارًا مَعَكَ؟
A: مَعِي مِائَةُ دُولَارٍ. تَفَضَّلْ.
B: هُنَا أَرْبَعُمِئَةِ رِيَالٍ.

① مَاذَا تُرِيدُ ② هَلْ مَعَكَ دُولَارَاتٌ
③ كَمْ رِيَالًا مَعَكَ ④ أَيَّ خِدْمَةٍ تُرِيدُ
⑤ مَا سِعْرُ الصَّرْفِ الْيَوْمَ

22. 빈칸에 들어갈 말로 알맞은 것은?

A: هَلْ زُرْتَ مَطْعَمَ "عَلِيٍّ بَابَا"؟
B: نَعَمْ. إِنَّهُ مَطْعَمٌ مَشْهُورٌ، أَلَيْسَ كَذٰلِكَ؟
A: ______________.
هُوَ مُزْدَحِمٌ بِالنَّاسِ دَائِمًا.
B: أَنَا جَوْعَانُ الْآنَ. هَيَّا بِنَا إِلَيْهِ بِسُرْعَةٍ.

① أَيْنَ هُوَ ② مَا هُوَ ③ مُمْكِنٌ
④ حَرَامٌ عَلَيْكَ ⑤ كَلَامُكَ صَحِيحٌ

23. 빈칸에 들어갈 말로 알맞은 것은? [1점]

A: مَاذَا فَعَلْتَ صَبَاحَ الْيَوْمِ؟
B: زُرْتُ الْمُسْتَشْفَى.
A: لِمَاذَا؟
B: ______ شَعَرْتُ بِأَلَمٍ فِي صَدْرِي.

① إِنَّ ② كَانَ ③ إِنَّهُ ④ لِأَنَّنِي ⑤ بِسَبَبِ

24. 빈칸에 들어갈 말로 알맞은 것을 〈보기〉에서 있는 대로 고른 것은?

A: مَا ________ ؟

B: أَنَا مُعَلِّمٌ فِي مَدْرَسَةٍ ثَانَوِيَّةٍ. وَأَنْتِ؟

A: أَنَا مُمَرِّضَةٌ فِي مُسْتَشْفًى.

보기

(a) شُغْلُكَ (b) عَمَلُكَ (c) مَقَاسُكَ (d) مِهْنَتُكَ

① (a), (b) ② (b), (c) ③ (b), (d)

④ (a), (b), (d) ⑤ (b), (c), (d)

25. 빈칸에 들어갈 말로 알맞은 것은? [1점]

صَديقِي الْعَزِيزُ/ سَمِيرٌ

________ ،

أَتَمَنَّى أَنْ تَكُونَ فِي حَالَةٍ طَيِّبَةٍ. أَنَا آسِفٌ لِعَدَمِ كِتَابَتِي لَكَ مُنْذُ مُدَّةٍ طَوِيلَةٍ وَكَانَ ذٰلِكَ بِسَبَبِ ظُرُوفِ الْعَمَلِ. وَأَدْعُوكَ إِلَى حَفْلَةِ زَوَاجِي. وَتَكُونُ الْحَفْلَةُ يَومَ الْخَمِيسِ ٢٠١٨/٦/٧م فِي السَّاعَةِ السَّابِعَةِ مَسَاءً بِفُنْدُقِ النِّيلِ".

سَلِّمْ لِي عَلَى الْأَصْدِقَاءِ.

اَلْمُخْلِصُ

كَمَالٌ

① مَرْحَبًا بِكَ ② أَهْلًا وَسَهْلًا

③ رِحْلَةً سَعِيدَةً ④ سَلَامِي لِلْأُسْرَةِ

⑤ تَحِيَّةٌ طَيِّبَةٌ وَبَعْدُ

26. 아랍어에 관한 글이다. 글의 내용과 일치하지 않는 것은?

اَللُّغَةُ الْعَرَبِيَّةُ مِنَ اللُّغَاتِ السَّامِيَّةِ، وَهِيَ مِنَ اللُّغَاتِ الرَّسْمِيَّةِ السِّتِّ لِلْأُمَمِ الْمُتَّحِدَةِ. اَللُّغَةُ الْعَرَبِيَّةُ تَشْمَلُ الْفُصْحَى وَالْعَامِّيَّةَ. اَلْفُصْحَى هِيَ لُغَةُ الْقُرْآنِ، وَهِيَ لَا تَزَالُ إِلَى الْيَوْمِ تُسْتَخْدَمُ فِي الْمَجَلَّاتِ وَالْجَرَائِدِ وَالْكُتُبِ وَالْمُحَاضَرَاتِ وَفِي الْمُنَاسَبَةِ الرَّسْمِيَّةِ وَغَيْرِهَا. أَمَّا الْعَامِّيَّةُ فَتُسْتَخْدَمُ لِلْحِوَارِ فِي الْحَيَاةِ الْيَوْمِيَّةِ، تُسْتَخْدَمُ مَثَلًا فِي الْبَيْتِ وَالشَّارِعِ. اَلْيَوْمُ الْعَالَمِيُّ لِلُّغَةِ الْعَرَبِيَّةِ فِي ١٨ دِيسَمْبِر مِنْ كُلِّ سَنَةٍ.

*السَّامِيَّةِ : 셈의 *تَشْمَلُ : 포함하다

*تُسْتَخْدَمُ : 사용되다 *الْمُنَاسَبَةِ : 행사

① 아랍어는 셈어들 중의 하나이다.

② 아랍어에는 اَلْفُصْحَى와 اَلْعَامِّيَّةُ가 있다.

③ 세계 아랍어의 날은 매년 12월 17일이다.

④ اَلْعَامِّيَّةُ는 집과 거리에서 대화에 사용된다.

⑤ 아랍어는 유엔의 6개 공용어 중의 하나이다.

27. 빈칸에 들어갈 말로 알맞은 것은?

> هِيَ مَدِينَةٌ مُقَدَّسَةٌ لَدَى الْمُسْلِمِينَ، ______
> بِهَا الْمَسْجِدُ الْحَرَامُ وَالْكَعْبَةُ الَّتِي تُعَدُّ قِبْلَةَ
> الْمُسْلِمِينَ فِي صَلَاتِهِمْ. وَتَقَعُ غَرْبَ الْمَمْلَكَةِ
> الْعَرَبِيَّةِ السُّعُودِيَّةِ، وَتَبْعُدُ عَنِ الْمَدِينَةِ
> الْمُنَوَّرَةِ حَوَالَيْ ٤٠٠ كِيلُومِتْرٍ، وَعَلَى بُعْدِ
> ٧٢ كِيلُومِتْرًا مِنْ مَدِينَةِ جُدَّةَ.
>
> *مُقَدَّسَةٌ : 성스러운 *تُعَدُّ : 간주되다
> *تَبْعُدُ : 떨어져 있다 *عَلَى بُعْدِ ... : ~의 거리에

① مَكَّةُ ② دِمَشْقُ ③ بَيْرُوتُ
④ بَغْدَادُ ⑤ اَلْقَاهِرَةُ

28. اِبْنُ بَطُّوطَةَ에 관한 글이다. 글의 내용과 일치하지 않는 것은?

> هُوَ وُلِدَ فِي طَنْجَةَ بِالْمَغْرِبِ عَامَ ١٣٠٤م.
> وَكَان رَحَّالَةً قَضَى ٢٨ سَنَةً فِي الرِّحْلَاتِ.
> قَطَعَ أَكْثَرَ مِنْ ١٢١,٠٠٠ كم فِي إِفْرِيقِيَا
> وَأُورُوبَّا وَآسِيَا، وَهُوَ رَقْمٌ لَمْ يَكْسِرْهُ أَيُّ
> رَحَّالَةٍ حَتَّى ظُهُورِ عَصْرِ السَّفِينَةِ الْبُخَارِيَّةِ.
> بَعْدَ رُجُوعِهِ إِلَى بَلَدِهِ كَتَبَ الْكِتَابَ الْمَعْرُوفَ
> بِـ"رِحْلَةِ ابْنِ بَطُّوطَةَ". وَهُوَ كِتَابٌ يَتَحَدَّثُ عَنْ
> حَيَاةِ النَّاسِ وَعَادَاتِهِمْ فِي الْمَنَاطِقِ الْمُخْتَلِفَةِ
> الَّتِي زَارَهَا. تُرْجِمَ هٰذَا الْكِتَابُ إِلَى عِدَّةِ
> لُغَاتٍ مِثْلِ الْبُرْتُغَالِيَّةِ وَالْفَرَنْسِيَّةِ وَحَتَّى إِلَى
> الْكُورِيَّةِ.

① 이븐 밧투타는 탄자에서 태어났다.
② 그는 귀국하여 자신의 여행기를 저술하였다.
③ 그의 여행기는 한국어를 포함해 여러 언어로 번역되었다.
④ 이븐 밧투타는 28년을 여행하면서 보낸 대 탐험가이었다.
⑤ 그가 기록한 121,000킬로미터는 디젤 엔진이 출현했을 때 갱신되었다.

29. 밑줄 친 هٰذَا에 해당하는 것은?

> هٰذَا هُوَ الْكِتَابُ الْمُقَدَّسُ فِي الْإِسْلَامِ، وَيَتَكَوَّنُ
> مِنْ ١١٤ سُورَةً. يُؤْمِنُ الْمُسْلِمُونَ بِأَنَّهُ كَلَامُ
> اللهِ وَأَنْزَلَهُ اللهُ إِلَى النَّبِيِّ مُحَمَّدٍ عَلَى مَدَى
> ٢٣ سَنَةً تَقْرِيبًا، بَعْدَ أَنْ بَلَغَ النَّبِيُّ مُحَمَّدٌ سِنَّ
> الْأَرْبَعِينَ، وَحَتَّى وَفَاتِهِ عَامَ ٦٣٢م.
>
> *الْمُقَدَّسُ : 신성한 *يَتَكَوَّنُ مِنْ : ~으로 구성되다
> *سُورَةٌ : 장(章) *يُؤْمِنُ بِـ : ~을 믿다
> *أَنْزَلَ : 내려 보내다 *بَلَغَ : 도달했다
> *النَّبِيّ : 예언자 *عَلَى مَدَى : ~동안
> *سِنّ : 나이 *وَفَاتِهِ : 그의 죽음

① اَلْقُرْآنُ ② اَلْحَدِيثُ ③ اَلتَّوْرَاةُ
④ اَلْإِنْجِيلُ ⑤ اَلتَّفْسِيرُ

30. 빈칸에 들어갈 말로 알맞은 것은? [1점]

> A: لِمَاذَا لَا يَأْكُلُ الْمُسْلِمُونَ لَحْمَ الْخِنْزِيرِ؟
> B: لَا يَأْكُلُونَهُ الْمُسْلِمُونَ لِأَنَّ أَكْلَهُ ______
> عَلَيْهِمْ.

① حَرَامٌ ② حَلَالٌ ③ مُبَاحٌ
④ مُبَارَكٌ ⑤ مَقْبُولٌ

제2회 실전 모의고사

5교시 제2외국어/한문 영역(아랍어)

성명		수험 번호					-				

1. 밑줄 친 낱말과 모음 배열이 같은 것은? [1점]

أَبُوهُ مُوَظَّفٌ فِي الْبَنْكِ.

① مُثَقَّفٌ ② مَتْحَفٌ ③ مُتَّحِدٌ
④ مُبَكِّرٌ ⑤ مُتَوَسِّطٌ

2. 밑줄 친 부분의 표기가 옳지 않은 것은? [1점]

① اَلْبَحْرُ ② اَلْصَيْفُ ③ اَلرَّأْسُ
④ اَلْخَطَرُ ⑤ اَلْفُنْدُقُ

3. □에 공통으로 들어갈 글자는?

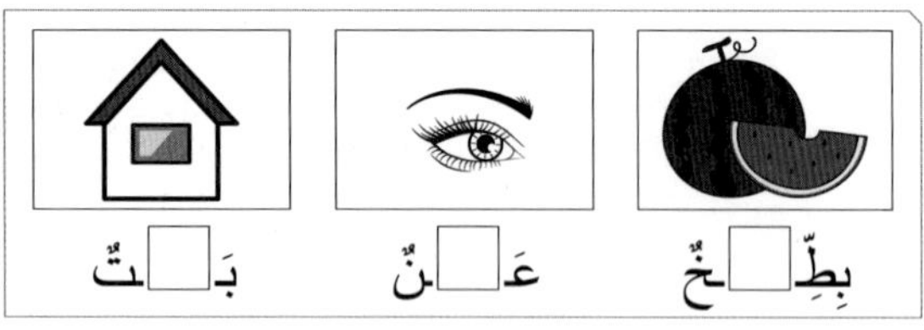

① ا ② س ③ م ④ و ⑤ ي

4. 빈칸에 들어갈 말로 알맞은 것은?

A: أَيَّ ______ عَرَبِيٍّ تُحِبُّ؟
B: أُحِبُّ الْكَبَابَ وَالشَّاوِرْمَةَ وَالْكُسْكُسِيَّ.

① طَعَامٍ ② عَصِيرٍ ③ حَيَوَانٍ
④ رِيَاضَةٍ ⑤ فَاكِهَةٍ

5. 낱말 퍼즐에서 (a)와 (b)에 공통으로 들어갈 글자로 알맞은 것은?

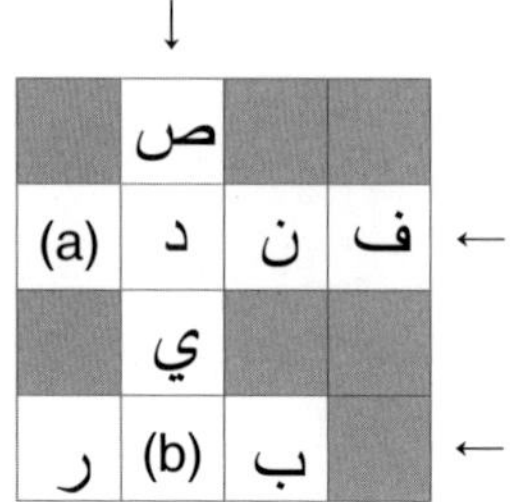

① ب ② ج ③ ش ④ ف ⑤ ق

6. 빈칸에 들어갈 말로 알맞은 것은? [1점]

A: هَلْ نُشَاهِدُ فِيلْمَ "وَجْدَةُ" مَسَاءَ الْيَوْمِ؟
B: آسِفَةٌ. ______ الْفِيلْمَ أَمْسِ.

① شَاهَدْتُ ② شَاهَدْتَ ③ شَاهَدْتِ
④ شَاهَدَ ⑤ شَاهَدْنَا

7. 빈칸에 들어갈 말로 알맞은 것을 〈보기〉에서 고른 것은?

A: هَلْ تُعْجِبُكِ هٰذِهِ ______؟
B: نَعَمْ. تُعْجِبُنِي كَثِيرًا.

보기
(a) السَّيَّارَةُ (b) الشَّاطِئُ
(c) الْمَدِينَةُ (d) اَلْمَكْتَبُ

① (a), (b) ② (a), (c) ③ (a), (d)
④ (b), (c) ⑤ (b), (d)

8. 빈칸 (a), (b)에 들어갈 말로 알맞은 것은?

A: كَمْ ____(a)____ مِنَ الشَّاي شَرِبْتَ الْيَوْمَ؟
B: شَرِبْتُ ثَلَاثَةَ ____(b)____ مِنْهُ.

① (a) فِنْجَانًا (b) فَنَاجِينَ
② (a) فِنْجَانًا (b) فَنَاجِينُ
③ (a) فَنَاجِينَ (b) فِنْجَانٍ
④ (a) فِنْجَانٍ (b) فَنَاجِينَ
⑤ (a) فَنَاجِينُ (b) فَنَاجِينَ

9. 밑줄 친 부분의 쓰임이 옳은 것은?

A: مَاذَا تَفْعَلُ نَهَايَةِ الْأُسْبُوعِ عَادَةً؟ (a)
B: أَخَذَ رَاحَةً فِي الْبَيْتِ. (b)
A: مَا رَأْيُكَ فِي مُشَاهَدَةِ فِيلْمَ عَرَبِيَّ مَعِي؟ (c)
B: بِكُلِّ سُرُورٍ. (d)
A: أَعْتَقِدُ أَنَّ الْفِيلْمُ مُمْتِعٌ. (e)
B: شُكْرًا عَلَى دَعْوَتِكَ.

① (a) ② (b) ③ (c) ④ (d) ⑤ (e)

10. 소개의 내용으로 알 수 없는 것은? [1점]

هٰذَا أَحْمَدُ مِنَ الْقَاهِرَةِ، وَهُوَ مِصْرِيٌّ، وَيَسْكُنُ الْآنَ فِي دُبَيٍّ، وَعُمْرُهُ عِشْرُونَ سَنَةً.

① 국적 ② 나이 ③ 직업 ④ 이름 ⑤ 거주지

11. 빈칸에 공통으로 들어갈 말로 알맞은 것은?

A: مَاذَا يَقُولُ الْعَرَبُ لِلتَّهْنِئَةِ بِسَنَةٍ جَدِيدَةٍ عَادَةً؟
B: ____________.
A: وَمَاذَا يَقُولُونَ لِلتَّهْنِئَةِ بِيَوْمِ الْمِيلَادِ؟
B: عِيدُ مِيلَادٍ سَعِيدٌ، وَ____________.

① شُكْرًا جَزِيلًا ② اَلْحَمْدُ لِلّٰهِ
③ مَمْنُوعٌ التَّصْوِيرُ ④ فُرْصَةٌ سَعِيدَةٌ
⑤ كُلُّ عَامٍ وَأَنْتُمْ بِخَيْرٍ

12. 빈칸에 들어갈 말로 알맞은 것은?

A: هَلْ وَصَلْتَ إِلَى الْمَطْعَمِ؟
B: لَا. سَأَصِلُ إِلَيْهِ فِي دَقِيقَةٍ.
A: آسِفٌ. سَأَتَأَخَّرُ قَلِيلًا لِأَنَّ الشَّوَارِعَ مُزْدَحِمَةٌ بِالسَّيَّارَاتِ.
B: ________. سَأَكُونُ فِي انْتِظَارِكَ.

① مُوَافِقٌ ② عَفْوًا ③ لَا بَأْسَ
④ أَهْلًا بِكَ ⑤ بِكُلِّ سُرُورٍ

13. 빈칸에 들어갈 말로 알맞지 않은 것은? [1점]

A: لَمْ أَسْمَعْ أَخْبَارَ طَقْسِ الْغَدِ. هَلْ سَمِعْتَهَا؟
B: نَعَمْ. يَكُونُ الطَّقْسُ ________، إِنْ شَاءَ اللّٰهُ.

① بَارِدًا ② دَافِئًا ③ وَسِيطًا
④ لَطِيفًا ⑤ مُعْتَدِلًا

14. 빈칸에 들어갈 말로 알맞은 것을 〈보기〉에서 고른 것은?

A: هَلْ تُحِبُّ أَنْ تُشَاهِدَ الْفِيلْمَ الْكُورِيَّ؟
B: نَعَمْ. يُعْجِبُنِي الْفِيلْمُ الْكُورِيُّ.
A: أَدْعُوكَ لِمُشَاهَدَةِ الْفِيلْمِ. هَلْ تَذْهَبُ مَعِي؟
B: نَعَمْ، ________.

보기

(a) صَحِيحٌ (b) لَحْظَةً
(c) بِكُلِّ سُرُورٍ (d) شُكْرًا عَلَى دَعْوَتِكَ

① (a), (b) ② (a), (c) ③ (b), (c)
④ (b), (d) ⑤ (c), (d)

15. 안내문으로 알 수 없는 것은? [1점]

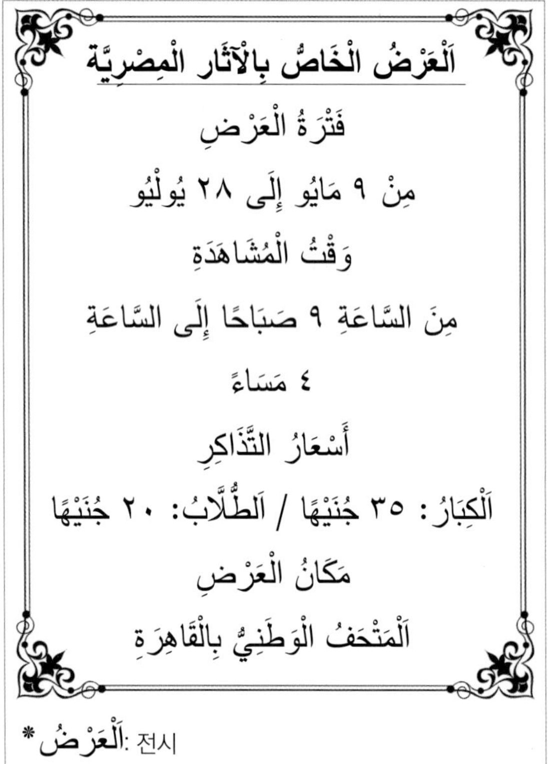
اَلْعَرْضُ الْخَاصُّ بِالْآثَارِ الْمِصْرِيَّةِ
فَتْرَةُ الْعَرْضِ
مِنْ ٩ مَايُو إِلَى ٢٨ يُولْيُو
وَقْتُ الْمُشَاهَدَةِ
مِنَ السَّاعَةِ ٩ صَبَاحًا إِلَى السَّاعَةِ ٤ مَسَاءً
أَسْعَارُ التَّذَاكِرِ
اَلْكِبَارُ: ٣٥ جُنَيْهًا / اَلطُّلَّابُ: ٢٠ جُنَيْهًا
مَكَانُ الْعَرْضِ
اَلْمَتْحَفُ الْوَطَنِيُّ بِالْقَاهِرَةِ

*اَلْعَرْضُ: 전시

① 전시 기간 ② 관람 시간 ③ 관람 요금
④ 전시 장소 ⑤ 촬영 금지

16. 대화의 내용으로 보아 A와 B가 탁구를 할 시각은?

A: كَمِ السَّاعَةُ الْآنَ؟
B: اَلسَّاعَةُ الثَّالِثَةُ وَالنِّصْفُ.
A: هَلْ نَلْعَبُ كُرَةَ الطَّاوِلَةِ بَعْدَ ثُلْثِ سَاعَةٍ؟
B: نَعَمْ. فِكْرَةٌ طَيِّبَةٌ.

① PM 3:30 ② PM 3:45 ③ PM 3:50
④ PM 4:00 ⑤ PM 4:30

17. 빈칸에 들어갈 말로 알맞은 것은? [1점]

A: آلُو، هَلْ أَحْمَدُ مَوْجُودٌ؟
B: لَا، هُوَ غَيْرُ مَوْجُودٍ. ________؟
A: أَنَا صَدِيقُهُ كَمَالٌ.
B: يَعُودُ بَعْدَ نِصْفِ سَاعَةٍ، إِنْ شَاءَ اللّٰهُ.

① مَا هُوَ ② مَنْ مَعَكَ ③ مَتَى يَعُودُ
④ مَنْ يَتَكَلَّمُ ⑤ فِي أَيِّ وَقْتٍ

18. 빈칸에 들어갈 말로 알맞은 것은?

A: أُرِيدُ أَنْ أَشْتَرِيَ حَقِيبَةً.
B: ________ هٰذِهِ الْحَقِيبَةِ؟
A: تُعْجِبُنِي كَثِيرًا. بِكَمْ هٰذِهِ؟
B: بِمِائَةِ دُولَارٍ.

① مَا لَكَ ② مَا مَقَاسُكَ ③ كَمِ الثَّمَنُ
④ كَيْفَ آخُذُ ⑤ مَا رَأْيُكَ فِي

19. 빈칸에 들어갈 말로 알맞은 것을 〈보기〉에서 찾아 순서대로 바르게 배열한 것은?

A: مَاذَا سَتَفْعَلِينَ فِي الْعُطْلَةِ الْقَادِمَةِ؟
B: ________________.
A: مَعَ مَنْ تُسَافِرِينَ إِلَى الْخَارِجِ؟
B: ________________.
A: كَمْ مَرَّةً سَافَرْتِ إِلَيْهِ؟
B: ________________.

보기

(a) أُسَافِرُ إِلَيْهِ لِأَوَّلِ مَرَّةٍ
(b) سَأُسَافِرُ إِلَى الْخَارِجِ
(c) أُسَافِرُ إِلَيْهِ مَعَ أُسْرَتِي

① (a)-(b)-(c) ② (a)-(c)-(b) ③ (b)-(a)-(c)
④ (b)-(c)-(a) ⑤ (c)-(a)-(b)

20. 빈칸에 들어갈 말로 알맞은 것은? [1점]

A: هَلْ هٰذَا الْأُوتُوبِيسُ يَذْهَبُ إِلَى مَكْتَبِ الْبَرِيدِ؟
B: لَا. لٰكِنَّهُ يَمُرُّ بِمَحَطَّةٍ قَرِيبَةٍ مِنَ الْمَكْتَبِ. يُمْكِنُكَ أَنْ ____________ مِنْهَا إِلَيْهِ.

① تَمْشِيَ ② تَقُومَ ③ تَكُونَ
④ تَفْتَحَ ⑤ تَطِيرَ

21. 대화의 내용으로 보아 A가 받을 금액은?

A: كَمْ سِعْرُ الصَّرْفِ لِلدُّولَارِ إِلَى الدِّرْهَمِ الْمَغْرِبِيِّ؟
B: عَشَرَةُ دَرَاهِمَ لِلدُّولَارِ الْوَاحِدِ.
A: مَعِي مِائَةُ دُولَارٍ. أُرِيدُ صَرْفَهَا.
B: تَفَضَّلْ.

*صَرْف : 교환

① 100 디르함 ② 500 디르함 ③ 800 디르함
④ 1,000 디르함 ⑤ 1,500 디르함

22. 차림표와 대화로 보아 A와 B가 주문하려 하는 음식 가격의 합은?

قَائِمَةُ الطَّعَامِ
كَبَابٌ ٢٠ دِرْهَمًا
كُسْكُسِيٌّ ٢٥ دِرْهَمًا
طَاجِنٌ ٣٠ دِرْهَمًا
شُورْبَةٌ ١٥ دِرْهَمًا

A: مَاذَا تُرِيدُ أَنْ تَأْكُلَ؟
B: أُرِيدُ كَبَابًا وَشُورْبَةً. وَأَنْتَ؟
A: أُرِيدُ نَفْسَ الشَّيْءِ مَعَكَ.

① 40디르함 ② 50디르함 ③ 60디르함
④ 70디르함 ⑤ 80디르함

23. 대화로 보아 B의 증상은? [1점]

A: مَاذَا عِنْدَكَ؟
B: أَشْعُرُ بِأَلَمٍ فِي بَطْنِي.
A: هَلْ عِنْدَكَ صُدَاعٌ؟
B: لَا. لَيْسَ عِنْدِي صُدَاعٌ. لٰكِنَّ حَرَارَةَ جِسْمِي عَالِيَةٌ.

① 고열과 두통 ② 고열과 복통 ③ 두통과 복통
④ 두통과 치통 ⑤ 복통과 치통

24. 빈칸에 들어갈 말로 알맞은 것은?

A: سَمِعْتُ أَنَّكَ سَتُسَافِرُ إِلَى بَلَدِكَ.
B: صَحِيحٌ. أُسَافِرُ إِلَيْهِ غَدًا.
A: سَأَكُونُ مُشْتَاقًا إِلَيْكَ.
وَ ________________.

① لَا بَأْسَ ② مَرْحَبًا بِكَ ③ الْحَمْدُ لِلّٰهِ
④ رِحْلَةً سَعِيدَةً ⑤ فِكْرَةٌ جَمِيلَةٌ

25. 글의 내용으로 보아 밑줄 친 부분과 의미가 가장 가까운 것은?

عَزِيزَتِي فَاطِمَةُ
تَحِيَّةٌ طَيِّبَةٌ وَبَعْدُ،

إِنَّنِي بِصِحَّةٍ جَيِّدَةٍ وَآمُلُ أَنْ تَكُونِي كَذٰلِكَ.
أَكْتُبُ لَكِ مِنَ الْقَاهِرَةِ.
وَلَقَدْ مَرَّ أُسْبُوعٌ وَاحِدٌ مُنْذُ وُصُولِي إِلَيْهَا.
وَقَدْ زُرْتُ بَعْضَ الْأَمَاكِنِ التَّارِيخِيَّةِ، وَالْجَامِعَ الْأَزْهَرَ، وَسُوقَ خَانِ الْخَلِيلِيِّ.
وَاشْتَرَيْتُ مِنْهَا هَدِيَّةً لَكِ. سَأَعُودُ إِلَى بَيْرُوت يَومَ السَّبْتِ الْقَادِمِ.
سَلَامِي لَكِ وَلِلصَّدِيقَاتِ.

صَدِيقَتُكِ الْمُخْلِصَةُ
زَيْنَبُ

① أَهْلًا ② آسِفَةٌ ③ قَرِيبًا
④ بِالتَّأْكِيدِ ⑤ بِصِحَّةٍ جَيِّدَةٍ

26. 빈칸에 들어갈 말로 알맞은 것은?

________________ هُوَ الشَّهْرُ التَّاسِعُ فِي التَّقْوِيمِ الْهِجْرِيِّ، وَهُوَ شَهْرُ الصَّوْمِ. وَيَمْتَنِعُ فِي أَيَّامِهِ الْمُسْلِمُونَ عَنِ الشَّرَابِ وَالطَّعَامِ مِنَ الْفَجْرِ وَحَتَّى غُرُوبِ الشَّمْسِ.
يَبْدَأُ هٰذَا الشَّهْرُ عِنْدَ رُؤْيَةِ الْهِلَالِ يَوْمَ ٢٩ مِنْ شَعْبَانَ، وَفِي حَالَةِ عَدَمِ رُؤْيَتِهِ يُصْبِحُ شَهْرُ شَعْبَانَ ٣٠ يَوْمًا، وَعِنْدَ انْتِهَاءِ رَمَضَانَ يَحْتَفِلُ الْمُسْلِمُونَ بِعِيدِ الْفِطْرِ.

*التَّقْوِيمِ : 달력 *الْهِجْرِيّ : 헤지라의
*يَمْتَنِعُ : 삼가다 *الشَّرَابِ : 음료
*غُرُوبِ الشَّمْسِ : 일몰 *رُؤْيَةِ : 관찰
*شَعْبَانَ : 이슬람력 8월 *الْهِلَالِ : 초승달
*يَحْتَفِلُ بِـ... : ~을 경축하다

① صَفَرٌ ② مُحَرَّمٌ ③ رَمَضَانُ
④ شَعْبَانُ ⑤ ذُو الْحِجَّةِ

27. 글의 내용과 일치하지 않는 것은?

هٰذَا هُوَ الْعِيدُ الْأَكْبَرُ عِنْدَ الْمُسْلِمِينَ، وَيَأْتِي فِي الْيَوْمِ الْعَاشِرِ مِنْ ذِي الْحِجَّةِ مِنْ كُلِّ عَامٍ. وَمُدَّتُهُ أَرْبَعَةُ أَيَّامٍ عَلَى عَكْسِ عِيدِ الْفِطْرِ الَّذِي مُدَّتُهُ يَوْمٌ وَاحِدٌ. يُعْتَبَرُ هٰذَا الْعِيدُ أَيْضًا ذِكْرَى لِقِصَّةِ إِبْرَاهِيمَ، لِذٰلِكَ يَقُومُ الْمُسْلِمُونَ فِي هٰذَا الْيَوْمِ بِالتَّضْحِيَةِ بِأَحَدِ الْأَنْعَامِ.

*عَلَى عَكْسِ : ~와 대비하여
*تَضْحِيَة : 희생 *أَنْعَام : 방목하는 가축

① 이것의 기간은 나흘이다.

② 이것은 서력으로 매년 12월 10일이다.

③ 이것은 무슬림들에게 가장 큰 명절이다.

④ 이것은 아브라함 이야기를 기념하는 날이다.

⑤ 이날 무슬림들은 방목하는 가축을 희생물로 바친다.

28. 여성 무슬림의 اَلْحِجَابُ에 관한 글이다. 글의 내용과 일치하지 않는 것은? [1점]

> * اَلْحِجَابُ هُوَ سَاتِرٌ.
> * عَادَةً يُسَمَّى غِطَاءُ رَأْسِ الْمَرْأَةِ بِالْحِجَابِ.
> * يَرَى مُعْظَمُ الْمُسْلِمِينَ أَن كَشْفَ الْوَجهِ وَالْيَدِ يَجُوزُ.
> * يَجِبُ عَلَى الْمَرْأَةِ الْمُسْلِمَةِ أَنْ تَلْبَسَ الْحِجَابَ أَمَامَ الرِّجَالِ الْأَجَانِبِ.
>
> * سَاتِرٌ : 가리개 * غِطَاءٌ : 덮개
> * يَجُوزُ : 가능하다

① 히잡은 가리개이다.

② 히잡의 색상은 검은색뿐이다.

③ 머리 덮개를 히잡이라고도 한다.

④ 대부분의 무슬림은 얼굴과 손은 노출하여도 된다고 생각한다.

⑤ 여성 무슬림은 외간 남성이 보는 곳에서는 히잡을 착용해야 한다.

29. 빈칸에 들어갈 말로 알맞은 것은?

> A: مَا هِيَ أَرْكَانُ الْإِسْلَامِ الْخَمْسَةُ؟
> B: هِيَ الشَّهَادَةُ وَالصَّلَاةُ وَالزَّكَاةُ وَصَوْمُ رَمَضَانَ وَالْحَجُّ.
> A: أَعْتَقِدُ أَنَّ الْحَجَّ زِيَارَةُ الْمَكَانِ الْمُقَدَّسِ، فَأَيْنَ يَزُورُ الْمُسْلِمُ عِنْدَ الْحَجِّ؟
> B: صَحِيحٌ. اَلْحَجُّ هُوَ زِيَارَةُ ______ فِي مَكَّةَ.
>
> * الْمُقَدَّسِ : 신성한

① اَلْقُدْس
② بَيْتِ الْمَقْدِسِ
③ اَلْمَسْجِدِ الْحَرَامِ
④ اَلْبَيْتِ الْمُقَدَّسِ
⑤ اَلْبَيْتِ الْأَبْيَضِ

30. 이슬람력에 관한 글이다. 글의 내용으로 알 수 없는 것은?

> اَلتَّقْوِيمُ الْإِسْلَامِيُّ هُوَ تَقْوِيمٌ قَمَرِيٌّ يَعْتَمِدُ عَلَى دَوْرَةِ الْقَمَرِ. تَتَّخِذُ بَعْضُ الْبُلْدَانِ الْعَرَبِيَّةِ التَّقْوِيمَ الْإِسْلَامِيَّ كَتَقْوِيمٍ رَسْمِيٍّ. وَالشَّهْرُ فِي التَّقْوِيمِ الْإِسْلَامِيِّ إِمَّا أَنْ يَكُونَ ٢٩ أَوْ ٣٠ يَوْمًا. لِمُدَّةِ سَنَةٍ وَاحِدَةٍ، بَيْنَ التَّقْوِيمِ الْمِيلَادِيِّ وَالتَّقْوِيمِ الْإِسْلَامِيِّ فَارِقُ ١١ يَوْمًا تَقْرِيبًا.
>
> * اَلتَّقْوِيمُ : 달력 * يَعْتَمِدُ عَلَى : ~에 의거하다
> * تَتَّخِذُ : 채택하다 * فَارِقُ : 차이

① 이슬람력은 태음력이다.

② 이슬람력으로 한 달은 서력의 한 달보다 길다.

③ 이슬람력으로 한 달은 29일이거나 또는 30일이다.

④ 이슬람력과 서력 간에는 1년에 약 11일의 차이가 있다.

⑤ 몇몇 아랍 국가들은 이슬람력을 공식 책력으로 채택했다.

제1회 모의고사 정답

1	①	11	②	21	⑤
2	③	12	④	22	⑤
3	②	13	④	23	④
4	⑤	14	③	24	④
5	①	15	②	25	⑤
6	⑤	16	②	26	③
7	③	17	②	27	①
8	③	18	④	28	⑤
9	②	19	③	29	①
10	②	20	①	30	①

제2회 모의고사 정답

1	①	11	⑤	21	④
2	②	12	③	22	④
3	⑤	13	③	23	②
4	①	14	⑤	24	④
5	⑤	15	⑤	25	⑤
6	①	16	③	26	③
7	②	17	④	27	②
8	①	18	⑤	28	②
9	④	19	④	29	③
10	③	20	①	30	②

제1회 정답 및 해설

1 ①
밑줄 친 صَدِيقَةٌ을 로마자로 표기하면 ṣadīqatun이다. ṣadīqatun과 같은 모음 배열을 지닌 ① نَشِيطَةٌ (nashīṭatun)이 정답이다.

① nashīṭatun ② mudīratun ③ muslimatun ④ muʕalimatun ⑤ ṭālibatun

해석
파티마는 수미의 아랍 여자 친구이다.

2 ③
①, ②, ④의 밑줄 친 부분은 태양문자이기 때문에 샷다를 표기해야 하며, ⑤의 밑줄 친 부분은 태음문자이므로 샷다를 표기하지 않아야 한다.

3 ②
대추 야자는 تَمْرٌ이고, 당근은 جَزَرٌ이며, 오이는 خِيَارٌ이다. 따라서 공통으로 들어가는 글자는 ② رٌ이다.

4 ⑤
제시된 낱말은 오른쪽에서 왼쪽 순으로 1분, 1시간, 1일, 1주일, 1개월이다.
① 방향 ② 채소 ③ 생선 ④ 색깔 ⑤ 시간

5 ①
제시된 그림의 낱말은 طِفْلٌ ,سِبَاحَةٌ ,جَمَلٌ이다. 이 글자들을 조합하면 جَبَلٌ(산)이다.

6 ⑤
남성인 لَوْنُهُ(그것의 색깔이)가 주어이므로 빈칸에는 3인칭 남성 미완료형 동사에 1인칭 접미형 대명사가 덧붙은 ⑤ يُعْجِبُنِي가 알맞다.
① 당신(남성)의 마음에 들다(남성 미완료형)
② 당신(여성)의 마음에 들다(여성 미완료형)
③ 당신(남성)의 마음에 들다(남성 미완료형)
④ 당신(남성)의 마음에 들다(여성 미완료형)
⑤ 내 마음에 들다(남성 미완료형)

해석
A: 이 드레스가 당신의 마음에 듭니까?
B: 아니요. 그것의 색깔이 내 마음에 들지 않습니다. 다른 색깔이 있습니까?

7 ③
حَقِيبَتِي(내 가방; 3인칭 여성 단수)가 주어이므로 빈칸 (a)와 (b)에는 각각 لَيْسَ의 3인칭 여성 단수형(لَيْسَتْ)과 여성형 목적격 형태의 형용사(سَوْدَاءَ)가 알맞다.

해석
A: 당신의 가방 색깔이 검은색입니까?
B: 아니요. 내 가방은 검은색이 아닙니다.

8 ③
〈보기〉의 (b)는 어법에 맞지 않는 표현이므로 빈칸에 알맞지 않다. 어법에 맞기 위해서는 أَطْوَلُ طَالِبَةٍ 또는 الطَّالِبَاتِ أَطْوَلُ이어야 한다.
주어가 여성이기 때문에 빈칸에는 여성을 가리키는 술어가 와야 한다. 〈보기〉 중에서는 (a)와 (d)가 여성이며 어법에 맞는 표현이다.
〈보기〉 (a) 가장 어린 소녀 (b) 가장 키가 큰 여학생(비문)
(c) 가장 멋있는 남학생 (d) 가장 나이 많은 여학생

해석
A: 라알라(여성의 이름)가 누구입니까?
B: 그녀는 이 사진에서 가장 어린 소녀/가장 나이 많은 여학생입니다.

9 ②
(a) سَنَةٍ وَاحِدَةٍ (한 해)는 명사와 수식어로 구성된 형태이며 성 · 수 · 격 · 한정 상태 여부에서 일치하고 있으므로 바른 표현이다. (○)
(b) لِيَدْرُسُ (…을 배우려고)에서 동기 부여를 나타내는 접속사 ...لِـ 다음에는 접속법 형태의 동사(يَدْرُسَ)가 와야 하는데 لِيَدْرُسُ는 직설법 형태이다. (×)
(c) ثَقَافَتَهَا(그것의 문화를)는 ثَقَافَةٌ(문화)와 3인칭 여성 단수 접미형 대명사인 هَا가 결합된 것으로 바른 표현이다. (○)

(d) الْأَمَاكِنِ السِّيَاحِيِّ (관광지들)은 명사와 수식어로 구성된 형태이므로 명사(الْأَمَاكِنِ)와 수식어(السِّيَاحِيِّ)가 성 · 수 · 격 그리고 한정 상태 여부에서 일치해야 한다. 이때 الْأَمَاكِنِ(장소들)은 복수형이지만 사물의 복수는 여성 단수로 간주하는 법칙에 따라 수식어(السِّيَاحِيِّ)도 여성 단수형(السِّيَاحِيَّةِ)이어야 한다. (×)

해석

사미르는 카이로에서 한 해 동안 한국어를 배웠으며, 한국 역사와 문화를 배우려고 한국으로 떠났다. 지난겨울에 그는 몇몇 관광지들을 방문했다.

10 ②

〈보기〉 (a) 건강합니다 (b) 안녕히 계세요/가세요
(c) 하느님 덕분에 (d) 다시 만날 때까지

해석

A: 안녕하세요.
B: 안녕하세요.
A: 건강은 어떠세요?
B: 건강합니다/하느님 덕분에.

11 ②

① 당신(남성)의 이름이 ② 당신(남성)의 직업이
③ 당신(남성)의 취미가 ④ 당신(남성)의 국적이
⑤ 당신(여성)이 일한다

해석

A: 당신(남성)은 무슨 일을 하십니까?
B: 나는 컴퓨터 회사의 직원으로 일하고 있습니다. 당신은, 당신(남성)의 직업이 무엇입니까?
A: 나는 무역 회사의 관리자(남성)입니다.

12 ④

안부를 묻는 인사말 كَيْفَ الْحَالُ؟에 대한 대답은 بِخَيْرٍ과 اَلْحَمْدُ لِلّٰهِ로 정형화되어 있다.

① 물론이오 ② 이쪽으로 와 ③ 너에게 금지되어 있어
④ 하느님 덕분에 ⑤ 좋은 생각이야

해석

A: 나는 네가 아프다고 들었어. 건강은 어때?
B: 건강해, 하느님 덕분에.

13 ④

① 멋지다 ② 대단하다 ③ 훌륭하다
④ 나는 당신과 함께 한다 ⑤ 하느님이 원하신 대로이다.

해석

A: 당신은 몇 개의 언어를 말합니까?
B: 3개의 언어: 한국어와 영어 그리고 아랍어를 말합니다.
A: 멋집니다/대단합니다/훌륭합니다/하느님이 원하신 대로입니다. 또한 그것들을 잘하십니다.
B: 대단히 감사합니다.

14 ③

해석

A: 어제 카이로 날씨는 어땠습니까?
B: 날씨는 비가 오고 있었습니다.
A: 지금은 그곳의 날씨가 어떻습니까?
B: 해가 비치고 있습니다.

15 ②

① 신랑은 사미르가 아니라 압둘라이다.
③ 피로연 시각은 저녁 6시가 아니라 7시이다.
④ 피로연 장소는 힐튼 호텔이 아니라 나일 호텔이다.
⑤ 피로연은 2018년 6월 20일이 아니라 25일에 있을 예정이다.

해석

사미르 교수는 아들 압둘라의 결혼 피로연에 여러분들을 삼가 초대합니다. 피로연은 2018년 6월 25일 월요일 저녁 7시에 나일 호텔에서 있습니다.

16 ②

대화의 내용으로 보아 모레가 수요일이기 때문에 오늘은 월요일이다.

해석

A: 네 생일이 언제야?
B: 오는 수요일이야.
A: 그렇다면 모레네, 그렇지 않아?
B: 네 말이 맞아.

17 ②

مَرَّةً ثَانِيَةً의 글자 그대로의 의미는 '두 번째로'이지만 보통 '다시 한 번 더'라는 의미로 인식되고 있다. 이와 유사한 표현으로 مَرَّةً أُخْرَى(다시 한 번)가 있다.

① 다른(남성형) ② 다른(여성형) ③ 최근의(여성형)
④ 미안하다(여성형) ⑤ 요금

해석

A: 사미르 의사 선생님과 통화할 수 있습니까?
B: 그분은 지금 계시지 않습니다. 누구시지요?
A: 저는 그분의 환자입니다.
B: 그분에게 메시지 남기시겠습니까?
A: 아니요. 제가 다시 연락하겠습니다(걸겠습니다).

18 ④

1킬로그램에 60디르함이므로 1.5킬로그램을 구입하려면 90디르함을 지불해야 한다. 따라서 정답은 ④이다.
① 50디르함 ② 60디르함 ③ 80디르함 ④ 90디르함
⑤ 100디르함

해석

A: 당신(여성)은 무엇을 원하십니까?
B: 소고기를 원합니다. 킬로에 얼마예요?
A: 육십 디르함입니다.
B: 그것 1.5킬로그램을 좀 주세요.
A: 다른 것도 원하십니까?
B: 아니요.

19 ③

해석

A: 너는 보통 주말에 무엇을 하니?
B: 친구들과 함께 축구를 해.
A: 나도 축구를 아주 좋아하는데.
B: 오는 토요일에 우리와 함께 축구하고 싶니?
A: 응, 기꺼히 (해야지).

20 ①

대화문과 〈보기〉의 문장들을 고려해 보면, A의 첫 번째 대화에는 양해를 구하는 표현인 (d) "لَوْ سَمَحْتَ"(직역은 "당신이 허락한다면"이고, 통상 "실례합니다/실례지만"이란 의미로 사용됨)가 알맞다. "기차역이 어디에 있습니까"라는 물음에 대한 대답으로는 (a) "فِي شَارِعِ مُحَمَّدٍ الْخَامِسِ(무함마드 5세 거리에)"가 알맞다. 세 번째 빈칸은 의문문으로서 (c) "كَيْفَ أَذْهَبُ إِلَيْكَ؟(그곳으로 어떻게 갑니까?)"가 알맞다. 이에 대한 대답으로서 네 번째 빈칸에는 (b) "اِرْكَبِ الْأُوتُوبِيسَ رَقْمَ ٧ أَمَامَ الْمَدْرَسَةِ (학교 앞에서 7번 버스를 타세요)"가 알맞다.

해석

A: (d) 실례합니다(당신이 허락한다면 (하나 물어 보겠습니다)).
B: 무엇을 도와드릴까요?
A: 기차역이 어디에 있습니까?
B: (a) 무함마드 5세 거리에 (있습니다).
A: (c) 그곳으로 어떻게 갑니까?
B: (b) 학교 앞에서 7번 버스를 타십시오.

21 ⑤

B의 "1달러 당 4리얄입니다"라는 대답에 비추어 보면 환율을 묻는 의문문이 알맞다.
① 당신은 무엇을 원합니까
② 당신은 달러를 갖고 계십니까
③ 당신은 몇 달러를 갖고 계십니까
④ 무엇을 도와 드릴까요
⑤ 오늘 환율은 어떻게 됩니까(얼마입니까)

해석

A: 달러를 리얄로 교환하고 싶습니다. 오늘 환율은 어떻게 됩니까?
B: 1달러당 4리얄입니다. 몇 달러 갖고 계십니까?
A: 백 달러 갖고 있습니다. 자 받으세요.
B: 여기 사백 리얄이 있습니다.

22 ⑤

"그곳은 참 유명한 곳이야"라고 말하며 이 말에 대한 동의를 구하는 취지로 "그렇지 않니? (أَلَيْسَ كَذَٰلِكَ؟)"라고 부정의 질문으로 묻는 부가 의문문에 대하여 동의할 경우에는 "بَلَى (아냐 그 말이 맞아)"라는 불변사가 사용된다. 그러나 〈기본 어휘표〉에 "بَلَى"가 수록되어 있지 않았기에 동의에 상응하는 의미의 "كَلَامُكَ صَحِيحٌ"가 알맞다.
① 그것은 어디에 있어 ② 그것은 무엇이야 ③ 가능하다
④ 너에게 금지되어 있다 ⑤ 네 말이 맞아

해석

A: 레스토랑 "알리 바바"에 가 보았어?
B: 응. 그곳은 참 유명한 레스토랑이지, 그렇지 않니?
A: 네 말이 맞아. 그곳은 항상 사람들로 붐벼.
B: 나 지금 배가 고파. 우리 빨리 그곳으로 가자.

23 ④

빈칸에는 "왜"라고 묻는 질문에 대한 이유를 나타내

는 말이 알맞다. ⑤는 뒤에 명사형의 낱말이 와야 하는데 "شَعَرْتُ"라는 동사가 와 있기 때문에 알맞지 않다(×). ④는 "شَعَرْتُ"라는 동사의 1인칭 단수 주어와 이유를 나타내는 접속사 لِأَنَّ가 결합된 것으로서 뒤에 오는 표현과 함께 "내가 가슴에 통증을 느꼈기 때문에"라는 이유를 나타낸다.

① 명사절을 이끄는 접속사 ② ~인 것처럼

③ 정말로 그것은 ~ ④ 내가 ~하기/했기 때문에

⑤ ~기 때문에

해석

A: 너 오늘 아침에 무엇을 했니?
B: 병원에 갔었어.
A: 왜?
B: 내 가슴에 통증을 느껴서.

24 ④

〈기본 어휘표〉에서 직업을 나타내는 낱말로 "شُغْلٌ", "عَمَلٌ", "مِهْنَةٌ"을 제시하고 있다.

〈보기〉 (a), (b), (d) 당신(남성)의 직업은 (c) 당신(남성)의 치수는 (×)

해석

A: 당신(남성)의 직업은 무엇입니까?
B: 나는 고등학교 교사입니다. 당신(여성)은요?
A: 나는 병원의 간호사(여성)입니다.

25 ⑤

①, ② 환영한다 ③ 즐거운 여행이 되길
④ 내 안부를 가족에 (전해줘) ⑤ (편지 서두의) 안녕

해석

친애하는 나의 친구 사미르
안녕
네가 건강하게 있기를 기원한다. 오랜 기간 동안 너에게 편지 쓰지 못해 미안하다. 그것은 직장의 여건 때문이었다. 내 결혼 피로연에 너를 초대한다. 피로연은 2018년 6월 7일 목요일 저녁 일곱 시에 나일 호텔에서 있을 것이다.
친구들에게 나의 안부를 전해 줘.
총총 (편지의 맺는 말)
카말

26 ③

해석

아랍어는 셈어 중의 하나이자 국제 연합의 6개 공용어 중의 하나이다. 아랍어에는 اَلْفُصْحَى(표준 아랍어)와 اَلْعَامِّيَّة(구어체 아랍어)가 있다. اَلْفُصْحَى는 오늘날까지 여전히 잡지, 신문, 책, 강의, 공식 행사 그리고 그 밖의 것에서 사용된다. اَلْعَامِّيَّة는 일상 생활에서 사용되는데 예를 들면 집과 거리에서 대화에 사용된다. 세계 아랍어의 날은 매년 12월 18일에 있다.

27 ①

무슬림의 예배 방향이며 사우디아라비아에 위치하고 있다는 정보를 통해 지문에서 설명하고 있는 도시가 메카임을 비교적 쉽게 파악할 수 있다.
① 메카 ② 다마스쿠스(시리아 수도)
③ 베이루트(레바논 수도) ④ 바그다드(이라크 수도)
⑤ 카이로(이집트 수도)

해석

메카는 무슬림들에게 신성한 도시이며, 그곳에 대사원(Holy Mosque)과 무슬림들의 예배 방향으로 간주되는 카바(신전)가 있다. 그것은 서쪽 사우디아라비아에 위치하고 있으며, 메디나로부터는 400킬로미터 떨어져 있고, 젯다 시로부터는 72킬로미터의 거리에 있다.

28 ⑤

⑤ 그가 기록한 121,000킬로미터는 디젤 엔진이 출현했을 때가 아니라 증기선이 출현한 이후에 갱신되었다.

해석

그는 서기 1304년에 모로코의 탄자에서 태어났다. 그는 여행하는 데에 28년을 보낸 대 탐험가였다. 그는 아프리카와 유럽 그리고 아시아에서 12만 1천 킬로미터 이상을 여행하였으며, 이것은 증기선 시대가 출현할 때까지 어느 대 탐험가도 깨지 못한 기록이다.
그는 귀국한 후에 "이븐 밧투타의 여행"으로 알려진 책을 썼다. 이것은 그가 가 본 여러 지역의 사람들의 생활과 그들의 관습에 관하여 언급하고 있는 책이다. 이 책은 포르투갈어와 프랑스어 같은 여러 개의 언어로 그리고 한국어로까지 번역되었다.

29 ①

해석

이것은 이슬람의 성서이며, 114 개의 장으로 구성되어 있다. 무슬림들은 그것이 알라의 말씀이며 예언자 무함마드가 40세에 도달한 후에 서기 632년 그가 사망할 때까지 알라께서 그것을 예언자 무함마드에게 약 23년 동안 내려 보냈다고 믿는다.

30 ①

돼지고기를 먹는 것이 무슬림들에게는 금기이기 때문에 그들은 그것을 먹지 않는 것이다.

① 금지되어 있다 ② 허용되어 있다 ③ 무방하다
④ 축복 받았다 ⑤ 수용되었다.

해석

A: 무슬림들은 왜 돼지고기를 먹지 않습니까?
B: 돼지고기를 먹는 것이 무슬림들에게 금지되어 있기 때문에 그들은 그것을 먹지 않습니다.

제2회 정답 및 해설

1 ①

밑줄 친 مُوَظَّفٌ을 로마자로 표기하면 muwaḍḥḍḥafun이다. muwaḍḥḍḥafun과 같은 모음 배열을 지닌 ① مُثَقَّفٌ (muthaqqafun)이 정답이다.

① muthaqqafun ② matḥafun ③ muttaḥidun ④ mubakkirun ⑤ mutawassiṭun

해석

그의 아버지는 은행 직원입니다.

2 ②

①, ④, ⑤의 밑줄 친 부분은 태음문자이기 때문에 샷다를 표기하지 않아야 하며 ل 위에 수쿤을 적는다. ②와 ③의 밑줄 친 부분은 태음 문자이므로 샷다를 표기해야 하며 ل 위에는 수쿤을 표기하지 않아야 한다. 그런데 ②에서는 ص가 태양 문자인데 샷다를 표기하지 않았고 ل 위에 수쿤이 표기되어 있어 잘못 표기된 것이다. ② اَلْصَيْفُ

3 ⑤

집은 بَيْتٌ이고, 눈은 عَيْنٌ이며, 수박은 بِطِّيخٌ이다. 따라서 공통으로 들어가는 글자는 ⑤ ي이다.

4 ①

① 음식 ② 주스 ③ 동물 ④ 운동 ⑤ 과일

해석

A: 당신은 어떤 아랍 음식을 좋아합니까?
B: 나는 케밥과 샤워르마 그리고 쿠스쿠스를 좋아합니다.

5 ⑤

가로줄의 (a)는 فُنْدُقٌ의 ق이고, 가로줄의 (b)와 세로줄의 (b)는 각각 بَقَرٌ과 صَدِيقٌ의 ق이다.

6 ①

선택지 모두 '구경했다'의 완료형이다. ① 1인칭 단수(내가 구경했다), ② 2인칭 남성 단수, ③ 2인칭 여성 단수, ④ 3인칭 남성 단수, ⑤ 1인칭 복수이다.

해석

A: 오늘 저녁에 우리 "와즈다"라는 영화를 구경할까?
B: 미안해. 나는 어제 그 영화 보았어.

7 ②

빈칸에는 تُعْجِبُكِ(당신의 마음에 들다; 3인칭 여성 단수형)의 주어가 와야 한다. 그러므로 여성형 명사가 알맞다. 〈보기〉에서 여성형은 (a)와 (c)이다.

〈보기〉 (a) 자동차(여성) (b) 해변(남성) (c) 도시(여성)
(d) 사무실(남성)

해석

A: 이(여성) 자동차/도시가 당신의 마음에 듭니까?
B: 네. 아주 내 마음에 듭니다.

8 ①

수량을 묻는 의문사 كَمْ 다음에는 단수 목적격 형태의 명사가 온다. 그러므로 빈칸 (a)에는 فِنْجَانًا이 알맞다. 3~10까지의 수량을 나타낼 때는 기수사와 복수형 명사를 연결형으로 만들어 사용한다. فِنْجَانٌ의 복수인 فَنَاجِينُ는 소유격과 목적격이 같은 형태인 2격 명사이다. 그러므로 빈칸 (b)에는 잔의 소유격 복수형인 فَنَاجِينَ가 알맞다.

해석

A: A: 당신은 오늘 몇 잔의 차를 마셨습니까?
B: 나는 그것을 세 잔 마셨습니다.

9 ④

(a) نِهَايَةَ الْأُسْبُوعِ는 시간을 나타내는 부사어로서 목적격

형태(نِهَايَةَ الْأُسْبُوعِ)이어야 하는데 소유격 형태로 표현되어 있으므로 옳지 않다. (×)

(b) "당신은 보통 주말에 무엇을 합니까"라고 묻는 말에 대한 대답으로 "나는 집에서 휴식을 취합니다"라고 1인칭 미완료형의 동사로 시작하여야 한다. أَخَذَ는 3인칭 남성 단수 완료형이므로 적합하지 않다. (×)

(c) فِيلْمَ عَرَبِيٍّ는 مُشَاهَدَة와 연결형을 이루는 자리에 있다. 연결형 구조의 표현에서 후연결어는 항상 소유격 형태(فِيلْمٍ عَرَبِيٍّ)로 표현해야 하는데 목적격 형태로 표현되어 있다. (×)

(d) بِكُلِّ سُرُورٍ은 〈의사소통 기본 표현〉에서 찬성을 나타내는 표현으로 소개하고 있으며, 영화 보는 것에 대한 의견을 묻는 말에 대한 대답으로 바른 표현이다. (○)

(e) أَنَّ가 이끄는 명사절의 주어이지만 주격 형태(الْفِيلْمُ)가 아니라 목적격 형태(الْفِيلْمَ)로 표현되어야 한다. (×)

해석

A: 당신은 보통 (a) 주말에 무엇을 합니까?
B: (b) 그는 집에서 휴식을 취해요.
A: 당신은 나와 함께 (c) 아랍 영화를 한 편 보는 것에 대해 어떻게 생각합니까?
B: (d) 기꺼이 (보고 말고요).
A: 나는 (e) 그 영화가 재미있다고 믿습니다.
B: 초대해 주어 감사합니다.

10 ③

해석

이 사람은 카이로에서 온 아흐마드이며, 그는 이집트 사람입니다. 그는 지금 두바이에서 거주하고 있으며, 그의 나이는 스무 살입니다.

11 ⑤

① 대단히 감사합니다 ② 하느님 덕분에 ③ 촬영 금지
④ 즐거운 기회였습니다 ⑤ 매년 건강하세요

해석

A: 아랍 사람들은 보통 새해를 축하하기 위해 무엇이라고 말합니까?
B: 매년 건강하세요.
A: 생일을 축하하기 위해서는 무엇이라고 말합니까?
B: 즐거운 생일입니다. 매년 건강하세요.

12 ③

لَا بَأْسَ는 "문제 될 것이 없다"는 의미의 "괜찮아"로 자주 사용되는 표현이다.

① 동의한다 ② 천만에 ③ 괜찮아 ④ 반가워 ⑤ 기꺼이

해석

A: 식당에 도착했니?
B: 아니. 나는 1분 안으로 도착할 거야.
A: 미안해. 나는 거리들이 차들로 붐벼서 조금 늦을 거야.
B: 괜찮아. 너를 기다리고 있을게.

13 ③

①, ②, ④, ⑤는 날씨의 상태를 나타내는 표현이며, ③은 "중재자"라는 의미이다.

해석

A: 내일의 날씨 소식을 듣지 못했어. 너는 들었니?
B: 응. 날씨가 차가울 거야/따뜻할 거야/상쾌할 거야/온후할 거야, 알라께서 원하신다면.

14 ⑤

〈보기〉에서 "나와 함께 갈래요?"라고 묻는 말에 대한 긍정의 답변으로는 (c)와 (d)가 알맞다.

〈보기〉 (a) 맞다 (b) 잠시만요 (c) 기꺼이
(d) 초대해 주어 고맙습니다

해석

A: 한국 영화를 관람하고 싶습니까?
B: 네. 한국 영화가 내 마음에 듭니다.
A: 한국 영화를 관람하도록 당신을 초대합니다. 나와 함께 가시겠습니까?
B: 네, 기꺼이/초대해 주어서 감사합니다.

15 ⑤

⑤ 촬영 금지에 관한 안내가 없다.

해석

이집트 유물 특별 전시
전시 기간: 5월 9일부터 7월 28일까지
관람 시간: 아침 9시부터 저녁 4시까지
티켓 가격: 성인 35주나이흐/학생들 20주나이흐
전시 장소: 카이로 국립박물관

16 ③

현재 시각은 3시 반인데 20분 후에 탁구하자고 하고 이에 동의하는 대화이다. 그러므로 A와 B가 탁구를 할 시각은 3시 50분이다.

해석

A: 지금 몇 시입니까?

B: 세시 반입니다.

A: 우리 20분 후에 탁구할까요?

B: 네, 좋은 생각입니다.

17 ④

〈의사소통 기본 표현〉에서 مَنْ يَتَكَلَّمُ؟를 전화 통화에서 상대방이 누구인지 묻는 표현으로 제시하고 있다.

① 그것이 무엇입니까 ② 누가 너와 함께 있느냐

③ 그가 언제 돌아옵니까 ④ 누구십니까 ⑤ 몇 시에

해석

A: 여보세요, 아흐마드 있어요?

B: 아니요, 그는 없어요. 누구십니까?

A: 저는 그의 친구 카말입니다.

B: 알라께서 원하신다면, 그는 30분 후에 돌아올 겁니다.

18 ⑤

① 너에게 무슨 일이 있어 ② 당신의 치수는

③ 값이 얼마예요 ④ 어떻게 복용합니까

⑤ ~에 대해 어떻게 생각합니까

해석

A: 가방 하나를 사고자 합니다.

B: 이 가방 어떠세요?

A: 아주 내 마음에 듭니다. 이것 얼마예요?

B: 100달러입니다.

19 ④

"무엇을 할 것입니까"에 대한 대답은 "해외로 여행할 것이다"이고, "누구와 함께 여행할 것이냐"는 질문에는 "가족과 함께 그곳으로 여행하겠다"는 것이 맞으며, "몇 번 가 보았느냐"는 질문에는 "처음으로 간다"라고 대답하는 것이 순서가 바른 표현이다.

해석

A: 당신은 오는 방학 때 무엇을 할 것입니까?

B: (b) 해외로 여행할 것입니다.

A: 누구와 함께 해외로 여행할 것입니까?

B: (c) 가족과 함께 그곳으로 여행할 겁니다.

A: 그곳으로 몇 번 여행했습니까?

B: (a) 그곳으로 처음 여행합니다.

20 ①

빈칸이 들어간 문장은 길을 묻고 가르쳐 주는 대화에서 가까우니 걸어갈 수 있다는 것을 나타낸 것이다.

① 당신이 걸어가다 ② 당신이 일어나다 ③ 당신이 ~이다

④ 당신이 열다 ⑤ 그것이 날다

해석

A: 이 버스가 우체국으로 갑니까?

B: 아니요. 그러나 우체국에서 가까운 정류장을 지나갑니다. 그 정류장에서 우체국으로 걸어갈 수 있습니다.

21 ④

환율은 1달러당 10디르함이어서 100달러를 환전하면 1,000디르함을 받게 된다.

① 100디르함 ② 500디르함 ③ 800디르함 ④ 1,000디르함

⑤ 1,500디르함

해석

A: 달러를 모로코 디르함으로 교환하는 환율은 얼마입니까?

B: 1달러당 10디르함입니다.

A: 100달러 갖고 있습니다. 그것을 바꾸고 싶습니다.

B: 자 받으세요.

22 ④

A가 케밥(20디르함)과 수프(15디르함)를 원하고, B도 같은 것으로 원하므로 두 사람이 지불할 음식 값의 합은 (20디르함 + 15디르함) x 2 = 70디르함이다.

해석

A: 무엇을 드시고 싶습니까?

B: 저는 케밥과 수프를 원합니다. 당신은요?

A: 저도 당신과 같은 것을 원합니다.

〈차림표〉 케밥 20디르함 / 쿠스쿠스 25디르함 /
타진 30디르함 / 수프 15디르함

23 ②

B는 배에 통증이 있고, 체온이 높다. 그러므로 고열과 복통이 있는 셈이다.

해석

A: 무슨 일로 오셨습니까?

B: 배가 아픕니다.

A: 두통도 있습니까?

B: 아니요. 두통은 없습니다. 그런데 체온은 높습니다.

24 ④

아랍인들은 여행을 가는 사람에게 덕담으로 "رِحْلَةً سَعِيدَةً أَتَمَنَّى لَكَ"라고 말하는데 이때 "أَتَمَنَّى لَكَ"은 생략하고 말

할 수 있다.

① 괜찮아 ② 반가워 ③ 하느님 덕분에

④ 즐거운 여행이 되길 바라 ⑤ 좋은 생각이야

해석

A: 나는 네가 너의 나라로 떠날 것이라고 들었다.
B: 맞아. 나는 내일 떠날 거야.
A: 내가 너를 그리워할 거야. 즐거운 여행이 되길 바라.

25 ⑤

"나는 잘 있어 너도 그렇기를 소망한다"에서 "كَذَلِكَ(그것과 같이)"는 "بِصِحَّةٍ جَيِّدَةٍ"을 가리키는 말이다.

① 어서 와 ② 미안해 ③ 조만간 ④ 확실히 ⑤ 건강하게

해석

친애하는 파티마
안녕
나는 건강하게 잘 있어. 너도 그러기를 소망해.
이 글을 카이로에서 너에게 보낸다.
내가 이곳에 도착한 지 일주일이 지났어.
나는 몇몇 사적지들과 아즈하르 사원, 칸알칼릴리에 가 보았어.
그곳에서 너에게 줄 선물을 샀어. 오는 토요일에 베이루트로 돌아갈 거야.
내 안부를 너와 친구들에게 전해 줘.
진실한 너의 친구
자이나브

26 ③

글의 내용은 9번째 달인 라마단에 관한 것이다.
① 2번째 달 ② 첫 번째 달 ③ 라마단 ④ 8번째 달
⑤ 12번째 달 이름

해석

라마단은 헤지라 달력에서 아홉 번째 달이며, 단식월이다. 그 달에 무슬림들은 새벽부터 해가 질 때까지 식음을 삼간다. 이달은 8번째 달의 29일에 초승달을 관측했을 때 시작하고, 초승달을 관측하지 못할 경우에는 8번째 달이 30일이 되고, 라마단이 종료될 때에 무슬림들은 단식종료절을 경축한다.

27 ②

해석

이것은 무슬림들에게 가장 큰 명절이며, 매년 순례 달의 10일에 온다. 그 기간은 단 하루인 단식종료절과 달리 나흘이다. 이날은 아브라함 이야기를 기리는 것이기도 하다. 그러므로 무슬림들은 이날에 방목하는 가축 하나를 희생물로 바치기도 한다.

28 ②

② 히잡의 색상은 언급되어 있지 않다.

해석

* 히잡은 가리개이다.
* 여성의 머리 덮개는 보통 히잡이라고 불린다.
* 대부분의 무슬림은 얼굴과 손을 노출하는 것은 가능하다고 본다.
* 무슬림 여성은 외간 남성들 앞에서는 히잡을 착용해야 한다.

29 ③

①, ②, ④는 모두 예루살렘을 가리키는 말이다. ③은 카바 신전이 있는 메카의 대사원이며, 무슬림들의 예배 방향이기도 하다. ⑤는 미국 대통령 관저 백악관이다.
① 예루살렘 ② 예루살렘 ③ 메카의 대사원 ④ 예루살렘
⑤ 백악관

해석

A: 이슬람의 다섯 기둥이 무엇입니까?
B: 그것은 증언, 예배, 자카트 납부, 라마단 단식 그리고 순례입니다.
A: 나는 순례가 신성한 곳을 찾아가는 것이라고 생각하는데, 무슬림은 순례 때 어디를 찾아갑니까?
B: 맞습니다. 순례는 메카의 대사원을 방문하는 것입니다.

30 ②

② 이슬람력으로 한 달은 29~30일 정도로 서력의 한 달보다 길지 않다.

해석

이슬람력은 달의 주기에 의거한 태음력이다. 몇몇 아랍 국가들은 이슬람을 공식 책력으로 채택하고 있다. 이슬람 달력에서 1달은 29일이거나 또는 30일이다. 1년 동안 서력과 이슬람력 간에는 약 11일의 차이가 있다.

딱! 한권
수능 아랍어

초판인쇄	2018년 4월 25일
초판발행	2018년 5월 15일

저자	이명원
펴낸이	엄태상
책임 편집	김효은, 장은혜, 양승주
디자인	이건화
제작	조성근, 전태준
마케팅	이승욱, 오원택, 전한나, 왕성석
온라인 마케팅	김마선, 유근혜, 김제이
경영지원	마정인, 최윤진, 김예원, 양희운, 박효정

펴낸곳	랭기지플러스
주소	서울시 종로구 자하문로 300 시사빌딩
주문 및 교재 문의	1588-1582
팩스	(02)3671-0500
홈페이지	www.sisabooks.com
이메일	sisabooks@naver.com
등록일자	2000년 8월 17일
등록번호	1-2718호

ISBN 978-89-5518-571-3 (53790)